W9-BUA-392

PIERRE DAC

JACQUES PESSIS

PIERRE DAC

mon maître
soixante-trois

biographie

EDITIONS FRANÇOIS BOURIN
27, rue Saint-André-des-Arts
75006 Paris

En couverture :
Pierre Dac par Max Moreau, 1961

Pierre qui pleure
et
Dac qui ne rit
(presque) jamais

« Une mauvaise photo qui rappelle vos traits vaut mieux qu'un beau paysage qui ne vous ressemble pas. »

Montmartre, samedi 13 mai 1933...

« Mesdames, mesdemoiselles, messieurs, mon général, ma sœur... Je vais vous dire un nocturne...

Le soir tombait. Il tombait bien d'ailleurs et juste à pic pour remplacer le jour dont le rapide déclin laissait à penser qu'il ne passerait pas la nuit.

Il faisait bon ; l'air était saturé de senteurs parfumées où dominaient les odeurs poivre et sel des barbouziers nains et des gougnafiers moléculaires et l'on entendait, sous l'ormeau, battre la crème fraîche à coups de marteau.

Au détour d'un chemin, un moustique aux yeux bleus, bègue au surplus et fainéant de surcroît, venait se vautrer sur le faîte d'un brin d'herbe pour y attendre la suite des événements... »

Ce *Nocturne*, c'est un rayon de soleil dans une société qui s'apprête à traverser une longue nuit de cauchemars et l'ignore encore... Les deux cent cinquante spectateurs du cabaret montmartrois la Lune rousse applaudissent à tout rompre l'enchanteur des mots qu'est Pierre Dac. Comme tous les soirs, il n'y a plus un fauteuil de libre. Quelques jeunes mais surtout le gotha de la haute bourgeoisie parisienne sont venus voir ces chansonniers qui brocardent si bien l'actualité, de René Dorin à Raymond Souplex en passant par Jean Marsac, Géo Charley et... Pierre Dac. Ce dernier, petit homme au visage rond, à la chevelure blond-roux clairsemée et aux yeux malicieux et coquins, constitue un cas à part. En une dizaine d'années de carrière, il a créé un univers aussi cocasse que poétique, n'ayant rien à voir avec celui de ses illustres confrères. Son comportement en scène ne manque pas non plus d'originalité. A l'inverse de ses camarades, il ne s'avance jamais vers le public. Au voisinage des feux de la rampe ou aux alentours du piano, il préfère toujours le fond de la scène. Dans les premiers rangs, on parvient toutefois à le détailler et à découvrir que son élégance se manifeste bien au-delà des mots : le bleu de ses yeux est accentué par une légère touche de rimmel, ses ongles sont manucurés en permanence et les plis de son costume couleur bleu pétrole tombent aussi bien que ses traits d'esprit. Avant même qu'il ait prononcé la moindre parole, les rires fusent. Impossible de rester de marbre devant ce visage grave ressemblant à une tête de poire allongée, dominé par un énorme appendice nasal.

Quand il prend la parole pour débiter timidement, parfois en bafouillant, ses à-peu-près, l'assistance se déchaîne. Pour certains il est tout simplement le « roi des loufoques ». Pour d'autres, il est un remarquable observateur de notre société, voire un psychologue averti, qui dissimule derrière des coq-à-l'âne et des incohérences apparemment faciles une certaine pudeur et de très jolies idées pleines de bon sens. Certains se demandent même s'il ne faut pas pousser le paradoxe à l'extrême et prendre de la hauteur pour découvrir, entre les lignes de ses sketches, un homme d'une profondeur insoupçonnée...

Mais qui se cache derrière le masque aussi irrésistible qu'impassible de Pierre Dac ? Tous les soirs, en coulisses comme devant l'entrée des artistes, on observe un phénomène identique et on s'interroge : en même temps que le rideau rouge sur la scène, un voile semble être tombé sur son visage. Ses yeux sont soudain infiniment tristes. Il ne s'attarde pas dans sa loge, répond par des borborygmes à ceux qui veulent engager la conversation et adresse aux chasseurs d'autographes des remerciements polis, certes, mais plus automatiques qu'authentiques. L'écriture est ronde, le calembour de la dédicace parfaitement carré, mais, de toute évidence, en son for intérieur, il y a quelque chose qui, selon son expression, « ne tourne pas rond dans le carré de l'hypothénuse ».

Pendant des années, quelques rares intimes, Francis Blanche en tête, vont tenter d'en savoir plus. Peine perdue. A la scène, Pierre Dac adore se maquiller et mettre de la poudre aux yeux ; à la ville, pas question pour lui d'en jeter. S'il parle volontiers de ses sketches ou évoque avec émotion les grandes heures de la Résistance, il demeure d'une discrétion absolue sur le reste de sa vie. Ses prétendus Mémoires qu'il distille sur scène sont visiblement apocryphes et, à toute question indiscrète, ce jongleur des mots répond par une pirouette.

« C'est si loin tout ça, je n'ai pas de mémoire », a-t-il l'habitude d'affirmer en guise d'excuse.

Ce n'est pas tout à fait exact. S'il estime que sa propre existence ne présente aucun intérêt particulier, s'il fait semblant de bannir de son esprit toute trace de son passé, ce n'est pas par modestie ni timidité mais parce qu'il est avant tout un créateur. Ainsi, à peine un texte se trouve-t-il achevé qu'il éprouve l'irrésistible envie de le déchirer, non qu'il le juge de qualité insuffisante mais parce que, pour lui, c'est déjà de l'histoire ancienne... Il ne croit pas non plus à la longévité de son œuvre. « Après moi, ce que j'écris n'intéressera plus personne », répète-t-il parfois.

J'étais encore mineur lorsque j'ai fait la connaissance de Pierre Dac mais cette rencontre est demeurée dans mon esprit comme l'un des événements majeurs de ma vie. La manière dont elle s'est déroulée relève d'ailleurs de la pure loufoquerie. Inconditionnel de ses émissions de radio et de ses livres depuis ma plus tendre enfance, je téléphone un jour à RTL afin de connaître le moyen de se procurer ses œuvres complètes. Une émission de Philippe Bouvard offre en effet aux auditeurs la possibilité d'obtenir la réponse à toutes les questions qu'ils se posent sur n'importe quel sujet. Nullement surprise par ma demande, la standardiste de l'émission me dit : « Rien de plus facile ! Vous lui écrivez au 38, avenue de Villiers à Paris ! »

38, avenue de Villiers ! C'est à côté de la place Malesherbes, donc tout près du domicile de mes parents. Profitant d'un jour de congé scolaire, je décide de m'y rendre, afin de voir de mes yeux l'immeuble où réside le Grand Homme... 36... 40... Ma déception est immense lorsque je constate que l'avenue de Villiers ne comporte pas de numéro 38 ! Un mauvais coup de Furax à n'en pas douter... Pas question toutefois de renoncer ; Pierre Dac se trouve forcément entre le 1 et le 184 et puisque l'on m'a mis sur sa piste, je la suivrai jusqu'au bout.

Pendant plusieurs jeudis d'affilée, je vais mener ainsi une enquête — la première de ma carrière — auprès des commerçants du quartier et découvrir qu'il habite au 24. Ce n'est pas tellement loin du 38 mais, pas de chance, j'avais commencé mes recherches au 184 ! Me voici devant un immeuble blanc, moderne.

La gardienne me dévisage d'un regard soupçonneux, m'interroge sur les raisons de ma présence et finit par téléphoner à son illustre locataire.

« Monsieur Dac, il y a, à la loge, un jeune étudiant qui voudrait vous rencontrer pour vous faire dédicacer un livre...

— Qu'il vienne jeudi prochain à 15 heures ! »

Je n'en crois pas mes oreilles. *Il* accepte de me recevoir, alors qu'il ne sait même pas mon nom.

« Je le connais bien ; il adore les jeunes parce qu'ils l'ont toujours soutenu », m'explique la concierge.

Au jour dit, à la minute précise, je sonne à la porte de Pierre Dac... Sa femme Dinah m'accueille et, à droite en entrant, derrière un minuscule bureau tout en verre, je découvre le Maître, vêtu d'une robe de chambre en soie, son éternel mégot aux lèvres. Il est en train d'écrire, s'interrompt et se lève pour m'accueillir.

Débute alors une conversation dont ma mémoire, émotion oblige, ne conserve pas le moindre souvenir. Une demiheure plus tard, je quitte les lieux avec l'assurance de le revoir. En arrivant, dans l'ascenseur, entre le sixième et le huitième étage, j'ai eu ce que mon jeune esprit considère comme l'idée du siècle...

« Il est impossible que je croise cet homme-là une seule fois dans ma vie ! Je vais l'inviter à donner une conférence au lycée ! »

A Claude-Bernard, un établissement voisin du Parc des Princes, nous disposons en effet d'une salle dite « foyer socio-culturel », destinée à accueillir les initiatives des élèves plus passionnés de spectacle que de mathématiques.

Pierre Dac va accepter mon offre et, à partir de ce jour, je ne sortirai plus de sa vie. Petit à petit, cet homme solitaire qui, à l'exception de Dinah, ne s'affiche qu'avec de rares intimes va faire de moi son secrétaire général particulier puis son neveu adoptif.

« Vous m'appellerez désormais "mon oncle" et plus "monsieur" », me déclare-t-il solennellement ce jour-là.

Je possède l'intime conviction que si Pierre Dac n'avait pas existé toute une forme d'esprit resterait à inventer. Cet humoriste, qui était aussi un humaniste voire un philosophe, a été mille fois plagié par des disciples qui le reconnaissent instinctivement comme leur maître, sans apprécier toutefois la dimension réelle de l'œuvre et de l'homme.

Car, entre la fin de la guerre de 1914 et le milieu des années 70, Pierre Dac s'est retrouvé au centre de moments clés du siècle sans se rendre toujours compte que vivant l'Histoire, il était aussi en train d'y entrer...

Trois ans d'enquête sur son passé, ainsi que le rassemblement des pièces d'un puzzle qu'il avait lui-même semées à travers quelques rares confidences, me permettent aujourd'hui d'écrire sa biographie. Si je prends l'initiative, dans les pages qui suivent, de lever — pour la première et la dernière fois — un gros coin du voile, ce n'est pas pour trahir la confiance qu'il a placée en moi en me désignant comme son légataire universel, bien au contraire.

Mon intention est de prendre le contre-pied de la seule contre-vérité qu'il ait, à mon sens, émise au cours de son existence en affirmant qu'il valait « mieux passer hériter à la poste qu'à la postérité ». Pierre Dac demeure plus que jamais le maître à penser de plusieurs générations même si, face à de telles affirmations, il avait toujours l'habitude de s'exclamer : « Je ne suis pas votre maître. Etant donné ma hauteur, je suis votre maître soixante-trois ! »

La taille de son œuvre interdit que l'on chipote à quelques dizaines de centimètres près...

Ses jeunes années : comment l'esprit vint à Pierre Dac

« Celui qui est parti de zéro pour n'arriver à rien dans l'existence n'a de merci à dire à personne. »

Novembre 1870... Les fusils de Napoléon III n'ont rien pu faire contre les canons de Bismarck. La guerre tourne au désastre, voire à la honte. La France finit par perdre l'Alsace. Le 10 mai 1871, le traité de Francfort est signé : les deux départements du Bas-Rhin et du Haut-Rhin, exception faite du Territoire de Belfort, ainsi que le nord-est de la Lorraine sont annexés par l'Empire allemand. Jusqu'au 1er octobre 1872, les Alsaciens-Lorrains disposent toutefois du droit d'opter pour la nationalité française. Parmi les cent cinquante-huit mille citoyens qui refusent de devenir allemands figurent les membres de la famille Kahn, domiciliée à Niederbronn, un village du Bas-Rhin. Josué, le père, n'a pas hésité une seule seconde. Il tient les Prussiens en horreur. Le 3 juillet 1871, il ferme le magasin de chaussures situé au rez-de-chaussée de sa maison au 1, rue des Meules et choisit de s'exiler à Châlons-sur-Marne où, un mois plus tard, il ouvre au 17 de la place du Marché une boutique aussi bien achalandée que la précédente.

A la fin de l'année 1886, il reçoit la visite d'un client qui, apparemment, a trouvé chaussure à son pied. Il s'appelle Salomon Isaac et vient officiellement lui demander la main de sa fille Berthe. Ce modeste jeune homme plein d'humour est né à Nancy le 19 novembre 1856 d'un père journalier et travaille depuis quelques mois dans une boucherie de la ville. L'union reçoit presque aussitôt l'aval familial et, le 27 septembre 1887, l'état civil se trouve informé de la venue au monde de Marcel Fernand, premier enfant du couple domicilié au 26 rue de la Marne.

Six ans plus tard, la famille Isaac s'installe au 70, rue de la Marne quelques jours avant la naissance, le 15 août 1893 à 11 heures, du petit André, futur Pierre Dac. Un bébé qui fait ses premiers pas dans des chaussures offertes par ses grands-parents et va user ses premiers fonds de culotte à Paris, dans le quartier de la Villette. Il n'a en effet que trois ans lorsque Salomon saisit l'occasion d'ouvrir une boucherie de détail, à deux pas des légendaires abattoirs.

Toute la famille s'installe alors rue Caulaincourt. Pour le jeune André, c'est l'aube d'une existence apparemment sans histoire... Dans ces années aussi roses que son visage, il apprend à lire et à écrire à l'école communale de l'avenue Secrétan, joue avec ses copains au fond d'une impasse, et acquiert, au cœur d'une famille modeste mais unie et heureuse, l'amour de son pays. Chaque été, il retrouve à Châlons-sur-Marne des grands-parents qui lui racontent ce qu'ils appellent « la belle histoire tragique de tous les nôtres ». Un récit ponctué d'un tel accent d'authenticité que le patriotisme finit par devenir un sixième sens chez l'enfant... Chez « pépé », on ne rigole pas tous les jours ; en revanche, avec papa c'est autre chose... Au magasin, il accompagne les commandes de formules irrésistibles et, tous les soirs, à la table familiale, Salomon fait preuve d'un humour, d'un sens de la boutade et du cocasse que lui auraient envié bien des professionnels du genre. A chaque bon mot, ses yeux brillent si fort que Berthe affirme malicieusement à ses deux fils : « J'ai trois enfants à la maison, dont le plus petit est votre père ! »

Une forme d'esprit dont André s'imprègne instinctivement, en dégustant les délicieuses quiches lorraines préparées presque chaque jour par sa mère. Son avenir ne le préoccupe guère. A l'école, il se révèle doué pour le français, la musique en général et le violon en particulier. Sur le conseil d'un professeur, ses parents cassent leur tirelire pour acheter l'instrument qui va lui permettre, c'est certain, d'obtenir un premier prix au Conservatoire. Marcel se destinant à la boucherie comme papa, l'avenir de la progéniture est d'ores et déjà assuré. André ne dément pas cet optimisme quoique, en son for intérieur, à la musique, il préfère les mots. Il n'en fait guère état, pire encore, il s'en cache. Il apprend ses leçons mais, par timidité, n'ose pas les réciter devant ses professeurs. De temps à autre, il se hasarde toutefois à dire devant les enfants du quartier de petits monologues délirants, qu'il a écrits sans trop savoir pourquoi. Des textes qui déclenchent l'hilarité chez les uns, la moquerie chez les autres. Un après-midi, à l'issue de l'une de ces séances improvisées, les plus bagarreurs de la classe — totalement hermétiques à la forme d'esprit qu'il est en train d'inventer — décident de le ridiculiser. Ils lui lancent un défi qu'il relève aussitôt, sans réfléchir aux conséquences de ce pari. Aux Buttes-Chaumont, il traverse le « pont des suicidés » par en dessous en se tenant avec les mains aux poutrelles. Soixante mètres au-dessus du ciment ! Ses petits camarades en restent interdits. Il gagne son pari en même temps qu'une fessée inhabituelle de sa maman lorsqu'elle apprend ce qui s'est passé. En des circonstances exceptionnelles, il a toutefois donné la preuve de son courage. C'est la première fois, ce ne sera pas la dernière...

Les années passent. En septembre 1906, voici André adolescent au lycée Colbert. Il n'a toujours pas la moindre idée de son avenir, se laisse pousser les cheveux, avoue pour idoles Virgile, Musset et Victor Hugo, aime la deuxième *Rhapsodie* de Liszt et affiche un goût de plus en plus poussé pour l'individualisme et la fantaisie. Un matin de mai 1908, à la fin d'une envolée lyrique qui a sans doute quelque peu dépassé sa pensée, il accroche un hareng saur à la queue de l'habit de son professeur de mathématiques. Un geste logique dans son esprit, un hommage à l'un de ses poèmes préférés, signé Charles Cros et justement intitulé *Le Hareng saur*. Hélas, les hauts responsables de l'établissement ne partagent visiblement pas son goût pour ce monologue, puisqu'ils lui signifient aussitôt une mesure de renvoi définitif. Ses parents, rêvant toujours de faire de leur fils cadet un nouveau Paganini, décident de lui donner une seconde chance dans un autre établissement... d'où il se trouve congédié quelques mois plus tard. En dépit des efforts de papa et maman, il ne parvient pas à obtenir le moindre diplôme... De mauvaises notes qui semblent bien compromettre son avenir de musicien...

A la fin de l'automne 1913, André Isaac, vêtu d'un costume que Charlot n'aurait pas renié, erre sans but sur les Grands Boulevards. Il observe avec détachement les embouteillages de fiacres qui déclenchent la colère des autres Parisiens. Le président de la République Raymond Poincaré vient d'annoncer l'allongement du service militaire pour faire face à la menace allemande, peu lui importe. De même demeure-t-il totalement indifférent aux exploits de Blériot ou de Roland Garros et à une actualité artistique et littéraire pourtant bien remplie. Autour de lui, on ne parle que des succès des poèmes de Guillaume Apollinaire *Alcools*, du livre de Jules Romains *Les Copains*, des *Fantômas* réalisés par Louis Feuillade et de la pièce de Henry Bernstein *Le Secret*, de l'ouverture par Jacques Copeau du Théâtre du Vieux-Colombier, de celle du Théâtre des Champs-Elysées, ou encore du scandale déclenché par la première représentation du *Sacre du printemps* d'Igor Stravinski. André a les cheveux longs et son visage fait ressortir des yeux qui expriment le doute et le désarroi. Ses joues maigres sont assorties à ses économies. De temps à autre, pour gagner quelques sous, il devient larbin dans des soirées alors très prisées par la haute bourgeoisie judaïque, au cours desquelles les riches s'amusent à jouer aux pauvres. Des images qui accentuent son désespoir naissant, face à une société qu'il ne parvient pas à comprendre et dans laquelle, décidément, il ne réussit pas à trouver la moindre place. Il ne sait pas quoi faire de sa vie. Bien sûr, il y a toujours le violon mais plus les mois s'écoulent, plus l'idée de passer le reste de son existence à tenir un archet lui fait horreur.

« Je jouais comme une seringue, affirmera-t-il beaucoup plus tard, et je tremblais en permanence en imaginant l'air terrifié des spectateurs au soir de mon premier concert. »

Le 3 août 1914, la guerre est déclarée. Le monde bascule mais, paradoxalement, André, classe 1913, aussitôt mobilisé, affiche enfin, à l'aube de sa majorité, une sorte de stabilité, voire de sérénité. A l'entrée de la cour de la gare de l'Est, juste avant d'emprunter l'un des innombrables convois qui partent pour le front, il serre dans ses bras ses parents et ses grands-parents et jure de venger leur honneur. Autour de lui, il entend les exclamations d'une population ivre d'espoir : « On les aura », « A Berlin »... On chante *La Marseillaise* et *Le Chant du départ*. Il n'en doute pas une seconde, le petit-fils d'Alsacien, élevé dans l'amour de son pays et des siens : il va faire payer à ces Prussiens les humiliations de 1870. Le cœur léger, fier et content, il s'en va déjà triomphant rejoindre le régiment d'infanterie, à Toul, où il a été affecté. Pendant les premières semaines, il se bat comme un lion avec l'inconscience de la jeunesse. Très vite, les horreurs de la guerre commencent à prendre le pas sur le désir de vengeance. Dans les rues des villages qu'il traverse avec son bataillon, il ne trouve que des ruines et des cadavres. Lors des assauts, il avance courageusement sans se préoccuper des balles et des explosions de mines. Il participe à l'offensive contre l'armée allemande qui vient de passer la Meuse, et se retrouve à Fleury-sous-Douaumont, un village situé sur les hauteurs de Verdun, à soixante kilomètres de son affectation initiale. Dans les tranchées, parvenant à surmonter son dégoût, il veille à l'entretien du moral des troupes. Il divertit ses camarades et interprète des poèmes de son cru : des caricatures des rares moments insolites de la vie de son régiment, à travers lesquelles il donne la preuve d'un humour qui semble, chez lui, relever de l'instinct. En composant ses textes, il pense souvent à l'un de ses plus beaux souvenirs : juste avant la déclaration de guerre, il a passé toute une soirée à la Boîte à Fursy, un cabaret situé au 58 de la rue Pigalle. Les artistes qui s'y produisent sont exclusivement des chansonniers : Vincent Hyspa, Lucien Boyer et surtout le maître des lieux, Henry Fursy, l'inventeur de la chanson rosse. Ils affichent un esprit tellement piquant que les critiques ont surnommé cette salle la « boîte à sel ». Pour André Isaac, c'est une révélation ! Voilà un métier qu'il aimerait exercer ! Hélas, les circonstances ne lui ont pas donné le temps de concrétiser ce projet, et sa verve, son esprit naissant, il ne peut les développer qu'aux dépens de ses camarades de régiment, voire de ses supérieurs. Un jour, son colonel, un brave à trois poils, proclame ainsi que « pour gagner la guerre, il est indispensable que tous les soldats aient la boule à zéro ». Aussitôt, André le brocarde et trousse un couplet qu'il intitule *Les Cheveux de la victoire* :

Pour gagner la guerre
C'est pas difficile
Pour gagner la guerre
Y a qu'à s' couper les cheveux

Tout le régiment en rit, sauf, bien entendu, le principal intéressé. Le jeune appelé écope sur-le-champ d'une peine de soixante jours de prison qu'il n'aura pas l'occasion de purger. Dès le lendemain, progression de l'armée française oblige, il se trouve affecté sur le front d'Artois. La capote bleu horizon et le casque d'acier de rigueur, il participe en première ligne, au mois de mai 1915, à la tentative de percée entre Lens et Arras. En juin, au pied du massif de Notre-Dame-de-Lorette, un éclat d'obus lui brise le bras gauche en même temps que l'espérance d'une brillante carrière de violoniste. Le cubitus est en miettes, l'ensemble ne tient plus que par le radius. Le blessé échappe miraculeusement à l'amputation et s'en tire avec une cicatrice de trente centimètres et un membre légèrement plus court que l'autre. La musique, c'est fini mais, dans son esprit, ce n'est pas le plus important. Pendant les trois mois de sa convalescence, il va être hanté en permanence par les moments dramatiques qu'il vient de vivre. Pour la première fois de son existence, il se rend compte des horreurs de la guerre. Sa soif de vengeance semble apaisée ; une analyse froide et lucide de la situation remplace la lutte pour la survie, sur les champs de bataille. Il demeure plus que jamais un patriote décidé à défendre son pays mais l'immense gâchis que constitue le massacre inévitable d'une partie de notre potentiel intellectuel le plonge dans une perplexité extrême. Il s'interroge toujours lorsque les médecins le réforment et lui donnent officiellement l'ordre de rejoindre les lignes arrière. Il s'apprête à obtempérer lorsqu'au soir du 8 octobre 1915 il apprend la plus épouvantable des nouvelles : Marcel, son frère, vient d'être fauché par un obus allemand, au cours de l'offensive française en Champagne. Pour André, le choc est insupportable. Il partage, bien entendu, la douleur de ses parents et de Marie Louise Victorine Cauthier, sa belle-sœur depuis quatre ans, mais, bien au-delà de l'affection qu'il portait à son aîné, la mort de celui-ci prend l'allure d'un symbole et fait basculer son esprit dans le camp des désespérés. Il perd définitivement toutes ses illusions sur l'espèce humaine. Sa haine viscérale du Prussien demeurant toutefois plus forte que son horreur de la guerre, il choisit de venger l'honneur des siens. Avec la même témérité que celle qui lui a permis quelques années auparavant de traverser le « pont des suicidés », il repart au combat, contre l'avis du corps médical mais avec les félicitations de ses supérieurs qui le nomment caporal. Il se retrouve à Toul où, une fois encore, il défend presque au corps à corps les positions françaises menacées par l'armée allemande. Entre février et juin 1916, il participe, au milieu de ses camarades de l'infanterie, aux principales batailles qui se déroulent autour de ce qu'il reste du fort de Douaumont. Devant ses yeux, ce ne sont qu'images d'horreur qui décuplent sa douleur. Les explosions de projectiles ont détruit les voies ferrées et le village de Fleury-sous-Douaumont n'est plus que ruines. L'année suivante, non loin d'Ypres, le revoici au cœur d'une bataille des Flandres particulièrement cauchemardesque : pour cause de pluies, le champ de bataille n'est plus qu'un immense amas de boue où toute construction de tranchée se révèle impossible. De plus, les Alliés ne disposent pas du moindre matériel de protection contre l'ypérite, un nouveau gaz asphyxiant employé par l'armée allemande : on l'appelle le gaz moutarde, il est à base de sulfure d'éthyle dichloré et provoque de terribles effets physiologiques sur ceux qui le respirent. Au cours d'un assaut, le caporal Isaac tombe, un éclat d'obus dans la cuisse et des brûlures d'ypérite au crâne. Aussitôt évacué vers le poste de secours, il échappe, encore une fois, miraculeusement à la mort et entame une convalescence qui va se poursuivre jusqu'au lendemain de l'armistice de novembre 1918. Libéré, décoré, quatre fois cité, il regagne un Paris dont il ne partage pas la liesse. Le traité de Versailles le laisse de glace. Par deux fois, il a survécu à l'enfer, mais sa blessure la moins apparente ne s'est toujours pas cicatrisée. Il pense d'autant plus fort à la mort de son frère qu'il ne sait pas quoi faire de sa propre vie. En une trentaine de mois, il va multiplier les essais sans parvenir à en transformer un seul. Il exerce toutes sortes de petits métiers parmi lesquels garçon de courses dans une entreprise de tissus d'ameublement, vendeur de savonnettes à la sauvette, représentant et homme-sandwich. Ses échecs sont aussi flagrants que réguliers. Il n'est visiblement pas doué pour le commerce mais surtout, dans la vie quotidienne, il affiche une peur panique inversement proportionnelle à son admirable courage sur le front. Un trait de caractère qu'il avoue, paradoxalement, sans le moindre complexe :

« Je suis timide à manger toute ma vie des carottes râpées parce que je n'ose pas dire que je les déteste ; timide à me faire taper sans cesse parce que je n'ose jamais réclamer l'argent que l'on me doit ; timide à acheter dans une boutique une cravate verte pour ne pas faire de peine au commerçant alors que je ne porte que du bleu. Bref, je suis timide à pleurer… »

Lorsqu'il démarche à domicile, il sonne très doucement et s'enfuit avant même que son éventuel client ouvre la porte. Quand il pénètre dans un magasin, il murmure, vaguement interrogatif, « Besoin de rien », et déguerpit craignant qu'on ne lui propose de lui acheter quelque chose, ne serait-ce qu'un tube de dentifrice ou un produit de beauté. Camelot, il vante les mérites d'une marque de biscuits, Mollier, en se promenant rouge de honte, dans des rues sombres, afin de n'être vu de personne. Son employeur ne s'en remet pas puisqu'il fait faillite en quelques semaines. André ouvre ensuite un bureau d'import-export qu'il ferme presque aussitôt après avoir consacré toute son énergie à passer quelques coups de téléphone personnels et à trousser divers quatrains. Un copain d'enfance qu'il retrouve à la fanfare de Boulogne-Billancourt et qui exerce le métier de chauffeur de taxi à Levallois l'aide à entrer dans sa compagnie à l'enseigne d'Auto-Place G 7. Le voici portant une blouse grise et coiffé d'une casquette de cuir bouilli, au volant vertical d'un vieux tacot de la Marne aux sièges vaguement rafistolés avec un morceau de toile cirée. Les affaires ne tournent pas plus rond que le moteur. Chaque fois qu'il accepte un client, c'est le même scénario : il fait démarrer son véhicule avec une ficelle en guise de manivelle et, dès qu'il lâche l'embrayage, l'infortuné passager fait un bond de plusieurs dizaines de centimètres en avant. Ceux qui résistent à un tel choc et ne descendent pas en claquant la porte ne sont pas au bout de leurs mauvaises surprises. Ce chauffeur pas comme les autres ne connaît guère les rues de la capitale. Plusieurs fois par jour, il emprunte des itinéraires qui ne manquent pas de surprendre même les distraits. A ceux qui lui demandent « Mais par où passez-vous ? », il répond froidement et sans rire : « Par le plus court. » Cette carrière prometteuse va toutefois s'achever brusquement, un mois plus tard, contre un réverbère sur l'esplanade de la place des Invalides. Timidité naturelle oblige, il a cédé sa priorité à un automobiliste agressif et effectué une fausse manœuvre. Une fois le choc passé, il se tourne vers les deux religieuses qu'il transporte et leur déclare calmement : « Mes sœurs, les voies du Seigneur sont impénétrables mais les nôtres s'arrêtent ici. »

Symboliquement, dans son esprit, ce taxi constitue l'hallali, le signe évident d'une fin de course qu'il pressent depuis si longtemps. Dans les jours qui suivent, ce misanthrope en puissance ne cesse de méditer sur cette société dans laquelle il ne trouve décidément pas sa place. Dans sa pauvre tête diminuée par les souffrances — encore présentes — que lui causent les traces des gaz de combat, les idées se bousculent : sa haine naturelle, voire congénitale, du Prussien, les horreurs de la guerre, la mort de son frère... L'humanité le dégoûte mais, en idéaliste incorrigible, il conserve suffisamment d'amour pour lui accorder les circonstances atténuantes. « Je ne savais pas que l'homme était aussi affreux, déclarera-t-il beaucoup plus tard à l'un de ses rares confidents. Pourtant, il est plus à plaindre qu'à blâmer, je n'arrive même pas à lui en vouloir. »

Avec les femmes, il n'a guère plus de chance ! Il leur écrit des poèmes très insolites qu'il déchire avant même de les avoir récités. Une intense préparation psychologique se révèle donc indispensable, lorsqu'il se décide à déclarer sa flamme à la créature de ses rêves. « Je vais compter jusqu'à cinq cents et puis je lui dirai que je l'aime ! » Arrivé à quatre cent quatre-vingt-dix-neuf, il panique : « Je me suis trompé en comptant ; je recommence... »

Un soir de septembre 1922, à vingt heures très exactement, il sonne à la porte de Julienne, une charmante jeune fille aux longues tresses blondes. Elle l'attend dans sa bergère, les paupières baissées et les lèvres humides. Il éprouve un tel désir de la serrer contre son cœur, de l'étouffer de baisers qu'il parvient à accomplir un effort suprême et lui récite le poème qu'il a spécialement écrit à son intention :

Chérie, te souviens-tu de la première étreinte.
C'était un mercredi, si je me souviens bien.
Rien d'autre n'existait que le chant de nos plaintes.
Que nous scandions sur l'air d'Aux armes citoyens.

Julienne ouvre des yeux ronds. Elle le regarde en silence pendant un long moment puis elle éclate de rire. Une réaction que le jeune homme n'attendait pas et qu'il met aussitôt sur le compte de la moquerie. Elle est effectivement très éprise, mais d'un autre, vicaire d'une église du quartier ! L'amoureux un peu plus transi encore par la honte, le visage défiguré par la douleur, dévale alors l'escalier et court au domicile de ses parents. Au fond d'une armoire à linge, il trouve le pistolet de son père, le braque sur son crâne sans prendre le temps d'écrire le moindre mot d'adieu, et tire... A la place de la détonation apaisante qui mettra fin à ses douleurs terrestres, il entend un « clic » qui lui glace le sang sans lui faire toutefois le moindre mal. Quelques jours plus tôt, Salomon avait déchargé l'arme pour la nettoyer. L'esprit en déroute, incapable de réaliser le miracle qui vient de se produire, André se dirige, tel un automate, à la terrasse d'un café du quartier Strasbourg-Saint-Denis où il a ses habitudes. Il s'installe, la tête dans ses pensées morbides et ne prête pas attention aux étudiants qui chahutent à une table voisine. Tout à coup, quatre mains le saisissent par les épaules, le sortent du bistro et il se retrouve au commissariat avant même d'avoir eu le temps de comprendre ce qui lui arrivait. Autour de lui, ce ne sont que hurlements et injures adressées aux policiers par ces jeunes qu'il a pris pour des étudiants. En réalité, il s'agit d'un groupe d'anarchistes, passés outre à une interdiction de manifester contre le président de la République, Alexandre Millerand, et arrêtés par la police à l'issue d'une course poursuite de plusieurs dizaines de minutes. André, anéanti par son dépit amoureux et plus lunatique que jamais, ne s'est rendu compte de rien. « Une scène à l'image de ce qu'était ma vie, avouera-t-il un jour : emballé, cogné, secoué, pris pour un autre ! Et je ne proteste pas ! Et je me laisse faire ! Et je dis "merci" ! »

A peine a-t-il fini de décliner son identité qu'il se retrouve enfermé dans une cellule. Cette fois-ci, il ne peut pas aller plus bas, il est au fond du trou dans tous les sens du terme. Une nuit interminable commence. Allongé sur une planche dans ce cachot humide, il parvient à s'isoler au milieu des cris et dresse le bilan de sa jeune et minable existence. Dans son esprit, les souvenirs amers se mêlent aux déceptions permanentes. . A l'aube, il s'interroge encore mais son moral remonte. S'il a tout raté y compris son suicide, est-ce une raison pour continuer ? Doit-il encore et toujours forcer cette providence qui l'a visiblement épargné à plusieurs reprises ? Cette timidité, cette pudeur quasi maladives qui lui pèsent tant ne peuvent-elles être vaincues ? Le spectacle de chansonniers auquel il a assisté jadis chez Fursy ainsi que le poème qui a eu tant de succès auprès de ses camarades lui reviennent soudain en mémoire. Devant ce public, aussi acquis soit-il, il n'a pas eu le trac, bien au contraire ; il ne s'est même jamais senti aussi bien. Alors, ne doit-il pas porter à son crédit plutôt qu'à son dépit cet éclat de rire de Julienne qui a failli lui être fatal ? Et si son destin était tout simplement de devenir chansonnier ? Combattre par l'humour et la dérision les grands drames de l'existence, après tout, est tentant. Cette idée l'a d'ailleurs effleuré à plusieurs reprises depuis son retour à la vie civile... Seulement, voilà : le rire est-il compatible avec une bonté naturelle qui vous incite à donner exclusivement de l'amour à votre prochain ? Peut-on amuser sans blesser, sans ridiculiser, sans tomber dans une vulgarité qu'il abhorre ?

Une image s'impose soudain à ses yeux, celle de Salomon, son père. S'inspirer de sa fantaisie, de sa gaieté, de sa tournure d'esprit, de son sens de l'expression pittoresque et de la caricature, c'est peut-être la solution !

A l'aube, c'est un autre homme qui sort du commissariat. C'est décidé : désormais, il fera l'humour et plus jamais la guerre. Sans même prendre le temps de récupérer ses forces, il commence à consigner sur un carnet les émotions de ces dernières vingt-quatre heures...

Te rappelles-tu m'amour, le soir tombait...

C'est ainsi que débute son premier poème. La France qui vit à l'heure des Années folles l'ignore encore, mais les années loufoques sont en train de commencer...

Des débuts difficiles à *la Vache enragée,* et réciproquement

> « Les rêves ont été créés pour qu'on ne s'ennuie pas pendant le sommeil. »

1922, la butte Montmartre... André Isaac rêve d'une petite place au soleil mais vit des matins gris bien difficiles. Place du Tertre, il se fraye péniblement un chemin au milieu d'une foule venue assister à la traditionnelle foire aux Croûtes, qui, plusieurs dimanches par an, réunit des dizaines de peintres. Au pied de la rue Lepic, attiré par un rassemblement, il aperçoit un bateleur annonçant le départ imminent de la Traversée de Montmartre à la nage. D'abord, il n'en croit pas ses yeux, puis éclate de rire lorsqu'il aperçoit des chansonniers en costume de bain, plongés dans des récipients pleins d'eau et voiturés à bras par d'autres artistes. Cette épreuve insolite en précède une autre qui l'est tout autant, la course de la Plume et du Pinceau : un duel bien pacifique opposant rue du Mont-Cenis des touche-à-tout capables d'écrire une chanson puis de peindre un tableau à partir d'un sujet donné.

S'éloignant de cette cohue, André Isaac pénètre chez un libraire de Montmartre qui l'a pris en sympathie. Avec sa bénédiction, il feuillette, pendant des heures entières, des ouvrages qui lui permettent de découvrir un monde dont il ignorait tout... Pour certains historiens, François Villon, qui a écrit « Il n'est bon bec que de Paris », est l'ancêtre des chansonniers. Pour d'autres, en revanche, cette forme artistique est née au pied de la butte Montmartre, en décembre 1881, lors de l'ouverture, au 84 du boulevard Rochechouart, d'un cabaret artistique à l'enseigne du Chat noir. A l'emplacement d'un bureau de poste désaffecté, Rodolphe Salis, fils d'un liquoriste de Châtellerault et peintre raté, installe des tables et des chaises Louis XIII. Puis, il accroche quelques toiles d'artistes encore inconnus parmi lesquels Adolphe Willette et Théophile Alexandre Steinlen. Il choisit ensuite une enseigne en zinc, une lune grimaçant sous les pattes irrévérencieuses d'un chat noir, endosse un gilet de soie japonaise bleu ciel couvert de gros roseaux d'or, et se baptise enfin « gentilhomme cabaretier ». Peu de temps après l'ouverture, il reçoit la visite d'Emile Goudeau, président du club des Hydropathes, fondé quelques années plus tôt dans un café proche du Panthéon. Expulsés de leur quartier natal pour une sombre histoire de feu d'artifice trop éclairant et quelque peu destructeur, les membres de cette illustre association cherchent un nouveau refuge où ils pourront exercer leur sens de la raillerie en toute liberté. Ils vont le trouver au cœur de Montmartre en même temps qu'un second souffle. Dans ce quartier de prédilection des artistes en tous genres, des soirées s'improvisent alors autour de poètes, les premiers chansonniers de la Butte, présentés comme des « petits joyeux, souteneurs de muses, dont les casquettes ont des ailes et au surin aiguisé de raillerie, affichant gravée leur devise, "mort aux cuistres" ». Parmi eux, Maurice Rollinat, poète berrichon et filleul de George Sand, Maurice Donnay, futur académicien français, Paul Delmet, Vincent Hyspa, Edmond Haraucourt, Jules Jouy, André Gill, Maurice Mac-Nab et Marcel Legay. Ces amateurs ont la plume tellement légère qu'elle ne leur permet pas, hélas, de vivre de leurs couplets. Dans la journée, ils gagnent leur pitance en exerçant comme l'on dit « un vrai métier ». Dès le crépuscule, ils retrouvent un public d'habitués où figurent entre autres Paul Verlaine et Guy de Maupassant. De la fumée des pipes des clients illustres ou inconnus se dégagent rapidement des têtes d'affiche : Alphonse Allais, bien sûr, mais aussi Caran d'Ache et son fameux théâtre d'ombres ; Charles Cros, inventeur du phonographe et auteur de couplets racontant les amours d'une machine à coudre et d'un cerf-volant ; Eugène Lemercier, créateur des premières « revues » et surtout Aristide Bruant. Cet ancien facteur de roulage à la gare du Nord a cherché puis trouvé fortune et inspiration autour du Chat noir. Son physique d'athlète, ses vêtements de velours, ses bottes noires, son écharpe rouge et son immense chapeau ont été immortalisés sur la toile par Toulouse-Lautrec, mais sa popularité originelle, il la doit paradoxalement à un public qu'il ne peut pas voir en peinture... Ou, du moins, c'est ce qu'il fait croire. Chaque soir, entre deux couplets mi-réalistes mi-argotiques, il agresse violemment les gens chics venus l'applaudir.

Oh ! là ! là !
C'te gueul', c'te binette
Ho ! là ! là !
C'te gueul' qu'il a !

Un numéro plutôt qu'une conviction bien ancrée puisqu'à son zénith ce « chansonnier populaire » va devenir le plus bourgeois des citoyens de Montmartre. En 1885, le Chat noir ayant émigré rue Victor-Massé, il reprend la salle du boulevard Rochechouart, rebaptise les lieux le Mirliton et continue de plus belle à apostropher ses fidèles...

La relève de Rodolphe Salis, c'est plutôt le cabaret des Quat'z-arts qui l'assure, dès 1893. Le 62 du boulevard de Clichy devient alors le nouveau rendez-vous des peintres, des dessinateurs, des musiciens et des poètes. Le ton s'y révèle beaucoup plus familier, joyeux, bon enfant qu'au Chat noir. Au spectacle quotidien, composé de chansons, de poèmes, de pièces d'ombres, s'ajoutent rapidement des revues à plusieurs personnages. Des scènes auxquelles participent, de temps à autre, des jeunes filles spirituelles et talentueuses, que l'on appelle des « divettes », c'est-à-dire de très petites divas. L'ensemble se déroule très simplement, autour du piano, sur une petite estrade de la hauteur d'une marche d'escalier. Les messieurs portent le veston, l'habit ou la jaquette mais on ne soigne pas la mise en scène autant que la mise en boîte : aucune dépense de décor ou de déguisement n'est imposée, voire envisagée. Ainsi, pour caricaturer un sergent de ville, le chansonnier se contente-t-il de coiffer un képi ; et lorsqu'il s'agit de figurer un gendarme ou Napoléon, un bicorne suffit. Certains nostalgiques affirment toutefois que ces nouveaux chansonniers n'ont pas la verve des anciens et pestent même contre les directeurs qui osent afficher le même programme pendant une durée variant d'une semaine à trois mois ! A les entendre, l'improvisation quotidienne, c'était le bon temps ! Dominique Bonnaud, déjà un vieux de la vieille, en sourit : « A mes débuts, en 1890, on me déconseillait déjà de devenir chansonnier ; on disait le genre périmé ! »

En réalité, les artistes y ont gagné en précision et professionnalisme. Les petites salles dans lesquelles on plaçait tant bien que mal, autour d'un piano, des tables et des chaises de bric et de broc sont en train de se transformer, à quelques exceptions près, en cabarets plus confortables — voire en théâtres — avec parfois même, luxe suprême, une rampe et un rideau. Tandis que Bruant, retiré dans son château de Courtenay, sa ville natale, tire discrètement son ultime révérence, ses disciples assurent dignement la relève...

« Au cabaret, applaudir c'est bien, mais écouter c'est mieux. » Les yeux d'André Isaac tombent soudain sur ce slogan qui figure au verso d'une revue rangée au fond de la librairie. Sur la même page il découvre des enseignes qui le font rêver... La Lune rousse, le Moulin de la chanson, les Deux-Anes, le Perchoir... Des mythes qui chaque soir, deviennent pour lui réalité. Il n'a pas assez d'argent pour s'offrir une place ou même une cerise au comptoir, mais, du boulevard de Clichy à la rue Pigalle en passant par le Faubourg-Montmartre, il respire ainsi, à sa manière, des airs de Paris. Pendant de longues minutes, l'oreille tendue devant la porte de l'un ou l'autre de ces cabarets, il écoute des refrains interprétés par des chansonniers dont il retrouve le nom sur les affiches : Dominique Bonnaud, Vincent Hyspa, Léon-Michel, Jean Rieux — fondateur du Grillon, boulevard Saint-Michel —, Fursy, Mauricet, Paul Colline, Xavier Privas, Eugène Wyl, Dorin, Tremolo, Zimmermann… Sa vocation grandit en même temps que sa timidité. Il aimerait tellement devenir un artiste mais les premières tentatives d'audition qu'il a osé effectuer dans le quartier se sont terminées par des fins de non-recevoir. Tout ce qu'il a pu décrocher, c'est un contrat moral avec la Muse rouge, une taverne-cabaret d'obédience révolutionnaire située au pied de la Butte : on lui fait crédit pour le vin rouge et le casse-croûte et il est autorisé à dormir sur un banc, près de la cheminée. En échange, il interprète tous les soirs deux chansons encore plus tristes que lui, dont il ne reste aujourd'hui pas la moindrc tracc, ainsi qu'un texte sur l'air du *Clairon* de Paul Déroulède. Des paroles qui sont devenues l'hymne d'un groupe dit « de propagande révolutionnaire pour les arts » et que Pierre a écrites non par idéal, mais pour faire plaisir au patron de la Muse rouge qui a adhéré à cette cause :

Camarades dont les poings s' serrent
Le cœur étreint de colère
Travaillons pour que bientôt
Tout' cet' pourriture infecte
Crève enfin la gueul' ouverte
Ce s'ra not' jour le plus beau.

Un matin du mois d'octobre 1922, les flâneries d'André Isaac le conduisent devant la porte de la Vache enragée, au 4 de la place Constantin-Pecqueur où l'on propose chaque soir des « veillées d'art », animées par Dominus, l'une des plus célèbres figures de la Butte. Ce nom lui semble d'autant plus familier à l'oreille que quarante-huit heures auparavant il a découvert, dans un petit format prêté par son libraire favori, l'histoire de ce cabaret. Le 18 mai 1917, l'illustre dessinateur Jules Dépaquit et deux jeunes chansonniers, Maurice Hallé et Roger Toziny, créent un hebdomadaire satirique de quatre pages ayant pour titre *La Vache enragée*. Chaque semaine, ils racontent les grandes heures de la vie d'un Montmartre en pleine transformation. Ainsi le 11 avril 1920, à l'issue de très sérieuses élections qui se déroulent au Lapin agile, la « commune libre » est proclamée. Dix mois plus tard, le 10 février 1921, le siège de la mairie devient un cabaret à qui Maurice Hallé, nommé directeur, donne aussitôt le nom de son journal. La consécration pour ce poète beauceron, forgeron de formation familiale, arrivé à Paris en 1910. Peu après la création de son hebdomadaire, il a déjà ouvert une goguette, rue des Ecoles, au premier étage de la Chope parisienne. Il n'y avait qu'un spectateur le premier soir mais cela s'est très vite arrangé. En quatre ans, soutenu par un public fidèle, il a successivement loué des salles rue Lamartine et rue Saint-Georges, puis les sous-sols de l'illustre Gaumont-Palace, place Clichy. Enfin, il s'est définitivement installé sur la Butte dans un espace qui rappelle aux « administrés » qu'ils sont dans « leur mairie ». Aux murs, entre deux toiles d'artistes, on a accroché des panneaux indiquant la salle des mariages et celle des divorces, le bureau du juge de paix ainsi que les archives... Un décor qu'André Isaac découvre en même temps que le visage rond et jovial qui lui fait face, celui du chansonnier marseillais Roger Toziny.

« Que fais-tu là mon garçon ?

— Je... fais des... chansons, monsieur », répond-il mécaniquement.

Bien entendu, timidité oblige, il n'attend qu'une rebuffade pour s'enfuir.

« Je ne t'en empêche pas », lui réplique Toziny, avec un sourire quasi paternel.

Le jeune inconnu ne bouge pas. Surpris de cette réponse, il semble soudain paralysé par le trac. Pour Toziny, en revanche, une audition relève de la routine. Régulièrement, il organise des concours de chansons et peut déjà se flatter d'avoir découvert, en compagnie de Maurice Hallé, quelques-unes des célébrités du quartier. Parmi elles, René de Sauter, qui finira écrasé par un taxi à l'aube de sa gloire, et Michel Herbert, dont la plume deviendra célèbre dans des journaux comme *L'Intransigeant* et *Le Merle blanc*.

« Alors, qu'est-ce que tu attends ? Je t'écoute... »

Le maître des lieux indique les modestes tréteaux dressés devant des fauteuils dont l'inconfort empêcherait de dormir le plus épuisé des spectateurs.

« Bien », soupire le jeune homme et il tourne les talons sans ajouter un vers.

Toziny le retient par le bras.

« Faut pas être comme ça. Allez, vas-y, fais ton numéro. »

Piégé, le dos à la scène en même temps qu'au mur, André respire un grand coup et, sans bafouiller, parvient à lancer :

« Si tous ceux qui croient avoir raison n'avaient pas tort, la vérité ne serait pas loin.

— Qu'est-ce que ça veut dire ? demande Toziny abasourdi.

— N'importe quoi et c'est mieux que rien. »

Et il enchaîne :

« Les meilleurs moments dans la vie à deux, c'est quand on est tout seul... Le pressentiment, c'est le souvenir du futur... Il est très difficile de démêler le faux du vrai ; car une chose fausse qu'on croit vraie devient plus vraie qu'une chose vraie qu'on croit fausse... »

Toziny écoute attentivement et flaire, dans ce délire verbal, une forme d'esprit totalement inédite chez les chansonniers...

« T'as raison, ça ne veut rien dire mais c'est marrant, finit-il par conclure. Je t'engage. Tu débutes ce soir, ton cachet sera de cent sous. Au fait, comment t'appelles-tu ?

— André I... saac, balbutie le jeune homme tout en cherchant à se pincer afin de vérifier qu'il ne rêve pas.

— Ça ne va pas du tout. Tu t'appelleras... Voyons... ac... comme actualité... chansonnier d'actualité... Dac... Oui, ça sonne bien... André, non... plutôt Pierre... Voilà, c'est bon... Tu t'appelleras Pierre Dac ! »

Quelques heures plus tard, vêtu d'une redingote qu'il s'est fait prêter pour la circonstance, plus mort de trac que vif d'esprit, Pierre Dac énonce avec un ton qui n'appartient déjà qu'à lui quelques-unes de ses Pensées et Maximes : « La meilleure manière de prendre un autobus en marche, c'est d'attendre qu'il s'arrête... Le calendrier est une invention néfaste ; c'est à cause de lui qu'on se voit vieillir... »

Les spectateurs, ahuris, voire décontenancés, écarquillent les yeux. Certains d'entre eux sont apparemment consternés mais l'hilarité de la majorité augmente de seconde en seconde. Toziny observe ces réactions qui confirment son intuition du matin. Des nouveaux chansonniers, il en voit défiler chaque semaine, mais ce mélange de fausse maladresse et d'extravagance, cette manière de jongler avec les mots, d'enfiler les syllabes, de manier le calembour et l'absurde, il n'a jamais entendu cela sur la Butte. En quelques minutes, Pierre Dac est en train de faire vieillir de plusieurs milliers d'années-lumière les couplets sarcastiques et autres bouts rimés terriblement conformistes de ses confrères les plus illustres...

A la fin de sa prestation, le public agite les bras en l'air et remue les mains comme s'il manipulait des marionnettes. Afin de ne pas troubler le sommeil des voisins, il est en effet d'usage à la Vache enragée de ne pas applaudir un chansonnier. Juste après avoir recueilli cette ovation aussi chaleureuse que silencieuse, Pierre Dac, totalement abasourdi, reçoit l'accolade d'un Toziny hilare. « J'te l'avais dit. Regarde-les ! Ils te rappellent... Vas-y. C'est un triomphe ! »

Machinalement, se sentant comme sur un petit nuage de poète, il retourne saluer...

« Au fait, ajoute Toziny, ce que tu dis, ça s'appelle comment ?

— Du loufoque », répond Pierre Dac.

Ce mot, encore inconnu de la plupart des Français, vient de lui venir à l'esprit. Il l'a entendu plusieurs centaines de fois dans son enfance, et pour cause : loufoque signifie « louf », autrement dit « fou » en louchébem, le langage des bouchers, la profession de ce père qui l'a inspiré...

« Excellent ! Ça c'est nouveau ! Tu vas voir, tu vas devenir... le prince, non le roi des loufoques... »

Ses premiers textes intitulés *Une histoire à l'eau*, *Le Match des savants* ou *Chez le tailleur* ne déclenchent pas l'enthousiasme de deux illustres critiques de l'époque, René Bizet et Fréjaville. Dac ne se décourage pourtant pas. Il reconnaît même que sa verve, un peu folle, doit être disciplinée. Deux mois plus tard, il écrit un *Essai sur le Français moyen* qui fait aussitôt l'unanimité. Dans les mots comme dans la salle, c'est le délire. Soir après soir, la prédiction de Toziny se confirme. En quelques représentations, Pierre trouve sa place au milieu de l'affiche et s'installe dans son personnage. Grave, imperturbable, voire lunatique, il débite ses monologues d'une voie étranglée, identifiable entre mille. Attachant autant d'importance à l'élégance physique qu'à celle de son vocabulaire, il investit ses premiers cachets dans l'achat de la chemise, du nœud papillon et de la redingote de ses rêves. Quelques rares critiques affirment que ses chansons n'ont pas une très grande valeur littéraire mais ils prêchent dans le désert ou, plus exactement, dans un brouhaha d'éclats de rire. Tous les soirs, lorsque Pierre Dac revient en coulisse, Toziny lui tape sur l'épaule et lui lance : « Tu vois, c'est pas plus difficile que ça. Travaille, travaille encore plus et ça ira de mieux en mieux, tu verras. »

Le jeune chansonnier ne se le fait pas dire deux fois. Pendant des nuits entières, d'une écriture ronde et parfaitement lisible, cet observateur permanent de l'insolite noircit des feuilles... qu'il déchire presque aussitôt. Le poète qu'il est devenu n'a en effet pas oublié les leçons de l'ex-violoniste qu'il aurait rêvé d'être. Le loufoque construit chacune des phrases de ses textes avec la rigueur d'un musicien travaillant sur une partition symphonique. « Mon humour, précise-t-il parfois, c'est une démonstration par l'absurde. C'est de dire des choses très graves, très sérieusement, sans tellement se prendre au sérieux. »

S'il porte un intérêt extrême à la logique de l'absurde, il attache également beaucoup d'importance à la sonorité, à l'harmonie des mots. Un pied de trop à une phrase, une expression à la place d'une autre et l'effet, percutant en théorie, rate. Par exemple, si, pour le ministre des Finances, cinquante centimes valent dix sous, en matière de comique, cela n'a rien à voir. La première somme ne prête même pas à sourire, l'évocation de la seconde déclenche l'hilarité dans le public...

Un perfectionnisme que Pierre va conserver jusqu'à son dernier souffle. Régulièrement, il va reprendre, mot par mot, chacun de ses sketches, de ses poèmes et de ses Pensées et les peaufiner avec la rigueur d'un artisan comme on n'en fait plus.

Ainsi quarante ans après avoir écrit : « Celui qui est parti de rien pour n'arriver à rien dans l'existence n'a de merci à dire à personne », réalisera-t-il un matin que la rigueur mathématique l'oblige, en toute logique loufoque, à transformer cette pensée en « Celui qui est parti de zéro pour n'arriver à rien dans l'existence n'a de merci à dire à personne ».

Une formule qui ne le concerne visiblement pas plus qu'une autre de ses maximes célèbres, « Le travailleur véritablement courageux est celui qui ne craint pas de se coucher à côté de son travail pour bien lui montrer qu'il n'a pas peur de lui ».

En effet, en mars 1923, de dix minutes, ses monologues sont passés à trente. Il partage la même affiche que ces noms mythiques qu'il admirait quelques mois auparavant, en déambulant dans les rues de Montmartre. Un soir, avant d'entrer en scène, Toziny l'appelle dans son bureau : « Je m'en vais. Je crée une revue mensuelle *Les Chansons de la Butte* et je prends la direction de la saison d'été d'un cabaret au 43 du boulevard de Clichy, le Moulin de la chanson. Tu viens avec moi ? »

Pierre, incapable de refuser quoi que ce soit à son bienfaiteur, accepte et ajoute quelques nouveaux sketches et chansons à son répertoire. Il se retrouve ainsi au programme d'une revue intitulée *Noie-z'y le sec !* Une charge bouffonne, signée Dominus, et brocardant une épidémie de sécheresse qui est en train de dévaster les Etats-Unis. Au même programme, en première partie, Jane d'Orcy, Aimée Morin, Lina Guethary, Henry Valbel, tombés depuis longtemps dans l'oubli et... Pierre Dac, à qui les critiques reconnaissent « une force comique naturelle tout à fait sympathique qui tournerait aisément à la charge s'il n'y prenait garde ». A la fin du mois de septembre, les recettes n'atteignant pas les chiffres minimaux qu'il s'était fixés, Roger Toziny confie son fauteuil de directeur à Fursy et Mauricet. Il décide de se consacrer alors exclusivement à ce qu'il définit comme sa « Revue mensuelle des cabarets artistiques et littéraires ». Pierre, libre de tout engagement mais fort d'une notoriété grandissante, trouve aussitôt une nouvelle scène d'asile. En octobre, il délaisse la Butte pour la première fois de sa jeune carrière et apparaît dans une revue intitulée *Cou-cou-cou*. Un spectacle donné, comme il se doit, au Coucou, boulevard Saint-Martin. Les auteurs, qui ont consacré des semaines à chercher ce titre, ont vraiment fait preuve d'une imagination exceptionnelle ! En première partie, Dac, qui progresse sans cesse dans la recherche de son style, fait un triomphe grâce à une chanson intitulée *Quand on a quinze ans*.

Quand on a quinze ans, âge où tout est rose,
Que poétisa Alfred de Musset
On sent s'éveiller une foule de choses
Qu'on croit deviner, sans savoir ce que c'est.
On a l'âme remplie de désirs fugaces

Le cœur tout gonflé de lyrisme ardent
... Et la figure pleine de boutons tenaces
Quand on a quinze ans [...].

Tandis qu'imperturbable il enchaîne les refrains délirants, accompagné par le pianiste Albert Evrard, auteur de la musique, les autres chansonniers passent et repassent en hurlant, vêtus des costumes les plus baroques. Une image surréaliste que n'oublieront jamais ceux qui en ont été les témoins privilégiés. Au même programme figurent Augustin Martini, Roméo Carlès et Jean Marsac. Le premier est fonctionnaire de la Ville de Paris aux heures de bureau et improvisateur féroce le soir, le second possède l'art de faire rire pendant un quart d'heure en ne parlant de rien. Il réalise également une imitation exceptionnelle de Grock, le plus célèbre clown du monde. Le troisième, directeur artistique de l'établissement, devient aussitôt un maître pour Dac. Cet ancien médecin, qui a débuté aux Noctambules, a acquis, à force de vacheries, la réputation de chansonnier le plus « rosse » de Paris. Un synonyme de « satirique » d'abord imposé par Fursy mais qu'il a repris à son compte, à doses aussi homéopathiques qu'efficaces. Il possède en effet l'art de la litote comme personne et parvient à égratigner avec classe, sans déchirer grossièrement. Le comble du talent aux yeux d'André ! Il est aussi, avec son jeune confrère Maurice Mauclay, l'auteur de cette revue dont les scènes principales s'intitulent « Les doléances de Cupidon », « Les forts de la Halle » et « Les saltimbanques ». Des dialogues d'actualité totalement illisibles aujourd'hui mais à la valeur historique certaine. Ils permettent en effet à Pierre Dac de progresser dans ce genre. Il écoute attentivement les conseils de ses aînés, mais apporte en même temps sa contribution à la réussite de l'ensemble, en ajoutant une touche loufoque et très personnelle aux situations imaginées par les auteurs. Des spectacles menés tambour battant et renouvelés aussi vite. A cette époque, en effet, la fidélité d'un public provenant essentiellement du quartier incite au changement permanent et nécessite quasiment l'écriture tous les quinze jours d'une nouvelle revue et de sketches inédits.

Le 11 juin 1924, Pierre Dac devient officiellement sociétaire de la Société des auteurs. Avant de déposer une vingtaine de textes qu'il a déjà interprétés, il sacrifie au rituel de l'examen de passage. En une heure, isolé dans une pièce, il rédige un poème sur un thème donné, « En regardant par la fenêtre » :

En regardant soir et matin
Je pourrais voir des choses très bien
Par ma fenêtre
Je pourrais voir des petits trottins
Admirer le chic et l'maintien
Par ma fenêtre
Oui mais mon modeste log'ment
Ne donne hélas ! malheureusement
Par sa fenêtre
Que sur un' déplorable cour
Comme point de vue c'est un peu court
De ma fenêtre. [...]

Et quand le soir est arrivé
Parfois je me mets à rêver
Par ma fenêtre
Et les voisins qui sont au-dessus
Pour s'amuser me crach'nt dessus
Par leur fenêtre
Mais un spectacle délicieux
Que je voudrais voir de mes yeux
Par ma fenêtre
C'est qu'mon chameau de belle-mère un soir
Aill' s'affaler sur le trottoir
Par la fenêtre.

Les contrats continuant à affluer, il finit par ne plus savoir où donner de la réplique... Certes, il n'est pas un chansonnier comme les autres puisqu'il ne brocarde pratiquement jamais les hommes politiques. Néanmoins, parce qu'il est un poète, il est admis, voire reconnu, au sein de la petite famille des cabarets. Son talent original se révèle bien utile pour compléter un programme. Le voici donc en même temps à la Lune rousse et au Coucou. Dans des cabarets qui affichent complet tous les soirs, le cumul fait en effet partie des usages établis. Tout chansonnier dispose du droit de donner son tour où bon lui semble, à condition qu'il maintienne une distance minimale de trois kilomètres entre deux salles. Pas question donc pour un pensionnaire du Coucou de figurer au programme du Caveau de la République, mais, en revanche, il ne lui est pas interdit d'arrondir ses fins de mois par des cachets à la Lune rousse, au Perchoir, ou aux Noctambules. Une tolérance qui permet à Pierre Dac de se faire connaître auprès de ce que les professionnels des sondages définissent comme l'« échantillonnage idéal ». Les midinettes et les étudiants qui passent des nuits entières aux Noctambules rue Champollion, en font leur maître « ès cocassophonie », tandis que les descendants d'Astérix et de Gavroche, grands amateurs de gauloiserie, se répètent ses aphorismes au Coucou. Du côté des Dix-Heures et de la Lune rousse, les bourgeois ne sont pas les derniers à s'esclaffer ; seuls, en toute logique, les étrangers qui fréquentent les cabarets de Montmartre restent de marbre. Certains mauvais esprits ajoutent toutefois qu'il n'est pas rare d'entendre un Anglais éclater de rire cinq minutes après tout le monde...

Dac joue exclusivement la carte du « Parti d'en rire » et réalise ainsi une « union sacrée » rarissime sur des tréteaux où, traditionnellement, il y en a pour tous les goûts et les couleurs politiques. Depuis mai 1924, la situation évolue tellement vite que les thèmes d'inspiration ne manquent pas. A l'issue des élections à la Chambre des députés, la France se trouve gouvernée par un Cartel des gauches : Gaston Doumergue, président de la République, et Edouard Herriot, Président du conseil, ont respectivement succédé à

Alexandre Millerand et Raymond Poincaré. Entre avril 1925 et juillet 1926, face à une inflation dramatique, les ministères vont se relayer, sous la conduite successive de Paul Painlevé et d'Aristide Briand. Des faits que chaque chansonnier adapte à son contexte. Tandis que les pensionnaires du Coucou prônent l'union nationale, ceux du Perchoir ne cachent pas leur attachement aux idées de gauche ; aux Dix-Heures, les réactionnaires sont tellement majoritaires qu'à la Lune rousse on joue la carte du centre, histoire de préserver, au moins sur le papier, un équilibre montmartrois.

Pendant une décennie, Pierre effectue ainsi, soir après soir, un périple qui va le mener de la Lune rousse au Coucou en passant par les Noctambules avec, de temps à autre, un détour par l'Œil de Paris, le Cabaret des Borgia et l'Olympia. En décembre 1925, le music-hall du boulevard des Capucines présente en effet « l'ironique chansonnier dans ses œuvres ». On l'applaudit également Faubourg-Montmartre, au Théâtre de la Caricature, dirigé par Roger Ferréol, l'ex-Perchoir créé par Jean Bastia et Saint-Granier. Une charmante petite salle qui, peu de temps après, va retrouver son enseigne originale sous l'impulsion d'un autre directeur, Clément Auroux. Pierre Dac participe au programme de réouverture, bien entendu. Il a trouvé le filon de la loufoquerie et se doit de l'exploiter. Chaque matin, il écrit ; l'après-midi, il confie de nouveaux couplets aux compositeurs fétiches des chansonniers : Paul Maye et Gaston Claret du Coucou et, surtout, Tremolo et Zimmermann de la Lune rousse. Des pianistes capables, en moins de deux heures, d'adapter aux paroles une ligne mélodique tellement simple que le chansonnier le moins doué peut l'interpréter le soir même devant le public. Au cabaret, ces musiciens hors normes sont chargés de « lever le torchon », c'est-à-dire de chauffer le public qui est en train de s'installer. De véritables tâcherons au destin parfois tragique : Zimmermann, également compositeur d'œuvres symphoniques, de ballets et d'opérettes, va ainsi passer tellement d'heures devant ses partitions qu'il sera atteint d'une cécité qui, vers la fin des années 30, le plongera dans la nuit totale... Tremolo, lui, est facilement reconnaissable au béret basque et au cache-col qu'il ne quitte pas en coulisse, par crainte des courants d'air. Sa spécialité, c'est de multiplier, à partir de plagiats de thèmes célèbres, des impromptus délirants dans l'indifférence générale. Il va toutefois passer à la postérité. Cet ex-chef de musique militaire à l'armée va devenir en effet l'un des compositeurs favoris de Georgius : *La Plus Bath des Javas, Sur la route de Penzac* ou *Quand Charlot jouait du saxophone*, c'est lui...

Pour Pierre Dac les chansons succèdent ainsi aux sketches, et les revues aux Pensées et Maximes. Sa notoriété grandit en même temps que sa culture. Il finit par pouvoir répondre à n'importe quelle question sur l'histoire des lieux où il se produit et des gloires qui l'y ont précédé...

La Lune rousse d'abord... Ce cabaret montmartrois, surnommé « la Comédie-Française de la chanson », est né, en réalité, à Marseille un peu avant le siècle. Son directeur, Numa Blès, décide un jour de monter à Paris, s'associe au poète Dominique Bonnaud et ouvre le 12 septembre 1903, au 36 boulevard de Clichy, une salle d'une centaine de places, dans la tradition du théâtre d'ombres du Chat noir. D'abord baptisée Le Cabaret des arts, elle devient officiellement la Lune rousse, quelques mois plus tard. En 1917, Blès passe le flambeau à Bonnaud qui s'installe au 58 de la rue Pigalle afin de poursuivre, avec le chansonnier Georges Baltha, la tradition de la satire. Ils transforment encore une fois l'enseigne qui devient le Logiz de la Lune rousse. L'un de leurs confrères, Léon-Michel, les rejoint en 1932 et prend presque aussitôt la tête d'un établissement où, depuis plusieurs années, Pierre Dac se sent comme chez lui. Dès son premier engagement, il a été en effet considéré comme l'enfant gâté de la maison. Il s'y produit très régulièrement et le public en redemande. Ses loufoqueries ajoutent une note de gaieté débridée dans un programme fort classique : Gaston Secrétan, Jacques Spark, Eugène Wyl, Charles Monelly, Augustin Martini...

Au Coucou, 33, boulevard Saint-Martin, l'affiche est différente mais le principe est le même. Ce cabaret d'auteurs a pris en 1921 la relève d'un cinéma sans modifier l'enseigne. Le financier de l'opération, l'imprésario André Meer, a confié les rênes à l'ancien propriétaire des lieux, Clément Auroux, et la direction artistique à Jean Marsac. Inconditionnel de ce dernier, Pierre Dac devient un pensionnaire modèle. Souvent, il figure au même programme que le jeune Gabriello, dont le poids frise déjà la tonne. Cet ancien baryton va rapidement accéder à la popularité en transformant en qualité professionnelle le défaut caractériel grave que constitue un bredouillement de naissance. Juste après eux se produit Raymond Souplex, autre découverte de la Vache enragée. Une enseigne symbolique pour ce clerc de notaire de formation, qui a connu, lui aussi, des temps difficiles en multipliant des auditions se terminant toujours par : « Vous feriez mieux de choisir un autre métier. »

Jean Rieux est également présent. Dans le cœur et dans l'esprit du « roi des loufoques », il occupe une place privilégiée, celle d'un authentique poète... Après avoir abandonné des études de céramiste il est devenu, pour les hommes politiques, l'éléphant dans le magasin de porcelaine. Il a débuté à la Lune rousse et au Perchoir où on l'a surnommé le « prince des chansonniers ». Il a ensuite émigré au Quartier latin, à la tête d'un cabaret à l'enseigne du Grillon. Hélas, faute de public, il a rapidement fini par déchanter. Un soir, comble de l'horreur, lorsqu'il est entré en scène pour ouvrir le spectacle, il n'a aperçu qu'une seule tête dans la salle.

« Excusez-moi, je crois qu'il s'agit d'un horrible malentendu », a-t-il simplement bredouillé, avant de sortir.

Les autres membres de la troupe ayant aussitôt décidé de relever ce défi insolite et de ne pas annuler la représentation, je vous laisse imaginer le rythme donné au spectacle, et les arguments employés pour convaincre ce spectateur de rester jusqu'au final...

A l'aube des années 30, la vogue des chansonniers s'étend bien au-delà de Montmartre. Le cabaret les Noctambules, rue Champollion, fondé en 1894 par Martial Boyer, devient ainsi la réunion, au cœur du Quartier latin, des talents de la Butte et de la montagne Sainte-Geneviève. Roméo Carlès, Paul Colline, René Dorin, Max Régnier sont à l'affiche ainsi que Raymond Bartel, ancien philosophe, défenseur passionné de la grammaire et de la syntaxe, sans oublier Noël-Noël, un caricaturiste que l'on a surnommé le « Chaplin des chansonniers ». René Devilliers est également présent de temps à autre. Ce Montmartrois de cœur, capable d'improviser à partir de tout ce qui lui passe dans la tête, se révèle un personnage extrêmement étrange. En juin 1954, il poussera l'insolite jusqu'à adresser à ses amis, un carton bardé de noir, ainsi libellé : « Le chansonnier René Devilliers vous fait part de son décès et vous adresse son meilleur et dernier souvenir. »

Des talents connus et reconnus avec lesquels Pierre Dac se sent de moins en moins d'affinités. De temps à autre, il tente, bien sûr, de sacrifier à l'actualité, mais c'est vraiment dans l'insolite et l'intemporel qu'il se sent le plus à l'aise. Martial Boyer l'a tellement compris qu'en 1929 il l'engage aux Noctambules pour clore la première partie. Pas question pour lui, en revanche, de se mêler ensuite à la revue.

Une différence avec ses talentueux camarades qui ne va plus cesser de s'accentuer. Au début des années 30, les critiques le comparent à Hervé, contemporain d'Offenbach à la fantaisie extrême, compositeur, entre autres, d'opérettes aussi populaires que *Le Petit Faust* et *Mam'zelle Nitouche*. Un parallèle est même établi entre la « Langouste atmosphérique » inventée par le musicien et les discours loufoques de Pierre à propos de la Varlope, des caprices du Zézana ou des tribulations de la gomme à claquer, qu'il évoque régulièrement dans son tour de chant.

En 1932 à l'intérieur du programme vendu aux spectateurs de la Lune rousse, Léon-Michel, le directeur, présente Dac comme le « roi de la chanson cocasse ». Un genre qui n'a plus rien à voir avec une tradition de Montmartre à laquelle demeurent fidèles, en revanche, ceux qui l'entourent sur l'affiche : Jacques Cathy, ancien caricaturiste à l'hebdomadaire *Le Rire*, découvert lui aussi à la Vache enragée, Raymond Bour, qui improvise des chansons sur les spectateurs qui se trouvent dans la salle, Henri Bradlay, le plus célèbre des caricaturistes de l'époque, et surtout René Dorin. Il a débuté chez Fursy au lendemain de la guerre 14-18 et, depuis, il a réalisé un parcours exceptionnel. Fidèle à l'esprit des maîtres du Chat noir, ce travailleur infatigable est en train de moderniser le style et le langage des couplets en leur conservant toutefois une facture poétique impeccable. Bref, l'ensemble de ce plateau fait écrire à Léon-Michel, à la première page de son programme :

L'esprit montmartrois n'est pas mort
Toujours en sa célèbre salle
La Lune rousse brille encor
58 rue Pigalle

Six mois plus tard, au Coucou, dans *Roque coucou*, les critiques affichent plus officiellement la différence : « Jean Marsac le caustique, Charles Monelly le bon enfant, Géo Charley le pince-sans-rire et Souplex le délicat absorbent tous les sujets d'actualité, rient, raillent, égratignent, griffent, exaltent... Pierre Dac couronne le tout et sa cocasserie ahurie, ses à-peu-près irrésistibles enthousiasment l'assistance. »

Le soiriste du *Canard enchaîné* ajoute : « Sa réputation n'est pas surfaite [...]. Il force bien un peu le côté clownesque de son talent et c'est souvent en grosses blagues, cette menue monnaie, qu'il gaspille ses trésors de cocasserie. [...] Mais, tel qu'il est, il nous offre ce personnage tirebouchonnant qu'il couve depuis dix ans et qui se précise : un métis de Gringoire, de Gavroche et de Monsieur Prudhomme, de terre à terre et de "dans la lune", de pas dupe et de demi-cinglé... Mais tel qu'il est, il vaut le voyage : les pèlerins pour la Sainte-Farce, en voiture ! »

Rapidement, la réputation de Pierre Dac s'étend bien au-delà de la Butte. Le voici rue de l'Etoile, au Théâtre de Dix-Francs, ainsi baptisé parce que toutes les places sont vendues à ce prix. Un double événement : pour la première fois, il apparaît en photo dans le programme, avec une cigarette aux lèvres — il fume énormément depuis la guerre — et, ô surprise, on le découvre dans une tenue très insolite. Pour les besoins d'un sketch de la revue intitulée *Pirouette 35*, il joue Jeanne d'Arc, habillé en garçonne et perché sur un mouton à bascule. Une autre vedette de ce spectacle hurle de rire en assistant chaque soir à cette scène insolite depuis les coulisses : un jeune chanteur qui commence à connaître un certain succès dans le monde entier et s'appelle Jean Sablon...

Entre deux représentations, Dac répond aux clins d'œil que le cinéma parlant, encore balbutiant, lui fait de temps à autre. On le voit ainsi dans quelques courts et longs métrages dont on a pratiquement perdu toute trace aujourd'hui : *Un curieux cas d'amnésie, Par le trou de la palette, Y' a erreur ou Gilberte exagère* de Joseph Tzipine, et *Le Fada* de Léonce Henri Burel. Il figure aussi, aux côtés de Raimu, Fernandel et Armontel, au générique des *Gaietés de l'escadron*, réalisées par Maurice Tourneur, et surtout de *Bidon d'or*, le premier film mis en scène par Christian-Jaque : les malheurs du sosie d'un coureur automobile célèbre pris dans un imbroglio dont, naturellement, il sortira avec les honneurs. En 1934, il va interpréter *La Confiture de nouilles* dans un film intitulé *Voilà Montmartre* : un document historique aujourd'hui, mais, à l'époque, une longue pochade sans scénario où se côtoient les têtes d'affiche des cabarets de la Butte.

Des essais que Pierre Dac ne transforme pas, préférant se consacrer exclusivement à son métier de chansonnier. Sa cote ne cesse de grimper auprès du public bourgeois des cabarets de Montmartre mais aussi et surtout auprès des jeunes. De plus, ceux qui, dix ans plus tôt, n'accordaient pas la moindre valeur littéraire à ses couplets commencent à changer d'avis. Ainsi, un critique qui l'a applaudi au Coucou, écrit-il le lendemain dans sa gazette que, « sous des balivernes qu'il débite imperturbablement, se glissent de très jolies idées sur lesquelles, avec une sorte de pudeur, il se défend d'appuyer ». Il ajoute qu'« il faut un grand art et une magistrale virtuosité de toutes les nuances de la plaisanterie, pour exprimer et personnifier la loufoquerie » et conclut en affirmant que « certains de ses sketches sont à lire », ce qui n'est pas un mince compliment...

En avril 1935, Henri Alibert, directeur des Deux-Anes, lui propose un contrat pour une nouvelle revue, *On verra bien*, signée René Pujol et Jean Marsac. L'occasion pour Pierre Dac d'effectuer sa première apparition dans un établissement si bien assorti à son élégance naturelle. C'est en effet sur cette scène qu'en 1921 Roger Ferréol et André Dahl ont demandé pour la première fois aux chansonniers de se produire en smoking, plutôt que de s'affubler d'un veston et d'une lavallière dont les plis laissaient souvent à désirer. Une rigueur qui ne va heureusement pas faire disparaître des moments d'improvisation dont le public se délecte... Les soirs de « dernière », il ne reste ainsi plus une place à vendre. A la veille d'un changement de programme, il est en effet de tradition que les chansonniers s'abandonnent aux farces les plus saugrenues et les plus hardies. Les spectateurs le savent bien et se pressent encore plus nombreux que d'habitude. Dans ces moments délicats, Pierre Dac n'est pas le dernier à s'écrouler de rire. Ainsi, un jour, découvre-t-il dans la salle, au premier rang, une demi-douzaine de chansonniers en train de reproduire, l'un après l'autre, les tics qu'il accomplit sur scène au même moment. Incapable de résister à ce spectacle insolite, il ne parvient plus à articuler la moindre parole, de grosses larmes coulent de ses yeux et il faut baisser le rideau...

« Qu'il doit être amusant », se disent les journalistes, de plus en plus nombreux à vouloir l'interroger. Pierre accepte gentiment bien sûr, mais le rendez-vous ne tourne pas toujours à son avantage. A toutes les questions sur ses activités professionnelles et sur sa vie privée, il répond avec un sourire qui n'a d'égal que son humour. Mais lorsque l'on commence à l'interroger sur son passé, son visage se ferme instantanément. Il tente de détourner la question et, aux plus insistants, finit par remettre, en guise de conclusion ferme et définitive, ce qu'il appelle sa « biographie officielle », et qui, à l'en croire, doit paraître dans la prochaine édition du « Larousse loufoque »...

« Né à La Cravate-sur-Plastron (Deux-Chèvres). Il se destine, dès sa plus tendre enfance, à l'étude de la laitue chromatique. Refusé au Conservatoire, il entre comme général de brigade au 23e régiment de soutiers motorisés et en sort avec son permis de conduire les chevaux alezans et les rouleaux compresseurs. Conseiller technique et rédacteur en chef à *La Charrue littéraire*, il est également critique mondain au *Petit Echo de Mâchefer*. Dans le domaine des inventions, on lui doit le passage clouté portatif et une vingtaine de francs qu'il n'a pas pu encore récupérer. »

Les représentants de la presse se déclarent amusés mais pas vraiment satisfaits. En dépit de tous leurs efforts, ils n'obtiennent jamais la moindre confidence de leur interlocuteur sur ses jeunes années. Les chansonniers n'ont pas plus de chance que les journalistes. Au cabaret, Pierre Dac arrive à l'heure, s'installe sur une chaise en attendant son tour, et ne parle à personne. Après son numéro, il s'en va sans ajouter la moindre confidence. Tard dans la nuit, à l'heure du casse-croûte réparateur, il demeure exactement dans les mêmes dispositions d'esprit. Lorsque tous les chansonniers se retrouvent entre eux pour souper, Pierre, lui, choisit une table à part et avale tout seul un sandwich ou un petit salé aux lentilles. Lorsqu'on lui adresse la parole, il répond, bien sûr, courtoisement, mais par monosyllabes. De toute évidence, il est inutile de prolonger la conversation. Tous ceux qui l'observent devinent une forme de neurasthénie dont ils ne parviennent pas à connaître l'origine...

Pudique, Dac n'évoque en effet les moments dramatiques de sa jeune existence, visiblement encore présents dans son esprit, qu'avec des amis sûrs qui savent de quoi il parle : des anciens de 14-18 comme Paul Clérouc, organisateur, sur le front, de revues destinées à remonter le moral des troupes, ou Victor Vallier, l'un des piliers du Perchoir, qui ne s'est jamais totalement remis de ses dix-sept blessures et de ses vingt-deux opérations.

Des épreuves qui, pour Pierre, ne font que commencer. Dans le bonheur comme dans le malheur, en effet, selon la formule qu'il a lui-même consacrée, « rien de ce qui est fini n'est jamais complètement achevé tant que tout ce qui est commencé n'est pas totalement terminé »...

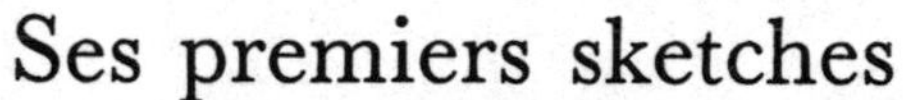

Ses premiers sketches

ESSAI SUR LE FRANÇAIS MOYEN

(dédié à Edouard Herriot)

« Le Français moyen est un mammifère invertébré. Son origine remonte à l'an 40 avant Casimir Périer.

Le Français moyen offre cette particularité de n'offrir aucune particularité marquante. Il n'est pas anthropophage, quoique carnivore ce qui ne l'empêche nullement d'être herbivore et ruminant à l'occasion.

Le Français moyen professe par-dessus tout le respect de l'ordre et de la morale officiellement établis ; son livret matricule porte, d'une manière générale, le signalement suivant :

Taille : moyenne.
Front : moyen.
Yeux : indécis.
Nez : moyen.
Menton : rond.
Visage : ovale.
Signe particulier : néant.
Observations : ne sait pas nager.

Les autres organes ne sont pas mentionnés, mais il est probable qu'ils ne dépassent pas la moyenne honnête à laquelle tout Français moyen peut prétendre.

Le Français moyen aime son intérieur : son mobilier se compose de meubles acajou et bronze ; il possède en outre une table avec trois rallonges (comme il dit), un lit de milieu placé sur le côté, et une suspension ornée d'un abat-jour en perles de verroterie. Sur la cheminée de la chambre à coucher, une garniture composée de trois pièces dont la principale comprend la pendule surmontée d'un sujet artistique en bronze creux qui porte comme légende : "Après les vendanges" ou "Le retour du marin". [...]

Le Français moyen a naturellement la TSF, il est atteint de radiochronique aiguë, affection qui consiste lorsqu'on a pu obtenir un poste, à tourner les boutons de l'appareil pour en obtenir un autre et ainsi de suite de manière à rendre toute audition impossible. [...]

Le Français moyen a naturellement fait la guerre, aussi écoute-t-il respectueusement ceux qui ne l'ont pas faite lui expliquer comment ça se passait en première ligne.

Le Français moyen a la haine du percepteur qu'il rend responsable de tous ses maux. Quand il va régler ses contributions il dit : "Qu'est-ce que je vais lui briser au percepteur, je vais lui dire ce que je pense" et quand il est devant la caisse il paie et c'est lui qui dit merci.

Le Français moyen est le piéton par excellence ; aussi traverse-t-il les passages cloutés installés à son intention avec une sage lenteur et la conscience de son omnipotence, il traite les chauffeurs pressés d'"espion" et de "figure de peau de fesse". D'ailleurs ces mêmes injures lui resservent lorsque d'aventure il prend un taxi, mais alors il les destine aux piétons pour lesquels à ce moment son mépris n'a plus de limites.

Le Français moyen est badaud par essence et par définition. Quand deux voitures se tamponnent, c'est lui qui donne à l'agent tous les détails de l'accident, qu'il n'a d'ailleurs pas vu, et il s'en va en disant : "Tant que le radiateur n'est pas dans la lanterne arrière, y a pas de mauvais sang à se faire."

Le Français moyen a des opinions politiques très arrêtées.

Il estime que la République est indéfectible, que ceux de la droite ont raison, ceux de la gauche aussi et que ceux du centre ont la notion du juste milieu. [...]

Le Français moyen fait presque toujours partie d'une société amicale telle que :

"Les Joyeux Colombophiles".
"Les Anciens de la Quincaillerie".
"Les Prévoyants de l'Avenir".

Ou "les Amis de la laïcité et du bœuf gros sel réunis".

Le Français moyen étant l'héritier direct de Voltaire possède un nombre immuable de clichés, lieux communs, bons mots et plaisanteries, qui, se transmettant de génération en génération, trouvent leur emploi dans toutes les circonstances de la vie.

C'est ainsi qu'à un mariage, le Français moyen dit aux jeunes époux : "Alors, il va y avoir du bon pour les cocus."

A un enterrement le Français moyen dit : "On est vraiment peu de chose sur terre, ou ce que c'est que de nous tout de même." Devant la tombe il fait : "C'est la vie", et dans le café où il se rend après la cérémonie pour se réconforter, il ajoute : "On est mieux ici qu'en face." [...]

Ainsi le Français moyen mène son existence quotidienne avec ses joies moyennes et aussi ses douleurs, qui pour être moyennes n'en sont pas moins profondes ; il travaille en augmentant chaque mois son pécule à la Caisse d'épargne dans l'espoir de réaliser un jour le rêve de tout Français moyen.

La petite maison aux volets verts
avec le carré du jardin,
le jet d'eau, la boule nickelée,
les poissons rouges et le rocher artificiel.

Ainsi terminera-t-il ses jours moyens ayant vécu dans une honnête moyenne, bon fils, bon soldat, bon citoyen, bon époux, bon père ayant contribué dans la mesure de ses moyens à faire de la France ce qu'elle est, ce qui n'est déjà pas si mal que ça. »

LA CONFITURE DE NOUILLES

« La confiture de nouilles, qui est une des gloires de la confiserie française et dont nous allons vous démontrer les différentes phases de fabrication, remonte à une époque fort lointaine ; d'après les renseignements qui nous ont été communiqués par le conservateur du Musée de la Tonnellerie, c'est le cuisinier de Vercingétorix qui eut, le premier, l'idée de composer ce chef-d'œuvre de la gourmandise.

Il faut reconnaître que, d'ailleurs, la nouille n'existant pas à cette époque, ladite confiture de nouilles était faite de gui ; mais alors, me diront les ignorants : ''Ce n'était pas de la confiture de nouilles, c'était de la confiture de gui !'' Erreur, que je leur répondrai : c'était de la confiture de nouilles fabriquée avec du gui.

Avant d'utiliser la nouille pour la confection de la confiture, il faut évidemment la récolter ; avant de la récolter, il faut qu'elle pousse, et pour qu'elle pousse, il va de soi qu'il faut d'abord la semer.

Les semailles de la graine de nouille, c'est-à-dire les senouilles, représentent une opération extrêment délicate. Tout d'abord, le choix d'un terrain propice à la fécondation de la nouille demande une étude judicieusement approfondie. Le terrain nouillifère type doit être, autant que possible, situé en bordure de la route départementale et à proximité de la gendarmerie nationale.

Avant de semer la graine de nouille, les nouilliculteurs préparent longuement le champ nouillifère pour le rendre idoine à la fécondation. Ils retournent la terre avec une charrue spéciale dont le soc est remplacé par une lame Gillette, ensuite, délaissant les engrais chimiques, nettement contre-indiqués dans le cas présent, ils fument le champ nouillifère avec du fromage râpé. Cette opération s'effectue indifféremment avec une seringue ou une pompe à vélo.

Lorsque le champ est suffisamment imprégné de fromage râpé, on verse sur toute sa surface de l'alcool de menthe dans la proportion d'un verre à bordeaux par hectare de superficie ; cette opération, qui est confiée à des spécialistes de l'Ecole de Nouilliculture, est effectuée avec un compte-gouttes.

Après cela, on laisse fermenter la terre pendant toute la durée de la nouvelle lune et dès l'apparition du premier quartier, on procède alors aux senouilles de la graine de nouilles. Il ne faudrait pas vous imaginer, Mesdames et Messieurs, que la graine de nouilles est d'un commerce courant et qu'on la trouve communément chez les grainetiers ; si vous croyez cela, il est indiscutable que vous broutez les coteaux de l'erreur. La graine de nouilles ne s'obtient qu'après une très longue préparation de laboratoire, car elle est le produit d'un croisement de foie de veau avec le concombre adulte ; voici d'ailleurs quelques précisions sur cette merveilleuse conjonction qui est la gloire de nos chimistes, dont la science n'a d'égale que la modestie.

On met côte à côte, dans une lessiveuse, une tranche de foie de veau et un concombre adulte, on place le tout dans un autoclave et on l'y laisse 45 jours à une température de 120° sous la bienveillance d'un contrôleur de la Compagnie du Gaz ; au bout de ce laps de temps, on ouvre l'appareil et on n'a plus qu'à recueillir la précieuse graine que l'on va verser dans la terre prête à la recevoir et qu'elle va féconder.

Les senouilles s'effectuent à l'aide d'un poêle mobile dans lequel est versée la graine, laquelle est projetée dans la terre par un dispositif spécial dont il ne nous est pas permis de révéler le secret pour des raisons de défense nationale que l'on comprendra aisément. Après ça, on arrose entièrement le champ avec des siphons d'eau de Seltz, on sèche ensuite avec du papier buvard, on donne un coup de plumeau et on n'a plus qu'à s'en remettre au travail de la terre nourricière et à la nature immortelle, généreuse et démocratique. Lorsque les senouilles sont terminées, les nouilliculteurs, qui sont encore entachés de superstition consultent les présages : ils prennent une petite taupe, la font courir dans l'herbe et si elle fait : ouh ! c'est que la récolte sera bonne ; si elle ne fait pas ouh ! c'est que la récolte sera bonne tout de même, mais comme cela les croyances sont respectées, et tout le monde est content.

Pendant la germination, il n'y a presque rien à faire : tous les huit jours seulement, on arrose le champ avec de l'huile de cade, de la cendre de cigare, du jus de citron et de la glycérine pour éviter que la terre ne se crevasse.

Pendant la moisson, les nuits sont témoins de saines réjouissances auxquelles se livrent les travailleurs de la nouilliculture, la jeunesse danse et s'en donne à cœur joie aux sons d'un orchestre composé d'un harmonium, d'une mandoline et d'une trompette de cavalerie ; les jeunes gens revêtent leur costume régional composé d'une redingote, d'une culotte cycliste, d'espadrilles et d'un chapeau Cronstadt ; les jeunes filles, rougissantes de joie pudique, sont revêtues de ravissantes robes de toile à cataplasme, ornées d'empiècements en schpoutnoutz, et se ceignent le front d'une couronne d'œufs durs du plus gracieux effet. Un feu d'artifice tiré avec des lampes Pigeon clôture la série des réjouissances et chacun rentre chez soi, content du labeur accompli, pour procéder alors à la confection de la confiture de nouilles, objet de la présente étude.

La nouille encore à l'état brut est alors soigneusement triée et débarrassée de ses impuretés ; après un premier stade, elle est expédiée à l'usine et passée immédiatement au laminouille qui va lui donner l'aspect définitif que nous lui connaissons — le laminouille est une machine extrêmement perfectionnée, qui marche au guignolet-cassis et qui peut débiter jusqu'à 80 kilomètres de nouilles à l'heure ; à la sortie du laminouille, la nouille est passée au vernis cellulosique qui la rend imperméable et souple ; elle est ensuite hachée menue à la hache d'abordage et râpée. Le râpage se fait encore à la main et avec une râpe à bois. Après le râpage, la nouille est alors mise en bouteille, opération très délicate qui demande énormément d'attention ; on met ensuite les bouteilles dans un appareil appelé électronouille, dans lequel passe un courant de 210 volts : après un séjour de 12 heures dans cet appareil, les bouteilles sont sorties et on vide la nouille désormais électrifiée dans un récipient placé lui-même sur un réchaud à alcool à haute tension.

On verse alors dans ledit récipient : du sel, du sucre, du poivre de Cayenne, du gingembre, de la cannelle, de l'huile, de la pomme de terre pilée, un flocon de magnésie bismurée, du riz, des carottes, des peaux de saucisson, des tomates, du vin blanc, et des piments rouges, on mélange lentement ces ingrédients avec la nouille à l'aide d'une cuiller à pot et on laisse mitonner à petit feu pendant 21 jours. La confiture de nouilles est alors virtuellement terminée. Lorsque les 21 jours sont écoulés, que la cuisson est parvenue à son point culminant et définitif, on place le récipient dans un placard, afin que la confiture se solidifie et devienne gélatineuse ; quand elle est complètement refroidie, on soulève le récipient très délicatement, avec d'infinies précautions et le maximum de prudence et on balance le tout par la fenêtre parce que c'est pas bon !

Voilà, Mesdames et Messieurs, l'histoire de la confiture de nouilles. C'est une industrie dont la prospérité s'accroît d'année en année. Elle fait vivre des milliers d'artisans, des ingénieurs, des chimistes, des huissiers et des fabricants de lunettes. Sa réputation est universelle et, en bonne ambassadrice, elle va porter dans les plus lointaines contrées de l'univers, et par-delà les mers océanes, le bon renom de notre industrie républicaine, une et indivisible et démocratique. »

LE MARTYRE DE L'EUNUQUE
ou
Le père des deux orphelines

100 % causant et chantant

en 7 bobines de 300 mètres en 140 de large, garanties inaltérables même par les temps de brouillard.

Distribué par :

Nathé-Pathan
Gaumont Franco d'Port Aubert
Osso Hygiénique
Braumbouvier-Bouchbé
Métro Goldwin-Mayer
et Métro Barbès-Rochechouart.

Ces maisons se sont réunies en un consortium unique pour faire la nique à la grande firme berlinoise la UFA, ce qui permet de faire nic, nic à la Ufa.

C'est un film français !

Metteur en scène	Erich von Ludwig von Touresmann
Assistant metteur en scène ...	William John Mac Mohamed Abdullab Johnston
Ingénieur du son	Londumur Achille de la firme Achille Londumur and C°
Opérateurs de prise de vues ..	MM. Lebigleux, Biglautour et Inard Bob, de la Société Bob Inard et Cie
Décorateur	Serge Ivandétapieduboff
Ingénieur de la Régie	Billy Flouguinax
Ingénieur machiniste	Schtruhl Labidrul
Ingénieur des lavabos	Ramon y Pedro y Gomez y Tirlachassdô
Femme de ménage	Madame Gibout.

DISTRIBUTION

La jeune fille	Marguerite Moreno
Le curé	Moïse Rosenbaum
L'homme du monde professionnel et rétribué	André de Fouquières
Le domestique	Georges Mandel
L'homme qui attend dans l'ombre	André Tardieu

Le père	Armand Bernard
Le fils	id.
L'oncle	id.
La tante	id.
Le cousin du chien du marchand d'éponges	id.

On avait également songé à engager le ténor Kipura, mais pensant qu'il serait capable de tenir sa promesse, on n'a pas insisté.

PROLOGUE

Pendant que se déroulent sur l'écran les indications précitées dites « génériques », l'orchestre, composé d'un clairon, d'une harpe et d'un saxophone à pédales, joue successivement :

Regarde si j'ai du goudron dans l'œil, valse-boston.

Planque-toi, v'là la garde, biguine.

Et *Si j'te flanquais mon huile dans l'fût prendrais-tu ma bouille pour un chapeau de gendarme*, accompagné par les chœurs de la Schola Cantorum et les trompes de chasse du Réveil de Bobigny.

Sur un accord en ré majeur amnistié, on aperçoit au premier plan :
une machine à coudre,
une bouteille de champagne de la Vallée d'Auge,
et le manuel du parfait casquettier.

Les douze coups de 11 heures moins 10 sonnent au beffroi de la Compagnie des eaux, puis apparaissent en surimpression les salons de réception de la Marquise de Saint-Faineuf ; parmi la brillante assistance, deux détectives se dissimulent ; ils sont habilement camouflés, l'un en myope, l'autre en astigmate. Les invités se ruent vers le buffet où l'on se marche sur les mains.

Prudemment le maître de la maison a fait coudre les sandwiches.

Le frère de la Marquise, beau comme un radiateur romain, annonce : « On va tirer la tombola ! »

« C'est cela », fait le chef des gangsters, qui vient d'entrer ; il braque son fusil-mitrailleur et tue tout le monde.

« Nom de Dieu, murmure-t-il, je me suis trompé d'étage ! »

Fin du prologue.

LE DRAME

Le sommet du mont Blanc.

Deux hommes, dont une femme, gravissent les dernières pentes.

« Quelle poésie, dit l'homme.

— Oui, dit la femme, et puis au moins, ici, on ne sentira pas le moisi !

— Mon cher amour, dit l'homme.

— Figure de peau de prune, fait la femme.

— Mon Dieu..., s'écrie l'homme.

— Quoi ? dit la femme.

— Je viens d'avaler mes bretelles, gémit l'homme.

— Comme ça, vous aurez la conscience élastique », dit la femme.

Il la tue à coups d'os à moelle, car c'était une espionne.

Fin du drame.

EPILOGUE

Le Hall d'honneur du Grand Hôtel des Etats-Unis et des Morvandiaux réunis.

Un couple de septuagénaires demande une chambre.

L'homme sucre les fraises et la femme sale les frites.

« C'est pour une nuit ou pour un petit moment ? demande le réceptionnaire.

— A notre âge, faut bien compter une huitaine de jours... », répond l'homme.

Et pendant que le mot « Fin » apparaît sur l'écran, les enfants des écoles attaquent *La Marche lorraine* qui se défend de son mieux.

C'est fini !

LE MYSTERE DE LA CANCOILLOTE
et la Vengeance du Yaourt

Pièce policière radiophonique
en 3 prologues, 6 actes, 8 épilogues
et 6 conclusions au choix
Avec le concours
des tambours et clairons de l'Etincelle du XIIe
et
de la ménécantherie des petits chanteurs à la gueule de bois

DISTRIBUTION

par ordre d'entrée en ondes et en sortie de bains

Le Chanteur sans voix	Willy Thunis
La Voix sans chanteur	Tino Rossi
Le Chef du protocole	Georgius
Un cheval	Fernandel
Le Père	Jean Granier
Le Fils	Saint-Granier
Le Grand-père, la Grand-mère, les Neveux, les Oncles, les Amis, l'Orage, la Femme de ménage, les bruits, la foule et les autres	Saint-Granier père et fils

PREMIER PROLOGUE

La salle d'attente des 2e classes à la gare de Lyon ; un employé passe et dit : « Les voyageurs pour la Belgique, la Hollande, l'Angleterre, sont priés de s'adresser à une autre gare, ce n'est pas ici.

— Nous sommes trahis », fait une voix.

DEUXIEME PROLOGUE

Un bureau de la police judiciaire ; sur un socle, le buste équestre de M. Doumergue.

Le commissaire Feuillemolle, entouré de ses collaborateurs, mange un sandwich au bouillon gras.

« Quelles nouvelles ? demande-t-il.

— Il pleut, répond un inspecteur, mais enfin, il vaut mieux qu'il tombe de l'eau que de...

— Bien sûr, interrompt le commissaire ; dans quel état se trouve la victime de l'assassinat du vélo 112 ?

— Elle est décédée hier soir, dit l'inspecteur.

— Et comment allait-elle ce matin ? reprend le commissaire.

— Mieux, fait l'inspecteur.

— Parfait, nous l'interrogerons après l'inhumation », conclut le commissaire.

PREMIER ACTE

La Salle des Pas-Perdus au Palais de Justice ; une espèce d'homme, tête baissée, examine le plafond à l'aide d'une glace bisautée et à la vanille ; il tient en laisse deux paires de bretelles apprivoisées qui le suivent en sautillant sur les pattes de derrière ; de temps à l'autre, l'homme leur jette des boutons-pression qu'elles se mettent gloutonnement derrière la boutonnière.

« Que faites-vous ? demande un garde.

— Je cherche une douzaine de pas que j'ai perdus la semaine dernière, répond l'homme.

— Et vous les cherchez au plafond ? ironise le garde.

— Oui, fait l'homme, c'étaient des pas de vis...

— C'est bon », dit le garde, qui continue sa ronde en fredonnant : *Voulez-vous de la sciure*, de Rimsky-Korsakoff et Vincent Scotto.

TROISIEME ACTE
Dans les Landes

L'inspecteur Feuillemolle examine attentivement un bouquet de pins ; remarquant qu'un de ceux-ci porte un bracelet-montre à une basse branche il s'en approche et dit :

« Etes-vous un vrai pin ou un faux pin ?

— Je suis un faux pin, répond le pin ; je suis l'inspecteur Jules qu'on a peint en pin, suivant vos instructions.

— En somme, fait le commissaire, vous êtes un pin peint ?

— A vos ordres », dit le pin, en essuyant la résine qui coule de son front.

SIXIEME ACTE
Sur les pentes du mont Everest

Trois hommes camouflés en nouveau-nés se portent mutuellement sur les bras.

« Quelle heure est-il fait le premier.

— L'heure que vous voulez, fait le second.

— Ah ! alors j'avance », dit le premier.

Ils se dirigent vers le sommet pour y installer un magasin de frivolités.

HUITIEME ACTE
Sur la route nationale qui va du Perreux à Gibraltar

Le commissaire Feuillemolle crie à un automobiliste : « Haut les mains et bas les pattes. »

L'interpellé s'exécute du mieux qu'il peut.

« C'est bien vous le coupable ? dit le commissaire.

— Oui, avoue l'homme.

— C'est bon, dit le commissaire ; votre père est bien né au Maroc, à Fez, et votre mère en Seine-et-Oise, à Houilles.

— Oui, fait l'homme, je suis fils d'un père de Fez et d'une mère d'Houilles.

— Pauvre orphelin, murmure un inspecteur ému.

— Mais comment se fait-il, reprend le commissaire, que votre voiture aille si vite ?

— C'est que, explique l'homme, à la place d'essence, je mets du yaourt.

— Et alors ? dit le commissaire.

— Et alors, dit l'homme, ça fait aller. »

EPILOGUE

Et voilà, chers auditeurs,
Une pièce policière
Vécue et sincère
Si elle a touché vos cœurs,
Ça me fera le plus grand honneur.

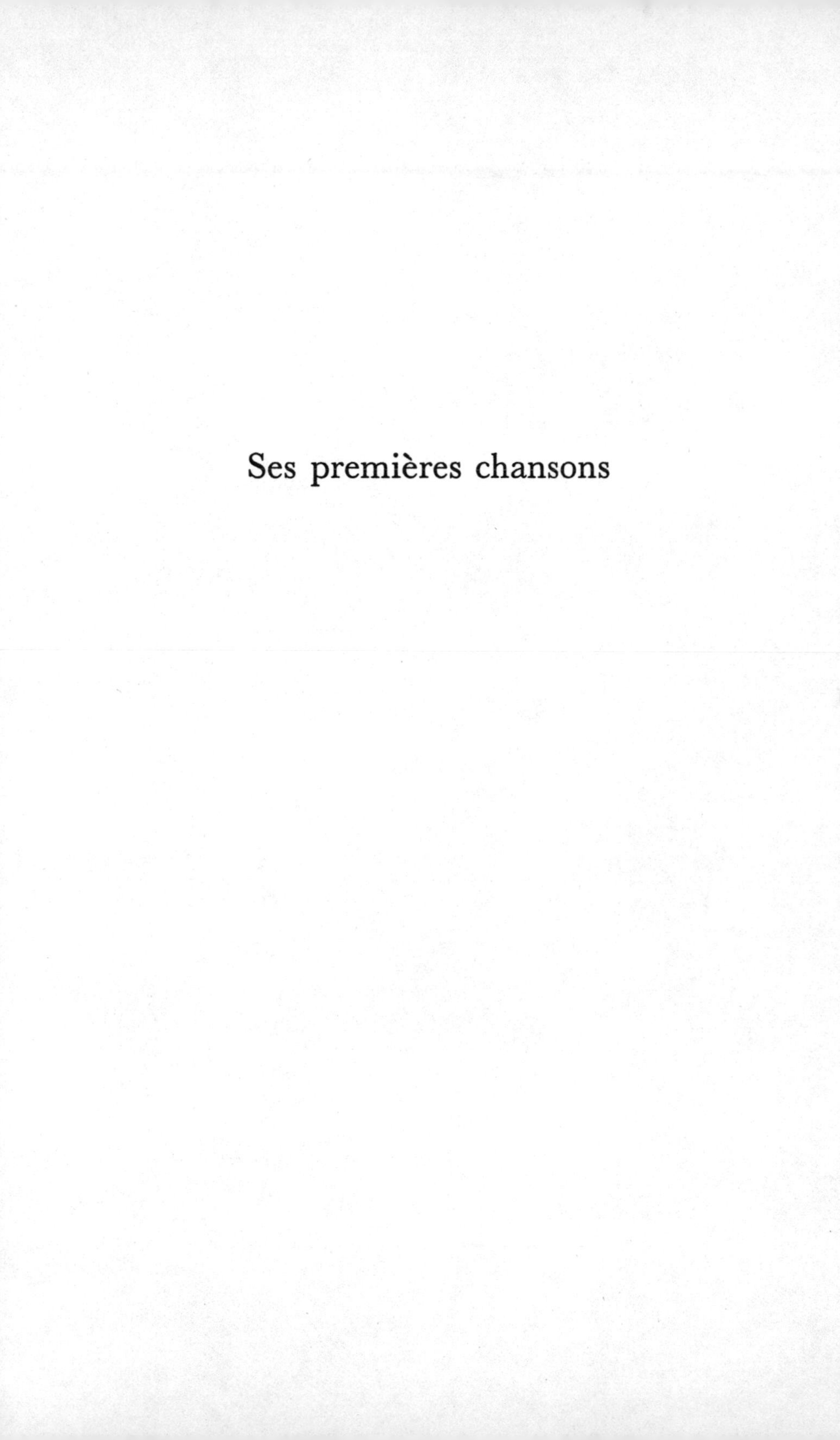

Ses premières chansons

L'ECOLE DE LA POLITIQUE

Pour le plus grand bien de la chose publique
Je soumets à tous les servic's compétents
Ce projet d'une école de politique
A l'usage des apprentis gouvernants.

Les locaux seront édifiés,
Autant qu' possibl' rue d' la Santé,
Pour qu' les élèv's puiss'nt s'habituer
A certain's probabilités.
Au-d'ssus de la porte d'entrée
En lettres d'or sera gravée
La devis' des politiciens
Qui est : « Bon à tout et propre à rien. »
Au-dessus sera le blason
Qui portera comme écusson,
De gueul's d'empeign's sur champ de tôle ;
Puis deux gard's aux larges épaules,
Allégoriquement chacun
Seront munis de six pots d' vin
En somm' ce n' sera pas nouveau :
Ça f'ra des gard's munis d' six pots !
En manièr' de plaisant'rie fine,
Les f'nêtr's seront à guillotine.
Seul's les cuisin's seront très sales
Car ell's seront électorales ;

Heureus'ment le tout à l'égout
Fonctionnera un peu partout.
Dans les waters, à profusion,
S'ra placardée cette inscription :
Tâchez d' bien fair' ce que vous faites
Où ça vous r'tomb'ra sur la tête.
Bref, la maison sera parfaite.
Et l'on y f'ra de bonne politique
Et l'on form'ra de vrais politiciens.

LA PRIÈRE SUR MONTMARTRE

I

Cité des chimères
Aux joies éphémères
A qui l'on veut faire
Un autre avenir,
Montmartre s'élève
Et ses heures brèves
Revivent en rêve
Tant de souvenirs...
Butte symbolique
Dont l'air ironique
Quelquefois cynique
Est indéfini.
De toi, l'on peut dire
D'Esope, ce dire
Le mieux et le pire
Y sont réunis.

II

Des rues tortueuses
Très peu vertueuses
Montent sinueuses
Murs entrelacés
Becs de gaz antiques
Et pavés étiques
Sont là, pacifiques,
Témoins du passé.
Et la ménagère
Pesante ou légère
Descend l'étagère
Des trottoirs à pic,
Pour aller, pratique,
Donner sa pratique,
Aux marchands typiques
De la rue Lepic.

III

Des dames gantées
Dûment chapeautées
Marchandent, pincées,
Un hareng laité.
Et des phrases crues
Leur donnent, bourrues,
Avec la morue,
Quelque parenté.
Bizarre cohue
Offrant à la vue,
Des vierges, des grues
Au teint délavé,
Filles qui se fânent

S'arrêtent, diaphanes,
Devant des bananes
Qui les font rêver…

IV

Rue Sainte-Eleuthère
En très grand mystère
Le nez près de terre,
Des gosses pâlots,
Terreur des pip(e)lettes,
Tirent les sonnettes,
En faisant des têtes
Chères à Poulbot.
Moulin de la fête,
Dit : de la Galette,
Qui, jusques au faîte,
Moud de la gaîté,
Par-dessus tes ailes
Que de jouvencelles,
Leur bonnet trop frêle
S'en viennent jeter !…

V

En place du Tertre
Au cœur de « Montmertre »
S'agite la dextre
De messieurs cotés.
Raides comme tiges
Sujets de Coolidge,
Anglais qui se figent
Mangent à côté…
Là, de joyeux sires,
Par quelques satires,
Provoquent le rire
Des gens en smoking.
L'étranger envie
Cette fantaisie
Devant qui se plie
La livre sterling.

VI

Pendant que parviennent
Les rumeurs malsaines
Des messes païennes,
Dans l'éther nacré
Montent, hiératiques
De la basilique,
Des chants liturgiques
Graves et sacrés.
Puis quand la nuit sombre
Tend son manteau d'ombre,
Allumant sans nombre
Les ampoules d'or,
Tous les taciturnes
Rentrent dans leur turne,
Montmartre nocturne
Plante son décor.

VII

Lueur d'incendie
Dont tout s'irradie
Au vent de folie,
De vice et d'amour,
Chacun se régale,
Place et rue Pigalle,
De la bacchanale
Jusqu'au petit jour.
Coiffés de casquettes
Plutôt indiscrètes,
Les « réguliers » jettent
Des regards en coin.
Et de leurs gencives
Un jet de salive
S'élance et arrive
Dix mètres plus loin...

VIII

Luxurieuse gouge,
C'est le Moulin-Rouge
Devant lequel bouge
Un peuple affairé :
Vendeurs de violettes
Ou de cacahuètes,
Fileurs de comètes
Au ventre serré.
... Près des cieux, lointaine,
La butte, incertaine,
Regarde, hautaine,
Le monde à ses pieds,
Et dans la nuit brune,
Sous un rai de lune,
Combien d'infortunes
Vont s'y réfugier.

... Cité des chimères,
Aux joies éphémères,
A qui l'on veut faire
Un autre avenir,
Sans jamais de trève,
En tes heures brèves,
Garde-nous le rêve
De tes souvenirs !...

C'EST PAS RIGOLO D'ETRE DROLE

1

Chacun vient au monde avec son destin
Et marqué d'un signe exact et certain
Sympathie, laideur, bonté, méchanc'té
Nous allons ainsi dûment étiq'tés.
Moi, quand je vis l'jour, on s'est écrié
Il a un' bonn' bouille il f'ra rigoler
Ainsi je suis né, c'est bien établi,
Sous le sign' comiqu' car c'était écrit.

Ah ! quel fardeau pour mes épaul's
C'est pas rigolo d'êtr' drôl'.

2

Donc, je dois êtr' drôl' continuellement
Et je n'ai plus l'droit d'agir autrement,
Mêm' lorsque je fais un' gueul' d'enterr'ment
Y a des gens qui dis'nt : « C'qu'il est amusant »
Quand je m'suis marié ce fut désastreux
M'ayant reconnu, le mair' tout joyeux
Dit à ma moitié : « Félicitations
J'connais votr' mari, c'est un grand couillon. »

Ah ! quel fardeau pour mes épaul's
C'est pas rigolo d'êtr' drôl'.

3

Lorsque mon tailleur m'essaye un vêt'ment
Je lui dis : « Fait's-moi quèqu' chos' d'élégant. »
Mais comme il rigole à tout c'que j'lui dis.
Ses mouv'ments n'sont pas tout à fait précis,
Aussi quand je mets l'costum' terminé
Le gilet m'arriv' presque jusqu'aux pieds,
Le veston a l'air d'un moteur flottant
Et l'tailleur me dit : « Là vous êt's marrant. »

Ah ! quel fardeau pour mes épaul's
C'est pas rigolo d'êtr' drôl'.

4

Quelquefois ma femme me traîne au Printemps
Ou bien aux Gal'ries, alors c'est charmant
Afin de sout'nir ma réputation
Je fais des bonn's blagu's à tous les rayons,
Quand je vois un inspecteur distingué
Qui porte le bouc, je fais bé...é
Au bout d'un quart d'heur' mon épous' me dit :
« Tu m'énerv's, idiot, fous-moi l'camp d'ici. »

Ah ! quel fardeau pour mes épaul's
C'est pas rigolo d'êtr' drôl'.

5

Lorsqu'un' jolie femm' m'accord' ses faveurs
J'ai la sueur au front et la crainte au cœur
Quand elle s'écrie : « Chéri v'là que j'meurs
Ça n'est pas possible, tu dois êtr' plusieurs. »
Si à c'moment-là j'lui dis :« Attention
J'ai les amygdales pris'nt dans l'édredon. »
Elle éclat' de rire ça s'termin' sur l'heur'
Par un' bell' ceintur, pour votr' serviteur.

Ah ! quel fardeau pour mes épaul's
C'est pas rigolo d'être' drôl'.

6

Et si d'aventur' je suis alité
Et qu'mon thermomètr' marqu' quarant' degrés
Les copains se dis'nt en s'tir'bouchonnant
V'là qu'il est malad', ça c'est bidonnant
Ah ! quel numéro, il le fait exprès
Sacré phénomène, il n'chang'ra jamais
Là-d'ssus ils concluent en se séparant
Il va p'têtr' claquer ça ce s'rait crevant.

Ah ! quel fardeau pour mes épaul's
C'est pas rigolo d'êtr' drôl'.

7

Ce sera comm' ça jusqu'au dernier jour
La folie sur moi planera toujours
Et les gens diront quand je s'rai dans l'trou
« Il nous a fait rire » et ce sera tout
Si au paradis on me laisse entrer
Le Bon Dieu m'dira : « Tu l'as bien gagné
Tu les a fais rir' viens te reposer
Y en a tant sur terr' qui les font pleurer. »

Et quand j'y pens' ça me consol'
Je suis bien content d'êtr' drôl'.

Y'A DU MOU DANS LA CORDE A NŒUDS

1

Notre état d'esprit, depuis bien des mois,
Peut se comparer en simple bonn' foi
A un' corde à nœuds tendue à craquer
Tiré' à chaqu' bout par des enragés.
Or, actuellement, cett' hypertension
Marque un temps d'arrêt, voire un' régression
C'n'est encore à pein' qu'un souffle d'espoir
Mais qui me permet de chanter ce soir:

Refrain :

Ça se détend un petit peu
Y'a du mou dans la corde à nœuds.

2

Oh! bien sûr nous sommes fort loin encor'
Des temps idylliqu's du doux âge d'or
Où l'on s'content'ra d'un gilet pour deux
Et d'un seul coqu'tier pour trois douzain's d'œufs.
C'est imperceptibl', c'est un embryon
Mais comm' le disait l'duc de Saint-Simon
Il est préférabl' pour s'désaltérer
D'prendre un verr' d'eau d'Seltz qu'un grand seau d'poussier.

(au refrain)

3

Cert's, pour le moment y a pas grand chang'ment
Et pourtant chacun a confusément,
Par simple prescience ou pressentiment,
La sensation d'un prochain apais'ment,
On n'sait pas au just' ce que l'on ressent,
Car on n'ressent rien et, pourtant en d'dans
Y' a comme un courant précurseur d'av'nir,
En un mot on sent que l'on va sentir.
(au refrain)

4

Des signes exacts donnent l'impression
Qu'nous n'somm's pas loin d'la réconciliation.
Les partis extrêm's on peut l'constater
Commenc'nt à mettr' de la bonn' volonté,
Ainsi dans le geste du bras tendu
Le p'tit doigt en l'air s'port' de plus en plus
Et les poings fermés s'ouvrent au matin
Histoir' de fair' prendr' l'air au creux d'la main.
(au refrain)

5

On se traite bien encor' de salaud,
Mais on met lorsqu'on prononce ce mot
Je n'sais qu'ell' langueur, quel ton moins brutal
Qui l'rend presque tendr', voir' même amical.
Et quand un typ' traite un autr' d'investi,
Au lieu d'se fâcher celui-ci sourit.
Si bien que l'insulteur, un instant surpris,
Se sent devenir investi aussi.
(au refrain)

6

Mêm' dans les bagarr's, les pir's adversaires
Ont tendance à modérer leurs manières
Et les autopsies révèl'nt journell'ment

Un' nett' progression dans le rapproch'ment.
Evidemment je sais qu'on raconte
Qu'au fond il n'y a que l'résultat qui compte,
Mais j'estim' qu'il vaut mieux être assommé
A coups d'sucre d'org' qu'à coups d'tisonnier.
(au refrain)

7

Rapp'lez-vous les grand's manifestations
Quand les frèr's enn'mis s'tapaient dans l'siphon
C'était à qui j't'rait l'autr' sous l'autobus,
Ou sous un camion pour en fair' du jus.
A présent c'est beaucoup plus comme il faut
On n'pouss' plus les gens que sous les six ch'vaux
Et l'on s'ra bien près d'l'altruism' vainqueur
Quand on n's'pouss'ra plus qu'sous les tri-porteurs.
(au refrain)

8

Bref, y'a du mou, je m'en port' garant
En dépit des pessimistes bêlants
Et nul ne s'plaindra d'cet amolliss'ment,
A part quelques dam's de tempérament.
Alors, citoyens, un petit sourire
Qui se transform'ra vite en un bon rire
Afin qu'nous puissions, enfin soulagés
Reléguer la haine au fond du passé!
(au refrain)

De la SDL
à *L'Os à moelle*
en passant par
« La course au trésor »

« La véritable modestie consiste à ne jamais se prendre pour moins ni plus que ce qu'on estime qu'on croit qu'on vaut. »

Paris, dimanche 5 décembre 1937, 12 h 55...

« Mobilisation générale de tous les hommes... Emeute sur les Champs-Elysées à la hauteur de l'avenue George-V... »

Les forces de l'ordre de plusieurs arrondissements de Paris se regroupent aussitôt pour mieux répondre à l'appel de leurs supérieurs. On vérifie les matraques et les pistolets, on se prépare à quadriller le carrefour indiqué, voire à charger. Des policiers armés jusqu'aux dents attendent ce signal depuis plusieurs semaines. Cette manifestation, c'est la concrétisation des menaces du Comité secret d'action révolutionnaire, plus connu des Français sous le nom de la « Cagoule ». Déjà responsables d'un attentat dans le quartier de l'Etoile contre la Confédération générale du patronat français, ces mystérieux individus ont maintenant pris pour cible le gouvernement du Front populaire, présidé par Camille Chautemps. A en croire la rumeur qui se propage dans les couloirs des commissariats, une attaque en règle vient d'être déclenchée au 116 *bis* de l'avenue des Champs-Elysées, contre les bureaux de l'illustre quotidien *Le Populaire*, dont le directeur politique s'appelle Léon Blum... C'est dire la surprise des centaines de gardiens de la paix lorsqu'ils découvrent une foule composée d'hommes et de femmes vêtus de peaux de bêtes, traînant derrière eux un magma d'objets hétéroclites, allant du chapelet de saucisses à la hallebarde, en passant par le manche à balai, la botte de paille, la culotte de zouave et même la lessiveuse. En un instant, ils réalisent l'ampleur de leur bavure et ne peuvent s'empêcher d'éclater de rire. Ces prétendus manifestants sont tout simplement les concurrents de « La course au trésor », l'émission de radio la plus célèbre du moment. Venus à pied, en métro ou en taxi, ils sont en train d'envahir les studios du Poste parisien, qui se trouvent dans le même immeuble que *Le Populaire*. Une violente altercation — pour rire, fort heureusement — vient d'opposer des candidats aux membres de deux assocations, le club des Branques et Les Amis de la Bécane à Jules, accusés, à juste titre, de tricherie. L'aide et l'assistance qu'ils se prêtent mutuellement leur assurent en effet une incontestable supériorité sur les isolés. C'est dire si l'on prend au sérieux ce qui, quelques mois auparavant, ne constituait qu'une plaisanterie de plus dans l'esprit de son créateur-animateur, Pierre Dac. Une heure plus tôt, comme chaque jour, il a donné sur les ondes le départ d'une chasse qui, à sa grande surprise, fait courir tous les Français, les plus âgés comme les plus jeunes. Depuis la naissance de ce jeu, des équipes se sont formées dans tous les quartiers de Paris, on a vidé les greniers, et des entrepôts d'objets se sont créés. Des adresses clandestines qu'on se transmet par le bouche-à-oreille. Régulièrement, aux alentours de l'arrivée, la circulation est interrompue, le service d'ordre débordé. Parfois, on en vient aux mains pour arriver le premier !

C'est encore ce qui s'est produit, juste en face du Fouquet's. Comme tous les matins, les auditeurs ont rivalisé d'imagination et de débrouillardise pour ramener en un temps record des objets aussi loufoques qu'imaginaires, donc théoriquement introuvables. Pierre Dac a demandé une lentille cuite… un concurrent lui en tend une, brûlante grâce à la lampe à alcool placée dans la voiture à bord de laquelle il s'est rendu au studio. Un autre participant apporte une dragée blanche entourée de dix kilomètres de ruban noir... Encore plus étonnants, ces auditeurs en habit qui, devant huissier, n'ont pas hésité à traverser le bassin d'une piscine parisienne sur toute sa longueur, parce que cette épreuve était obligatoire !

Ces efforts incroyables se trouvent récompensés, comble du loufoque, par des lots ridicules. Le gagnant remporte un billet de la Loterie nationale et dix bouteilles de Byrrh, tandis que chacun des autres participants repart avec une pelote de laine offerte par Louis Welcomme, le principal annonceur de l'émission. Le moment de la remise de ces récompenses constitue toutefois pour les vainqueurs un instant délicat. Face au micro, ces Parisiens de tous âges se trouvent soudain bien intimidés. Il s'en tirent par des borborygmes ressemblant vaguement à la formule rituelle : « Heu... heu... Je suis content d'avoir gagné. »

Un jour, pourtant, juste avant de passer à l'antenne, un heureux gagnant affirme qu'avec lui il n'y a rien à craindre :

« Vous en faites pas, ajoute-t-il, moi, pour la jactance et la converse, j'en connais un bout. »

Totalement rassuré, Pierre Dac remet donc les dix bouteilles offertes par Byrrh et ouvre les yeux ronds lorsqu'il entend :

« Heu... heu... je remercie beaucoup la maison Cinzano...

— C'est parfait, monsieur... D'autant plus que c'est du Byrrh qu'on vous a donné.

— Heu... heu... et je remercie aussi le poste Radio-Cité.

— Bien entendu, puisque nous sommes au Poste parisien.

— Oui... heu... heu... »

Ce jour-là, Pierre Dac va être dans l'impossibilité de reprendre le micro à la fin de l'émission et rester, pendant de longues minutes, écroulé de rire au fond du studio, le visage ruisselant de larmes.

En ce 5 décembre 1937, voilà près de trois mois que cette émission, incontestable ancêtre d'« Intervilles », connaît un succès que l'on qualifierait aujourd'hui d'« Audimat record ». Les sondages n'existent alors qu'aux Etats-Unis, à travers un institut récemment fondé par George Gallup, mais cela n'empêche pas les reponsables du Poste parisien de juger de l'impact de cette formule. A l'écoute d'une radio devenue l'indispensable compagne des Français, les Provinciaux éclatent de rire à la simple évocation de cette course délirante pour l'obtention d'un cadeau dérisoire. A Paris, c'est pire encore. Du lundi au samedi, on se bouscule au jardin d'Acclimatation, point de ralliement ô combien symbolique pour l'éternel enfant que demeure ce maître de l'absurde. Le dimanche, en revanche, le rassemblement s'effectue dans le grand studio du Poste parisien, un mini-théâtre où se déroulent les grandes émissions publiques de la station. Techniquement et pratiquement, il est impossible de faire autrement. Une heure plus tôt, en effet, dans une pièce voisine aux dimensions beaucoup plus réduites, le roi des loufoques anime en direct la session hebdomadaire de la « Société des loufoques » que les initiés appellent tout simplement SDL. Un congrès très insolite qui parodie la très sérieuse SDN, la Société des Nations, ancêtre de l'ONU. Pendant vingt minutes, on y discute de tout et de pas grand-chose, mais quand même, le plus souvent, de rien... Un extraordinaire méli-mélo de reportages fantaisistes, de discours insolites et de farces extraordinaires. On décerne des diplômes d'honneur cosignés par le président Pierre Dac et le vice-président Fernand Rauzéna. Ce dernier paraphe également le document au nom de tous les autres personnages à qui il prête sa voix : le major Tartala, infirmier et médecin-chef, Léopold Lavolaille et Ritou-les-Mains-Jointes, qui exercent eux-mêmes toutes les professions y compris et surtout les plus inimaginables : un parchemin officiel surmonté du sigle SDL, au centre duquel figure un personnage à la forme insolite, symbolisé à partir des divers emblèmes des Loufoques : un bicorne, un pot de yaourt, une paire de bretelles entrecoupée par deux os à moelle (déjà...) ainsi qu'un fanion sur lequel est inscrit : « Curriculum vitae niete. » Du latin de cuisine qui ne vient pas déparer un ensemble complété par une fresque : des dessins signés Ribbette, immortalisant quelques-uns des plus célèbres grands reportages de l'émission : « L'école des voleurs de doublure », « Le charmeur de bretelles », « La bourse aux omelettes », « Les adorateurs de la daube », « Les chasseurs de gabardine », « Les pêcheurs d'omoplate et les réducteurs de portefeuille »... Enfin, un sceau symbolique aux couleurs de la France se trouve apposé en bas et à droite : une pastille en papier rouge collée sur un échantillon bleu de laine Louis Welcomme. Au début et à la fin de l'émission, les protagonistes reprennent en chœur un *Hymne loufoque*, signé Dac et Rauzéna pour les paroles, Lionel Cazaux et Pierre Guillermin pour la musique. Un thème qui, en quelques semaines, devient très populaire :

SDL, SDL.
Vivent les loufoques, vivent les loufoques
Sac de sciure, os à moell'
Vl'à les gars d' la SDL.
Limonade et tranch' de m'lon
Sandwich aux moellons.

SDL, SDL.
Vivent les loufoques, vivent les loufoques
Os à sciur', sac à moelle
Et vive la SDL !

« Attention, il faut prononcer moelle comme tiroir-caisse », spécifient les auteurs, avant d'ajouter quelques précisions historiques et utiles sur l'origine d'un refrain qui , assurent-ils, se transmet de génération en génération de loufoques :

« En l'an de grâce 1185, une grosse poignée d'hommes résolus ayant à leur tête le célèbre Messire Jehan-Gontran

Gaston vidame de la Volaille, qui n'était autre que l'aïeul vénéré de notre ami Léopold Lavolaille, décidèrent de renverser le tyran qui sévissait à cette époque sous le nom, d'ailleurs usurpé, de Malfras Ier et qui était, il faut bien le dire, un triste sire. Un soir d'avril, réunis dans l'arrière-boutique d'un marchand de sciure de l'époque, les conjurés décidèrent que la mort du tyran serait fixée pour le lendemain matin, au jour B et à l'heure R. Mais quand il fallut désigner celui qui porterait le coup meurtrier, la plupart alléguèrent que le lendemain, à cette heure-là, il fallait qu'ils soient chez le dentiste ou bien qu'ils avaient une grande lessive à faire. C'est alors que, pour enflammer les cœurs et vaincre les dernières hésitations, Lavolaille eut l'idée sublime de créer un hymne. En une nuit, une seule, ils écrivirent ce chef-d'œuvre, destiné à surmonter les difficultés, toujours hérissées sur le sentier qui mène aux carrefours du croisement des grandes routes de l'existence... »

Ce mélange d'humour burlesque que les Marx Brothers — déjà très appréciés alors — ne renieraient pas, d'idées baroques et de gentillesse ravit chaque semaine un public heureux d'échapper, l'espace d'un instant, aux réalités de la vie quotidienne. Derrière leurs postes réglés sur deux types de fréquences, les ondes courtes et les petites ondes, les Français mettent des visages sur les innombrables voix qui se font entendre à tour de rôle aux côtés d'un Pierre Dac à la joyeuse humeur communicative. Ces mythes en puissance s'appellent Van den Paraboum, Pâte-au-Sabre, Charpailloux ou Tortellinni. Ils dissimulent en réalité une seule et même personne, le « vice-président » précédemment cité, Fernand Rauzéna. Quant aux bruits de foule et de bagarres en tous genres, ils sont exclusivement réalisés par les deux complices, à l'aide de tout ce qui peut leur tomber sous la main.

Dac-Rauzéna devient, entre 1936 et 1940, le duo vedette des ondes. Ils se sont rencontrés pendant l'été 1935, tard dans la nuit, dans une brasserie lyonnaise à l'enseigne des Archers. Une adresse bien connue des artistes en tournée, puisque l'on vous y accepte après le spectacle, quasiment jusqu'à l'aube. Rauzéna vient de jouer *Arènes joyeuses* de Vincent Scotto dans un théâtre de la ville, tandis que Dac vient de faire hurler de rire les spectateurs d'une autre salle. Le premier, extrêmement fatigué après la représentation, a décliné l'invitation des officiels et préfère souper rapidement, tout seul, avant de s'offrir la plus réparatrice des nuits de sommeil. Quand il pousse la porte de la Brasserie des Archers, voisine de son hôtel, il découvre une salle comble. Il interroge quand même le maître d'hôtel qui lui indique discrètement une chaise vide, juste en face d'un étrange client : un petit homme au visage triste et aux yeux profondément bleus, qui mâche son steak sans prêter la moindre attention à ceux qui l'entourent. Rauzéna reconnaît immédiatement le roi des loufoques, qui, fidèle à ses habitudes, dîne en solitaire après le spectacle. Il s'approche et lui demande l'autorisation de s'asseoir en face de lui. Pierre Dac, qui est la politesse même, approuve de la tête, ajoute un borborygme qui doit signifier « oui » et se replonge aussitôt dans ses pensées en même temps que dans son assiette. Après avoir passé sa commande, Rauzéna tente d'engager la conversation. Il apprécie l'humour loufoque à sa juste démesure et l'avoue timidement au principal intéressé. D'abord agacé par les propos de ce fâcheux qui perturbe son intimité toute relative, le chansonnier finit par l'écouter avec un intérêt grandissant. La sensibilité de ce jeune homme au visage long et jovial l'intéresse. De toute évidence, il n'est pas dépourvu du sens de la dérision et, au contraire de beaucoup d'autres, a compris que l'humour loufoque va bien au-delà du calembour et des à-peu-près. Le dialogue s'engage et Pierre découvre combien Fernand lui ressemble sur de nombreux points : autodidacte comme lui, il possède, même et surtout s'il ne l'avoue pas, une immense culture touchant à toutes sortes de domaines. Au dessert, Rauzéna commence à raconter sa vie. C'est un artiste, un vrai. Son père, honorable fonctionnaire stéphanois, a renoncé un jour à la vie bourgeoise pour fonder une compagnie de comédiens ambulants. Fernand est ainsi né à Rennes, dans une caravane, le 24 septembre 1900, à l'heure même où, à quelques dizaines de mètres seulement, sur la scène du Théâtre Delemarre, on frappait les traditionnels trois coups. Peu de temps après l'accouchement, sa mère remonte sur scène. En coulisse, dans un berceau dissimulé sous une planche à maquillage, le bébé joue avec un bâton de fond de teint en guise de hochet et tète, à l'entracte, le lait maternel. Dès qu'il est capable de faire ses premiers pas, il se passionne pour le montage et le démontage des décors et assiste à la plupart des répétitions. Il n'éprouve donc pas d'émotion particulière lorsqu'on lui demande de monter sur les planches pour la première fois. Il n'a que six ans et officie comme remplaçant... d'une jeune fille ! Vêtu d'une robe de dentelle, coiffé d'une perruque blonde bouclée surmontée d'une « charlotte », une sorte de galette garnie de rubans, il devient Suzanne dans *Roger la honte*, un drame célèbre au début du siècle. L'enfant se révèle doué d'une mémoire exceptionnelle. Il est capable d'apprendre par cœur un rôle de mille deux cents lignes en moins de trois heures puis de le réciter sans hésiter, plusieurs années après. Son père lui prédit une brillante carrière de fonctionnaire, ce qui n'est pas pour le réjouir. Son rêve, c'est de devenir docteur ou cocher de fiacre, deux métiers dont les représentants le fascinent parce qu'ils portent un haut-de-forme. Il le confirme régulièrement aux enseignants des différentes écoles que les circonstances familiales, autrement dit le hasard des tournées, l'obligent à fréquenter. Une dizaine d'établissements par saison en moyenne ! Il n'a jamais l'occasion d'être mis à la porte puisqu'il part toujours bien avant ! En fonction des places disponibles, il se retrouve ainsi dans n'importe quelle classe et assiste à un exposé sur la guerre de 1870, quelques jours après avoir assimilé le règne de Louis XI, comme s'il ne s'était rien passé entre les deux. Las de poursuivre des études qu'il ne parviendra jamais à rattraper, il se réfugie dans des dizaines de dictionnaires qu'il dévore pendant des journées entières. En quelques années, il devient ainsi capable de réciter la définition exacte de la plupart des mots de notre langue et, plus étonnant encore, de préciser la page où elle figure. Tout aussi passionné par les traités de médecine, il réussit, face au moindre symptôme, à établir un diagnostic, voire une ordonnance qu'il signe, sans le moindre complexe, à la place du praticien. A la même époque et pour son plaisir, il se met à apprendre, à la fois, l'anglais, l'allemand, l'espagnol et l'italien...

A ceux qui s'émerveillent devant ces exploits, il répond avec modestie : « Je n'ai aucun mérite ; il suffit que je lise quelque chose pour que ce soit définitivement enregistré dans ma tête. »

Pierre Dac apprend également au cours de cette longue conversation que son compagnon de table a effectué son service au 40e d'artillerie, quartier Tirlet, à Châlons-sur-Marne ! Le roi des loufoques commence alors à évoquer quelques-uns des plus beaux moments de sa tendre jeunesse. En vertu des lois de l'équilibre et du principe des vases communicants, les souvenirs d'enfance remontent à l'esprit tandis que les pousse-café descendent dans l'estomac, et il suffit que l'un évoque une tournée pour que l'autre en commande une aussitôt. Peu avant l'aube, les regards des rares clients venus boire un dernier verre se trouvent irrésistiblement attirés par ces originaux qui ne cessent de pleurer de rire. Dac, fidèle à une mauvaise habitude qui date de la guerre de 14, allume une cigarette avant même que la précédente soit consumée et Rauzéna, qui ne fume pas, affiche des yeux rouges. Les deux hommes, épuisés mais heureux, finissent par se séparer et échangent leurs adresses. Ils se promettent de se revoir le plus vite possible, dès la fin de leurs tournées respectives. Dac ajoute même : « A la rentrée, faudra qu'on fasse quelque chose tous les deux... »

Les circonstances permettent à ce souhait de devenir réalité une dizaine de mois plus tard. Au début de l'été 1936, au lendemain d'une série de représentations à la Lune rousse, Pierre Dac reçoit une proposition qui le séduit aussitôt. On lui demande d'animer une émission régulière sur Radio-Cité, fondée un an auparavant par Marcel Bleustein-Blanchet. Un poste dont la naissance constitue un événement dans l'histoire de la TSF ! D'une station au bord de la faillite, Radio LL, l'inventeur de la publicité moderne a fait un symbole de la liberté des ondes. C'est l'un de ses meilleurs clients, un spécialiste des produits pharmaceutiques, qui lui a conseillé de choisir cette appellation : un homme d'affaires qui profite de ses moments de loisirs pour écrire des pièces de théâtre, qui s'appelle Armand Salacrou et deviendra, beaucoup plus tard, membre de l'académie Goncourt.

Les studios de Radio-Cité, au 1, boulevard Haussman, Pierre Dac les connaît bien. A plusieurs reprises depuis le début de l'année, il est venu y commenter l'actualité à sa manière. Il a également participé à des spectacles de variétés en public proposés par Jacques Canetti, le directeur artistique de la station. Il a même troussé le slogan de l'une des émissions vedettes de la station « Le music-hall des jeunes » (où va débuter, au Théâtre des Ambassadeurs, un jour de 1937, un certain Charles Trenet). Des paroles que l'on entend, en guise de générique d'un programme patronné chaque semaine par les meubles Lévitan :

Bien l'bonjour, m'sieur Lévitan,
Vous avez des meubl', vous avez des meubles,
Bien l'bonjour, m'sieur Lévitan,
Vous avez des meubl' garantis pour longtemps.

Les messages publicitaires sont une formidable trouvaille de Radio-Cité. Les auditeurs les aiment, surtout lorsqu'à l'exemple de celui-ci ils sont aussi simples qu'efficaces. La musique est en effet connue de tout le monde puisqu'il s'agit d'une parodie d'un thème du folklore étudiant :

Bien l'bonjour, madame Bertrand,
Vous avez des filles, vous avez des filles,
Bien l'bonjour, madame Bertrand
Vous avez des filles qui ont le cul trop grand.

Soucieux de ne pas totalement délaisser son métier de chansonnier au profit d'une radio en pleine expansion, Pierre décide de s'adjoindre un collaborateur et songe immédiatement à Fernand Rauzéna. En quelques heures, ils imaginent ensemble un jeu, baptisé « L'académie des travailleurs du chapeau », dont les cours d'enseignement pédagogique, loufoque et obligatoire se déroulent en public à la « Faculté de Radio-Cité », c'est-à-dire dans un studio de la station. Dac distribue les rôles. Il est le professeur, son complice occupe le fauteuil du surveillant général. A l'image de ses concepteurs, la formule est délirante. Des candidats viennent raconter au micro les histoires les plus drôles et les plus stupides et sont déclarés gagants s'ils parviennent... à ne pas faire rire les animateurs ! Chaque semaine, des diplômes d'honneur sont ainsi attribués aux élèves-auditeurs les plus méritants.

Au début de l'année 1937, devant le succès, « L'académie des travailleurs du chapeau » devient « Le club des Loufoques ». Ses réunions sont diffusées en direct depuis le Théâtre Michel, rue des Mathurins. Chaque dimanche, à onze heures, dès l'entrée du grand maître-président Pierre Dac, le visage encore plus fermé que d'habitude, une salle archicomble se lève pour entonner, avec le plus grand sérieux, l'*Hymne des loufoques*. Un refrain qui se termine par un cri de guerre pacifique et inattendu...

Harengs saurs, cage d'ascenseur
V'là les chevaliers d'la bonne humeur.

Le ton est donné. Pierre, d'un signe, ordonne à la foule de s'asseoir. Il porte une grande robe blanche confectionnée à partir d'un vieux drap, et arbore des galurins insolites, allant du chapeau mou au sombrero ou à la casquette de marin. Des auditeurs, sélectionnés à l'avance, passent d'abord l'examen du « permis d'être loufoque ». Un document indispensable s'ils ne veulent pas être poursuivis, dès la fin de l'émission, pour exercice illégal de la loufoquerie. Un matin, des candidats ont à improviser autour du thème du yaourt. L'occasion d'apprendre, pour ceux qui l'ignoraient encore, qu'en dehors du yaourt de fer que l'on fabrique avec du lait condensé, justement contenu dans des boîtes de fer, il existe un yaourt végétal, obtenu à partir du lait des herbivores. Il peut se substituer au blanc gélatineux dont on enduit les plafonds mais aussi être utilisé comme crème de beauté ou, à l'extrême limite, comme pâte à chaussures... Bien entendu, tout cela est exprimé très sérieusement et, sous peine d'élimination, l'impétrant n'a pas le droit d'esquisser la moindre grimace pendant son exposé, même et surtout si les fous rires se multiplient dans la salle. Les spectateurs se déchaînent d'ailleurs tellement qu'à plusieurs reprises les organisateurs se demandent avec inquiétude si tout cela ne va pas se terminer dans la confusion générale.

A leur grand soulagement, ce n'est jamais le cas, en toute bonne logique de l'absurde. Le loufoque demeurant, par nature, de bon ton, les risques de dérapage sont impossibles. Les concurrents sont simplement joyeux, heureux de se défouler pendant un moment exceptionnel, qu'ils prolongent à la fin de l'émission en suivant le conseil traditionnellement donné par Pierre Dac avant le générique final : « Allez maintenant boire à ma santé un cocktail au savon noir et à l'acide sulfurique chez l'opticien du coin. Passez votre commande en vous recommandant du club des Loufoques, l'artisan vous fera dix pour cent... Dix pour cent en plus, naturellement... »

Chaque dimanche, plusieurs centaines de Parisiens anonymes — des jeunes pour la plupart — se côtoient ainsi sans se rendre vraiment compte qu'ils sont en train de participer à l'une des plus grandes aventures de l'histoire des ondes. Jusqu'au début de l'année 1935, les premiers postes privés balbutiants et les émetteurs d'Etat se contentaient en effet de diffuser de la musique légère et d'organiser des concours au règlement simpliste. L'arrivée de producteurs qui s'appellent Jean-Jacques Vital (neveu de Marcel Bleustein-Blanchet), Maurice Diamant-Berger (le futur André Gillois) ou Max Régnier donne un sang neuf et permet de tester des dizaines de formules sorties tout droit de leur imagination. Des idées tellement fortes qu'elles constituent encore aujourd'hui, et pour longtemps sans doute, les principes de base des émissions les plus suivies. Radio-Luxembourg a ouvert la voie en 1933 en proposant des chroniques économiques et sociales, des grands reportages internationaux, les premiers jeux à suspense, offerts par la lotion Cadoricin, ainsi qu'une heure spécialement réservée aux dames et aux demoiselles. Radio-Cité a pris la relève avec « La minute de bon sens » et le « Crochet radiophonique » du populaire Saint-Granier, « Sur le banc », un dialogue quotidien entre deux clochards qui s'appellent Jane Sourza et Raymond Souplex, et « Les plus de quinze ans », émission publique présentée par Noël-Noël et Jane Sourza, destinée aux couples toujours heureux après quinze ans de mariage. Enfin, en début de soirée, la station propose un rendez-vous intitulé « La famille Duraton ». Une émission d'abord baptisée « Autour de la table », qui a démarré, sous forme d'ébauche, le 13 janvier 1936 avec, dans les rôles principaux, Jean Granier (fils de Saint-Granier), Yvonne Galli, Lise Elina, Ded Rysel et Jean-Jacques Vital. Les interprètes, chargés de commenter l'actualité, lisent des textes tapés à la machine et cela donne un résultat pitoyable. Une formule monotone remplacée quelques mois plus tard, sans toutefois changer de titre, par des séances d'improvisation, à partir d'une trame définie avec un soin extrême. Le succès se révèle quasi immédiat et va se poursuivre pendant trente ans.

Quelques mois plus tard, sur Radio 37, Roger Féral, René Lefèvre et Albert Riera inventent « Le bar des vedettes », le premier talk-show de l'histoire. Bref, tandis que la radio commence à faire partie du quotidien des Français, Pierre Dac, qui déborde d'idées, se demande si, après tout, il ne pourrait justement pas en faire une partie de son quotidien...

Voilà pourquoi, au début de l'été 1937, il écoute d'une oreille attentive les offres d'emploi de la chaîne rivale de Radio-Cité, le Poste parisien. Il propose aussitôt d'adapter, à sa manière, un jeu américain dont il a entendu parler par des amis et qu'il intitule « La course au trésor ». Dans la corbeille de mariage, il ajoute « La Société des loufoques », transposition à peu près exacte de son « Académie des travailleurs du chapeau ». Dès le lendemain, il signe avec le Poste parisien un contrat qui doit devenir effectif au mois de septembre. Cette station, créée en 1924 par Paul Dupuy, directeur du quotidien *Le Petit Parisien*, est alors, comme l'indique le slogan, « le poste français que le monde écoute ». Dans la même semaine, les auditeurs les plus fidèles peuvent ainsi successivement retrouver les radioreportages lointains de Paul-Edmond Decharme, la vie de Sacha Guitry racontée par l'auteur, ainsi que « L'heure des amateurs », présentée par Georges Briquet, « Les amis de Mireille », où la créatrice de *Couchés dans le foin* reçoit au micro des invités avec qui elle vient de déjeuner au Fouquet's de l'autre côté de l'avenue, ainsi que « La vie en société », une série de petites comédies animées par Jean Nohain dit Jaboune. L'émission la plus populaire s'appelle « Les incollables » : c'est l'ancêtre des « Grosses têtes », avec, entre autres, Claude Dauphin, Maurice Diamant-Berger, Jean Nohain, le critique musical Adolphe Borchard et Maurice Bourdet, rédacteur en chef des services d'information de la station. Une équipe que rejoignent une fois par semaine Marguerite Moreno et Pauline Carton, le temps d'une autre émission, une parodie burlesque des procès et de l'administration intitulée « En correctionnelle ».

Des programmes pleins d'humour, où l'improvisation est reine, à l'inverse des formules proposées par Pierre Dac, troussées au calembour près. Le non sense face à « La minute de bon sens » : à la radio, il y en a désormais pour tous les goûts...

Le succès dépasse rapidement les espérances les plus optimistes et les jeunes, souvent à l'étonnement, voire à l'agacement, des parents, font un triomphe aux « loufoques ». C'est la plus belle des satisfactions pour Dac et Rauzéna qui ne ménagent pas leurs efforts et travaillent chaque jour, suivant un rite bien établi. Le second arrive vers 14 heures au domicile du premier, avenue Junot, et, jusqu'à la fin de l'après-midi, ils rivalisent d'imagination pour bâtir les chansons les plus délirantes et des sketches mettant en scène des personnages aussi insolites que le commissaire Lachnouf et MM. Charpailloux, Bouillongras et Fraisaulard. Dac, en robe de chambre, fait les cent pas dans le salon et vérifie le sens exact de chaque mot dans un dictionnaire encyclopédique en six volumes. La loufoquerie n'est pas seulement synonyme de rigolade ! Le greffier Rauzéna, lui, note chaque réplique. En complice idéal, il insuffle régulièrement une dose de bonne humeur dans les échanges, même et surtout dans les moments difficiles. De temps à autre, en effet, sans qu'il parvienne à en expliquer la raison, Pierre semble triste, voire abattu. Dès le début de leur séance de travail, il lui arrive d'avouer qu'il vient de déchirer tout ce qu'il avait écrit pendant la nuit précédente parce que c'était extrêmement mauvais. A force de patience et d'arguments convaincants, Fernand parvient chaque fois à lui redonner confiance, le pousse dans ses derniers retranchements, et c'est reparti pour un bon tour et des dizaines de mauvaises plaisanteries...

Pierre Dac est alors quasiment au sommet de la gloire, star parmi les stars. Une réussite face à laquelle il fait preuve d'une modestie qui n'a d'égale que sa gentillesse. Son vrai luxe, son passe-temps favori, c'est une promenade dans un

Montmartre dont il apprécie le calme et la tranquillité. La médiatisation n'est alors pas encore d'actualité et il peut passer plusieurs heures à la terrasse d'un café, sans se trouver assailli par les chasseurs d'autographes...

La saison suivante, « La course au trésor » est doublée d'un autre jeu tout aussi loufoque intitulé « Les chercheurs d'or ». Dans des recoins de Paris que Pierre Dac décrit à sa manière, sont dissimulées des pièces en aluminium frappées à l'effigie de *Pierre Dac Ier, roi des Loufoques.* Pour les auditeurs, il s'agit bien entendu de les découvrir en un temps record, et là encore, les embouteillages se multiplient pour cause d'attroupements. Chaque centimètre est exploré par les concurrents dans le périmètre où la pièce est supposée se trouver ! Une fois par an, Pierre Dac fait plus fort encore : il organise, au Moulin de la Galette, le Bal des loufoques. Une soirée avec déguisement obligatoire et prix réservés aux accoutrements les plus insolites. Ses inconditionnels ne se le font pas dire trois fois et osent tout ce qui leur passe par la tête. On découvre ainsi les frères Dugazon, deux messieurs au visage grave de cadre supérieur, arborant un haut-de-forme et des jumelles entièrement réalisées en gazon. Un peu plus loin, on remarque une dame très âgée, coiffée d'une couronne et portant une robe extrêmement courte. Tout en jouant avec un cerceau, elle fredonne sans rire : « Je suis le printemps, c'est moi le printemps ! » Le jury chargé d'attribuer les récompenses a du mal à dissimuler son fou rire ! Plus fort encore : Adolf Hitler ayant fait, quelques jours auparavant, une déclaration fracassante sur le thème « privez-vous de beurre, mais ayez des canons », un Parisien arrive avenue Junot, habillé en Napoléon et tirant derrière lui un canon sur lequel il a écrit à la main le mot « beurre ». Dac et Rauzéna constatent combien les participants jouent le jeu avec talent. Ils n'hésitent pas à se moquer d'eux-mêmes et, surtout, d'une actualité de plus en plus préoccupante. Une manière, pour eux, de profiter au maximum de leurs ultimes mois de bonheur avant une catastrophe qu'instinctivement ils jugent imminentes. Nous sommes en effet au début de 1938 et les faits ne prêtent guère à sourire : le Front populaire agonise en même temps que les espoirs de ceux qui l'avaient soutenu et Adolf Hitler vient d'envahir l'Autriche. On annonce, pour le mois de juin, la sortie d'un film de Marcel Carné, *Quai des brumes*, qui symbolise parfaitement le nuage qui plane sur le moral des citoyens...

Son emploi du temps radiophonique extrêmement chargé n'empêche toutefois pas Pierre Dac de répondre avec sa gentillesse habituelle aux sollicitations en tous genres. S'il délire à la scène, en revanche, à la ville, il respecte ses rendez-vous avec une ponctualité digne d'éloges. Chaque soir, après le départ de Fernand Rauzéna, il endosse le smoking de rigueur et replonge, du Perchoir à la Lune rousse, dans un univers plus en verve que jamais. Les valeurs de jadis sont stables : Léon-Michel et Pierre Jacob triomphent toujours à la Lune rousse, Gaston Gabaroche et Jean Marsac sont aux Deux-Anes, Géo Charley et Roméo Carlès demeurent à l'affiche du Coucou, tandis qu'à la Vache enragée, à nouveau dirigée par Roger Toziny, on note l'arrivée de deux jeunes espoirs, Jacques Grello et Robert Rocca. Les têtes d'affiche s'appellent toutefois Raymond Souplex et René Dorin. Le premier a d'abord été le plus jeune principal clerc d'huissier de France avant de se consacrer à d'autres actes, bien plus prisés par le public. Le second a modernisé le langage des chansonniers de Montmartre sans sacrifier, même l'espace d'un quatrain, le style impeccable de ses poèmes. Il a pris la relève de Rip en créant des revues dans des salles comme les Nouveautés ou le Théâtre Michel, jusqu'alors réservées à des représentations plus classiques. L'une d'entre elles, *Vive la France*, va connaître un impact exceptionnel. Le Tout-Paris mais aussi la duchesse de Windsor et l'ex-roi Edouard VIII vont en effet se régaler d'une délirante parodie de *Blanche-Neige* au cours de laquelle Daladier-Dormeur, Hitler-Grincheux et les autres nains défilent, les mains dans les chaussures en chantant : « Ay, Ayo, on revient du boulot... »

Souplex et Dorin affichent un point commun évident : ce sont des forces de la nature, des travailleurs acharnés. Souplex se couche à 4 heures du matin et se réveille à 8, pour lire les journaux et écrire le sketch de « Sur le banc » qu'il va interpréter avec Jane Sourza, à 12 heures précises sur Radio-Cité. L'après-midi, il trousse les revues qu'il interprète le soir et, avant de s'endormir, il travaille encore sur les dialogues d'une autre émission à succès, dont il est aussi l'interprète, « Monsieur Finécoute et sa vieille bonne Antenne ». Dorin, lui, déteste les vacances. L'été, il emmène sa famille dans une villa où il a fait aménager son bureau face à la mer. Tôt le matin, avant de s'installer à sa table de travail, il ouvre la fenêtre, respire un bon coup et s'extasie sur la beauté des vagues. Puis il s'enferme jusqu'à la tombée du jour en n'abandonnant ses dossiers qu'entre 16 heures et 16 h 30, le temps d'un bain. A Paris, c'est pire encore. Entre la fin de son monologue en première partie et son entrée dans la revue du Théâtre Michel après l'entracte, il trouve le temps de se rendre aux Deux-Anes pour donner son tour. Une performance qu'il parvient à accomplir grâce à la voiture, en des années où les problèmes de circulation ne sont pas d'actualité. Il lui faut en effet sept minutes pour se rendre de la rue des Mathurins au boulevard de Clichy. Son fils aîné tient le volant et s'amuse chaque soir à compter les automobiles qu'ils croisent en chemin : cinq les jours de grand embouteillage !

Une fois par semaine, Souplex et Dorin se retrouvent à Radio-Cité, pour animer « Les chansonniers en liberté », une formule plus connue du public sous le nom du « Quart d'heure Cinzano », à laquelle participent également Jean Marsac, Jean Rieux et Mauricet. Chacun y va de son refrain et, incontestablement, Dorin se montre le plus incisif. L'œil bleu et le regard très dur, bien droit derrière son micro, il déclame ses couplets d'une voix si forte qu'elle va lui permettre de se produire sans micro sur les scènes de l'Olympia et du Théâtre de l'Empire !

Pierre Dac, lui, cultive sa différence. Revenons un peu en arrière... Tout auréolé de sa goire radiophonique naissante, le voici en 1936, boulevard Poissonnière, à l'affiche de l'ABC, le « théâtre du rire et de la chanson », aux côtés de Damia et de Tino Rossi présenté, dans le programme, comme « chanteur corse et enchanteur du monde ». Le directeur de l'établissement s'apelle Mitty Goldin. C'est un formidable homme de music-hall, un personnage très insolite dont le fort accent indéfinissable inspirera plus tard Francis Blanche dans le merveilleux film de Christian-Jaque *Babette s'en va-t-en guerre.* Génie du spectacle, roi du système D, Goldin a choisi l'ABC comme enseigne parce qu'elle lui permet de figurer en tête dans la liste alphabétique des programmes que consultent les Parisiens pour choisir un spectacle. Il fallait quand même y penser...

Au début de 1937, aux Noctambules, rue Champollion, Maurice Roget, successeur de Martial Boyer à la tête de ce cabaret, propose *Quand Duraton*, une revue d'actualité écrite par Jean Granier et Jean-Jacques Vital, inspirée par la gloire montante de la « Famille » des ondes. Pierre Dac, autre vedette de la TSF, est aussi de la fête mais seulement en première partie. Le cheveu un plus plus rare qu'à ses débuts mais les yeux bleus et le sourire plus présents que jamais, il se produit entre les imitations et les caricatures en musique d'Henri Bradlay, et les chansons de Raymond Bour. Renée Marga, la commère de la soirée, le présente ainsi :

Voici le chansonnier loufoque
Notre Pierre Dac qui se moque
Des autres piqués de l'époque
Ecoutez ses couplets baroques.

Il entre alors en scène vêtu simplement d'un slip et le reste du corps peint aux couleurs d'un costume de garçon d'ascenseur, galons compris. Le public éclate de rire et manifeste bruyamment son enthousiasme. Deux heures de maquillage ont été nécessaires pour obtenir ce résultat mais l'accueil démontre que le jeu de scène en valait la chandelle. De son ton habituel solennel, Dac évoque alors à sa manière le sujet de polémique du moment : l'éventualité de la construction d'un ascenseur à l'intérieur de l'Arc de triomphe. Il ouvre et ferme à plusieurs reprises une porte imaginaire en s'exclamant : « Premier étage, les cols durs... Deuxième étage, les cols mous... Troisième étage, les cols militaires... »

Le temps des applaudissements, et il est déjà passé à autre chose... Ecrire chaque semaine des sketches pour la radio lui a en effet permis de peaufiner son sens, déjà inné, du rythme et de la repartie. Celle-ci s'exerce parfois en coulisse et constitue la base de dialogues comme l'on aimerait en entendre plus souvent. Un soir, il aperçoit ainsi l'un de ses confrères qui affiche un air particulièrement morose.

« Qu'est-ce qui t'arrive ? lui demande Pierre.

— Je m'emmerde, lui répond l'autre, toujours aussi sinistre.

— Tu t'écoutes trop, mon vieux », ajoute Dac. Puis, il prend congé avant même que le pauvre chansonnier ait compris ce qui venait de lui arriver.

Une autre fois, alors que la dame du vestiaire aide un client allemand à enfiler son manteau, Pierre lui lance : « Allez-y doucement, chère madame. Ne l'aidez pas à effectuer trop vite la traversée de la manche ! »

Certains jours, après l'entracte, Pierre se glisse discrètement dans la salle pour applaudir la seconde partie du spectacle, bâtie à partir d'un fil conducteur extrêmement simple : la réception, à l'Elysée, d'une famille « bien d'chez nous ». Un excellent moyen de caricaturer sans méchanceté les têtes d'affiche de l'Etat, Albert Lebrun, Vincent Auriol, Edouard Herriot et Léon Blum. Tout cela est gentillet mais ne fait sourire que quelques « vieux de la vieille ». Les jeunes et les critiques à l'œil blasé attendent visiblement autre chose que les mêmes plaisanteries éculées sur nos hommes politiques ou une simple moquerie de la fameuse Exposition internationale de 1937 qui réunit cinquante-deux pays, de la colline de Chaillot à la place d'Iéna.

Pierre Dac sait qu'il dispose des meilleurs atouts pour répondre à cette attente. Il persiste, signe avec Fernand Rauzéna et fait graver sur la cire quelques-uns des grands moments de la SDL, ainsi que des chansons que le pianiste Lionel Cazaux met en musique. A la fin de 1937, le voici au Casino de Paris où il devient coauteur, avec Henri Varna, Léo Lelièvre et Marc-Cab, d'une revue intitulée *Plaisirs de Paris*. Un spectacle délirant dont la vedette s'appelle O'dett. Les manières de ce dernier ne laissent pas planer le moindre doute sur ses tendances sexuelles et il en use fort adroitement. Il s'appelle en réalité René Goupil et se vante, à juste titre, d'être le meilleur travesti de Paris. Né à Montmartre au début des années 1900, il débute en se déguisant en chaisière de sacristie et en vieille dame étourdie. Il n'a pas alors d'autre but que d'amuser ses amis. Puis, il prend la direction d'un restaurant-cabaret, la Noce, où il donne à ce numéro une forme plus professionnelle, et y ajoute un répertoire de chansons grivoises. Il se produit ensuite au Fiacre, où il fait la connaissance de Pierre Dac et d'un nouveau duo prometteur, Charles et Johnny, c'est-à-dire les jeunes Charles Trenet et Johnny Hess. Portant une robe blanche, des mitaines noires et un chapeau à plumes, il virevolte sur cette scène chère à Yvette Guilbert au début du siècle, avant de laisser apparaître ses bras musclés sous des dentelles blanches. C'est du délire dans la salle ! On le retrouve ensuite au Liberty's, un cabaret-dancing où l'animateur, surnommé Tonton, a inventé une nouvelle formule de spectacle qui sera reprise, beaucoup plus tard, par Jean-Marie Rivière à l'Alcazar puis par Jean Kriegel au Paradis latin : entre deux refrains interprétés par des artistes aussi illustres que Lyne Clevers et Bordas, les garçons montent sur scène pour chanter. Pierre Dac s'y produit de temps à autre et, un soir de novembre 1935, à la suite d'un pari, il y crée une parodie de *Phèdre* avec Fernand Rauzéna et O'dett. A l'écoute du texte, Jean Racine n'a plus qu'à se retourner dans sa tombe ! La distribution est aussi efficace qu'insolite : Pierre Dac dans le rôle d'Hippolyte, Rauzéna dans celui de Théramène (ta fraise) et, bien entendu, O'dett Phèdre... Le succès dépasse toutes les espérances, puisque ce sketch finit par constituer, dans Paris, l'événement de l'année 1936. Avec le sens de la dérision qui le caractérise, O'dett évoque alors ses projets d'avenir en précisant, avec la dignité qui sied à tout tragédien : « Je ne sais pas encore ce que je vais faire à la rentrée. Je vais peut-être reprendre *Phèdre...* »

Un succès qui donne à Henri Varna l'envie de s'adjoindre ces deux vedettes, le temps d'une saison. Dans l'une de ses chansons intitulée *Le Nez de Cléopâtre* et enregistrée un an auparavant, l'orchestre de Ray Ventura clame au détour d'un couplet : « Si Pierre Dac était danseuse au Casino de Paris, on n'en serait pas là. » La réalité finit presque par rejoindre la loufoquerie ! O'dett et Pierre Dac succédant à Cécile Sorel et à Mistinguett, c'est incroyable mais vrai. Au dos d'un prospectus publicitaire dessiné par Zig, on vante en termes choisis les mérites de ce programme à ne manquer sous aucun prétexte...

« Que vous ayez le chichi déplumé, la carotte dure à cuire, les soupapes encombrées, la paillasse torturée, le faux col trop grand, la mine défaite, l'antichambre bouleversée, des mites dans le tricot, ça ne vous empêchera pas de venir voir les sensationnels débuts au Casino de Paris du plus extraordinaire fantaisiste O'dett dans la plus somptueuse et humoristique revue du monde. [...] Avec le chansonnier loufoque Pierre Dac, les grands numéros américains Saint-Clair et Day, The Fockkers, les 32 Helena Stars et une sélection des plus belles femmes de l'univers : deux cents artistes, dix grandes attractions ! »

Pierre Dac, qui a toujours adoré les déguisements, s'amuse beaucoup. Tous les soirs, au pied du grand escalier, il déclame ses loufoqueries habituelles avant de participer à un tableau d'actualité, « Chez le percepteur en 1940 », puis à une parodie de film d'espionnage intitulée « La vamp aux cheveux mités ». Une scène qui se déroule dans une principauté de fantaisie et au cours de laquelle le roi des loufoques, dans le rôle du lieutenant Serge, chef de la police, passe et repasse sur la scène en tenant à la main un porte-documents géant sur lequel on a écrit « Documents secrets ». Il finit par s'installer au centre du plateau, sur un canapé truqué où l'explosion d'un pétard à ses pieds provoque des éclats de rire dans la salle. Le rôle de la « jeune et belle princesse » *(sic !)* est naturellement joué par O'dett. Un soir, à la suite d'un faux mouvement, le pétard s'accroche à l'immense robe de l'artiste. Personne ne s'en rend compte, jusqu'à ce qu'il éclate, provoquant la surprise et les dégâts qu'on imagine devant un public en délire, persuadé que le gag a été minutieusement répété !

Comme s'il n'avait pas assez de choses à faire, Pierre Dac ajoute à cet emploi du temps chargé l'écriture, avec Raymond Souplex, d'un prolongement cinématographique de ses émissions radiophoniques. L'histoire, mise en scène par Marcel Pol (de son vrai nom Marcel Aboulker), se déroule dans les studios du Poste parisien : une famille originaire du petit village de Coussy-la-Chapelle gagne un séjour à Paris, dans les locaux de la station, au 116, avenue des Champs-Elysées. L'occasion de découvrir à l'écran le visage de voix mythiques qui ont pour noms Blanche Montel, Jane Sourza, Georges Briquet, Géo Charley, René Dorin, Fernand Rauzéna et, bien sûr, Raymond Souplex et Pierre Dac. Les dialogues sont signés par Maurice Diamant-Berger et Jean Nohain, mais le créateur de la SDL se réserve un sketch spécialement imaginé pour la circonstance : un exposé sur le sandwich au pain suivi d'un mémorable bain de charbon. Un document unique, le seul vrai film sur les pionniers de la radio moderne !

La scène, les ondes et le cinéma ne suffisent pas à occuper les journées du plus cartésien des loufoques. Avec un ami d'enfance, Roger Bellon, fondateur des laboratoires pharmaceutiques, il établit en 1936 un record d'aviation sur six cents mètres qui, toutefois, ne sera jamais homologué.

Il accepte, au début de 1937, d'adapter à sa manière les textes d'une bande dessinée qui connaît depuis trois ans aux Etats-Unis un succès grandissant. Intitulée *Smokey Stover*, elle devient en français *Popol, le joyeux pompier.* L'auteur, Bill Holman, se trouve en même temps affublé du titre ronflant de « docteur en foulosophie ». Les gags, aux situations totalement absurdes, sont bourrés de réflexions, de détails n'ayant rien à voir avec ce qui semble constituer l'action. Les personnages sortent des cadres sans raison apparente, multiplient les calembours les plus faciles... Pour Pierre Dac, voilà du pain bénit ! Le 15 juillet 1937, *L'Epatant*, le célèbre hebdomadaire de la jeunesse, publie les premières planches dialoguées par le roi des loufoques. La tâche n'était pas facile et il s'en est tellement bien sorti que, pour le remercier, les responsables du journal, les dirigeants de la Société parisienne d'édition, l'invitent à déjeuner. A l'heure du dessert, on parle presse et Dac raconte ses débuts à Montmartre. Il évoque bien entendu le cabaret de la Vache enragée, mais aussi l'hebdomadaire publié sous ce titre, entre 1918 et 1925, par Maurice Hallé et Roger Toziny : quatre pages grand format évoquant les principaux événements de la Butte, de la foire aux Croûtes aux concours de chansons, et surtout remplies de chroniques et de dessins humoristiques d'une grande qualité. Une forme de journalisme hélas disparue, qu'il serait peut-être temps de ressusciter... Ces propos ne tombent pas dans l'oreille de sourds puisque, six mois plus tard, un nouveau rendez-vous est organisé. Plus question, cette fois-ci, de *Popol le pompier* mais de l'éventualité de la publication d'un nouvel hebdomadaire humoristique de quatre pages grand format, qui deviendrait l'« organe officiel des loufoques ». Pierre Dac réfléchit pendant un mois puis propose un titre : *L'Os à moelle.*

« Pourquoi ? lui demande-t-on.

— Pourquoi pas », réplique-t-il.

En réalité, ce nom il ne l'a pas prononcé par hasard mais en pensant aux os à moelle évoqués dans l'hymne de la SDL et qui figurent également sur les diplômes d'honneur distribués aux auditeurs les plus méritants. Mais répondre aussi logiquement à la question qui lui était posée n'était vraiment pas digne d'un loufoque !

Un contrat d'une durée de dix ans est aussitôt signé. Dans les semaines qui suivent, Pierre s'installe dans les bureaux du 43, rue de Dunkerque et constitue son équipe. Fernand Rauzéna est là bien entendu ; d'autres humoristes, camarades de scène et de coulisses plutôt que des ondes, le suivent presque immédiatement : Jean Marsac, Raymond Schalit dit Albin Jamin, Maurice Henry, Claude Dhérelle, Roger Salardenne, Charley Williams, Robert Rocca, jeune chansonnier au talent prometteur, les dessinateurs Bugette, Pruvost et Jean Effel.

Le premier numéro paraît le vendredi 13 mai 1938. Le lancement avait d'abord été fixé au 6, mais le rédacteur en chef en a décidé autrement. D'abord parce qu'en maniaque de la précision Pierre Dac veut tout peaufiner, les articles comme chacun des titres, mais aussi et surtout parce que le 13 constitue pour lui une date symbolique. La superstition n'a rien à voir là-dedans ; ce jour, c'est celui de l'anniversaire de Monique, la nièce de Fernand Rauzéna, née deux ans plus tôt. Dac lui voue une affection toute particulière, quasi paternelle, et elle l'appelle déjà « tonton Pierre ».

Tout au long du week-end qui précède la sortie, l'équipe réunie autour du roi des loufoques établit un sommaire aussi définitif qu'équilibré : une revue de presse, de grands reportages, des « Nouvelles atmosphériques et phénomènes météorologiques », les « Contes du Père l'Os », le courrier du cœur avec « Les épanchements de Cousine Synovie », et les « Mystères de la clé des songes » avec Nostrautobus et ses Nocturnes du chapeau. *L'Os à moelle* propose également un dictionnaire loufoque, un concours insolite : « envoyez-nous vos plus beaux trous dans le sable, le meilleur sera primé », ainsi qu'une rubrique de petites annonces, loufoques bien entendu. Gaston Berger et Ribettes en deviennent aussitôt les « concessionnaires exclusifs ». Pierre Dac tient toutefois à rédiger la première d'entre elles, peut-être la plus célèbre :

Offre d'emploi : On demande cheval sérieux connaissant bien Paris pour faire livraisons tout seul.

Quant aux fidèles auditeurs de la « SDL », toujours diffusée sur le Poste parisien, ils disposent eux, tout naturellement, d'un statut privilégié. Chaque vendredi, *L'Os à moelle* promet de leur fournir un mot de passe, un geste de ralliement et une injure. Un encadré publié en page 4 qui, pour la bonne règle, doit être « tenu secret et à l'abri des intempéries ». Dès le premier numéro, le ton est donné.

Mot de passe : Que d'os, que d'os ! (à prononcer comme Mac-Mahon).
Geste de ralliement : Le pouce droit dans l'œil gauche ; le petit doigt gauche sur la couture de la chaussure.
Injure hebdomadaire : méchant, va !

Comme dans un vrai journal, on choisit d'abord les sujets magazines, donc plus intemporels : GKW Van den Paraboum, l'un des nombreux pseudonymes sous lesquels se cachent Fernand Rauzéna et Pierre Dac, rédige un « Grand reportage chez les fumeurs de cravate », avec une visite dans une fumerie clandestine cachée sous une enseigne au néon, où le vice secret s'étale publiquement... C'est la première d'une série d'« exclusivités » qui, chaque semaine, alterneront avec des comptes rendus des sessions de la SDL, sur le Poste parisien. Jacques Halahune, lui, rapporte par le détail son entretien d'une heure dix avec Louis XIV, à la manufacture des Gobelins devant une tapisserie représentant le Roi-Soleil. Une occasion unique pour le souverain de s'exprimer loin de sa Cour et d'avouer, pour la première et dernière fois : « On m'a nommé le Roi-Soleil à cause de tous les gens qui vivaient dans mon ombre. » Andhémar de la Cancoillotte évoque de son côté la saison des fraises, tandis que Pierre Dac imagine une rubrique intitulée « Les pensées du petit père Niet-Niet » et ouvre, à l'intention de tous les loufoques de France, de Navarre et d'ailleurs un « Courrier osficiel du Président », complétant une correspondance entre les lecteurs judicieusement baptisée « Plus on est de fous... ». Enfin, Jean Marsac, qui adore jouer les méchants à l'humour cinglant, alors qu'il est au fond aussi sentimental que gentil, inaugure sa rubrique sous forme de carte blanche qu'il intitule tout naturellement « Le coin du Grincheux ».

Le feuilleton du bas de la quatrième page est confié à Roger Salardenne. Né à Sedan au début du siècle, il a débuté en multipliant les chroniques dans *Le Canard enchaîné, L'Humour* et *Le Rire*, tout en exerçant le très sérieux métier de commissaire de bord dans la marine marchande. Il devient ensuite feuilletoniste au *Bon-Point amusant* et commence à apprendre toutes les ficelles d'un genre qu'il propose à Pierre Dac de parodier à l'extrême. Aussitôt dit, presque aussitôt écrit... Il imagine en quelques heures, sous la signature de Ponton du Sérail, les premiers chapitres d'un grand roman d'aventures, ou supposé tel, *Le Disparu de la huche à pain*. Un modèle du genre où le non-initié-au-genre-loufoque peut se faire piéger à l'énoncé des décors et des principaux personnages : un mystérieux château avec ses terrifiantes oubliettes, des nobles, un valet, une belle jeune fille, un jardinier et son fils, un détective... Toutefois, dès la lecture des premières lignes, la mystification n'est heureusement plus possible...

Chapitre premier...

« A quatre pattes sous la table de nuit, comme chaque matin à pareille heure, Gontran de La Mortadelle cherchait son bouton de faux col.

C'était un beau jeune homme pâle des genoux, aux mollets fins et distingués. D'ailleurs, on pouvait voir au-dessus de la cheminée un superbe agrandissement photographique le représentant en premier communiant, ce qui nous dispensera de vous brosser son portrait. [...]

C'est à ce moment précis qu'on frappa violemment à la porte et Morniflot, le valet de chambre, pénétra dans la pièce. Il était blême et défait, ses dents claquaient à la vitesse moyenne de 8 227 chocs à l'heure et il tremblait comme une gelée de groseilles sous le souffle du mistral, un soir d'orage.

''Maître, balbutia-t-il d'une voix étranglée, maître, c'est épouvantable !

— Vous m'affolez, riposta le vicomte en rajustant machinalement le pli vertical de son caleçon rose, qu'y a-t-il Morniflot ?''

Le domestique, pour ne plus claquer des dents, retira prestement son râtelier.

''L'ectoplasme du trisaïeul de Monsieur le Vicomte, ânonna-t-il, a mystérieusement disparu de la huche à pain !'' »

Pierre Dac, fidèle à lui-même, ajoute sous le traditionnel « A suivre... » l'adverbe « discrètement », ainsi qu'une formule indispensable : « Tous droits réservés, y compris le droit d'aînesse et le droit des peuples à disposer d'eux-mêmes. » Puis il engage vivement Salardenne à continuer et lui donne, en même temps, carte blanche pour une chronique hebdomadaire intitulée « Drôl' de s'maine » et signée par Redis-le-Moelleux. L'occasion pour Salardenne d'évoquer, à sa manière, ce qu'il considère comme les grands événements de l'actualité. La complicité d'esprit entre les deux hommes devient telle que l'année suivante, en page 3 du numéro 52 de *L'Os à moelle*, sous le titre « L'homme du jour de semaine », Pierre Dac va dresser le plus loufoque des portraits biographiques de son feuilletoniste préféré.

« Roger Salardenne, comme son nom l'indique, est né au Dahomey, ce qui ne l'empêcha pas de voir le jour dans ce département des Ardennes célèbre pour ses ponts suspendus et ses lampes de chevet à souder.

Précocement intelligent et doué d'une sensibilité exceptionnelle, il sut écrire avant de savoir lire ; malheureusement, quand il sut lire, il ne parvint que difficilement à relire ce qu'il avait écrit avant de connaître les rudiments de l'alphabet ; il s'en tira cependant à son honneur et à la confusion des pédagogues routiniers.

A dix-huit ans, il entra à l'Académie française et en ressortit aussi vite parce que ce n'était pas là qu'il voulait aller, mais à un match de catch qui opposait un professeur de rhétorique à un ancien cocher de l'Urbaine devenu maître des requêtes au Conseil d'Etat. A dix-neuf ans, il voulut se faire chleuh, mais renonça à son projet sur les instances du Président du Conseil d'administration de la Royal Dutch. Il entra alors à l'école des capitaines d'habillement et en sortit avec un bon certificat qui lui permit d'obtenir un poste de secrétaire perpétuel honoraire près le syndic des artisans en échaudés et bretzels.

Amateur d'art avisé et érudit, Roger Salardenne possède une collection de sucre en poudre qui fait l'admiration des amateurs de bel canto.

Il est le principal collaborateur de tout ce qu'il écrit, et, comme tel, bénéficie du droit de priorité dans toutes les manifestations littéraires du code de la route.

Polyglotte résolu et convaincu, notre ami Roger Salardenne parle huit langues dont le français couramment et les autres par ouï-dire. De première force à la flûte de pan, il est également recordman du lancer du pain de quatre livres, catégorie juniors. Sollicité à maintes reprises par le suffrage universel, il a, jusqu'ici, refusé systématiquement toute participation au gouvernement : nous croyons cependant pouvoir déclarer qu'il n'en sera pas toujours ainsi et que, peut-être, d'ici quelque temps, il se pourrait que... mais ceci est le secret de l'avenir et des configurations astrales. »

Dès le premier numéro de *L'Os à moelle*, l'actualité se trouve largement évoquée : la création au Théâtre du Châtelet du *Tour du monde en quatre-vingts jours* permet à Claude Dhérelle de s'extasier sur le talent d'un jeune auteur plein d'avenir, un certain Jules Verne. Léopold Lavolaille s'intéresse, de son côté, à l'avenir du film creux face au film en relief tandis que Maurice Henry raconte sa vie au Salon nautique, où il s'est rendu en caleçon de bain. Un récit qui permet de découvrir les dernières créations des couturiers, depuis le scaphandre à jupe étanche pour dames, jusqu'au complet en homard mayonnaise, rehaussé de hublots matelotes, en passant par le pardessus orné de manches à air pour visiteurs clandestins. Enfin, Pierre Dac, soucieux d'évoquer à sa manière les problèmes de gouvernement que connaît alors le pays — le récent remplacement de Léon Blum par Edouard Daladier, à la demande du président Albert Lebrun — annonce à la une la constitution du premier ministère loufoque. Il précise également qu'il ne durera pas et que les portefeuilles ont été distribués au poker-dice. Il se nomme aussitôt « président provisoirement inamovible » et s'octroie, en toute modestie, un petit portemonnaie. Tandis que, face à la menace du nazisme, le vrai président du Conseil privilégie la défense nationale aux dépens des réformes sociales, Pierre Dac annonce que des décrets-lois seront soumis incessamment — et même plus vite que ça — au président de la République loufoque. Ils portent, entre autres, sur le réajustement des tarifs douaniers, le rationnement du bœuf en daube et précisent les modalités d'un nouveau statut du travail : « A la suite de l'accord intervenu entre les puissances, on ne travaillera plus désormais le lendemain des jours de repos, mais, à titre de compensation, on se reposera la veille. »

Enfin, de sa déjà célèbre écriture ronde, le rédacteur en chef rédige, à l'encre verte son éditorial simplement intitulé « Pourquoi je crée un journal ». Une profession de foi qu'il relit plusieurs fois, afin d'en peser tous les mots, y compris et surtout les à-peu-près...

« Depuis quelque temps, on sentait que quelque chose allait se produire : chacun avait comme une sorte de pressentiment, une espèce de vague prescience d'événements définitifs : c'était impalpable, aérien, imprécis, volatil et cependant presque concret dans sa fluidité embryonnaire ; les gens respiraient difficilement, oppressés par cette attente dont on sentait qu'elle se racourcissait à mesure qu'elle s'allongeait : les nerfs se tendaient à tel point que nombre de ménagères faisaient sécher le linge dessus pour leur faire prendre patience.

Et puis, un soir, un trou se produisit dans la voile des nuées de l'avenir : mes camarades et moi-même, réunis dans l'arrière-salle du grand café des Hémiplégiques francs-comtois, eûmes soudain la révélation de ce que le monde attendait de nous. Nous n'avions plus à hésiter ; notre devoir était tout tracé et la porte de l'espoir s'entrouvrait à deux battants sur la fenêtre donnant sur la route de l'optimisme et de la bonne humeur : l'idée, la grande iDée avec un grand D était née, *L'Os à moelle* était virtuellement créé.

Cependant je vous dois quelques explications, car je ne doute point que d'aucuns esprits subtils et retors ne vont pas manquer de me demander le pourquoi des raisons qui ont milité en faveur de ce titre *L'Os à moelle*. Pourquoi *L'Os à moelle* ?

Ce titre, *L'Os à moelle*, est véritablement l'expression synthétique de nos buts et de nos aspirations. C'est tellement facile à comprendre que je juge parfaitement inutile de donner des explications qui ne feraient qu'embrouiller la chose comme par laquelle je vous expose la clarté de nos intentions.

N'oublions pas, en outre, que l'Os à moelle fait partie

intégrante de notre patrimoine et qu'il remonte à une antiquité qui n'a son équivalent que dans les temps les plus reculés. De tous temps, l'Os à moelle a été vénéré et son influence astrale reconnue par les personnalités les plus marquantes telles que Nicolas Flamel, Pichegru et Jules Grévy.

Au temps des Gaulois, le fameux gui qu'adoraient ces derniers n'était autre que l'Os à moelle qui, à l'époque, n'était pas encore passé du règne végétal au règne minéral : les campagnes celtes verdissaient à l'ombre des ossamoelliers, au pied desquels les comiques en vogue chantaient leurs plus désopilants refrains dont l'un des plus célèbres : *Le druide a perdu son dolmen*, est parvenu jusqu'à nous.

Au cours des siècles, l'Os à moelle subit de nombreuses métamorphoses et même une éclipse totale sous la Révolution française : aujourd'hui, nous assistons à son apothéose et à sa cristallisation définitive sous la forme du présent journal.

Voilà pourquoi, amis lecteurs, nous avons choisi ce titre : *L'Os à moelle* ! Nous tâcherons de nous en montrer dignes et de le maintenir sur le chemin du sourire et de la saine plaisanterie ; nous éviterons évidemment toute bifurcation politique, car nous voulons bien être loufoques mais pas fous.

Vous savez tout maintenant ; il ne me reste plus qu'à souhaiter à notre journal tout ce que nous pouvons lui souhaiter afin qu'il puisse accomplir l'œuvre à laquelle il est dévolu, dans une atmosphère propre à regrouper les bonnes volontés éparses dans un climat dont l'indéfectibilité ne le cédera qu'à une euphorie sereine, indélébile et entièrement prise dans la masse. »

Le message est reçu cinq et demi sur cinq ! Dès la fin de l'après-midi, l'éditeur affirme que ce vendredi 13 mai demeurera un jour J comme Joie ! C'est le triomphe absolu, il n'y a plus un seul exemplaire à vendre sur les cent mille envoyés dans toute la France. La promotion à la radio et à la télévision n'existe pas encore mais quelques annonces sur le Poste parisien et le bouche-à-oreille se sont révélés plus efficaces que tous les messages publicitaires du monde. Les demandes sont tellement nombreuses que l'on procède, dès le lendemain matin, à un nouveau tirage de ce journal placé à l'étal des kiosques, non pas à côté de l'illustre *Canard enchaîné* ou du populaire *Marius*, mais au milieu d'autres quotidiens beaucoup plus sérieux. Les acheteurs l'identifient pourtant sans peine et pas seulement à cause de son sous-titre imprimé en gras : « Organe officiel des loufoques ». Sept jours plus tard, le comptable de la Société parisienne d'édition est formel : ce sont finalement quatre cent mille exemplaires qui ont été vendus ! Un raz de marée dont la vague est principalement constituée de jeunes. Les dix-dix-huit ans ont en effet reconnu en Pierre Dac l'un des leurs. Ses éditoriaux, sa maîtrise du verbe, sa bonne humeur anarchiste qui ne fait pourtant de mal à personne les font rire franchement, sans arrière-pensée. Certains pisse-froid, de faux intellectuels pour la plupart, se déchaînent alors. Ils analysent, décortiquent chacun des calembours, et hurlent à la vulgarité. Ils prennent pour du « non-sens » ce qui est en train de devenir le *non sense*. A les entendre, le roi des loufoques affole les boussoles ; en réalité, il oblige des centaines de milliers de lycéens à modifier leur horaire. Ils rentrent vite de l'école afin d'écouter « La course au trésor » à l'heure du déjeuner et, le vendredi matin, ils partent un peu plus tôt de chez eux afin de se procurer *L'Os à moelle* avant de se rendre au lycée. Dans la cour de récréation, ils apprennent les petites annonces beaucoup plus facilement que leurs leçons. L'argent de poche constituant alors une denrée rare, on achète à tour de rôle un exemplaire par classe, et on se communique discrètement les mots de passe, les gestes de ralliement et l'injure de la semaine. Les jeunes exultent, ils ont enfin leur journal ! Jusqu'à maintenant, à l'exception de quelques illustrés comme *Robinson, Hop* ou *Mickey*, ils ne consacraient pas la moindre parcelle de leur budget à l'achat de vrais magazines.

En quelques mois, la mode frise l'hystérie : l'Os devient

un véritable mouvement populaire, sans doute le premier parti de France. Des clubs des loufoques sont invités à se regrouper en vue de la formation de la Fédération générale des loufoques puis de la constitution des Etats généraux loufoques. On organise des « Courses au trésor » en province, certains collectionnent les stickers *Os à moelle* signés par Pierre Dac tandis que d'autres accrochent à leur boutonnière un minuscule os en bakélite, un pin's plus d'un demi-siècle avant la lettre...

La plupart des parents ne comprennent pas, voire méprisent, cette forme d'humour. Conflit des générations oblige, le plaisir défendu n'en devient, bien entendu, que plus délicat. Quelques sociologues, ou présumés tels, tentent de prendre du recul par rapport à l'événement, afin de mieux l'analyser. « Les loufoques se comportent, parlent, pensent autrement que le reste des hommes », constatent ces messieurs d'un air grave, particulièrement insolite en ce cas précis. A les entendre, « ces jeunes sont d'excellents futurs citoyens tout à fait normaux mais ils sont simplement fatigués de ce que le poète Jules Laforgue — contemporain de Charles Cros — appelait ''la quotidienneté de la vie''. Ils se regroupent donc pour fuir pendant quelques heures, les ennuis de l'existence, les petits comme les grands. Cette nouvelle génération, concluent-ils, n'a visiblement pas la même aspiration que la précédente. »

Sur ce dernier point, ils n'ont sans doute pas tort. Au cœur des Années folles, on prenait le temps de vivre : Franc-Nohain et Tristan Bernard se téléphonaient ainsi pendant une heure ou deux tous les jours. A l'aube de la quatrième décennie du siècle, c'est autre chose : la montée de l'hitlérisme apparaît en filigrane et ces prémices à un nouveau conflit mondial inquiètent beaucoup de Français. Face à l'absurde de leur époque, ils préfèrent, instinctivement, se réfugier dans le sourire... *L'Os à moelle* fait alors œuvre de salubrité publique, puisqu'il permet de « rigoler un bon coup », sainement, sans la moindre arrière-pensée métaphysique. Chaque semaine, les loufoques prennent le « parti d'en rire ». Ils tournent en dérision les grands événements au quotidien et s'offrent, en guise de têtes de Turc, des personnalités aussi illustres que Paul Reynaud, Edouard Daladier, Sacha Guitry, Tino Rossi, Rina Ketty et Suzy Solidor. Ils établissent leur sommaire en fonction de l'actualité, bien sûr, mais en veillant attentivement toutefois à ne pas sortir d'un univers dont Pierre Dac a fixé les limites en ces termes : « Tout ce qui est d'un ordre général tout en restant particulier est nôtre. »

Ainsi une grève générale organisée par la CGT et violemment réprimée par Daladier, à la fin de l'année 1938, ne se trouve-t-elle évoquée, le 2 décembre, que par un encadré à la première page du numéro 30 : « A nos lecteurs : en raison des événements, le présent numéro de *L'Os à moelle* n'a pas pu paraître. Nous nous en excusons. »

Chaque semaine, les collaborateurs de *L'Os à moelle*, Pierre Dac en tête, prennent rapidement l'habitude de détourner l'actualité à leur manière. Lorsque Paul Marchandeau, alors ministre des Finances, crée un emprunt pour la Défense nationale d'un montant de trois milliards de francs, Pierre Dac lance l'emprunt de la Joie et ajoute au cours du change le « dingo-or », en précisant qu'un million de dingos-or vaut 14,95 F... Le franc est dévalué, *L'Os à moelle* propose aussitôt la création d'une pièce de 16 sous... La succession des gouvernements Daladier et Reynaud inspire à toute l'équipe des situations dont la fiction dépasse la réalité : le ministère loufoque démissionne dans la foulée et, chargé d'en constituer un nouveau, Pierre Dac se récuse d'abord, mais finit par céder aux insistances de ses amis... En janvier 1939 lorsque l'on impose une taxe de 2 % sur les traitements et salaires, *L'Os à moelle* s'interroge sur ce que l'on va pouvoir retirer à une employée de maison qui est logée, nourrie et habillée... Enfin, à l'heure de l'élection présidentielle et de la succession possible d'Albert Lebrun, *L'Os à moelle* soupèse à sa manière les chances des différents candidats :

Edouard Herriot : Bien que le maire de Lyon ait à maintes reprises signifié de la façon la plus formelle son intention de refuser la présidence, nul n'est en droit d'affirmer qu'il acceptera définitivement.

Edouard Daladier : Mais qui donc oserait nommer président de la République un homme qui parle tout le temps de l'Empire français ?

L'actualité internationale n'est pas négligée. Face aux déclarations d'Adolf Hitler, les loufoques se regroupent et, dès le mois de septembre 1938, créent le dacisme. La main droite sur la couture du gilet de flanelle, ils jurent de venir en aide à tous leurs frères et sœurs en loufoquerie. La SDL proclame qu'elle fera respecter en tous lieux et par tous les temps toutes sortes de décisions parmi lesquelles la liberté de manger du bœuf en daube trois fois par semaine et la possibilité de n'utiliser que des fixe-chaussettes à pléonasmes.

Plus délirant encore, dans son numéro 32 du 16 décembre 1938, *L'Os à moelle* annonce de sensationnelles déclarations du chancelier Hitler. Une vraie leçon d'authentique journalisme, un véritable tour de force signé A. Jean Savasse...

« L'heure est révolue où les hommes d'Etat parlaient pour ne rien dire. La diplomatie secrète a vécu », précise Pierre Dac en ouverture d'un document que je vous propose *in extenso* afin de ne pas déformer son indiscutable dimension historique...

« Dans son cabinet de travail de Berchtesgaden, M. Adolf Hitler, la mèche toujours souriante, m'accueille. Et la conversation suivante s'engage :

—

—

—

—
—

Soudain, frappant du poing sur la table, M. Adolf Hitler s'attendrit :

—
—

—
—
—

Il y eut alors un long moment de silence au cours duquel mon interlocuteur guetta, sur mon visage, l'effet de ses paroles. Puis il reprit :

—
—
—

—
— »

La rédaction conclut alors, en toute logique loufoque : « Nos lecteurs apprécieront comme il convient l'effort gigantesque que nous avons fait. Le lumineux exposé du chancelier a dissipé bien des malentendus, a précisé bien des obscurités et il n'appelle aucun commentaire... »

D'autres événements, à la dimension internationale beaucoup plus incertaine, donnent également prétexte à loufoquerie. Ainsi, en juin 1938, Pierre Dac entreprend une visite à Cucaracha, pays imaginaire rappelant une chanson alors sur toutes les lèvres. Le président de la République de semaine (la durée maximale d'un mandat entre deux révolutions...) l'invite en effet à inaugurer la première pierre du monument dédié au Dernier des Mohicans. Le mois suivant, dans un émouvant éditorial, Pierre Dac exprime son intention d'adopter sa mère adoptive afin de devenir son propre grand-père en même temps que son non moins propre petit-fils.

La vie mondaine trouve aussi sa place dans *L'Os à moelle*, à travers des événements authentiques comme une nouvelle Nuit loufoque organisée le 10 mars 1939 au Moulin de la Galette, ou encore la première exposition d'Art loufoque, présentée par Pierre Dac lui-même, du 19 au 31 mai 1939 à la galerie Quartier-Saint-Georges, 31, rue de Navarin, Paris IXe. Une course au trésor, dotée d'œuvres exposées, est organisée entre les visiteurs, à l'occasion du vernissage, le 19 mai à 15 heures.

Moins vraie mais tout aussi drôle, la liste des principales manifestations de la saison loufoque qui est publiée dans *L'Os à moelle*, à l'issue de la communication officielle du programme de la grande saison de Paris :

« Pour le lendemain de la veille du surlendemain du 29 mai, sensationnel défilé de côtelettes panées qui se déroulera de la place du Yaourt à la Porte-Tambour ; le jeudi 2 juin, aux Catacombes, bal de la Clé anglaise, pittoresque évocation de l'époque mérovingienne, dans l'atmosphère reconstituée du vase de Soissons ; le vendredi suivant, au Guignol du Luxembourg, bal des Omelettes baveuses, organisé avec le concours de la Chambre syndicale des souffleurs de bougie. Enfin, le 1er juillet, dans les jardins de l'Obélisque, fête de nuit consacrée à la glorification du réveille-matin qui coïncidera avec une exposition de barreaux de chaise et de trous de serrure. »

Des faits, tout aussi importants mais peut-être plus intemporels, s'octroient également une place de premier choix : le tricentenaire du tire-bouchon, des reportages à la foire à la Pattemouille, une visite à l'Ecole d'espionnage n° 27 où sont formés des hommes-pigeons secrets aux petits pois, des agents doubles et des hommes-radiateurs ; de grands entretiens avec Parmentier et Colomb, les deux illustres fondateurs de l'omelette aux pommes de terre, puis avec Néron, créateur du punch à Rome, et Archimède, inventeur de la carabine Euréka, ainsi que le jeu des 32 draps, pour s'amuser en société.

1. Le jeu est de 32 draps.
2. Chaque drap a sa valeur propre, ou sale, selon son état, sa qualité et son ornementation.
3. On joue communément à 4 ou à 128 joueurs mais plutôt à 6.
4. On donne 5 draps par joueur.
5. Celui qui met a le droit de mettre à fil, à coton, à brodé, à jour, à nylon, etc.
6. On bat, naturellement, le jeu de 32 draps comme un jeu de cartes ordinaire ; on coupe et on retourne de même.
7. Chaque partie se joue ordinairement en 400 points dc feston ou en 200 points de bourdon (le point de bourdon comptant double).
8. Chaque fois qu'un joueur ramasse, il fait un pli ; quand il a fait 10 plis, il a gagné.
9. Avant une seconde partie, il convient de donner un coup de fer au jeu pour le remettre en état.
10. Tout joueur qui essaie de couper irrégulièrement avec une taie d'oreiller est automatiquement mis hors jeu.
11. La tierce se compose de : 1 drap de lin, 1 drap de coton et 1 drap reprisé.
12. L'usage des draps marqués est formellement interdit et n'est, d'ailleurs, pratiqué que par des tricheurs professionnels.

En exclusivité, les loufoques publient également des documents qui ne trouveraient leur place nulle part ailleurs : le récit de la première ascension du Mont-de-Piété, l'ouverture d'un musée consacré aux fixe-chaussettes ou l'incroyable vol du méridien de Greenwich. Les sportifs ne sont pas oubliés à travers des comptes rendus dont les titres constituent déjà une performance :

Football : France-Italie, un match équilibré : 50 000 Italiens contre 11 Français.

Escrime : les chauves sans cheveux tirent contre les chevelus dans un match à tous crins.

Natation : France-Hollande : une interview de l'eau de la piscine.

Athlétisme : France-Italie : la presse française l'emporte par 12 démentis et 6 confirmations.

Tennis : la France élimine l'Italie à coups de raquette.

Pierre Dac définit les grandes lignes du journal, supervise l'ensemble, écrit un essai sur « la houille dormante », prend position sur le statut de la hallebarde, exige la libération des ballons captifs, hurle au scandale parce que personne ne se préoccupe du mouvement des marées, célèbre le centenaire de la brosse à reluire, propose des semaines loufoques de quinze jours prolongeables en cas de besoin et veille, plus modestement, à l'attribution chaque semaine d'un « Os à moelle d'honneur », avec curetage de luxe, à l'auteur de l'article le plus loufoque publié dans la presse. Enfin, tous les mardis, il s'enferme pour rédiger son éditorial, traditionnellement encadré à la une. De longs billets où la loufoquerie n'est jamais gratuite, même s'il n'est pas toujours payé très cher pour l'écrire. Les titres de quelques-uns d'entre eux démontrent d'ailleurs combien notre maître soixante-trois à tous doit être considéré, à sa manière, comme l'un des philosophes du siècle : « Tristesse de l'escalope — La politique du tournevis — Parallèle entre le canon et la bretelle — De l'utilisation du hoquet comme facteur de paix — Du gazomètre considéré comme élément d'esthétique — De la manière de ne penser à rien — Grandeur et décadence du salsifis frit — Si je vous en parle, c'est qu'il faut bien qu'on en cause — La réalité est-elle un rêve ou le rêve est-il réalité ? »

Une réalité qui devient un cauchemar beaucoup plus tôt que Pierre Dac ne l'avait prévu. A la fin de l'été 1938, en quelques jours, le monde s'est enflammé. L'Allemagne menace d'envahir la Tchécoslovaquie et le 15 septembre, on commence à distribuer des sacs de sable aux Parisiens en cas de bombardement. Vingt ans après l'armistice, au retour de vacances où le jeune cœur de Charles Trenet a fait reprendre à des millions de Français *Y'a d'la joie!* et *Boum*, voici la planète à nouveau au bord du précipice! Pourquoi, comment les gouvernants ont-ils pu en arriver là ? se demandent nos concitoyens. Une situation tellement absurde que, dans son éditorial du 18 septembre, Pierre Dac affirme, en guise de mea culpa, « Je n'ai pas voulu ça »...

« Non, je ne l'ai pas voulu ! Si j'avais pu supposer que ça prenne de pareilles proportions, je me serais bien tenu tranquille : mais peut-on toujours tout prévoir ? On croit bien faire et il se produit tout le contraire de ce qu'on espérait. Enfin, l'heure n'est plus aux jérémiades ; il faut, quand c'est nécessaire, avoir le courage de reconnaître ses erreurs et ne pas hésiter à prendre ses responsabilités.

Je ne saurais mieux traduire mon état qu'en m'assimilant à l'apprenti sorcier qui, ayant déclenché les forces liquides, ne pouvait plus les arrêter.

Lorsque j'ai fondé la Société des loufoques, mes intentions étaient pures et pacifiques ; elles ne tendaient qu'à développer les sentiments d'optimisme et de bonne humeur parmi ses membres ; c'était donc un but louable dont ne pouvaient que se réjouir tous ceux qui estiment que la gaieté est le plus puissant facteur de la santé morale.

La Société prospéra, s'étendit ; de nombreux clubs se fondèrent un peu partout ; la loufoquerie fit tache d'huile, tout en demeurant dans les limites de la saine réjouissance et de la gauloiserie honnête ; évidemment quelques excès furent bien commis par-ci par-là, mais leurs conséquences ne présentèrent jamais aucun caractère de gravité.

Et puis, silencieusement, doucereusement, la loufoquerie glissa et sans qu'on s'en aperçoive passa et dépassa nos frontières. La situation se corsait ; qu'allait devenir la loufoquerie en terre étrangère ? Serait-elle comprise et assimilée ? Demeurerait-elle simple et bon enfant, aimable et souriante ? Nous étions en droit de l'espérer. Hélas ! la déception est cruelle ! Il en est de la loufoquerie comme des livres trop savants mal digérés par des primaires insuffisamment préparés ; elle devient toxique, dangereuse, terrible, et du plan de la seule plaisanterie passe sur le plan tragique de la folie intégrale.

C'est ce qui s'est produit. Le mal est fait ; est-il irréparable ? Je suis trop atterré pour envisager la question, terrorisé par la tournure dramatique d'événements, dont je suis, en tout état de cause, uniquement responsable.

Qu'il me soit permis cependant, dans mon actuelle détresse, de jeter ce cri de défense : je n'ai pas voulu ça ! De toute ma conscience révoltée, je proteste de la pureté de mes intentions. Je ne pouvais pas prévoir que cette bonne vieille loufoquerie des familles deviendrait une arme dangereuse dont se serviraient certains hommes qui seraient mieux à leur place dans un cabanon capitonné que dans le fauteuil doré de leurs excentricités.

Mea culpa ! Mea culpa ! Mais je n'ai pas voulu ça ! Non, je ne l'ai pas voulu ! »

Le 26 septembre 1938, la mobilisation générale est décrétée par le gouvernement et les collaborateurs de *L'Os à moelle* sont les premiers à y répondre. Etre loufoque n'interdit pas de demeurer un citoyen exemplaire, au contraire ! Claude Derhelle se trouve affecté dans les Vosges, Robert Rocca sur la ligne Maginot, Ribettes sur le front de l'Est, Roger Salardenne à la caserne du boulevard Victor, au bataillon de l'air A 117, et Pierre Dac à la caserne de Reuilly, au 212e régiment régional, sous le matricule 2947. Le voici officiellement « chaudronnier », l'employé aux écritures ayant mal orthographié sa profession de « chansonnier ». *L'Os à moelle* numéro 21 paraît quand même, et le ton de l'hebdomadaire demeure égal à lui-même au travers d'articles écrits sous les drapeaux. Le caporal Pierre Dac, chargé par ses supérieurs de dresser un état précis des effectifs de quatre bataillons, déplore d'abord que l'armée distribue des capotes et des vareuses dépourvues de jabot. Puis il persiste et signe une note de service rappelant aux réservistes quelques règles de base sur le chapitre de la tenue : les hommes qui toucheront un képi trop large et une vareuse trop courte ou trop étroite devront immédiatement et sans délai en faire l'échange : c'est-à-dire qu'ils se serviront de la vareuse comme képi et du képi comme vareuse...

Les accords de Munich, signés le 30, ramènent un calme théorique et, dès les premiers jours d'octobre, l'équipe de *L'Os à moelle* retourne à la vie civile. Mais, auparavant, Pierre Dac est promu sergent, en même temps que Gabriello, son vieux camarade... ou plutôt son ex-vieux camarade à en croire le billet intitulé « Justice est faite » que signe ce dernier en première page du numéro 22 du 7 octobre 1938 :

« Après avoir, au cours de cette mobilisation partielle, été brimé, torturé, vexé et amoindri par le caporal Pierre Dac, le commandement du régiment m'a enfin rendu justice. A présent, Pierre et moi sommes égaux en grade.

Il en crève de jalousie ; il faut le voir raser les murs du quartier en contemplant furtivement la sardine dorée qui orne sa manche. [...] Sergent Dac, sans modestie, mon mérite est grand. Vous avez passé votre temps de mobilisé à martyriser de pauvres effectifs qui ne vous avaient rien fait... Ce fut tout... C'est peu... Moi, j'ai travaillé d'une façon plus effective... Je ne peux pas, actuellement, en dire plus pour de graves raisons qui nous dépassent ! Vos insinuations ne me touchent pas, j'ai ma conscience pour moi ! »

Un incident qui ne semble pas clos, deux semaines plus tard, à en croire les lettres ouvertes publiées dans le numéro 24 :

« Que faisiez-vous le 12 juin 1925 à 6 h 15 du matin ? Quel costume portiez-vous ?

Répondez... si vous pouvez... Mais attention, pas de dérobades... Le comité sait tout.

Gabriello »

« Tenez-vous bien, pauvre chétif ; je vais vous confondre ; si vous étiez un peu moins ahuri par les abus de toutes sortes, vous vous souviendriez qu'en vertu d'un arrêté spécial du Préfet de Police en exercice, la date du 12 juin 1925 fut reportée au 21 janvier de l'année suivante.

Donc, en 1925, il n'y eut pas de 12 juin !

Pierre Dac »

Mais ce n'est pas fini. La semaine suivante, toujours à la une, Gabriello demande « D'où vient l'argent ? » Deux colonnes plus loin, Pierre Dac répond : « Vous n'ignorez pas que si mon passé répond de mon présent, mon avenir n'est pas loin de répondre de ce qui peut s'ensuivre, et, en conséquence, les choses que vous essayez d'insinuer sont de fort peu d'importance en comparaison de tout le reste ! »

Cette joute oratoire s'achève sur le pré, à Saint-Cloud.

« A la suite d'une gifle virtuelle, un duel va avoir lieu entre Pierre Dac et Gabriello », titre *L'Os à moelle* du 4 novembre.

Se mesurer... Une gageure pour deux hommes qui mesurent respectivement 1,63 m et 1,90 m. Les armes sont choisies d'un commun accord par les adversaires : après avoir hésité entre la lèchefrite et la fourchette à escargots, ils optent pour le bœuf en daube dûment flambé, mais non moucheté en raison de la saison. Ne parvenant pas à se départager après avoir épuisé toutes leurs munitions, ils poursuivent le combat par un jet de trois balles, mais en pièces de vingt sous et, enfin une bataille à coups de chapeau. Après vingt-quatre heures et onze minutes d'affrontement devant des témoins épuisés, Gabriello, touché par une parole blessante, reconnaît sa défaite et serre la main de Pierre.

« Je ne lui en ai jamais voulu, précise-t-il aux journalistes venus suivre l'événement.

— Moi non plus, ajoute Dac, dans le fond et en surface, nous avons toujours été parfaitement d'accord. »

La conclusion d'un canular pris au sérieux par bien des lecteurs, qui a attiré des dizaines de photographes et était essentiellement destiné à détendre une atmosphère parisienne de plus en plus lourde, après l'alerte de la mobilisation.

Semaine après semaine, le succès ne se dément pas, et à l'occasion du premier anniversaire de *L'Os à moelle*, le vendredi 12 mai 1939, Pierre Dac dresse, dans son éditorial, un bilan loufoquement positif :

« C'est grâce à cet esprit d'équipe qui nous anime tous que nous avons pu apporter à l'Etat le concours que vous savez et obtenir les magnifiques résultats dont nous bénéficions tous aujourd'hui. Est-il besoin de rappeler que c'est grâce à nos énergiques campagnes que le ministère Daladier a pu entreprendre et mener à bien la besogne de redressement national dont notre pays avait tant besoin ; c'est sur nos conseils avisés que M. Paul Reynaud a institué la contribution exceptionnelle de 2 % et la taxe d'armement de 1 %. C'est grâce à nos services de propagande que l'industrie de la sellerie-bourrellerie, alors dans le marasme, a repris sur le marché mondial la première place que, sans nous, elle n'aurait jamais retrouvée ; et le commerce de la sciure, que serait-il sans notre soutien ? L'univers entier envie notre sciure et c'est peut-être là notre plus beau titre de gloire que d'avoir pu redorer le blason de la sciure française.

Enfin, grâce à notre service d'espionnage, nous savons

tout ce qui ne se passe pas et nous le disons hautement, sans crainte, sans faiblesse, mais aussi sans forfanterie.

Nous continuerons à œuvrer dans ce sens ; nous continuerons à prodiguer nos efforts afin que l'optimisme raisonné conserve plus que jamais sa nationalité française, en dignes serviteurs de notre grand Rabelais pour le plus grand bien du maintien légitime d'un état de choses que nous désirons meilleur que celui dans lequel il se trouvait avant d'être dans celui où il est maintenant. »

Cet optimisme, Pierre Dac l'affiche à la scène mais pas en coulisse. Il ne croit guère alors à l'amélioration de la situation internationale. Il murmure même à l'oreille de quelques rares intimes, que, selon l'expression consacrée, il y a du mou dans la corde à nœuds. Un pessimisme qui ne date pas d'aujourd'hui mais plutôt d'avant-hier comme le démontre une relecture attentive et entre les lignes d'un extrait de son éditorial prémonitoire, publié le 20 janvier 1939 et intitulé « Présages, signes et impondérables » :

« En 1939, il se passera des CHOSES, vous m'entendez bien : DES CHOSES ! Comprenez-vous le sens caché et profond qui se dissimule sous ces mots, anodins d'apparence, mais combien sibyllins en leurs déliés ? DES CHOSES ! Et je puis encore vous affirmer que CES CHOSES ne seront pas les seules : par la force de la génération spontanée, elles donneront naissance à d'AUTRES CHOSES qui elles-mêmes provoqueront DES CHOSES qui n'auront qu'un rapport éloigné avec les CHOSES primitives qui auront engendré les CHOSES dont elles seront issues. »

Le 3 septembre 1939, les événements lui donnent, hélas, raison. L'ordre de mobilisation générale envoie sur le front trois millions d'hommes, âgés de vingt et un à quarante-cinq ans. La quasi-totalité des collaborateurs de *L'Os à moelle* se trouve sur cette liste sauf Jean Marsac (qui va poursuivre son « Coin du Grincheux ») et le caporal Pierre Dac, classe 1913, maintenu, à un an près, dans ses foyers jusqu'à nouvel ordre de ses supérieurs hiérarchiques. Des gradés qu'il interpelle aussi respectueusement que loufoquement, dans son éditorial du 1er septembre, intitulé « De la difficulté d'attendre dans ses foyers ou Méditation sur le fascicule ». Une réflexion à partir d'une évidence devant laquelle il est le seul à pouvoir réagir...

« En septembre dernier, j'avais le numéro 3 sur mon fascicule : en janvier — sans d'ailleurs prendre mon avis — on me l'a échangé pour un autre beaucoup moins joli, d'aspect bleuâtre, dans lequel il est dit que je dois attendre provisoirement dans mes foyers une convocation éventuelle autant qu'individuelle.

Ça a l'air tout simple : mais pour un citoyen respectueux des lois et des règlements militaires, c'est une véritable calamité et une complication telle que ça dépasse l'entendement de tout ce qu'on peut imaginer !

Vous me direz sans doute que rien n'est plus facile qu'attendre tranquillement dans ses foyers ; si on prend les choses à la légère, je ne dis pas, mais quand, comme moi, on les prend à cœur, ça change tout : il y a écrit, sur ce fascicule : attendra provisoirement dans ses foyers ; donc, suivant l'esprit de la lettre et pour se conformer aux prescriptions officielles, il est nécessaire et indispensable d'avoir plusieurs foyers, puisque, je le répète, je dois attendre dans MES FOYERS et non dans mon foyer.

Alors, depuis dix jours, je mène une vie de réprouvé : j'ai loué six appartements différents que j'ai fait hâtivement installer, tant bien que mal et de broc et de briques pour que chacun ait tout de même l'aspect d'un foyer ; et si ce n'était encore que cela, ça pourrait passer, à la rigueur ; mais n'oublions pas que, sur ce sacré fascicule, il est écrit : attendre PROVISOIREMENT dans ses foyers.

Alors, n'est-ce pas, j'obéis ; je vais attendre une demi-heure dans un de mes foyers, une heure dans un autre, vingt minutes dans un troisième, etc., etc. ; je ne peux plus me reposer, ni manger, ni penser, ni rien faire de suivi et de régulier ; je maigris tellement que j'ai augmenté de deux kilos en cinq jours ; ça ne peut pas continuer comme ça !

Avez-vous pensé aux conséquences désastreuses de votre prose, ô vous qui avez rédigé le texte de ce fascicule ? Non, sans doute, et j'ose l'espérer pour la moyenne de votre intelligence ; je ne vous connais pas, je ne sais pas qui vous êtes, mais si jamais vous me tombez sous la main, je vous fasciculerai les omoplates d'une manière beaucoup plus définitive que provisoire.

Ça devient intenable : j'ai écrit une partie de cet article dans mon foyer n° 3 ; un autre morceau dans le foyer n° 5, la ponctuation dans le n° 1, et je vais aller signer dans le n° 4.

Je fais ma toilette en six épisodes ; je me savonne dans un endroit, je me rince dans un autre et je vais me sécher ailleurs ; ce n'est plus une existence ; c'est mon obsession : en mon cerveau, ce leitmotiv lancinant m'obsède constamment ; attendre-provi-soi-rement dans ses foyers !!! Mais j'y attends dans mes foyers ! Je ne fais que ça ! Et j'en ai assez ! Je n'en peux plus, je suis rompu, esquinté, écœuré et si ça devait continuer comme ça encore quelques jours, je préférerais me faire chleuh, pour qu'on n'en parle plus !

Ah ! quand j'avais le fascicule 3 ! C'était le bon temps ! »

Pas le temps pour Pierre Dac d'avoir le moindre regret. Il décide de consacrer toute son énergie, et même un peu plus encore, à sa mission de loufoque. « La course au trésor », interrompue provisoirement en juin pour l'été, ne peut reprendre sur les antennes du Poste parisien et la revue qui vient d'être commandée par Mitty Goldin pour l'ABC est reportée à une date ultérieure. En revanche les « sessions de la SDL » se poursuivent sous forme de sketches plutôt que d'émissions régulières. Fernand Rauzéna, affecté à Vincennes au rodage du matériel automobile, s'arrange pour être libre plusieurs après-midi par semaine. Quant à *L'Os à moelle*, il continue. La grande majorité de l'équipage se trouve dans l'obligation de quitter le navire, qu'importe : le capitaine-rédacteur en chef se doit de maintenir le cap ; pas question de modifier la ligne de conduite du journal d'un point-virgule ! Les très jeunes comme les aînés ont plus que jamais « le droit et le devoir de rire ». Il le confirme dès le 8 septembre, dans son éditorial intitulé « Eh ! Ben, mon' ieux ! » :

« Il y a presque un an et demi que ce brave petit *Os* poursuit son petit bonhomme de chemin, sans faire de mal à qui que ce soit, sans fiel, sans méchanceté, sans parti pris politique, animé de la seule intention de faire rire ; et puis voilà que, aujourd'hui, tous mes camarades sont partis à droite et à gauche, un peu partout, c'est-à-dire dans la même direction ; toute la rédaction, à peu de choses près, est mobilisée. *L'Os à moelle* va-t-il disparaître ? Nous allons faire l'impossible pour qu'il en soit autrement ; nous allons essayer, comme nous pourrons, de continuer la tâche difficile de faire naître, ne serait-ce que l'ombre d'un sourire sur les lèvres de ceux qui nous ont toujours montré leur sympathie sans préjudice des autres.

Ça ne va pas être commode ; je ne sais pas encore si nous pourrons y arriver, mais nous ferons tout ce qui est en notre pouvoir. Je sais bien que de graves censeurs diront que ce n'est pas le moment de rigoler ; c'est tout à fait notre avis et nous n'en avons nulle envie, mais je pense aussi que c'est faire œuvre utile que tenter de détourner, pendant quelques instants, l'esprit des graves préoccupations qui sont devenues la monnaie courante de tous les jours.

Ah, monsieur Hitler, comme il est regrettable que vous n'ayez jamais fait partie de nos abonnés ; car je suis persuadé que ça aurait pu changer la face des choses ! En conséquence de ce qui précède, on va tâcher d'en mettre un bon coup ; évidemment il y aura des surprises : il se peut, par exemple, qu'une semaine le journal ait le format d'une feuille de carnet de blanchisseuse, et que, par compensation, il soit imprimé, la semaine suivante, sur du papier d'emballage ou du carton bitumé. Peu importe, le principal, c'est qu'il paraisse... »

Afin de motiver son équipe, éparpillée dans toute la France, Pierre Dac fait imprimer juste à côté du titre, en encadré et en gros caractères bien gras, un « Avis à ses collaborateurs mobilisés » :

« N'oubliez pas, chers amis, que *L'Os à moelle* sera heureux de recevoir vos papiers et vos dessins auxquels il compte réserver le meilleur accueil et, bien entendu, un droit de priorité. »

Dans les jours qui suivent, le rédacteur en chef trouve sur son bureau des nouvelles du front, sous forme de chroniques signées Redis-le-Moelleux, Bugette, Mars-Trick, Albin Jamin, Claude Dherelle, ainsi que des dessins réalisés par le talentueux Pruvost. Quant à Robert Rocca, il inaugure une rubrique qu'il intitule « Les croquis de ma caserne — légendes sans dessins ». Pour ce dernier, c'est presque la routine. Ce n'est pas la première fois qu'il se retrouve plus près de Calais que des bureaux de la rue de Dunkerque. De longs mois de tournée ne l'ont jamais empêché d'envoyer chaque semaine par téléphone ou par courrier ses « Propos de voyages Rocca... illeux »...

Les autres collaborateurs du journal ont également été initiés à la technique du « correspondant de guerre » pendant la courte mobilisation du mois de septembre 1938. De partout, ils ont fait parvenir leurs articles à la rédaction. Ils vont continuer, sans doute, hélas, un peu plus longtemps que la dernière fois. Sur le front, il ne se passe apparemment pas grand-chose et, au fond des cœurs, l'optimisme n'est pas de rigueur.

« Chaque jour, dans ma caserne, nous nous battons contre un ennemi terrible, le cafard, écrit Robert Rocca. Malgré les offensives sérieuses de ce dernier, nous remportons souvent des victoires appréciables. »

Un état d'esprit fort compréhensible si l'on se réfère à une tension internationale qui s'aggrave d'heure en heure. Huit jours après la déclaration de guerre de la France et du Royaume-Uni à l'Allemagne, on mobilise en affirmant toutefois vouloir rester neutre. Des mouvements que *L'Os à moelle* annonce en concluant, avec courage et loufoquerie : « Vous verrez que toutes ces histoires, à la longue, finiront par nous amener des complications internationales. »

Au fil des semaines, rubriques et articles s'adaptent ainsi à une « drôle de guerre » qui fait de moins en moins sourire, en dépit de communiqués militaires résolument optimistes. En dépit des vœux de son fondateur, l'Organe officiel des loufoques adopte inconsciemment, actualité oblige, une prise de position politique. Dès l'arrivée de deux divisions britanniques sur le continent, *L'Os à moelle* crée un « English Corner » dans lequel le sergent Philips traduit un long billet dans la langue de Shakespeare, à l'aide d'une série d'expressions bien d'chez nous, comme « Le kaki ne fait pas le coco », « Quand l'horizon était bleu et le bleu horizon », « Il est kaki le chef de gare », « Le frère à cheval porte bonheur » ou « Je cherche après Titine ». Des messages personnels codés avant la lettre...

Soucieux de répondre aux contrôles établis par Jean Giraudoux, alors commissaire général à l'Information, *L'Os à moelle* décide de s'autocensurer. Des colonnes blanches émaillent ainsi les pages des numéros de septembre 1939. Aux lecteurs de s'amuser à deviner le contenu des textes et dessins prévus à ces emplacements.

« Impossible d'attaquer les fortins de la ligne Siegfried », assure le gouvernement dès le début des hostilités ; « mais du côté de la ligne Maginot, ça ne peut pas craquer, nos soldats ont la situation bien en main. La guerre sera gagnée sans tirer un coup de fusil », ajoutent certains inconscients. Pierre Dac, aussi pessimiste qu'objectif, ne croit que modérément en ces propos rassurants et à la réussite de cette « guerre de positions ». Désireux de participer à sa manière au maintien du bon moral des troupes, il adresse dans chaque numéro un clin d'œil à nos courageux soldats. Il commence par une série d'éditoriaux pour le maintien des bandes molletières, qui, à l'en croire, ont une âme, et par un appel pour la création et le développement d'un mouvement sciuriste. Il disserte ensuite longuement sur le brouillard londonien, pierre angulaire de l'Entente cordiale, et enchaîne avec un « Petit code secret des abréviations », un dictionnaire loufoque militaire, ainsi que des trucs pour obtenir des permissions de nuit. A la une du numéro 74 du 6 octobre 1939, il annonce même l'entrée de la planète Mars aux côtés des Alliés :

« Le 27 juillet dernier, elle ne se trouvait qu'à 58 013 000 kilomètres de la Terre. Les gouvernements français et anglais ont profité de ce rapprochement inouï pour converser avec ses dirigeants. Demain ou après-demain au plus tard, un pacte entrera en action et Mars déclarera la guerre à l'Allemagne ! Les troupes martiennes commenceront ainsi à débarquer sur terre le 16 décembre 3782. C'est en effet dans 1843 années que Mars, qui s'éloigne à nouveau de nous, ne se trouvera plus qu'à une distance de 57 657 000 kilomètres de la terre. Patience, Français ! La fin de la guerre est donc proche ! »

A la fin de 1939, un règlement sur le port des clous des brodequins d'infanterie, paru dans *L'Os à moelle*, obtient un tel succès qu'il se trouve affiché dans la plupart des casernes.

« Du 1er au 15 de chaque mois, les clous du brodequin droit devront être placés sous la semelle du brodequin gauche et inversement.

Du 15 au 30, les clous du brodequin gauche seront replacés sous la semelle du brodequin droit et vice versa.

Ces dispositions sont prises en vue d'équilibrer de façon

équitable et économique, tout en le réduisant, le coefficient du coût des chaussures de l'armée. »

Le feuilleton lui-même s'adapte aux circonstances. Une fois de plus, Roger Salardenne fait preuve d'une imagination loufoque débordante : après avoir signé *La Vie romancée d'Evariste Malfroquet, plombier-zingueur de Louis XIV*, sous le pseudonyme de Paul Ravebavoux (une allusion à Paul Reboux, biographe et romancier célèbre du moment), et *Le Trésor de Lessiveuse-Bill* de Fenicore Mooper, il attaque un récit de circonstance, *Les Gars de la 14e escouade*, roman de guerre par le caporal-chef Bourgeron de La Gamelle. Dès le premier chapitre intitulé « Où il est prouvé que tout commence par un début » et publié le 17 novembre 1939, le héros de l'histoire, Gédéon Gustave Népomucène Vélimélimartichon dit Gégèles-joues-plates, fait connaissance de ses camarades de mobilisation parmi lesquels un boursier, qui ne croit pas à la guerre et le démontre, preuves à l'appui...

« La principauté de Monaco a signé un pact de nonagression avec le Val d'Andorre... Alors, Hitler ne bougera pas... D'ailleurs, les caoutchoucs de Shangai sont fermes, les tramways de Montélimar ont gagné trois points et le Schtroum Dwxzsqrtz est stationnaire... C'est bon signe ! »

Un raisonnement qui fait sourire des appelés qui écoutent, sans trop y croire, l'Orchestre de Ray Ventura chanter « On ira pendre notre linge sur la ligne Siegfried ». Le temps travaille pour nous, assurent les responsables de l'armée ; à *L'Os à moelle*, on ajoute : « Cela ne nous dispense pas de travailler du chapeau. »

A l'approche des fêtes, Pierre participe à une série de représentations aux armées, organisées avec le concours du Poste parisien. Entre deux jeux spécialement imaginés pour la circonstance, il encourage, à sa manière, les valeureux soldats du 351e régiment d'artillerie. Il annonce ainsi la confection d'un colis destiné à améliorer l'ordinaire des troupes. Quatre possibilités sont offertes pour 60 F, 75 F, 100 F et 103 F moins 4 F plus 1 F. On se croirait revenu aux meilleures heures de la déjà regrettée « Course au trésor ». On peut en effet trouver dans ce paquet :

Une paire de tenailles fourrées
Une main de fer
Un gant de velours
Un porte-mine
Un dragueur de porte-mine
Un fromage motorisé
Une livre de plumes sergent-major
Une boîte de plumes adjudant-chef.

Un inventaire loufoque qui réchauffe le cœur d'une armée qui doit faire face à des conditions climatiques exceptionnelles : l'hiver 1939 bat des records de froid ! A *L'Os à moelle*, on y a pensé, bien sûr, et à la une du numéro 92 du 1er décembre, Pierre Dac trousse un billet qu'il intitule « Pour nos soldats » :

« L'hiver est à notre porte et nos soldats vont avoir besoin de vêtements nettement plus chauds que ceux qu'on porte au mois de juillet.

Certes, la laine est très indiquée pour ce genre de travail, mais, quand un tricot est usé, on ne peut plus en faire grand-chose : il devient inutilisable. C'est ce que nous avons voulu éviter. Avec un peu d'habileté, vous pourrez tricoter de très jolis pull-overs en spaghetti. Voici comment il faut procéder : plonger les spaghettis dans l'eau bouillante salée avec un petit bouquet garni (pour éloigner les mites). Dès qu'ils sont mous, retirez-les, mettez en passoire et rafraîchissez-les sous le robinet ; séchez ensuite sur buvard blanc. Les spaghettis sont alors aptes à être tricotés comme une vulgaire pelote de laine.

Quand le soldat est fatigué de porter son tricot, il peut alors l'accommoder à la sauce tomate ou le mettre en garniture autour d'un rôti de veau.

Ce texte et d'autres, le roi des loufoques les relit dans un bureau quasi désert. En ces jours de retrouvailles familiales, cette ambiance lui semble particulièrement pesante. Un climat qui lui inspire un poème d'espoir et de tendresse, qui va trouver sa place en page 3 du dernier numéro de 1939 :

Noël à « L'Os » ou « L'Os » à Noël

« J'ai passé la nuit de Noël tout seul dans le petit bureau qui sert de salle de rédaction.

Tout seul d'abord... puis je disposai sur la table des verres, et j'en mis un devant le souvenir de chacun de mes camarades absents...

Alors, soudain, tandis que le seul silence parlait à ma mémoire, le miracle se produisit : derrière chaque verre apparurent les chères silhouettes de ceux que j'étais accoutumé à voir : toi, mon cher Claude Dherelle, mon vieux frère d'armes, maintenant lieutenant d'infanterie de forteresse, vous, Salardenne, qui des ailes de Pégase êtes sauté sur celles de l'aviation ; Albin Jamin, net et droit comme l'âme des pionniers que vous commandez ; Pierre Devaux dont le souriant et nonchalant scepticisme a son prolongement quelque part au front et puis vous tous, l'admirable cohorte du rire bienfaisant : lieutenant Pruvost, maréchal de l'humour, Carrizey, hors classe, quoique soldat de deuxième, Moisan, Effel, le poète sous le casque, Henry, premier du nom, et tous les autres vous étiez là...

Nous n'avons choqué personne, mais nos verres, à la victoire et à la paix ; les verres pourtant étaient vides de champagne mais tellement pleins d'espoir que notre humble salle en était imprégnée...

Et depuis cette nuit, mes chers camarades, nous ne nous quittons plus puisqu'à chaque minute du jour et de la nuit, vous êtes dans mon cœur cependant que ma pensée s'est divisée en secteurs pour être toujours présente à vos côtés.

J'ai passé tout seul, dans le petit bureau, le plus beau Noël de ma vie... »

Au début de l'année 1940, la vie quotidienne difficile des Français inspire toujours les loufoques, même et surtout si le cœur n'y est pas vraiment. Aux lecteurs qui se plaignent parce que leur courrier parvient irrégulièrement à la rédaction, Pierre Dac réplique ainsi :

« Les petites annonces sont acceptées sous réserve d'un contrôle extrêmement sérieux ne permettant au journal de les insérer que quarante-huit heures après réception. Les personnes désirant éviter tout retard dans la publication des annonces sont donc priées de nous adresser celles-ci deux jours au moins avant la date de leur envoi. »

Le 26 janvier, alors que l'on vient d'imposer les cartes d'alimentation, Pierre Dac confirme que « *L'Os à moelle* n'a pas d'autre but que d'essayer de faire oublier, à ceux qui le lisent pendant quelques instants, les graves et douloureux soucis de l'heure »... Mais, analysant froidement l'étendue prévisionnelle du drame, il conclut en précisant qu'il devient indispensable de s'éloigner de la formule originelle : le lectorat estudiantin des heures de paix a maintenant totalement cédé la place aux appelés. Définitivement, affirment les pessimistes de la rédaction qui ne croient pas à la victoire des Alliés ; peut-être pas, disent les plus optimistes qui ajoutent, toutefois, « oui, mais pour combien de temps ? »

Pierre Dac suggère « aux militaires qui reçoivent une permission de dix jours tous les quatre mois de demander une permission de quatre mois tous les dix jours, ce qui serait mieux et ne modifierait en rien les dispositions prévues par les règlements délimitant les proportions de pourcentage d'absence et de présence dans les unités ».

L'Os intensifie sa politique de soutien du moral des troupes : un groupe de sous-officiers du train, qui demande à l'Organe officiel des loufoques d'être le parrain de leur popote, reçoit aussitôt un service gratuit, accompagné des vœux du rédacteur en chef. Dans la foulée, l'hebdomadaire propose un service d'abonnements spéciaux de trois mois, réservé aux mobilisés affectés à la zone des armées, c'est-à-dire dont l'adresse comporte un secteur postal.

Plus que jamais réalisé avec les moyens du bord, *L'Os à moelle* consacre désormais la quasi-totalité de ses quatre pages à l'actualité de la guerre. En février, les avions finlandais lancent sur les lignes russes des tracts, signés par le gouvernement d'Helsinki. Ils font aux soldats ennemis des offres aussi alléchantes que 100 roubles pour un revolver, 150 pour un fusil, 10 000 pour une mitrailleuse... *L'Os à moelle* reprend aussitôt cette formule et annonce qu'il va adresser aux populations hitlériennes et staliniennes le tract suivant :

> « Soldaskofs ! Constituez-vous prisonnoskofs. L'Ossamoelloskof vous offre genereusemensky
> pour un kilo de caviar 18,95 F
> pour un colonel soviétique 3,30 F
> pour un général soviétique : 6 sous
> pour une douzaine de hallebardes : 8,25 F
> pour la moustache à Hitler : 6,25 F
> pour Hitler au grand complet : 15 millions
> (Avec, au surplus, un voyage gratuit à Brive-la-Gaillarde, un kilo de beurre, une demi-livre de café, un passe-montagne et deux saucisses de Toulouse.) »

Le 23 février, une bonne partie du numéro se trouve exclusivement réservée à la « bataille de la ferraille », c'est-à-dire la récupération systématique des vieux métaux et la création de centres d'achats, pour répondre aux besoins de la guerre. Maurice Chevalier ayant fait savoir qu'il offre sa première voiture, Pierre Dac annonce qu'il donne son premier violoncelle à la ferraille :

« Il est en bois et entièrement pris dans la masse, précise-t-il. C'est sur cet instrument que j'ai appris à jouer du clairon ; en quelque sorte, ce violoncelle était mon trombone d'Ingres ; mais je le donne volontiers avec fierté et avec l'archet ; je suis certain que les métallurgistes sauront vite en faire une douzaine de tonneaux dans lesquels se dissimuleront des hommes qui pénétreront aisément jusque dans les lignes allemandes en se faisant passer pour de pacifiques barriques de vin. »

Cet indéfectible optimisme permet à *L'Os à moelle* de faire école. Aux alentours de la ligne Maginot, des appelés rédigent et polycopient des journaux réservés à leurs compagnons. Un exemplaire est adressé à Pierre Dac qui, confraternellement, signale ainsi la parution de ce que l'on a baptisé les « feuilles kaki ». La fréquence de leur publication est « irrégulière », puisqu'elle dépend du moral et de la disponibilité de ceux qui les réalisent. Parmi elles, *L'Anti-Cafard*, dont la volonté est de « divertir, amuser, égayer, car une armée triste est une triste armée », *Le Diable à quatre*, journal humoristique et loufoque du 4e RI, au profit des soldats nécessiteux, *Le Tor... tue*, tiré à cent vingt exemplaires — « un record de diffusion absolu pour ce type de revue », affirme-t-on en haut de la première page —, *Franchise militaire* rédigé par les « mitraillants et voltigeants » du 246e RI, *Pic et Pioche*, journal d'un régiment de travailleurs dirigé par Lionel Cazaux, le compositeur de l'hymne de la SDL, *L'Echo des blocs*, entièrement conçu, édité et imprimé quelque part dans la ligne Maginot, ainsi que *Boutons pressons*, organe de l'escadron hors rang du 3e CRCA.

Des journaux éphémères qui affichent des slogans dignes d'entrer dans l'histoire :

La Chenille : « Si l'infanterie est la reine des batailles, le char en est le roi. »

Le Témoin monoculaire : « Ouvrir l'œil et la bonne ! »

Le Barbu : « Le plus fort tirage des journaux de la terre... glaise ! »

Entre le « bouclage » de deux numéros, Pierre Dac écrit des sketches pour la radio, présente quelques « Course au trésor » dans toute la France et donne des galas au profit des familles de mobilisés. A chaque fois, il fait un triomphe avec *Je vais me faire chleuh*, une chanson née de l'impact auprès du public d'un mot sorti de son imagination, pour les besoins de son éditorial déjà cité : « De la difficulté d'attendre dans ses foyers ou Méditation sur le fascicule ». L'expression, qu'il a inventée parce que, phonétiquement, elle symbolise parfaitement la langue de Goethe, devient, en France, synonyme de « fritz » ou de « frisé ».

Pendant le premier trimestre de l'année 1940, le roi des loufoques figure également à l'affiche des tournées du Théâtre aux armées. Du 2 au 11 mars, il fait ainsi partie de la première équipe qui se rend dans les ouvrages fortifiés et les camps de la ligne Maginot. Il y retrouve Fernandel, avec qui il a effectué, deux mois auparavant, une autre série de ces galas d'exception. Le comédien interprète alors des succès de Polin qu'il a déjà entonnés à ses débuts sur des scènes marseillaises. Une notoriété que Pierre Dac va évoquer en première page du numéro 90 de *L'Os à moelle*.

« Nous avons passé une semaine, quasiment côte à côte. C'est dans un climat sain où la camaraderie est la vertu dominante que j'ai appris à le connaître. Trouver les mots pour décrire l'enthousiasme des soldats à sa seule apparition me semble impossible. Traduire la joie complète qui régnait en maîtresse absolue dans les salles de cantonnement pendant la demi-heure qu'il demeurait sur scène l'est également. »

En coulisse, le rédacteur en chef de *L'Os à moelle* a timidement proposé à l'illustre comédien de devenir un collaborateur du journal. Ce dernier va accepter, le temps d'un billet d'humeur publié en première page de ce même numéro 90, juste après l'hommage de Pierre Dac. Deux colonnes intitulées « Je deviens journaliste », dans lesquelles Fernandel répond avec gentillesse et loufoquerie aux critiques qui, régulièrement, prennent pour cible son sourire reconnaissable entre mille.

« [...] Ces messieurs des premières mondiales ne se gênent pas pour dire carrément leur façon de penser dans les productions où je figure et je les en remercie. Que de fois ai-je lu dans les quotidiens : ''Fernandel, le comique chevalin, est la vedette de ce film, où il fait pendant 2 500 mètres des effets de mâchoire, de face, de profil, de trois quarts, de dos.'' (C'est un record d'avoir des dents se voyant par la nuque.) Avouez que j'ai tout de même une personnalité, si je n'ai pas beaucoup de talent, comme disent ces messieurs ; on ne peut pas tout avoir, ni tout faire, et croyez-moi, jouer avec la mâchoire est une chose assez difficile. Mais vous savez que les Marseillais ne font rien comme les autres, histoire de se faire remarquer : c'est mon cas, aussi vous devinez ma joie le jour où mon ami Pierre Dac m'a demandé de collaborer ; j'ai accepté, mais il fallait pour être admis deux conditions, les voici :

1° Avoir encaissé pour un film au moins le quart des appointements annoncés par certains critiques.

2° Avoir tourné deux vaudevilles, un film humain (?) et trois navets cinématographiques.

Alors là, je suis hors concours, on peut ajouter un zéro pour les vaudevilles. J'ai peut-être fait un film humain, quant aux navets il faudrait la première page du journal pour les énumérer. Accepté avec félicitations du rédacteur en chef, j'ai donc droit à porter l'Os à la boutonnière et à écrire quelquefois un article aussi spirituel que loufoque, aussi peu français que mon instruction me le permettra, mais le plus méridional possible. [...] »

Les circonstances ne vont pas, hélas, lui laisser le temps de concrétiser ce projet. La situation devient si critique que l'éditorial du numéro 107 — l'avant-dernier, intitulé « Ah ! ah ! ah ! », n'est paradoxalement pas destiné à faire sourire :

« [...] A la pensée de tous nos camarades qui sont dans le grand baroud, à la pensée de toutes les souffrances et de toutes les abnégations qui sont présentement devenues monnaie courante, notre sourire est quelquefois crispé ; il faut souvent faire effort pour le garder ; n'en a-t-il pas ainsi plus de valeur et plus de vertu ? Nul n'a le cœur à la rigolade, mais le sourire est de rigueur. Nous nous sommes toujours efforcés, à *L'Os à moelle*, de le conserver ; nous continuerons malgré les dents et les poings serrés. Je m'excuse d'écrire aujourd'hui un article qui n'a aucunement la prétention d'être drôle. S'il n'a qu'un mérite, que ce soit celui de la sincérité.

Avec la certitude que l'os sur lequel tomberont ces messieurs d'outre-Rhin sera beaucoup moins moelleux que le nôtre. »

Pierre Dac est inquiet, à juste titre. Il n'en poursuit pas moins sa mission de loufoque. Au début du mois de mai, sur les ondes du Poste parisien, où, en dépit des événements, les programmes conservent la priorité sur l'information, il a dédié aux soldats un long sketch intitulé *Soirée loufoque*. Puis, il a ébauché, toujours avec Fernand Rauzéna, une nouvelle série, *L'Agence Lavolaille*. Le slogan de cette histoire, « Chez Lavolaille il faut qu'ça aille ! », symbolise un état d'esprit qui va demeurer vœu pieux. De toute évidence, ça ne va plus du tout. Les Allemands ont envahi la Belgique, les Alliés se préparent à évacuer Dunkerque... En raison des circonstances, le centième numéro de *L'Os à moelle* n'a pas été célébré avec les honneurs dus à sa notoriété et, le 31 mai 1940, l'hebdomadaire paraît pour la cent huitième et dernière fois. Le cent neuvième numéro est en préparation mais il ne sera jamais imprimé. L'absurde de l'actualité ayant dépassé de très loin toutes les limites de la loufoquerie, l'hebdomadaire se saborde quelques jours à peine avant que Paris soit déclaré ville ouverte. Personne, y compris l'auteur, ne connaîtra jamais la fin du roman du caporal-chef Bourgeron de La Gamelle, *Les Gars de la 14e escouade*. Sans avoir le temps de rédiger un ultime éditorial d'au revoir à ses lecteurs, Pierre Dac, résigné, constate alors la réalité physique d'une formule qu'il croyait exclusivement chimique : L'os à moelle se décompose au contact du vert-de-gris...

Choix de textes
1937-1939

LA CREATION DE LA SOCIETE DES LOUFOQUES

« ... Mesdames, messieurs, ... et les autres, s'il y en a... C'est avec une profonde émotion et la main gauche dans ma poche droite, que je vous vois réunis pour participer à la fondation de la chose comme pour laquelle je vous ai convoqués : une association dont le besoin se fait urgemment sentir et que l'humanité tout entière attend comme la vessie, pardon... le Messie. Il est indiscutable, de nuit naturellement, que le déséquilibre de toutes les classes actuelles de la société ne permet pas de très bien réaliser ce qui sépare le normal de l'anormal. Etant donné le dérèglement dont les gens soi-disant sensés nous donnent l'exemple à chaque instant, je crois pouvoir affirmer, sans crainte d'être révoqué en doute, que la saine vision des choses n'est plus que l'apanage de ceux que l'on dénomme péjorativement loufoques.

C'est pourquoi j'ai décidé de fonder, non pas un cercle fermé, mais une vaste société, dans laquelle seraient admis tous les loufoques dignes de ce nom et ce, non seulement sur le plan national mais aussi international... Je propose que cette société prenne le nom de Société des loufoques, dont les initiales seraient SDL.

(*Bruits dans l'assistance publique :* "Oui... Non... Espion... Bravo... Voleur... merveilleux... Très bien... C'est une escroquerie...")

... Messieurs et mesdames, puisque nous avons réalisé l'accord complet sur le principe de notre association, nous allons procéder à la formation légale de la SDL... Pour ce faire, veuillez me suivre dans la salle que j'ai fait spécialement aménager pour vous à cette intention... Par ici, mesdames et messieurs...

(Bruits de chutes.)

... Ah, excusez-moi, j'ai oublié de vous dire qu'il y avait quinze marches à descendre... Mais, vous vous en êtes rendu compte vous-mêmes, tout est pour le mieux...

... Mesdames et messieurs, voici la grande salle d'honneur de la SDL. Elle est bâtie sur les vestiges de l'ancien cabinet de travail de Géo la Balafre, qui, comme vous le savez, a été condamné à vingt ans d'interdiction de séjour et à six francs d'amende... il y a quelque temps, pour une affaire de bonnes œuvres.

Les murs sont ornés de milieux de reliefs du plus gracieux effet... Les motifs de décoration ne sont, en effet, ni en haut ni en bas. Ils représentent des scènes de la vie courante et rustiques telles que : la récolte du gingembre en Franche-Comté, la remise des clés de la ville par le gérant de la Compagnie des eaux, lors de la prise de la Lavette-sur-Evier par les francs-tireurs des Messageries maritimes, et une charmante allégorie : la vérité poursuivant le mensonge, symbolisée par un agent en bourgeois, courant après un individu qui vient de dérober un plat de céleri rémoulade à la devanture d'un antiquaire, pour le donner à son grand-père, danseur mondain dans une plâtrerie.

(Une voix : oh, ben, et le céleri, il ressemble à Ravachol...)

... Quant à l'éclairage, je dois dire qu'il est particulièrement réussi. Il est constitué par une quinzaine d'avaleurs de pétrole que j'ai engagés spécialement pour la cérémonie. Ces messieurs sont rangés deux par deux en forme d'appliques et, alternativement, font le travail d'avaleur de pétrole. C'est-à-dire qu'ils prennent une bonne goulée de pétrole dans la bouche, ils soufflent en approchant une allumette, et ça donne une luminosité à laquelle, vraiment, on n'est pas accoutumés.

… Voici maintenant notre aquarium. Vous pouvez apercevoir un poisson qui n'est autre qu'un faux-filet adulte du Brésil, en train de faire une partie de trench-coat avec un veau froid mayonnaise des îles Sandwich.

Je vous montrerais bien les cuisines ou la cave, mais il n'y en a pas. Alors, nous allons commencer nos travaux… Je n'ai pas pu avoir de sièges mais il y a des hamacs et des lits-cages où vous pourrez vous installer confortablement… Chacun à sa place !

(Tandis que les futurs membres de la SDL s'installent, Pierre Dac gagne la tribune officielle, qui est un très joli morceau d'architecture : elle est composée par trois tonneaux d'anchois de la Baltique en travers desquels on a jeté une planche à repasser recouverte d'une pattemouille en shantung dénicotinisé…)

… Mesdames et messieurs, nous allons procéder, si vous le voulez bien, et si vous ne le voulez pas, ce sera le même prix, à l'élection du bureau. Tout d'abord, je pose ma candidature à la présidence ; il va de soi que toute autre candidature peut être posée, mais je conseille à mes concurrents de s'abstenir, car j'ai pour appuyer la mienne deux solides matraques dont le maniement m'est particulièrement familier. Qui est-ce qui s'oppose à mon élection ?…

(Personne ne répond.)

… Parfait. Vous m'avez donc élu président de la SDL à l'unanimité. Mes chers amis, c'est avec les larmes aux yeux et une foutue démangeaison sur la nuque que je vous remercie de la spontanéité avec laquelle vous m'avez porté à mon corps défendant à la présidence. J'ose dire que j'en suis digne et que votre choix me fait honneur. Je propose maintenant à la vice-présidence, mon ami Fernand Rauzéna…

(Une voix : qu'est-ce qu'il a fait pour prétendre à la vice-présidence ?)

… Mon cher Rauzéna, vous avez votre revolver sur vous. Voulez-vous répondre à l'honorable interrupteur ?

(Bruit : pan !)

… Plus d'opposition ? Alors, Fernand Rauzéna, à l'unanimité moins une voix, est élu vice-président de la SDL. Nous en profitons pour nommer au poste d'huissier officiel de la société le capitaine d'habillement en retraite, Adhémar de la Concoillote.

... Je vais maintenant vous donner lecture des statuts. Les statuts sont, non en marbre, mais les suivants :

Article 1er : Y en a pas.

Article 2 : Il est constitué par voie d'apport personnel une société à responsabilité illimitée portant le nom de Société des loufoques.

Article 3 : Les membres du bureau sont inamovibles même par temps de brouillard.

Artcile 4 : Seront admis à faire partie de ladite société les personnes qui en feront la demande.

Article 5 : Chaque demande d'admission devra être adressée au président de la SDL.

Article 6 : L'impétrant devra à l'appui de sa demande donner les références les plus sérieuses justifiant son admission et un curriculum vitae des plus détaillés. Les curriculum vitae de conserve ne seront pas acceptés.

Articles 7, 8, 9, 10 et 11 : Sont d'ordre privé et ne vous regardent pas.

Article 12 : C'est le même que l'article 6.

Article 13 : Les demandes d'admission devront être accompagnées d'un certificat établissant que le demandeur est capable de faire la distinction entre une éclipse de soleil et un marché couvert, ce certificat devant être légalisé par le conservateur des hypothèques et, à défaut, par le directeur de la manutention des céréales grains de Seine-et-Marne.

Article 14 : Les membres de la SDL s'engagent à œuvrer de tout leur dynamisme pour porter haut et ferme le bon renom de la société par-delà les terres fermes, les océans, les squares et les pâtés de maisons.

Ces statuts sont rigoureusement les mêmes que ceux qui régissent la Compagnie du Canal de Suez, avec la différence que c'est rigoureusement le contraire.

Nous allons maintenant faire des incursions dans tous les domaines et surtout dans ceux dont on ne parle pas... car le commun des mortels n'y a pas accès.

Mesdames et messieurs, au travail ! La séance est levée... »

LA COURSE AU TRESOR

Quelques objets imaginés par Pierre Dac et que les concurrents ont toujours ramenés en des temps records :

Un bidon plein de vide.
Un jerrican vide de plein.
Un chapelet de saucisses bénites agrémenté d'un rosaire de fruits confits en dévotion autour du cou.
Une hallebarde de garde suisse à la main gauche.
Une échelle de corde à nœuds attachée à la ceinture ou accrochée dans le dos.
Une gamelle emplie de pruneaux cuits et de pruneaux crus, en équilibre sur la colonne vertébrale.
Un casque de sapeur-pompier orné d'une couronne de pain brioché, sur la tête.
Des pataugas de cérémonie aux pieds.
Un plat de lentilles farcies de bortsch dans la main droite.
Des feuilles de salade verte dans les trous du nez et des oreilles.

EDITORIAL :
LE CENTENAIRE DE LA BROSSE A RELUIRE

« Il y a exactement soixante-seize ans environ, c'est-à-dire le 12 avril 1879, que naquit, à Hupnuf, petit village limitrophe et jurassien, Alcibiade Ladislas Reluire, précurseur et inventeur de la brosse qui porte son nom.

Le silence qui accompagne cet auguste anniversaire est un triste témoignage de l'ingratitude humaine ; qui, à l'heure présente, se souvient d'Alcibiade Reluire qui, en son temps, connut la fortune, la gloire et la considération de ses concitoyens ?

Fils cadet et unique d'un manutentionnaire en beurre fondu, Alcibiade Reluire montra dès sa plus tendre enfance de remarquables dispositions pour l'art musical : à dix ans, il composa un quatuor pour harmonium, bugle et hélicon, intitulé : *Planque ton nez, vl'à l'garde*, opus 281 et la suite. A douze ans, il obtint son premier prix de métronome et à quinze ans, son père, désireux de le pousser, le fit entrer, en qualité de quartier-maître, dans une fabrique de baquets où il put donner toute la mesure de son précoce talent. Engagé aux zouaves à dix-huit ans, il fut nommé général de brigade pour avoir sauvé des flammes un adjudant-chef au cours des inondations du Massif central en 1900.

Rentré dans ses foyers, il se lança à corps perdu dans l'étude du corned-beef et de la géométrie dans l'espace ; et c'est ainsi que, de fil en aiguille et de planche à repasser en pile de pont, il en arriva à la conviction formelle qu'il se devait d'inventer une brosse capable de rendre à l'humanité décadente l'éclat d'un lustre que les taches de bougie et la turpitude avaient terni depuis des siècles.

Pénétré de l'importance de sa mission, Alcibiade Reluire se mit courageusement au travail : ses premiers essais furent désastreux ; sa brosse offrait l'aspect d'une meringue au foie gras ou d'un covercoat de limonadier, suivant l'angle sous lequel on la considérait ; et puis, un beau jour, ses efforts furent couronnés de succès et, le 26 mars 1853, la Brosse, la brosse majuscule, sortit de ses mains pour partir à la conquête de l'univers. Il y a maintenant cent vingt-cinq ans de cela. Bien des choses se sont passées depuis, mais rien ne doit nous faire oublier cet homme illustre qui a doté la créature de l'élément indispensable à sa propre dignité. Et ce sera la récompense de ma vie d'avoir été le premier à rappeler les vertus de ce grand citoyen et de les exalter en une époque où les choses n'ont de valeur que par rapport à celles qui n'en ont pas du tout. »

EDITORIAL : LA HOUILLE DORMANTE

« *Credo quia absurdum*, a écrit Lope de Vega en son traité sur la pluralité des barres d'appui. Ce n'est certes pas moi qui dirai le contraire, étant pleinement et entièrement de l'avis de cet illustre gastronome.

Il n'en est pas moins vrai que le devoir immédiat et actuel de tout citoyen est de collaborer à l'œuvre urgente de redressement par l'économie nationale rationnelle. Or, qui dit économie dit utilisation de toutes les forces naturelles au bénéfice de l'intérêt général. Or, j'estime que, chaque jour, nous laissons inutilisée une quantité d'énergie telle qu'il est presque criminel de laisser perpétuer un pareil état de choses. Et c'est pourquoi je veux vous parler ici de la houille dormante.

La houille dormante ! C'est probablement la première fois que vous en entendez parler ; moi aussi d'ailleurs, puisque avant d'y avoir pensé personnellement, nul ne m'en avait soufflé mot.

Voilà de quoi il s'agit : on connaît sous le nom de houille blanche la force des chutes d'eau mise au service de l'énergie électrique ; d'où économie massive et indiscutable de combustible. On connaît aussi la houille beige, la houille bleue et la houille verte d'utilité moins glorieuse mais honorable cependant. Il s'agit maintenant d'utiliser la houille dormante. Qu'est-ce que la houille dormante ? C'est la captation de l'énergie du sommeil, énergie négative qui peut être rendue positive par le truchement de moyens qu'il appartient aux ingénieurs de réaliser.

Tout être humain, à l'état de veille, manifeste une certaine activité variable, suivant sa complexion physique et morale ; or, en période de sommeil, cette activité disparaît-elle ? Non pas, elle tourne à vide, sans utilité aucune. N'avez-vous point remarqué que certaines personnes dorment plus ou moins rapidement ? Preuve irréfutable d'une énergie contenue qui ne demande qu'un procédé adéquat pour être canalisée et utilisée à des fins industrielles.

L'énergie produite en une nuit par la respiration de 50 millions de Français endormis serait amplement suffisante pour faire fonctionner pendant deux mois toutes les usines du pays, y compris celles-là et les autres.

Je sais qu'en lisant cette affirmation, les compétences autorisées vont hausser les gencives en claquant des épaules. Peu importe. L'idée est un blé dont le grain semé finit toujours par produire un jour ou l'autre un pain de quatre livres.

La houille dormante est dans l'air ; elle fera son chemin et ce sera l'honneur de ma vie d'avoir été le précurseur d'une chose qui, demain, redonnera à notre nation la prospérité et le bonheur dans l'idoine et la fécondité. »

NOUVELLES DE PARTOUT ET D'AILLEURS*

PRÉVISIONS MÉTÉOROLOGIQUES POUR LE PROCHAIN WEEK-END, LES FÊTES DE FIN D'ANNÉE ET LES PROCHAINES FÊTES FORAINES :

De rassurant à menaçant, de menaçant à pas bien beau, de pas bien beau à plutôt moche et de plutôt moche à franchement tarte.

Ciel généralement couvert sur l'ensemble du pays, avec, en partie, belles éclaircies lui permettant de se découvrir respectueusement devant les cortèges et les défilés de stratus, de cumulus, de cumulo-nimbus, d'altostratus, de cirus, de 7, 8, 9, 10, 11, 12 et la suitrus.

Températures probables et possibles :

Pour les régions Nord-Atlas, Sud-Aviation, Est Républicain, Ouest-Démocratique, Centre Gauche et Centre Droit :
— *sous le bras :* 37°5 ;
— *sous la langue :* 38°2 ;
— *ailleurs :* suivant le cas.

---

* Textes actualisés en 1968 par Pierre Dac lui-même.

NOUVELLES DE PARTOUT ET D'AILLEURS :

De Paris :

Hier après-midi, vers 15 h 30 environ, au rayon de blanc d'un grand magasin printanier de la rive droite où elle était allée, de confiance, acheter les yeux fermés, Mlle Marie-Louise Basdufiacre, hôtesse d'accueil à l'Institut médico-légal, a sauté sur une occasion qu'elle n'avait pas vue, et pour cause. Affreusement déchiquetée, la malheureuse a expiré avant même d'avoir eu le temps de rendre le dernier soupir.

COURS DE CLÔTURE DU MARCHE COMMUN DE L'ALIMENTATION GÉNÉRALE COMMUNE :

Cours du bœuf : Bœuf sur pied, le kilo : 5,92.
Bœuf à cheval, le rapport du tiercé : 15 F dans l'ordre, 7,50 dans le désordre, et 1,95 dans la pagaille.

Cours du veau : Veau roulé sur lui-même, le rouleau : 4,90.
Veau roulé dans la sciure : le tas : 5,50.
Veau mort-né : le faire-part : 10 sous.

Cours du poisson : Turbot de la Méditerranée, le couple : 11 F.
Turbot compresseur, la compresse : 0,35.
Sole naturelle, la clé : 8 F.
Sole mineure, l'unité : 7 F. Interdite au moins de dix-huit ans.
Rouget du golfe, la paire : 12 F.
Rouget de l'Isle, le refrain marseillais : gratuit.
Morue de Norvège, le filet : 8 kröners.
Morue de trottoir, la passe : à la tête du client.

Cours de la volaille : Poulet de Bresse, la pièce : 18 F.
Poulet de grain, le sac : 20 F.
Poulet du quai des Orfèvres, le panier : 22 22.

Cours des fromages : Camembert bien fait, la boîte : 3,75.
Camembert mal foutu, le carton : non coté.
Camembert façon sapeur, la barbouze : 2,35.
Bleu d'Auvergne, la salopette type Arverne : 12,90.
Brie de Melun, le quart : 4,80.
Brie de Melautre, le demi : 9,60.
Brie coulant, à la pression, le litre : 3,20.
Le même, rendu à domicile par ses propres moyens, la coulée : 4,50.

COURRIER DU CŒUR

Encore jeune et désirable, j'ai eu vingt-neuf ans à la dernière Saint-Prunocuiprunocru, je suis mariée à un homme qui me trompe avec la femme de mon amant. Mais comme celle-ci trompe son mari en couchant avec le mien, j'en suis réduite à tromper mon amant avec celui de sa femme puisque son amant est mon mari.

Or, la femme de mon époux étant la maîtresse d'un homme déshonoré par l'amant d'une femme dont le mari trompe sa maîtresse avec la femme de son amant qui la trompe avec une amie de son épouse, je ne sais plus où j'en suis, en raison de cette situation particulièrement compliquée. Je vous en supplie, conseillez-moi. Que dois-je faire ?

Viscères en Voltige.

Notre réponse : *Rien. Qu'elle se démerde.*

CARNET MONDAIN

Nécrologie :

Monsieur Alexandre Alatraine et Madame, née Géraldine Mouchabeux, les familles Jlarmaidan, Tupeutla, Mangdela, Letrouduc, Caspalbol, Bougre-Decongre, Lecongre-Debout, Debout Lécongre, Dufond de la Sallecomble, Souley-Décombre, Lebord du Tronduculte, le général Abélard de la Pardeki, le commandant Jonhattan Léranforarive de Tananarive et le directeur de la police municipale ont la douleur d'annoncer que les obsèques de Monsieur *Philippe Auguste Alatraine*, ex-maître des requêtes à domicile au conseil d'état d'ébriété, leur père affectif, grand-père effectif, beau-père locatif, oncle portatif, neveu putatif et cousin par alliance atlantique qui devaient avoir lieu mardi dernier en quinze, sont renvoyées sine die en raison de l'état de santé du défunt qui s'est considérablement amélioré.

Naissances :

Le baron Henri Gaspard Leprurit du Bodard, président-directeur général de brigade de l'Office national des postes de distribution d'essence à gogo, a le vif plaisir d'annoncer que la baronne, sa femme, née Marie-Chantal Avanterme, a donné le jour à un superbe bidon de cinq litres, normalement constitué.

Le père, la mère et le bidon se portent bien.

PETITES ANNONCES DE L'OS A MOELLE

Demandes d'emploi

Comprimé d'aspirine, dans la force de l'âge, cherche bonne migraine avec qui se mesurer.

Femme de ménage pieuse cherche emploi dans institution religieuse pour regarder ménage se faire tout seul par opération Saint-Esprit.

Offres d'emploi

Maison haute-couture ayant besoin coup de main pour travaux en sous-main, recherche : petites mains, grandes mains, grosses pognes, main d'œuvre, main à la pâte et mains courantes. Se présenter demain ou après-demain chez Balmain. Poil aux mains.

On demande cheval sérieux connaissant bien Paris pour faire livraisons tout seul.

On demande deux hommes de paille, un grand et un petit, pour tirage au sort.

Lycéen cherche blanchisseuse habile pour l'aider à repasser ses leçons.

Divers

Camembert bien fait cherche brie coulant pour aller ensemble en marche d'entraînement.

Fourchette-piège: permettant de déguster les
petits pois proprement et élégamment........ 12,00 F
La même, mais plus cher .... 14,50 F
Modèle identique, avec compteur totalisateur.... 47,50 F

C'est le moment d'en profiter!
la paire .... 45,00 F

Suppositoires phosphorescents, permettant leur
utilisation dans l'obscurité. La boîte de 200 .. 31,60 F

PHEDRE

PERSONNAGES :

PHÈDRE
SINUSITE (1re servante de Phèdre)
PET-DE-NONNE (2e servante)
HIPPOLYTE
THÉRAMÈNE
LE CHŒUR ANTIQUE

LE CHŒUR ANTIQUE *(gueulant)*

O, puissant Dieu des Grecs, je viens sous votre loi
Faire entendre en ces lieux ma douce et faible voix.
De Phèdre et d'Hippolyte au lourd passé de gloire
Je veux ressusciter la tragique mémoire...
Phèdre aimait son beau-fils, Hippolyte au cœur pur,
Qui lui ne voulait pas de cet amour impur.
Ce que vous entendrez ici n'est pas un mythe
Mais le récit vécu de Phèdre et d'Hippolyte.

(Le Chœur antique sort et Hippolyte et Théramène paraissent.)

THÉRAMÈNE

Tu me parais bien pâle et triste à regarder
Qu'as-tu donc Hippolyte ?

HIPPOLYTE

Je suis bien emmerdé !

THÉRAMÈNE

C'est un sous-entendu mais je crois le comprendre.
Va, dis-moi ton chagrin, je suis prêt à l'entendre.

HIPPOLYTE

Le dessein en est pris, je pars, cher Théramène,
Car Phèdre me poursuit de ses amours malsaines.

THÉRAMÈNE

Et Aricie alors ?

HIPPOLYTE

Ah ! Ne m'en parles pas !
Quand j'évoque la nuit ses innocents appas
J'ai des perturbations dedans la tubulure
Car cette Aricie-là je l'ai dans la fressure,
Elle est partout en moi, j'en ai le cerveau las,
J'ai l'Aricie ici et j'ai l'Aricie là !

THÉRAMÈNE

Elle a pris je le vois et tes sens et ta tête...

HIPPOLYTE

Ah ! Je veux oublier le lieu de sa retraite !

THÉRAMÈNE

La retraite de qui ?

HIPPOLYTE

La retrait' d'Aricie
Qu'elle sorte de moi ! Aricie la sortie !

(*On entend une trompette jouer:* As-tu connu la putain de Nancy...)

THÉRAMÈNE

Mais qui vois-je avancer en sa grâce hautaine ?
N'est-ce pas de l'amour la plus pure vision ?
C'est l'ardente sirène, la sirène des reines
C'est Phèdre au sein gonflé des plus folles passions !

PHÈDRE *entrant avec ses servantes*

Oui, c'est moi, me voici. Tiens, c'est toi Théramène ?
Que viens-tu faire ici ?

THÉRAMÈNE

Je venais, souveraine
Vous redire à nouveau mon récit tant vécu...

PHÈDRE

Ton récit je l'connais, tu peux te l'foutre au cul !
A l'écouter encor' j'en aurais du malaise
Il y a trop longtemps que Théramèn' ta fraise !!!

(Théramène, ulcéré, s'incline et sort. Phèdre voit Hippolyte.)

PHÈDRE

Hippolyte ! Ah ! Grands dieux je ne peux plus parler
Et je sens tout mon corps se transir et brûler !

HIPPOLYTE

O rage ! O désespoir ! O détestable race !

PHÈDRE

Par Jupiter je crois qu'il me trait' de pétasse !

SINUSITE

Laissez-le donc maîtresse, il ne veut point de vous !

PHÈDRE

Et moi j'en veux que j'dis, et j'l'aurai jusqu'au bout !
(A Hippolyte)
N'as-tu donc rien compris de mes tendres desseins ?
T'as-t-y tâté mes cuiss's, t'as-t-y tâté mes seins ?
Ne sens-tu pas les feux dont ma chair est troublée.

HIPPOLYTE

C'est Vénus tout entière à sa proie attachée !

PHÈDRE

Oui, pour te posséder je me sens prête à tout !
Que veux-tu que j'te fasse ? Je suis à tes genoux...
Que n'ai-je su plus tôt que tu étais sans flamme...

HIPPOLYTE

Certes il eût mieux valu que vous l'sussiez, madame...

PHÈDRE

Mais je n'demand' que ça !

HIPPOLYTE

De grâc' relevez-vous...

PHÈDRE

Voyons tu n'y pens's pas, je n'peux pas fair' ça d'bout !

HIPPOLYTE

N'insistez pas, madam', rien ne peux m'ébranler.

PHÈDRE

Si t'aim's pas ça non plus, j'ai plus qu'à m'débiner !

HIPPOLYTE

C'est ça, partez, madame, allez vers qui vous aime.

PHÈDRE

Par les breloqu's d'Hercul' je resterai quand même !
Ah ! Que ne suis-je assise à l'ombre des palmiers...

HIPPOLYTE

Et pourquoi donc, madame ?

PHÈDRE

Parc'que là tu verrais
Ce dont je suis capable et ce que je sais faire...
Je connais de l'amour quatre cent vingt-huit manières !

HIPPOLYTE

C'est beaucoup trop pour moi, madame, voyez-vous.

PHÈDRE

Dis, t'es pas un peu dingu' ? Ça s'fait pas d'un seul coup !
Oui je sais distiller les plus rares ivresses...
C'est y vrai, Sinusite et Pet-d'Nonne ?

LES SERVANTES *(un peu gênées)*

Oui c'est vrai,
chèr' maîtresse...

HIPPOLYTE

Je ne serais pour vous d'aucune utilité
Je ne suis que faiblesse et que fragilité.

PHÈDRE

On n'te demande rien ! Je f'rai le nécessaire
T'as pas à t'fatiguer, t'auras qu'à t'laisser faire.

HIPPOLYTE

Le marbre auprès de moi est brûlant comme un feu...

PHÈDRE

J'suis pas feignant' sous l'homme et j'travaill'rai pour deux !

HIPPOLYTE

Vos propos licencieux qui blessent les dieux même
Point ne les veux entendre, c'est Aricie que j'aime.

PHÈDRE

Mais de quels vains espoirs t'es-tu donc abusé ?
Aricie est pucelle et n'a jamais...

HIPPOLYTE

Je sais !
Mais c'est cela surtout qui me la rend aimable...

PHÈDRE

Oui mais pour c'qu'est d'la chose elle doit être minable !
Allons, va, n'y pens's plus et sois mon p'tit amant
Tu connaîtras par moi tous les enchantements !

HIPPOLYTE

De grâce apaisez-vous, je me sens mal à l'aise...

PHÉDRE

Viens, pour te ranimer j'te f'rai Péloponèse !

HIPPOLYTE

Qu'est-ce encor que cela ?

PHÈDRE

C'est un truc épatant !
Ça s'fait les pieds au mur et l'nez dans du vin blanc !

HIPPOLYTE

De tant de perversion tout mon être s'affole.

PHÈDRE

Ben qu'est c'que tu dirais si j'te f'sais l'Acropole.

HIPPOLYTE

Quelle horreur !

PHÈDRE

Comm' tu dis ! Mais c'est bougrement
bon...
Ça s'fait en descendant les march's du Parthénon !

HIPPOLYTE

Prenez garde, madame, et craignez mon courroux !

PHÈDRE

C'est ça, vas-y Polyte, bats-moi, fous-moi des coups !

HIPPOLYTE

Vous frapper ? Moi, jamais, mon honneur est sans tache.

PHÈDRE

Mais y'a pas d'déshonneur, moi j'aim' ça l'amour vache...
Viens, tu s'ras mon p'tit homme et j'te donn'rai des sous...

HIPPOLYTE

Ah ! Que ne suis-je assis à l'ombre des bambous...
Je ne veux rien de vous, mon cœur reste de roche !

PHÈDRE (*câline*)

Qu'est c'que tu dirais d'un p'tit cadran solaire de poche ?
J'te f'rai fair' sur mesure un' joli' peau d'mouton
Et pour les jours fériés des cothurn's à boutons...

HIPPOLYTE

Croyez-vous donc m'avoir en m'offrant des chaussures ?
C'est croire que mon cœur du vôtre a la pointure !

PHÈDRE

En parlant de pointure, si j'en juge à ton nez
Ell' doit être un peu là si c'est proportionné !

HIPPOLYTE

Vous devriez rougir de vos propos infâmes
Vous me faites horreur, ô méprisable femme !

PHÈDRE

A la fin c'en est trop ! Mais n'as-tu donc rien là ?

HIPPOLYTE

Madame je n'ai point de sentiments si bas.

PHÈDRE

Les feux qui me dévor'nt ne sont pas éphémères...
Hippolyt' je voudrais que tu me rendiss's mère.

HIPPOLYTE

Ciel ! Qu'est-ce que j'entends ? Madame oubliez-vous
Que Thésée est mon père et qu'il est votre époux ?

PHÈDRE

C'qui fait que j'suis ta mèr', c'est pour ça qu'tu t'tortilles ?
Ben comm' ça tout s'pass'ra honnêt'ment en famille.

HIPPOLYTE

Mais si de cet impur et vil accouplement
Il nous venait un fils, que serait cet enfant ?

PHÈDRE

Puisque je s'rais ta femme en mêm' temps que ta mère
L'enfant serait ton fils en mêm' temps que ton frère...

HIPPOLYTE

Et si c'était un' fill' qu'engendrait votre sein ?

PHÈDRE

Ta fill'serait ta sœur et ton frèr' mon cousin !

HIPPOLYTE

Ah ! Que ne suis-je assis à l'ombre des pelouses...

PHÈDRE

Tu parl's ! Avec c'mond'là, qu'est-c'qu'on f'rait comm' partouzes !

HIPPOLYTE

Assez, je pars, adieu !

PHÈDRE

Ah ! Funèbres alarmes
Voilà donc tout l'effet que t'inspirent mes charmes ?
J'attirerai sur toi la colère des dieux
Afin qu'ils te la coupent !

HIPPOLYTE

Quoi, la tête ?

PHÈDRE

Non, bien mieux !

HIPPOLYTE

Vous êtes bien la fille de Pasiphaé !

PHÈDRE

Et toi va par les Grecs t'faire empasiphaer !
Sinusite et Pet-de-Nonne venez sacré's bougresses
Calmez mon désespoir, soutenez ma faiblesse...

PET-DE-NONNE

Elle respire à peine, elle va s'étouffer...

PHÈDRE

Ben, c'est pas étonnant, j'ai c't'Hippolyt' dans l'nez !
Je veux dans le trépas noyer tant d'in-famie
Qu'on me donn' du poison pour abréger ma vie !

SINUSITE

Duquel que vous voulez, d'l'ordinaire ou du bon ?

PHÈDRE

Du gros voyons, du roug', celui qui fait des ronds.
Qu'est c'que vous avez donc à m'bigler d'vos prunelles ?
Ecartez-vous de moi !
(A Hippolyte)
Toi, viens ici, flanelle.
Exauce un vœu suprême sans trahir ta foi,
Viens trinquer avec moi pour la dernière fois.

(Les servantes apportent deux bols.)

A la tienne érotique sablonneux et casse pas le bol !

(Elle boit)

Oh Dieu que ça me brûl', mais c'est du vitriol !

HIPPOLYTE *boit*

Divinités du Styx, je succombe invaincu
Le désespoir au cœur...

PHÈDRE

Et moi le feu au cul !

JE VAIS ME FAIRE CHLEUH

Si vous m'voyez étreint d'une forte émotion,
C'est que je viens de prendre une grav' décision
Je vais m'fair' chleuh !
N'croyez pas que j'plaisant', c'est extrêm'ment sérieux
Et mes chansons, ce soir, sont des chansons d'adieu
Je vais m'fair' chleuh !

Ce n'est pas d'gaieté d'cœur que j'vais abandonner
Comm' ça, d'un jour à l'autr', ma nationalité
Pour me fair' chleuh !
Mais c'est tout ce qui reste à ma disposition
Pour exprimer dignement ma réprobation
Je vais m'fair' chleuh !

J'aurais pu m'mettre en grève, hurler, manifester,
Occuper au besoin des lieux inoccupés
Je vais m'fair' chleuh !
J'aurais pu m'prendre aussi, dans un accès d'rag' foll',
La colonn' vertébral' pour m'en faire un cach' col
J'aim' mieux m'fair' chleuh !

J'ai tout tenté pourtant avant d'me décider,
Je suis allé trouver l'président Daladier,

Avant d'êtr chleuh !
Enl'vez vos décrets-lois, que je lui ai bonni
Ou sans ça je m'fais chleuh, vous m'fait's chleuh qu'il m'a dit
Bon, j'vais m'fair' chleuh !

Et voilà, dans quelqu's jours tout sera accompli
Je m'en irai rejoindre mon lointain pays
Le pays chleuh !
J'aurai des papiers chleuhs, un fascicul' « 3 » chleuh,
Un' ch'mise, un pardessus et un chapeau mou chleuhs
J' s'rai un vrai chleuh !

J'fondrai un foyer chleuh j'épous'rai un' femm' chleuh
Avec de longs cheveux, moi, j'aim' les longs ch'veux chleuhs
Je vais m'fair' chleuh !
Et j'aurai, je l'espèr', des enfants si nombreux
Qu'ils défil'ront d'vant moi tous à la queue chleuh chleuh
Je vais m'fair' chleuh !

J'irai, tous les sam'dis, voir les hétaïr's chleuhs
Qui connaiss'nt des combin's à fair' baver les bœufs
Je vais m'fair' chleuh !
Ell's vous font, pour trois francs, des trucs ahurissants
Avec une peau chamois et un morceau d'fer blanc
Je vais m'fair'chleuh !

Mais que l'gouvernement ne soit pas trop hâtif
De conclur' qu'étant chleuh, je rest'rai inactif
Car foi de chleuh !
Je r'viendrai à Paris avec quelques chleuhs frais
Et j'dirig'rai moi-mêm' le parti chleuh français
Je vais m'fair' chleuh !

J'organis'rai chaqu' soir sur les Champs-Elysées
Un de ces p'tits rezzous de derrièr' les palmiers
Quand je s'rai chleuh !
Et devant la polic' qui n'y verra qu'du chleuh

Je pouss'rai mon cri d'guerr' qui s'ra : les chleuhs, les chleuhs !
Et viv'nt les chleuhs !

Et quand j's'rai un vieux chleuh, sans réflexe et sans r'ssort
J'attendrai qu'les dieux chleuhs décident de mon sort
Quand j's'rai vieux chleuh !
Et lorsque je mourrai, des ang's, vêtus de bleus
Porteront, comm' dans Faust, mon âme au sein des chleuhs
Je vais m'fair' chleuh !

Objectif Londres : neuf mois pour accoucher de la victoire

> « Les résistants de 1945 sont, parmi les combattants, ceux qui méritent le plus d'estime et le plus de respect parce que, pendant plus de quatre ans, ils ont courageusement et héroïquement résisté à leur ardent et fervent désir de faire de la résistance. »

Londres... 31 octobre 1943, 21 h 15.

« Ici Londres... mille deux cent trente et unième jour de la lutte du peuple français pour sa libération... Les Français parlent aux Français... Ici Jacques Duchesne... Dans un instant vous allez entendre Pierre Dac. »

Les innombrables auditeurs qui écoutent le programme français de la BBC n'en reviennent pas. Comme tous les soirs, après avoir tourné le bouton de leur poste en cherchant une fréquence qui échappe aux brouillages, ils ont entendu le générique composé des premiers motifs de la *Cinquième Symphonie* de Beethoven et du célèbre « Radio-Paris ment, Radio-Paris est allemand », écrit par le dessinateur Jean Oberlé sur l'air de *La Cucaracha*. Ils s'attendaient à des nouvelles d'espoir suivies de commentaires extrêmement sérieux sur la progression des Alliés et voilà qu'on leur annonce la plus insolite des interventions... En quelques mots, le speaker explique la présence du roi des loufoques à ce micro...

« Prononcer le nom de Pierre Dac, c'est immédiatement évoquer l'avant-guerre. Pierre Dac, à la radio, ce sont les souvenirs des émissions de "La course au trésor" ou de la SDL. La SDL, vous vous rappelez ? La Société des loufoques !

Pierre Dac, c'est le cabaret français : le Coucou, la Lune rousse, les Deux-Anes, l'ABC. Pierre Dac, c'est *L'Os à moelle*.

Depuis le début de 1940, on n'a jamais réentendu Pierre Dac à la radio. On a pu le voir en tournée en Afrique du Nord, en France, dans la zone dite libre, à différentes reprises jusqu'à juillet 1941. Il faisait son tour de chant, un tour de chant plein de coups d'œil complices, et Pierre Dac fut alors molesté par le PPF et interdit dans les Alpes-Maritimes pour s'être moqué de l'occupant italien. Et puis, Pierre Dac disparut.

S'il reparaît aujourd'hui parmi nous, c'est après plus de neuf mois de prison et un an de travail dans la Résistance, en France même. Celui que vous allez entendre, ce n'est pas seulement l'homme qui fit rire les Français au temps du bonheur de la France, qui les aida à se distraire et à oublier dans le malheur, c'est le patriote qui a souffert et lutté avec vous, et qui vous aidera peut-être un peu par ce qu'on a appelé sa loufoquerie à passer ce dur hiver pendant lequel chaque jour vous attendez la Libération.

Pierre Dac vous parle. »

Avant de s'exprimer, ce dernier respire très fort. Il est ému, il a la gorge serrée. Il attend ce moment depuis plus de trois ans… tandis que Jacques Duchesne s'exprimait, des images dramatiques sont revenues en sa mémoire, celles des épreuves qu'il a dû traverser pour en arriver là. Et maintenant, ça y est… La première partie de son combat s'achève, la seconde commence avec ces premiers mots qu'il a écrits et réécrits des milliers de fois dans sa tête pendant des nuits de cauchemars… Des paroles qu'il lance avec une voix un peu plus grave que d'habitude…

« Mes chers compatriotes,

C'est pour moi une extraordinaire sensation que de pouvoir, ce soir, vous parler librement dans ce micro alors qu'il y a environ deux mois j'étais encore à méditer, entre les quatre murs d'une cellule, sur l'opportunité d'écrire une pièce de théâtre que j'aurais intitulée : "L'Homme d'intérieur malgré lui". Ce qui démontre d'une manière péremptoire, absolue et définitive que la prison mène à tout à condition d'en sortir. Je m'efforcerai de m'exprimer sur le mode souriant. Car je crois en la vertu du sourire. Depuis plus de quarante mois, j'ai réussi à le conserver dans des circonstances qui n'ont pas toujours été des plus divertissantes et j'ai acquis, par expérience personnelle, la conviction que le sourire pouvait être souvent un merveilleux tonique.

Avant la guerre, j'étais optimiste par définition, n'était-il pas normal que, dans l'épreuve, je le sois devenu par conviction ? Que ne peut-on cacher derrière un sourire ? Ne peut-il dissimuler toute la gamme des sentiments, depuis l'ironie jusqu'au scepticisme désabusé, en passant par le courage et la détresse ? J'ai vu autour de moi des camarades, partant pour le peloton d'exécution, le conserver au coin des lèvres, mettant ainsi, dans ce dernier sourire, toute leur élégance...

Et voilà maintenant que je ne sais plus que vous dire. A la vérité, je voudrais vous entretenir de tant de choses à la fois que, si je me laissais aller, il se produirait une telle bousculade à la sortie qu'il me faudrait rien de moins qu'un service d'ordre pour ramener mes paroles dans le bon chemin.

D'aucuns — dans le camp collaborationniste s'entend — ne vont pas manquer de s'écrier : "Un loufoque à la radio de Londres, cette fois, c'est complet !" Et de ricaner, et de faire de fines plaisanteries en se mettant de grands coups d'eau de Vichy derrière la croix gammée, histoire de souligner le grotesque de l'événement. De la loufoquerie, certes, j'en ai fait , et je ne cherche en aucune manière à m'en défendre, mais je l'ai faite en un temps où l'on avait encore le droit de rire en France ; mais tout compte fait, je préfère être dans une peau de loufoque que dans celle de certains personnages graves, doctoraux et de sens rassis, lesquels, parvenus au faîte de la consécration officielle, n'en sont pas moins tombés au plus bas de la lâcheté et l'ignominie : tel par exemple M. Abel Bonnard, de l'Académie française. Ma loufoquerie — puisque loufoquerie il y a — ne m'a pas empêché d'aimer mon pays et de combattre dans l'ombre aux côtés de mes camarades pour reconquérir notre droit de vivre au grand soleil de la liberté. Depuis plus de trois ans, mon existence a été celle de tous les Français qui ont estimé que l'Ordre nouveau ne pouvait subsister jusqu'à nouvel ordre ; celle aussi de tous ceux qui ont pensé que, de concession en concession, les gens de Vichy finiraient par donner à la France une concession à perpétuité, pour ne pas dire une fosse commune.

C'est pourquoi je donne aux collaborateurs le conseil désintéressé de rigoler un bon coup, pendant le court répit qui leur reste imparti. Quand, dans un jour prochain, nous leur ferons avaler leur bulletin de naissance, il est infiniment probable que la rigolade changera de camp et que, cette fois, il n'y aura pas de mou dans la corde à nœuds.

Mes chers compatriotes, je m'excuse de vous parler ainsi à bâtons rompus, mais je vous avoue qu'après tant de longs mois de silence, la reprise de contact s'avérait pour moi comme une tâche délicate et difficile. Je reviendrai de temps à autre bavarder un peu avec vous, comme au temps jadis, pour vous rappeler que, de la scène de l'ABC au micro de la BBC, il n'y a, outre la différence d'une lettre, que l'espace de nos souvenirs communs.

Je ne voudrais pas terminer cette petite causerie sans vous dire la joie et la fierté que j'éprouve à me trouver au milieu de ceux qui composent l'équipe française de la radio de Londres et auprès desquels j'ai trouvé l'accueil le plus fraternel et le plus sympathique.

Je leur ai dit comment, aux heures les plus noires, l'oreille collée à l'appareil récepteur, en dépit du brouillage et au mépris de tous les mouchardages, nous captions leurs paroles d'espoir et de confiance qui nous ont fait tant de bien.

Je voudrais aussi dire à mes camarades de lutte, qui sont

à présent, pour la plupart, dans les geôles de Vichy ou de la Gestapo, que ma pensée ne les quitte pas. Je sais que leur courage calme et serein leur permettra de supporter toutes les épreuves et je leur dis "A bientôt".

Sur ce, mes chers compatriotes et amis, laissez-moi vous donner, en guise de conclusion, ce slogan : "La Révolution nationale a commencé avec un bâton et sept étoiles : elle finira avec une trique et trente-six chandelles." »

A l'autre bout des ondes, quelque part dans Paris occupé, une jeune femme blonde manque de s'évanouir. « Il a réussi ! Mon Dieu, comme il a dû souffrir ! » soupire-t-elle. Elle s'appelle Raymonde Faure. Originaire de Carcassonne, elle est la fille de Charles Faure et sa mère, Rose Ourtal, a épousé en secondes noces, en 1918, Paul Schouver, capitaine au 31e régiment d'infanterie à Bègles. A Paris où Raymonde est montée en 1930 à la mort de ce dernier, on la connaît sous une autre identité, son nom de comédienne, Dinah Gervyl. Depuis décembre 1934, elle est la compagne du roi des loufoques. Dès leur première rencontre dans les coulisses du Théâtre de la Caricature trois ans auparavant, Pierre est tombé amoureux d'elle. Les approches effectuées avec sa timidité habituelle ne se sont guère révélées concluantes. La saison suivante, ils se croisent à nouveau à la Lune rousse, pendant les répétitions de *La Revue de Jean Boyer*. Un retour aux sources pour ce dernier, fils de chansonnier, qui a débuté au cabaret avant de devenir auteur de chansons et dialoguiste de cinéma, entre Paris et Hollywood. L'ingéniosité de ce spectacle est applaudie par les critiques. Ils réservent une ovation à un final de génie, puisqu'il évoque celui de la Bastille. Dans le rôle du monument, Pierre Dac, et dans celui de la visiteuse, Dinah Gervyl, vingt-quatre ans, qualifiée de « sculpturale, fort adroite et gracieuse ». Un avis que partage le roi des loufoques à en juger par les regards qu'il porte à sa partenaire. Toutefois, il n'ose toujours pas lui avouer combien il la trouve belle. Et puis s'il y parvenait, ça n'arrangerait rien, bien au contraire. En effet, le 8 janvier 1929, il a épousé Marie-Thérèse Lopez, une Espagnole qui n'est pas vraiment à prendre avec des castagnettes. Les deux ex-tourtereaux ne se parlent plus depuis le lendemain de leur mariage. Les psychologues appellent cela une erreur de jeunesse...

Les mois passent... Dinah devient l'une des jeunes gloires de Paris grâce à la chanson *Roi du sex-appeal*, qu'elle crée au Théâtre Déjazet dans un vaudeville musical intitulé *Pour plaire aux femmes* : l'histoire d'un jeune provincial qui, « pour plaire aux femmes », se forge une liaison imaginaire avec une vedette de l'écran, Loulou Dorita. Entre ses tours de chant à la Lune rousse et au Coucou, Pierre prend régulièrement le temps de faire un détour par Déjazet. Il se glisse discrètement dans la salle et s'émerveille devant la beauté et le talent de la jeune femme. Des instants qui, au plus profond de son cœur, représentent une oasis de bonheur. Lorsqu'il retrouve le domicile conjugal, les problèmes avec Marie-Thérèse se révèlent quasiment insolubles. Afin d'éviter des disputes vespérales désormais quotidiennes, il passe des nuits entières sur sa terrasse à faire des mouvements de gymnastique suédoise et se couche au petit matin.

En septembre 1934, voici Pierre et Dinah à nouveau réunis à La Lune rousse, dans un tableau de revue parfaitement insolite : censé incarner Greta Garbo, Dac porte un fourreau de soie, une perruque blonde et des chaussures à hauts talons. Dinah lui donne la réplique et, certains soirs, ne parvient pas à résister à cette vision surréaliste. Son fou rire devient tellement communicatif qu'au grand bonheur des spectateurs les dialogues initialement prévus se transforment en une improvisation délirante.

De toute évidence, la complicité est totale entre les deux partenaires. Hélas, elle s'achève lorsque le rideau est tombé. « Jamais je n'oserai lui dire que je l'aime », se dit Pierre. « S'il ne me dit rien, c'est que je ne lui plais pas », soupire Dinah. Dommage ! Elle est seule depuis cinq ans. A cette époque, elle a refusé sa main à ce jeune Bordelais fou d'elle qui se prénommait Pierre lui aussi. Il était très gentil mais voulait qu'elle abandonne ses projets de carrière pour vivre à ses côtés. C'était impossible : la scène était son rêve, et rien ni personne ne pouvait lui interdire de tenter de le concrétiser.

Quelques jours avant Noël, Pierre n'y tient plus. Il se décide à écrire à l'élue de son cœur la plus tendre et la plus sincère des déclarations d'amour. Dès réception de la lettre, elle se rend dans sa loge et, le billet doux encore dans sa main droite, elle répond « oui » avec un sourire épanoui. Surpris par cette extraordinaire nouvelle alors qu'il s'attendait à essuyer un refus, l'heureux élu, dont le sens de la répartie n'est pourtant plus à vanter, ne parvient à murmurer qu'un seul mot : « Ah ! »

Leur liaison va se développer dans la clandestinité à l'insu d'une Marie-Thérèse dont le seul prénom terrifie le chansonnier. Un soir de 1937, après une représentation à Genève, elle le surprend en train de souper avec Dinah dans une brasserie célèbre à l'enseigne de Chez Mollard. Elle l'a suivi depuis Paris afin de le prendre en flagrant délit ! Sa réaction est aussi violente qu'immédiate : elle brise toutes les assiettes et les verres qui lui tombent sous la main. Les maîtres d'hôtel parviennent à la maîtriser, et lui demandent de se calmer ou de sortir. Elle choisit la seconde solution et claque la porte, non sans avoir proféré à l'encontre de son mari une série d'injures en espagnol à faire rougir Cervantès. Pierre, qui n'a pas sourcillé depuis le début de la scène, demande que l'on mette les dégâts sur sa note et ajoute, à l'attention des autres convives, parmi lesquels se trouvent ses camarades chansonniers : « Mesdames et messieurs, c'était une répétition générale. Demain, ce sera la première ! »

Quelques semaines plus tard, la procédure de divorce étant officiellement engagée, Pierre s'installe avec Dinah dans un charmant appartement, au 49 de l'avenue Junot. C'est là qu'au soir du 12 juin 1940, dans un Paris qui se prépare à être occupé par l'armée allemande, Henri Jeanson vient discrètement le prévenir. L'une des plumes les plus brillantes du *Canard enchaîné* a aussi, fort heureusement, d'excellentes oreilles. A Maisons-Laffitte, au 5e régiment d'infanterie où il est affecté, il vient d'apprendre par un informateur extrêmement fiable que le nom de Pierre Dac, ou plutôt d'André Isaac, figure en tête d'une liste de personnalités que les officiers de la Gestapo doivent arrêter dans les quarante-huit heures, c'est-à-dire dès leur arrivée dans la capitale. Il est encore temps de fuir mais il n'y a pas une seconde à perdre. Le chansonnier demande un instant de réflexion. Il est français d'abord, juif de surcroît... N'est-ce donc pas faire preuve de lâcheté, voire commettre un acte de désertion que d'abandonner le navire en pleine tempête ? De plus, la situation est-elle aussi désespérée que l'affirment les observateurs ?

« Ce n'est pas possible, s'exclame-t-il. Les Français vont réagir, la résistance va s'organiser ! »

Il croit au sursaut de ses compatriotes et veut y participer. Demeurer à Paris lui semble donc indispensable. Henri Jeanson insiste encore. Il démontre à Pierre que, par manque d'informations objectives et concrètes sur nos troupes et nos armes, il n'évalue pas la gravité de la situation. Dinah, en revanche, a immédiatement pressenti l'ampleur du désastre. Consciente du danger imminent, elle parvient à convaincre son compagnon. La résistance, bien sûr, il faut y penser... Mais, pour l'instant, il y a plus urgent : se réfugier en lieu sûr...

Quelques jours plus tôt, Fernand Rauzéna, venu faire ses adieux avant de rejoindre son unité, leur a proposé comme refuge éventuel sa petite maison de Bourgogne, à La Bussière. Un lieu baptisé « L'entracte », à l'abri de tout regard indiscret, où ils ont passé ensemble à plusieurs reprises, des vacances de rêve. Dinah suggère de s'y rendre, Pierre accepte. Le temps de remplir deux valises, de prendre un peu d'argent et les voici, à bord de leur traction, sur la route d'Avallon. Personne ne les arrête à l'exception d'un paysan armé d'un vieux fusil de chasse. La guerre et les Allemands, il s'en moque ! Sa seule crainte, c'est qu'on lui vole ses terres. Toute personne circulant dans les environs est immédiatement déclarée suspecte et placée sous la menace d'une arme qu'il croit suprême. Pierre comprend les angoisses de ce brave homme et s'apprête calmement à sortir ses papiers, lorsqu'il entend un éclat de rire qu'il connaît bien, celui de Fernand Rauzéna. Incroyable mais vrai ; lorsqu'il se retourne, il découvre son vieux complice en face de lui. Une situation apparemment loufoque qui a pourtant une explication logique. Quelques instants avant le passage de la voiture du rédacteur en chef de *L'Os à moelle*, le paysan a contrôlé l'identité d'un autre automobiliste, un militaire en route pour le Loiret, qui n'est autre que Fernand ! Après avoir examiné son permis de conduire, il lui a lancé : « Mais dites donc, je vous connais. C'est-y pas vous qui causez à la radio avec Pierre Dac ? »

A peine a-t-il fini de parler que le véhicule de ce dernier freine brusquement devant ce barrage improvisé. Rauzéna identifie aussitôt les passagers, dissimule sa surprise devant une telle coïncidence et lance tranquillement : « Tenez, le voilà ! »

Le temps des effusions de rigueur devant un agriculteur abasourdi, et l'on se sépare en se promettant, bien sûr, de se retrouver dans les plus brefs délais...

Au lendemain de son arrivée à La Bussière, le moral de Pierre Dac n'est pas au plus haut. Tout au long de la route, à la vue des voitures abandonnées et à travers les témoignages qu'il a recueillis, il a compris l'étendue du désastre pour notre armement et nos troupes.

« Nos gouvernants se sont bien moqués de nous depuis dix mois, lance-t-il à Dinah, les choses sont ce qu'elles sont et pas du tout ce que les patriotes voudraient qu'elles soient ! »

Eternel pessimiste, le voici maintenant persuadé que les

Allemands sont en France pour très longtemps... Le 16 juin, la démission de Paul Reynaud, l'annonce de la capitulation et la déclaration de Pétain, « c'est le cœur serré que je vous dis qu'il faut cesser le combat », sont psychologiquement dures à avaler. Pendant une semaine, il va demeurer prostré, presque sans manger, soutenu par Dinah qui tente, en vain, de lui redonner espoir. Des heures durant, il reste assis dans un salon qui lui rappelle tant de souvenirs, déjà d'avant-guerre : les après-midi passés avec Fernand à inventer des jeux à l'aide de boîtes à couture, à disputer des parties de 421... Les colères de Fernand lorsque Pierre l'empêchait de se livrer tranquillement à ses deux passions, les mots croisés et les réussites...

Un matin de la fin du mois de juin, il apprend par des voisins qui viennent le ravitailler que le général de Gaulle a lancé il y a quelques jours, le 18 sans doute, un appel depuis Londres. Ils ne sont pas nombreux à l'avoir entendu, le *Times* n'y a consacré que sept lignes, mais le bouche-à-oreille permet d'en connaître l'essentiel : les officiers et soldats français, ainsi que les ingénieurs et les ouvriers spécialisés des industries d'armement qui se trouvent en territoire britannique sont invités à se mettre en rapport avec lui. Sa position est formelle : « Quoi qu'il arrive, la flamme de la résistance française ne doit pas s'éteindre et ne s'éteindra pas. »

Cette formule, c'est le message que Pierre Dac espérait pour reprendre le combat. A quarante-six ans, il n'a plus l'âge d'être mobilisé mais rien ne l'empêche, bien au contraire, de défendre son pays à sa manière. Son devoir, il en est certain, est de rejoindre le général de Gaulle à Londres. Comment et pourquoi faire ? Il l'ignore encore...

Dans les semaines qui suivent, les nouvelles qui lui parviennent de Paris sont de plus en plus inquiétantes. Le 17 juillet 1940, la France plonge officiellement dans l'antisémitisme. Les emplois dans la fonction publique sont, par décret, interdits aux Juifs ; ceux qui ont quitté la zone occupée n'ont plus le droit d'y revenir.

Pierre est écœuré, d'abord parce qu'il est français, ensuite parce qu'il est juif. Une réaction publique de sa part n'est toutefois pas encore d'actualité. Son problème immédiat est de trouver de l'argent. Les économies du couple commencent à fondre sérieusement. Dinah suggère un repli sur Toulouse, en zone libre, où sa mère, Rose Schouver, tient un café à l'enseigne du Cristal Palace, surnommé « le palais des glaces » par les habitués. Un établissement tout en verre — d'où son enseigne — au coin du boulevard de Strasbourg et de la place Jeanne-d'Arc. Juste au-dessus de la seconde salle où des joueurs d'échecs disputent, à longueur d'année, des parties sans fin, une grande pièce est aménagée. Le refuge idéal en attendant des jours meilleurs et, surtout, l'occasion de lutter contre l'occupant. Un vœu pieux pour l'instant... Dans cette ville de cent trente mille habitants, quelques isolés seulement, parmi les trente mille Français arrivés depuis l'exode, commencent à peine à songer à faire de la résistance, sans trop savoir encore comment s'y prendre...

Pierre se rallie à l'idée de Dinah et le départ pour Toulouse est fixé aux premiers jours du mois d'août. Le gîte et le couvert provisoirement assurés par belle-maman, il réfléchit au moyen de gagner un peu d'argent. Que faire? Reprendre son métier de chansonnier? Oui, mais où trouver un engagement?

Perdu dans ses pensées, il déambule dans les rues de Toulouse et, place du Capitole, croise Jacques Canetti, l'ex-directeur artistique de Radio-Cité. Un personnage étonnant, né en Bulgarie, élevé en Angleterre et qui a fait ses études à Vienne, Francfort et Lausanne avant d'être reçu au concours d'entrée à HEC. Passionné de musique classique et parlant allemand, il a débuté chez Polydor au début des années 30 avant de réaliser deux « premières »: une émission de jazz hot sur le Poste parisien et une tournée de Louis Armstrong en France. Il a également convaincu Marlène Dietrich d'enregistrer deux chansons en français, *Je m'ennuie* et *Assez*.

Le spectacle, il connaît... Il propose aussitôt à Pierre Dac de louer un cinéma de la ville, à l'enseigne du Trianon, et d'organiser sa rentrée sur scène. Le roi des loufoques accepte immédiatement et, à la veille de son quarante-septième anniversaire, il se retrouve à l'affiche pour deux représentations. La première se déroule devant une salle presque vide. En revanche, le lendemain, il n'y a plus un seul fauteuil disponible : les nombreux Parisiens en exil dans la région ont appris la nouvelle et n'ont pas voulu manquer cette occasion d'ovationner leur idole, voire leur ami. A l'orchestre, Pierre Dac aperçoit en effet Jean Marsac et Raymond Souplex, qui vient d'être réformé pour « vue insuffisante ». Eux aussi ont été dans l'obligation de quitter rapidement la capitale et, depuis près de soixante jours, ils vivent d'espoir plutôt que de cachets. L'astucieux Jacques Canetti comprend l'intérêt qu'il peut tirer de la situation. Il propose l'« union sacrée », autrement dit une association entre tous ces talents, le temps d'une grande tournée dans les villes de la zone libre. Marsac, Souplex, Dac et quelques autres sur la même affiche, voilà de quoi remonter le moral des populations ! Marsac est le premier à accepter, Souplex et Dac hésitent à peine plus longtemps. Les premiers galas se déroulent à Brive et les propositions, qui ne cessent d'affluer, mènent ensuite la petite troupe de Narbonne à Montpellier, en passant par Carcassonne. Les offres sont si nombreuses que Pierre et ses camarades ne vivent plus à Toulouse qu'une dizaine de jours par mois. Les conditions de travail ne sont certes pas faciles : on voyage en train, plutôt debout qu'assis et, après le spectacle, les chansonniers sont logés mais pas toujours nourris. Mais, en ces temps tumultueux, ils s'estiment, à juste titre, privilégiés. Le soir de Noël 1940, tout ce joyeux petit monde se retrouve à Mascara, en Afrique du Nord. Avant le spectacle, comme la loi l'exige, Pierre Dac remet au censeur de service le texte de la chanson qu'il compte interpréter. Elle s'intitule *Chant d'allégresse, destiné à exalter la joie et la gaieté de vivre sous le régime de la Révolution nationale*. Le fonctionnaire accorde son visa sans discussion mais manque de s'étrangler lorsqu'il découvre, en assistant à la représentation, que les paroles sont interprétées sur les motifs de *Tristesse* de Chopin. Leur signification n'est alors plus du tout la même ! En coulisse, il en fait la remarque au chansonnier qui, sans se démonter, répond : « Mais je ne pense qu'à célébrer le plus gaiement du monde l'avènement de Vichy. Ce n'est quand même pas ma faute si j'ai la joie triste... »

Au début de l'année 1941, Alibert, alors propriétaire du théâtre des Deux-Anes, propose à Jacques Canetti une location de son enseigne, en attendant des jours meilleurs. L'affaire se conclut rapidement et, dans les grandes villes de la zone libre, on commence à annoncer le prochain passage de la « Tournée des Deux-Anes » dans une revue intitulée *A l'eau... A l'eau... Ici Radio Deux-Anes*, un spectacle qualifié sur les affiches « d'esprit, gai, presque sans restriction ». Une soirée présentée par Georges Bernardet, dont les vedettes s'appellent Jean Marsac, Jacques Cathy, Marcel Sutra, chanteur méridional, Mady Bercy et Pierre Dac. En bas de l'affiche, en lettres minuscules, figure en ces termes, l'identité de l'organisateur de la soirée : « Et on ne sait jamais : pour vous faire rembourser, adressez-vous à l'administrateur, Albert de Peretti Della Rocca. »

Officiellement, cet ancien administrateur de Radio-Cité s'occupe de tout ; en réalité, il s'agit d'un prête-nom derrière lequel se dissimule Jacques Canetti. Juif d'origine, il lui est alors impossible d'apparaître officiellement pour des raisons légales évidentes...

Désormais à l'abri des tracas administratifs, Canetti multiplie les équipes. En même temps que la « Tournée des Deux-Anes », il organise des galas donnés par l'accordéoniste Fredo Gardoni et son partenaire Georges Lambros, le futur Georges Guétary ainsi qu'un « one woman show » écrit par Jacques Feyder et interprété par Françoise Rosay :

une grande comédienne qui a alors bien du mal à trouver un contrat en France, les professionnels du cinéma lui reprochant d'avoir tourné, avant la guerre, des films à Berlin.

Le plus souvent possible, en tournée ou à Toulouse, Pierre Dac écoute attentivement la radio. Ses préférences se portent tout naturellement vers les ondes libres de Londres plutôt que vers celles, plus officielles, de Vichy ou de Paris. Depuis le début de la « drôle de guerre », ces dernières ont perdu petit à petit, à ses yeux, toute forme de crédibilité. Il n'est pas le seul.

A la veille de la capitulation, les Français n'ont en effet plus du tout confiance en des responsables de l'information qui, en dépit de la situation, continuent à leur affirmer que « tout va très bien, madame la Marquise ». Lorsque Paul Reynaud s'exclame que « nous vaincrons parce que nous sommes les plus forts », il obtient l'effet inverse : on se démobilise !

A la Chambre, les députés en profitent pour attaquer le pouvoir en place : ils dénoncent l'ennui, voire l'indifférence des auditeurs face à « des programmes monotones conçus par des fonctionnaires somnolents, des auteurs fatigués et des critiques en fin de course »... Le 25 juin 1940, à l'heure de l'armistice, la situation est claire : interdiction d'émettre pour toute station se trouvant en zone occupée, et reprise des émetteurs par l'occupant à partir d'un plan établi à Berlin par Goebbels en personne. En zone libre, le 11 juillet, depuis un studio aménagé de bric et de broc dans la chambre 252 de l'Hôtel du Parc à Vichy, le maréchal Pétain s'adresse aux Français. Les responsables de cette nouvelle station nationale, naturellement baptisée « Radio-Vichy », multiplient discours et éditoriaux.

Radio-Paris, c'est encore autre chose. Dès l'occupation de la capitale, les locaux du 116 *bis*, avenue des Champs-Elysées, les studios de « La course au trésor » et de la

« SDL », ont été placés sous le contrôle de la Propagandastaffel. Les émissions sont assurées en français et en allemand, et les bulletins d'information diffusés en direct de Berlin ! Les speakers n'y vont pas par quatre chemins : ils se moquent du gouvernement de Vichy et poussent au rapprochement franco-allemand. A longueur de chroniques, on vante les mérites du renouveau français, les ravages d'Israël et le cynisme, voire l'égoïsme des Anglais. Les programmes de variétés, eux, constituent des copies bien pâlichonnes des formules vedettes des stations d'avant-guerre : « Les puits de science », animés par un speaker nommé Montgond, ce sont « Les incollables », humour en moins. Quant à Jean Nohain, avant de rejoindre Londres en 1942, en compagnie de son frère Claude Dauphin, il anime « Une heure de chez nous » et des « Jeux radiophoniques » qui n'ont plus rien à voir avec « La vie en société » tellement suivie sur Radio-Cité.

Pierre Dac et beaucoup d'autres ne s'y sont pas laissé prendre. En quelques semaines, la voix de la France devient pour eux celle qui se fait entendre depuis Londres. Au lendemain de l'appel lancé par le général de Gaulle, les dirigeants de la section française de la BBC ont estimé qu'il était de leur devoir d'étendre leurs programmes au-delà d'une demi-douzaine de bulletins d'informations, quotidiennement réalisés depuis trois ans. A partir du 1er juillet, après quinze minutes de nouvelles en français, la section française de la BBC propose ainsi, entre 20 h 30 et 21 heures, un rendez-vous qui, pendant plus de quatre ans, va maintenir l'espoir au cœur de millions de Français. Au cours des cinq premières minutes, intitulées « Honneur et Patrie », Maurice Schumann, porte-parole de la France libre, ou le général de Gaulle en personne s'expriment en dehors de toute forme de censure. Jacques Duchesne prend ensuite le relais et présente « Ici la France », qui, le 6 septembre 1940, change de titre et devient « Les Français parlent aux Français ».

Animateur avant la guerre d'une troupe de théâtre bien

connue à Londres, Duchesne, de son vrai nom Michel Saint-Denis, est aussi le neveu de Jacques Copeau, créateur de *La Nouvelle Revue française* et du Vieux-Colombier. Rescapé, par miracle, de l'enfer de Dunkerque, il a été l'un des premiers à mettre sa sensibilité philosophique et artistique au service du général de Gaulle. Chargé de bâtir les programmes, il décide, en professionnel de la scène, de concevoir chaque soirée comme un spectacle sonore : un mélange d'analyses économiques, de marches militaires, de slogans et de refrains satiriques. C'est ainsi que le 1er septembre 1940, il crée avec Pierre Bourdan, Jean Oberlé et Maurice Van Moppès, deux dessinateurs caricaturistes de grand talent, une émission dominicale intitulée « La petite Académie ». Une formule qui n'est pas sans rappeler aux plus fidèles auditeurs du Poste parisien le défunt « Dictionnaire de la SDL ». Les quatre membres permanents de cette honorable assemblée assurent en effet, à leur manière, la relève d'un Quai Conti envahi par des uniformes verts qui n'ont rien à voir avec l'habit traditionnel des Immortels. Ils s'engagent à défendre une langue dont les mots sont en train de prendre une signification opposée à celle qu'ils avaient trois mois plus tôt à peine.

« Un armistice avant 1940, précise Duchesne au début de la séance inaugurale, c'était un jour de fête. A partir de maintenant, c'est un jour de deuil national. »

Suivent des dialogues dans la grande tradition montmartroise que le président de séance conclut par des définitions revues et corrigées :

« *Vichy :* capitale de la France. Exemple : le gouvernement de Vichy gouverne la France sauf les deux tiers.

Fureur : substantif féminin français, revenu masculin d'Allemagne à la tête de soixante divisions motorisées. »

Des propos qui vont droit au cœur de Pierre Dac et qui sont le plus souvent suivis de chansons satiriques ciblées. A partir des mélodies les plus populaires, Maurice Van

Moppès trousse en effet des couplets qui exaspèrent Radio-Paris...

Sur l'pont de Londres,
Un bal y est donné (bis)
Hitler demande
A Goering d'y aller (bis)
Le Pas d'Calais, c'est dur
A traverser (bis)
C'est difficile à Londres
D'arriver (bis)

Les séances de « La petite Académie » vont s'interrompre le 4 mai 1941, date à laquelle, selon les termes exactement employés par Jacques Duchesne, « les revers alliés dans les Balkans figent le sourire sur nos lèvres ».

Maurice Van Moppès n'en poursuit pas moins ses parodies sur les ondes. Sur l'air de *J'ai du bon tabac*, il fredonne gaiement :

Il n'y a plus d'tabac
Dans la France entière
Il n'y a plus d'tabac
Les Boch' n'en manquent pas

Sur le thème bien connu de *La Plus Bath des Javas*, il s'exclame un peu plus tard :

Ah, ah, ah, ah, voyez ce que fait Churchill
Ah, ah, ah, ah, c'est la plus bath des javas

Puis il décide de pasticher successivement Paul Misraki et Charles Trenet :

Laval pens' que l'Allemagne
Comm' de bien entendu
C'est plus possible qu'elle gagne

Comm' de bien entendu
Il essaye d's'en sortir
Comm' de bien entendu
Mais l'Allemagne et Laval sont tous deux bien perdus
Comm' de bien entendu

Mais Boum ! C'est en Allemagn' que, Boum !
Hambourg, Berlin font Boum !
C'est la RAF qui passe !
Boum ! Jour et nuit, badaboum !
Au rythme de ces Boum !
Dans la Ruhr, il y a d'la casse.

Un autre refrain, immortalisé par Maurice Chevalier, n'échappe pas non plus à sa plume au vitriol :

Hitler et Yop la boum
V'là ton prestig' qui s'entame,
Hitler et Yop la boum
Tu vas t'fout' sur l'macadam...

En écoutant ces émissions, Pierre Dac, au plus profond de lui-même, n'a plus qu'un désir : trouver le moyen de gagner Londres et se mettre au service de cette équipe exceptionnelle. Une possibilité lui est offerte, au début de l'année 1941, par son ami le comédien et écrivain René Lefèvre. Les deux hommes se sont rencontrés en 1938 en commettant ensemble pour les Deux-Anes une revue en cinq tableaux intitulée *Usine à gags*. Une scène a particulièrement retenu l'attention de la critique et du public : une chorale de la PJ interprétée par dix comédiens et chansonniers, sur le thème du *Boléro* de Ravel...

Depuis, Lefèvre évite plutôt toute forme de rapprochement avec la police. En juillet 1940, il s'est installé au cap d'Antibes et, depuis, il travaille pour la Résistance. Agent du Bureau de contre-espionnage renseignement et action, il assume des fonctions multiples : trafiquant d'armes et de matériel électronique, passeur entre la France et l'Angleterre de personnalités en tous genres. C'est à ce titre qu'il suggère le nom de Pierre Dac à Emmanuel d'Astier de La Vigerie. Les « Français [qui] parlent aux Français » sont alors à la recherche d'un talent susceptible de tenir tête à la propagande et de mettre les rieurs du côtés des Alliés. Le choix du roi des loufoques est rapidement entériné et Lefèvre se rend aussitôt à Toulouse afin de prévenir l'intéressé. Dans le petit studio aménagé au-dessus du Cristal Palace, il explique à son acolyte et ami les différents transports possibles jusqu'en Angleterre : un bateau battant pavillon portugais, un sous-marin de poche, voire une felouque jusqu'à Gibraltar ou des petits avions, en général des Lysander, suffisamment maniables pour atterrir sans incident sur des terrains de fortune. Avant de repartir, il précise au chansonnier qu'il doit se montrer patient : il qualifie d'« intermittente » la fréquence de passage de ces moyens de locomotion et ajoute que, discrétion oblige, l'embarquement ne peut avoir lieu que pendant les nuits sans lune...

Dans les jours qui suivent, Pierre Dac ne pense plus qu'à cette proposition. Au milieu du mois de mars, il hésite même à repartir en tournée. Il ne prend le train que parce que Dinah lui promet de le prévenir si d'Angleterre on cherche à entrer en contact avec lui.

Le 29 mars 1941, il se produit à Vichy sans être inquiété par des autorités qui ne procèdent pas au moindre contrôle ; quelques jours plus tard, il reçoit une ovation à Angoulême mais, le 17 avril, c'est le drame. Au cours de la première des trois représentations prévues à Nice, il ne résiste pas au plaisir d'adapter l'un de ses textes au contexte politico-géographique. Une courte improvisation contre l'envahisseur italien déclenche une ovation du public mais aussi la colère des autorités, favorables bien entendu à Mussolini. Le lendemain, Jacques Canetti se voit signifier l'interdiction des deux autres soirées prévues, mais n'est pas inquiété outre mesure. Pierre, lui, reçoit l'avis d'une plainte en correctionnelle du ministère public. Face à cette censure qu'il juge abusive, il baisse les bras. Ecœuré par une situation qui ne cesse de se dégrader, il décide d'abandonner la tournée qui doit se poursuivre en Afrique du Nord. Son moral est au plus bas et il n'a plus qu'une hâte, rejoindre la France libre et aider à gagner le combat contre ces occupants dont le comportement lui inspire un tel dégoût. Dans les mois qui suivent, seul le jugement prononcé le 21 juillet par le tribunal de Nice va lui arracher un sourire. Les termes employés dans le procès verbal constitue en effet un morceau d'anthologie qui aurait mérité sa place dans *L'Os à moelle*.

« Attendu qu'au cours de cette revue une saynète représente un contrôleur des contributions directes discutant avec un contribuable, représenté par M. Isaac André dit Pierre Dac. Attendu qu'interpellé par le fonctionnaire au sujet de l'automobile qu'il possède, Pierre Dac explique qu'il n'a pas besoin d'essence pour faire marcher son véhicule et indique les carburants dont il se sert : le yaourt pour la marche avant, le macaroni pour la marche arrière. Attendu que le texte de la revue soumis à la censure était le suivant : "Et pour la marche arrière qu'est-ce que vous mettez ?" Question à laquelle Pierre Dac devait répondre indifféremment des haricots ou du café. Attendu qu'il a changé le contenu de son texte, sans autorisation des services de la censure. Attendu qu'interrogé par la police au cours de l'enquête, le prévenu a reconnu les faits mis à sa charge ; que dans ces conditions, le tribunal estime sa culpabilité établie. Attendu toutefois que certaines circonstances atténuantes se retrouvent en la cause ; attendu d'autre part que le prévenu n'a jamais été condamné, que les renseignements recueillis sur son compte ne lui sont pas défavorables ; que le tribunal estime en conséquence pouvoir le faire bénéficier des dispositions de la loi de sursis en ce qui concerne la peine d'amende qui va être prononcée... »

Une amende fixée quand même à cent francs que le chansonnier acquitte immédiatement afin d'éviter que l'attention des autorités ne se porte sur sa personne. Depuis le début de l'été, ses projets de passage en Angleterre avancent à grands pas. René Lefèvre lui ayant annoncé des retards techniques, le chansonnier a trouvé une autre filière. Plusieurs fois par semaine, il rencontre les membres du réseau Bertaux composé de résistants extrêmement efficaces dans la région de Toulouse. Il a fait la connaissance d'une demi-douzaine d'entre eux au Cristal Palace où ils se réunissent discrètement, avec l'aval de la propriétaire. Parmi ces hommes figurent un éditeur, un ex-proche collaborateur de Jean Zay — qui fut ministre de l'Education nationale sous le Front populaire —, l'écrivain Jean Cassou, ex-conservateur en chef du Musée national d'art moderne, ainsi que Fernand Lefèvre, le frère de René. Pilote d'essai chez Morane et Caudron dans les années 30, il est aussi pour Pierre plus qu'un ami, presque un frère. Lorsque le chansonnier fait part de son profond désir de servir à Londres, Fernand Lefèvre propose de l'accompagner. Un nouveau contact est aussitôt établi par radio avec les dirigeants de la France libre. Au mois de septembre, le feu vert est donné de l'autre côté de la Manche. Il ne reste plus aux deux hommes qu'à se tenir prêts pour le jour J, où doit être exécuté le plan prévu avec minutie par les patriotes : un passeur les guidera à travers les Pyrénées jusqu'en Espagne ; à eux de prendre un train qui les conduira ensuite au Portugal, un autre jusqu'à Gibraltar, puis un bateau pour Alger et, enfin, un avion pour Londres. Des détours complexes mais indispensables pour éviter l'ennemi.

La seule incertitude demeure la date de départ. Tout candidat au passage vers l'Espagne doit être disponible à tout moment. Les hommes suffisamment discrets et honnêtes pour vous guider, contre une somme forfaitaire, sans vous délester de la totalité de votre argent ou vous dénoncer à une patrouille, sont rares et peu disponibles. L'un d'entre eux, proche des membres du réseau Bertaux, se prénomme Pedro. C'est un ancien contrebandier qui connaît tous les trucs pour atteindre les départements limitrophes sans se faire intercepter et possède un sixième sens lui permettant de deviner la présence d'une patrouille à plusieurs centaines de mètres à la ronde…

Le 15 novembre 1941, à 10 heures du matin, Louis Vaquer, un éditeur devenu l'un des membres les plus actifs de ce réseau, reçoit un appel discret dans son bureau de Toulouse : Pedro attend Pierre Dac et Fernand Lefèvre à midi pile, devant la gare Matabiau. Il n'y a pas une seconde à perdre… Louis Vaquer téléphone à Rose Schouver et lui demande, sans plus de précision, de prévenir Pierre. Fernand est informé par un autre canal et tous deux sont exacts à un rendez-vous dont ils ignorent le but. C'est ainsi que, sans avoir pu avertir Dinah, Pierre entame en plein hiver et en costume de ville le plus difficile, voire le plus insolite, des voyages de sa vie. Après avoir rejoint Perpignan puis Banyuls, les fuyards entament une périlleuse escalade des Pyrénées par le col de Banyuls. Un calvaire qui va durer plus de vingt-quatre heures. La neige tombe à gros flocons et il fait si froid qu'au bout d'un chemin escarpé Pierre s'effondre épuisé et lance, le souffle court : « Terminé pour moi. Continue… Laisse-moi sur place et advienne que pourra ! »

Fernand Lefèvre ne perd pas son sang-froid, se penche à l'oreille de son compagnon et lui murmure simplement : « Pense à Dinah. »

La formule qui fait mouche ! Pierre se relève instantanément et parvient à terminer le parcours. A la fin de la descente qui mène vers Barcelone, il trouve même la force de s'exclamer : « Eh bien mon vieux ! Si Louis XIV se les était farcies comme moi, il n'aurait jamais dit "Il n'y a plus de Pyrénées" ! »

Tous ces efforts, hélas, vont se révéler vains. Peu après que le passeur les a abandonnés en leur indiquant le chemin de la gare la plus proche, ils sont repérés par l'une des innombrables patrouilles espagnoles qui circulent à la recherche des évadés venus de France. En costume de ville, les traits tirés, affichant une barbe de vingt-quatre heures, ils n'ont pas la force de résister, ni même le temps de prononcer une parole. Leur route vers l'Angleterre s'arrête là ! Ils sont tombés dans le piège le plus banal, celui auquel la plupart des évadés de France ne peuvent échapper. Les gardes civils espagnols leur confisquent leurs cartes d'identité et les font monter sans ménagement dans un camion qui prend aussitôt la direction de la Carcel Modelo, la « prison modèle » de Barcelone...

Pendant ce temps, à Toulouse, Dinah et sa mère ne dissimulent pas leur angoisse. Depuis la veille elles sont sans nouvelles de Pierre. Louis Vaquer les rassure : « Ne vous inquiétez pas ! Ils sont passés en Espagne. A cette heure-ci, ils doivent être en route pour le Portugal... »

Au même instant, Pierre et Fernand pénètrent dans une forteresse d'où, à en croire les gardiens peu bavards, on sort *mañana*, c'est-à-dire le lendemain. Mais ces journées peuvent devenir des semaines, voire des mois, au gré des autorités locales. Cet internement dit « réglementaire » varie généralement entre quinze jours et trois mois. Lorsqu'il prend fin, on vous offre le choix entre une autre prison ou un voyage gratuit jusqu'à la frontière, où l'on vous remet aux autorités françaises. Des « petits services » rendus aux autorités de Vichy par un jeune gouvernement franquiste dont les membres soutiennent le maréchal Pétain, ex-ambassadeur de la République française dans leur pays.

Au soir du 16 novembre, les deux nouveaux prisonniers n'en sont pas encore là. Après avoir franchi une demi-douzaine de portes en fer soigneusement gardées, ils se retrouvent face à une rotonde en forme d'étoile, composée de trois étages de cellules aussi identiques qu'inconfortables. Elles mesurent quatre mètres de long, deux mètres cinquante de large et trois mètres de haut. Le vasistas est élevé, un mètre sur soixante-quinze centimètres, et, en guise de lavabo, les évadés ou les républicains espagnols qui s'entassent — parfois jusqu'à douze — doivent utiliser les WC encore plus insalubres que ce qu'on peut imaginer. Quant aux repas, ils sont à base de soupe à la morue ou d'un mélange de riz, de pois chiches et d'asticots. De misérables rations qui seront même supprimées pendant quatre jours parce qu'un « mauvais plaisantin » a dessiné la tête du maréchal Pétain sur le siège des latrines, au milieu des excréments... Dans cet enfer, pour parvenir à s'endormir sur le ciment, recroquevillé dans une couverture, il faut avoir dépassé les limites de l'épuisement et ne plus prêter la moindre attention aux cris que les sentinelles poussent pendant toute la nuit, ainsi qu'aux poux et aux punaises qui tombent, presque en permanence, du plafond.

Le 21 novembre, on prend les empreintes digitales et on rase le crâne du prisonnier Pedro Dac, avant de lui administrer une indispensable piqûre antitétanique et antivariolique. Ses six compagnons de captivité, des inconditionnels de *L'Os à moelle*, tentent ensuite de le vacciner contre la morosité qui le gagne. Enfermé dans la cellule 450 de la cinquième galerie, celle habituellement réservée aux condamnés à mort, le roi des loufoques éprouve en effet bien des difficultés à lutter contre la déprime. Il passe des journées entières sans prononcer une parole. Il se sent terriblement impuissant face à cette nouvelle épreuve. Chaque nuit, des images hantent son esprit... Les tranchées de la guerre de 1914, la mort de son cher frère Marcel... Plus encore que la haine du Prussien, un sentiment de dégoût l'envahit peu à peu. « Je n'imaginais pas que l'humanité puisse être aussi horrible, confie-t-il à Fernand. Cette guerre, c'est un gâchis monstre ! Tant de souffrances, tant de potentiel intellectuel détruit... »

De nouveaux arrivants renseignent régulièrement les prisonniers sur l'évolution des combats. Des informations complétées par des membres du consulat de France à Barcelone qui, de temps à autre, sont autorisés à déposer des colis destinés à améliorer le quotidien des détenus. Peu avant Noël, Pierre Dac reçoit ainsi des médicaments, six pots de confitures, deux tablettes de chocolat et quelques feuilles de papier. Ces dernières représentent, en ce qui le concerne, la plus efficace des bouées de sauvetage. Ayant choisi grâce au soutien de ses camarades de tuer le temps plutôt que de se laisser mourir, il se met à composer des poèmes d'espoir qui, en ces circonstances, n'ont naturellement rien de loufoque. Le premier d'entre eux est dédié à Dinah, qui lui manque tellement :

POUR ELLE

Lorsque je reviendrai, au jour de délivrance
Mon cœur battra si fort, si fort qu'il bondira
Avant même que j'aie foulé le sol de France
Pour aller le premier se blottir dans tes bras.

Quand nous retrouverons notre raison de vivre
Sous l'azur bleu d'un ciel séchant son dernier pleur
De notre beau roman nous rouvrirons le livre
Brutalement fermé par le vent du malheur.

Au souffle purifié de l'ultime espérance
Dans le calme profond du tumulte apaisé
Auprès de toi j'irai chercher ma récompense
Que tu me donneras en un fervent baiser.

Je n'aurai nul désir de l'officielle gloire
Dont les lointains échos sont si vite oubliés
Puisque c'est ton amour qui sera ma victoire
Et que c'est dans tes yeux que seront mes lauriers.

Le 16 février 1942, il récidive en s'adressant à sa plus fidèle compagne d'une détention particulièrement pénible :

SOLILOQUE A MA PAILLASSE

« La prison mène à tout,
à condition d'en sortir. »

Lorsque je te contemple, ô couche sans éclat
Si triste est ton aspect, de pile ou bien de face
Que dans le vain désir de te voir moins à plat
Je murmure à mi-voix : « Allons, ris donc, paillasse ! »

Comme l'a proclamé le divin Ménélas
L'espoir perd tous ses droits quand l'espérance est morte,
Il ne me reste plus qu'à dire : « Amen », hélas !
Devant le résultat que ta présence apporte.

Peut-être as-tu nourri la louable ambition
Au temps de ta jeunesse obscurément lointaine
De devenir, suprême et stérile illusion,
Un beau jour, matelas de pure et souple laine.

Vanité, vanité, tout n'est que vanité !
Ainsi te voilà donc, grandeur et décadence
Offrant à tous regards, sur le sol cimenté
Le spectacle navrant de ta morne indigence.

En quels louches endroits, en quels sombres milieux
Te prostituas-tu pour que ta déchéance
En soit au point final ? quel complexe vicieux
Te fait solder ici ta dernière échéance ?

J'ai fait, pour t'amener à quelque repentir
D'infructueux efforts ; indéfendable cause,
Rien ne peut t'adoucir, rien ne peut t'attendrir,
Mes os, mieux que quiconque, en savent quelque chose !

Alors, en un combat sans quartier ni merci
Je m'allonge sur toi, m'y retourne et m'y vautre,
Puis frottant au réveil mon corps endolori
« Lequel des deux, me dis-je, aura la peau de l'autre ? »

Quand je m'endormirai plus tard dans un lit blanc
J'aurai pour t'évoquer des trésors d'indulgence
Car je me souviendrai qu'il fallait, de ton temps
Acheter le bonheur au prix de la souffrance.

A la fin du mois de février 1942, les autorités locales, soucieuses de libérer quelques places dans les cellules pour de nouveaux arrivants, le convoquent en même temps que Fernand Lefèvre. Ce dernier choisit d'être transféré à la prison de Miranda, Pierre demande à être reconduit à la frontière. La seule décision possible, prise après mûre réflexion. Le pilote d'essai, qui a refusé de travailler pour les Allemands, ne peut rentrer en France. Le chansonnier, lui, estime avoir peu de chances de sortir rapidement d'une autre geôle espagnole et espère des autorités françaises de la zone libre l'indispensable clémence, avant toute nouvelle tentative d'évasion.

C'est ainsi que le 26 février 1942, au poste frontière de Céret, il est remis entre les mains d'un commissaire spécial qui le reconnaît aussitôt.

« Monsieur Pierre Dac, qu'est-ce que vous faites ici ? Pourquoi avez-vous tenté de quitter votre pays ?

— C'est très simple mon vieux, réplique le chansonnier. En France, il y avait deux hommes célèbres, le maréchal Pétain et moi. La nation ayant choisi le Maréchal, je n'avais plus qu'à m'en aller... »

Le fonctionnaire éclate de rire et tape sur l'épaule de son prisonnier.

« Vous me mettez dans une situation impossible ! Je ne peux pas arrêter un homme comme vous !

— Arrêtez-moi, insiste Pierre Dac. Si vous ne faites pas votre devoir, qu'est-ce qui va se passer ? On va me reconnaître, je vais forcément être piqué... Et vous, qu'est-ce que vous allez avoir comme avoine ! »

Le commissaire s'exécute contraint et forcé et Pierre Dac finit par se retrouver devant le président du tribunal correctionnel.

« Que faisiez-vous en Espagne ? Qu'avez-vous à dire pour votre défense ? demande le magistrat.

— Monsieur le Président, ne croyez pas ceux qui affirment que j'allais au Brésil chercher du café pour ma femme. C'est faux ! J'étais parti faire une excursion dans la montagne et je me suis égaré ! »

La salle retient son souffle en même temps que son rire ! Avec Pierre Dac, décidément, tout est possible même aux moments les plus dramatiques ! Le jugement est immédiat :

« Un mois de prison et douze cents francs d'amende, déclare le juge. Affaire suivante... »

Quelques minutes plus tard, dans le couloir, ce même président du tribunal s'approche de celui qu'il vient de condamner : « Je vous ai donné le minimum parce que je ne peux pas faire autrement. Mais je vous en demande pardon », dit-il simplement, avant de reprendre le chemin de son bureau.

Le roi des loufoques demeure interdit. Peu après, au moment où il va monter dans le fourgon cellulaire qui doit le conduire à la maison d'arrêt de Perpignan, un gendarme le retient par le bras : « Ah non ; pour vous pas de cellule ! Vous montez à côté du chauffeur », ordonne-t-il avant de solliciter un autographe que Pierre Dac lui donne bien volontiers...

La peine minimale et des conditions de transport aussi exceptionnelles ! Pierre Dac, ignorant tout de l'évolution de la guerre, n'en est sans doute pas conscient, mais il l'a échappé belle. Face à un autre tribunal plus favorable à Vichy, il risquait d'être purement et simplement remis aux autorités allemandes et de prendre la direction de ces camps dont certains ne connaissent pas encore l'existence et d'où l'on ne revient presque jamais...

Un mois plus tard, le 4 avril très exactement, Pierre Dac quitte la maison d'arrêt de Perpignan avec 433,10 F en poche. Le jour même, il retrouve le Cristal Palace et Rose Schouver avec l'émotion qu'on imagine.

Dinah, en revanche, n'est pas là. Sans nouvelles de Pierre, elle a réintégré leur appartement de l'avenue Junot où elle ne court plus aucun risque. Mais belle-maman ne cache pas au chansonnier que la situation est grave. Toulouse est encore considérée comme une zone libre mais pour combien de temps ? Au début de l'année 1942, à Berlin, les Allemands ont examiné ce qu'ils appellent la « solution finale », c'est-à-dire l'extermination de tous les Juifs. De plus, les dénonciations et les trahisons sont devenues tellement monnaie courante que les réseaux de résistance se trouvent démantelés les uns après les autres. La plupart des membres de Bertaux ont ainsi été arrêtés quinze jours après le départ de Pierre Dac. Et ce dernier est sur la liste des citoyens suspectés d'être membres de cette organisation ; il doit même être jugé à Toulouse, par contumace, dans les semaines à venir. Plus courageux, voire inconscient, que jamais, le chansonnier se présente au mois de juillet devant le tribunal. Il explique qu'il n'a rien à se reprocher et qu'il est en règle avec la loi puisque, le 23 avril, il a adressé par mandat à M. le Percepteur de Céret une somme de 1 273,60 F, plus 9,50 F de droits, soit le total de l'amende à laquelle il avait été condamné.

Dac quitte libre la salle d'audience. Le président du tribunal, un Alsacien-Lorrain qui ne porte visiblement pas l'envahisseur dans son cœur, n'a retenu aucune charge contre lui. Comme à Perpignan, tout autre magistrat plus favorable à l'occupant était en droit de le faire arrêter et de le remettre à d'autres autorités qui ne l'auraient pas considéré comme « suspect », mais tout simplement commis « coupable » d'office… Pierre ne s'en rend pas compte mais, dans son malheur, il bénéficie d'une certaine chance, qui frise l'état de grâce.

A la fin du mois d'août 1942, grâce — une fois de plus — à la complicité discrète et affectueuse de Rose Schouver, Pierre Dac a repris des contacts réguliers avec les membres d'un autre réseau de résistance baptisé Beryl. Il fait savoir à Londres qu'il est plus que jamais décidé à rejoindre la France libre. Les circonstances ne semblent toutefois guère propices, les moyens de transport étant particulièrement délicats à obtenir.

Au début du mois de novembre, lorsque la zone libre est envahie par l'armée allemande, Pierre Dac n'entrevoit plus d'autre solution que la fuite... Origines juives et réputation obligent, sa tête se trouve maintenant mise à prix par Vichy. Son existence commence alors à ressembler à celle de beaucoup d'autres patriotes. Il passe d'un lieu d'asile à un autre, de Toulouse à Perpignan et réciproquement. De temps à autre, il ne peut s'empêcher de se livrer à des facéties extrêmement risquées. Un jour de novembre 1942, devant un hôtel toulousain occupé par des Allemands et entouré de barbelés, il attache aux grilles de fer un papier ainsi libellé : « Défense de donner à manger aux singes. » En permanence sur le qui-vive, il ne communique plus avec personne et surtout pas avec Dinah. Aussi pessimiste que résigné, il n'exclut pas l'éventualité d'une arrestation. Il s'y prépare même... A la veille de Noël 1942, apprenant, selon sa propre expression, que « la Gestapo s'apprête à le convier à un grand festival rédempteur de matraques », il prend le train pour Perpignan. Puis, au lendemain du réveillon, il réussit à se cacher à nouveau à Toulouse. La chasse à l'homme continue et, instinctivement, dans la position de la bête traquée, Pierre sent que l'hallali est proche. Sa dernière chance est de se débrouiller pour gagner l'Angleterre par ses propres moyens.

Ses amis de la Résistance lui procurent de faux papiers au nom de Pierre Duval, citoyen canadien. En même temps, ils lui indiquent une « personne sûre », Andrée Bot, employée des chemins de fer à la gare Matabiau de Toulouse. A plusieurs reprises, avec son mari qui occupe les fonctions d'inspecteur, elle a détourné vers Bordeaux des wagons de marchandises qui se dirigeaient vers Lyon. Les guichets de gares sont contrôlés par l'occupant mais peut-être parviendra-t-elle à lui obtenir un billet...

Le 20 mars 1943, dans son bureau au deuxième étage de la gare, elle reçoit la visite de Pierre Dac qui tient à la main une minuscule valise en carton bouilli. Discrètement, les oreilles ennemies étant aux aguets, le chansonnier précise qu'il vient de la part du réseau Béryl. Puis il ajoute : « Je dois partir pour l'Espagne. Il n'y a que vous qui puissiez me fournir un billet. »

L'employée modèle le fait patienter sur une banquette et se rend aussitôt chez son chef de bureau.

« Je dois mettre un nom sur ce billet.

— Il s'appelle Pierre Duval...

— Qui est-ce ? Je dois le rencontrer...

— Faites-moi confiance, dit Andrée Bot en souriant. C'est pour une bonne action... »

Quelques instants plus tard, elle retrouve le chansonnier qui marche de long en large afin de se calmer. La fonctionnaire sourit en découvrant ses chaussures aux semelles compensées qui lui permettent de paraître un peu plus grand. Elle lui tend le billet. Pierre la serre dans ses bras et l'embrasse sur les deux joues. « Dès que je suis à Londres, je vous le fais savoir », promet-il avant de se diriger vers le quai.

Deux heures plus tard, dans le compartiment du train qui roule vers Barcelone, un douanier français le salue réglementairement et lui demande son titre de transport et sa carte d'identité. Sans sourciller, il lui tend le tout au nom de Pierre Duval. L'homme examine les papiers, puis, regardant le voyageur droit dans les yeux, ajoute, avant de s'en aller : « Merci, monsieur Pierre Dac... »

A la gare de Latour-de-Carol, le gendarme espagnol de service se montre beaucoup moins compréhensif. Une fois de plus, voici le fugitif conduit en résidence surveillée pour vérification d'identité auprès du consul du Canada. Fort heureusement, plus question, cette fois-ci, de Carcel Modelo. Depuis le mois de janvier 1943, les autorités espagnoles font preuve d'une plus grande défiance envers le gouvernement de Vichy. Les évadés de France sont mis en « résidence surveillée », c'est-à-dire placés sous la responsabilité de la Croix-Rouge et logés dans des pensions de famille, situées pour la plupart dans le quartier chinois. Les journées sont presque libres et consacrées à des promenades, voire des conférences données par les uns pour les autres. Théoriquement, en fonction d'accords pris entre les gouvernements espagnol et anglais, chaque « otage provisoire » doit être échangé par l'intermédiaire de son consulat, contre quelques dizaines de sacs de blé ou de phosphate. Hélas, les formalités administratives étant alors plus que jamais ce qu'elles sont, c'est-à-dire n'étant pas vraiment ce qu'on voudrait qu'elles soient, le temps passe et, telle Sœur Anne, Pierre Dac ne voit rien venir. Régulièrement, il annonce, l'air grave, à ceux qui partagent son sort : « Vous savez la nouvelle... Il faut attendre ! »

A la fin du mois d'avril, le 28 très exactement, le départ d'un premier convoi pour l'Angleterre le met hors de lui. Parmi les prisonniers, les représentants de la Croix-Rouge ont exclusivement choisi des militaires capables de reprendre du service. Cette fois-ci, Pierre Dac ne tient plus en place. Il veut rejoindre Londres le plus vite possible et par n'importe quel moyen ! Il apprend que des filières clandestines, apparemment très sûres, permettent de gagner le Portugal sans être inquiété. Le billet coûte 40 000 pesetas, réparties à parts égales entre les « bonnes œuvres » du gouverneur et celles de l'évêque de la province.

Le 18 mai, après avoir versé l'argent, le chansonnier s'installe dans le train pour Setubal, qui doit devenir celui de sa liberté. Il découvre avec horreur que plusieurs dizaines de passagers clandestins se sont glissés sous les banquettes après être montés sans billet, en donnant 5 000 pesetas au chef de gare. Une telle foule attire l'attention de gardes civils, déjà alertés par un informateur. A la gare de Lerida, tous les passagers descendent du train sous la menace des armes et sont enfermés dans le poste de douane pour la traditionnelle vérification d'identité. Pierre Dac ne montre pas son angoisse, mais il est vraiment au bord du gouffre : tant de mois d'attente et d'efforts pour être fait prisonnier une fois de plus ! La malchance aidant, il se demande s'il parviendra à atteindre Londres avant la fin de la guerre.

Vers 13 heures, l'espoir renaît. Les prisonniers effectuent une tentative d'évasion en forçant la crémone. Leurs gardiens ne sont pas dupes. Ce qui aurait pu, à la rigueur, réussir la nuit est, en plein jour, voué à l'échec. Les fuyards, pris de panique, n'ont pas réfléchi et vont payer cher ce mauvais réflexe. Le jugement est sans appel ; tous ceux qui n'ont pas de papiers en règle — soit 95 p. 100 du groupe — sont immédiatement transférés à Valencia de Alcantara, une prison du sud de l'Espagne, dite « modèle » mais seulement sur le papier. Dans cette zone « blanche », on est en effet franquiste par tradition chrétienne plutôt que par réelle conviction. La surveillance des prisonniers de guerre n'est pas le souci majeur des deux gardiens plutôt bohèmes qui représentent la quasi-totalité du personnel carcéral. L'un d'entre eux est même tombé amoureux de l'une des trois femmes qui figurent parmi les détenus. Celle-ci répondant aux avances de son geôlier par des sourires qui pourraient en dire long, les passe-droit deviennent rapidement quotidiens... Tous les matins, contre quelques pesetas, on distribue du pain et du café au lait aux hommes qui s'entassent dans la salle commune. Les femmes, isolées dans une autre cellule, sont encore mieux traitées. Au cinquième jour d'internement, Pierre Dac observe, non sans surprise, une situation digne des plus belles heures de la SDL. Tard dans la nuit, les geôliers un peu éméchés ont en effet oublié une énorme clé sur la porte principale de la prison. Bien entendu, les prisonniers récupèrent aussitôt le précieux objet. L'évasion est alors possible. Dans la toiture, il existe un trou facile à agrandir... Un peu d'escalade en pleine nuit, quelques pas jusqu'à l'entrée du bâtiment et c'est la liberté... Hélas, deux mouchards ont surpris les propos des comploteurs ; des Portugais qui, contre une remise de peine, les dénoncent aux gardes civils. Les représailles sont immédiates. Le 4 juin au matin, les détenus rebelles, menottes aux mains et enchaînés dix par dix, sont transférés à Caceres, à quelques dizaines de kilomètres seulement. Cette prison d'Estrémadure est, de réputation, la plus moderne d'Espagne. Son architecte, opposé au régime franquiste, a eu la désagréable surprise d'en être le premier prisonnier. Il connaissait mieux que personne le moyen d'en sortir, mais, lorsqu'il a tenté de s'évader, il a été abattu sans sommation...

La fuite, Pierre Dac n'y songe même plus... Une fois de plus, il doit faire face à une routine administrative qu'il a déjà pratiquée dans ses moindres détails. Visiblement épuisé, il ne sourit même pas lorsque le prisonnier qui le précède montre ses fesses au fonctionnaire chargé de prendre ses empreintes digitales. Lorsque vient son tour, il répond calmement au greffier qui lui demande sa religion :

« Je suis juif !

— Il ne faut jamais dire cela, dit le préposé aux écritures. Vous devez répondre "catholique" ou "sans".

— Je suis juif et si tu veux que je te le prouve, ce n'est pas un problème ! »

Poussant un soupir, le scribe de service note « sans » et appelle le détenu suivant... Le courageux baroud d'honneur de Pierre Dac force l'admiration de ses compagnons d'infortune qui ignorent, bien entendu, l'étendue de la lassitude qui l'a poussé à s'exprimer ainsi.

Pendant neuf semaines le moral du chansonnier va être au plus bas. La plupart du temps, il tourne en rond ou demeure prostré dans un coin de la salle commune qu'il partage avec des prisonniers espagnols et les quatre-vingts détenus français, des médecins en majorité. La chaleur est étouffante, l'alimentation déplorable et Pierre Dac, comme les autres, finit par se résigner à se nourrir presque exclusivement d'espoir. Son leitmotiv reste ce départ pour une

Angleterre qui, dans son esprit, est toutefois en train de devenir synonyme d'Arlésienne. Il parle d'ailleurs beaucoup plus de la radio de Londres que de la SDL, pendant les conférences qu'il donne devant ses compagnons d'infortune. Pour passer le temps, les prisonniers s'expriment en effet à tour de rôle sur leurs professions respectives en temps de paix ou s'amusent à décerner symboliquement ce qu'ils appellent l'« ordre du Con ». Des récompenses attribuées en priorité aux responsables de Vichy, aux collaborateurs, aux miliciens et aux nazis, pour des motifs que les détenus mettent des heures à définir avec précision.

Le 15 août 1943, jour de son cinquantième anniversaire, le roi des loufoques apprend enfin une bonne nouvelle. L'échange des prisonniers contre des sacs de blé et quelques fûts d'essence semble en bonne voie. L'heureuse conclusion d'une action menée depuis le début de l'été par la Croix-Rouge française. Le président de la section de Madrid a assuré la liaison entre les Anglais, le groupe de prisonniers et les autorités espagnoles. Cet homme se nomme Boyenas mais on ne l'appelle que « Monseigneur ». Afin d'avoir plus facilement accès à l'univers carcéral, il s'est fait passer pour un évêque. En réalité, il fréquente bien peu les églises. Cela ne va pas empêcher Pierre Dac et ses compagnons de cellule de le bénir, lorsqu'il parvient à conclure l'échange de tous les otages...

Le départ pour le Portugal est fixé au 29 août au matin. Les prisonniers, portant une étiquette autour du cou, montent dans un train sous bonne escorte. A l'arrivée en gare de Setubal, l'accueil ne ressemble en rien à celui auquel Pierre Dac a, circonstances obligent, fini par s'habituer. Lorsque les ouvriers des usines voisines entendent le sifflet de la locomotive, ils se précipitent sur le quai. Entre deux acclamations, ils brandissent le plus haut possible des planches spécialement clouées en forme de V, le symbole de la victoire !

Le voyage se poursuit pendant une journée, jusqu'à Gibraltar où se trouve ancré le *Sidi-Braïm*, un bateau de la marine marchande qui effectue, sous la protection de navires officiels, la liaison jusqu'à Alger. Au milieu de la traversée, le pavillon de complaisance est remplacé par des couleurs tricolores qui vont droit au cœur de Pierre Dac...

En Algérie, le général de Gaulle vient de prendre officiellement la tête du Comité français de Libération nationale, créé au mois de juin. Pierre Dac l'apprend dès son arrivée puis, confiant, se rend à une adresse qui lui a été communiquée un an plus tôt à Toulouse, celle de Marcel Aboulker. Depuis juillet 1940, le réalisateur du film *Les Surprises de la radio* a trouvé refuge dans une villa discrète des environs d'Alger. Jean Grunebaum, l'ancien directeur du Poste parisien, l'a rejoint et tous deux travaillent activement pour la Résistance.

La maison est pleine lorsque le chansonnier débarque à l'improviste. Mais qu'importe, il se sent tout à fait capable de dormir dans le salon, voire sur la terrasse, enroulé dans un tapis. Ce sera mille fois plus confortable que toutes les cellules qu'il a fréquentées depuis près de deux ans.

Après avoir conté par le détail ses mésaventures carcérales, il avoue à nouveau son désir de rejoindre la France libre. Il précise aussi que, cette fois, il est prêt à jouer la carte de la patience.

Les transferts aériens d'Algérie en Angleterre ne s'effectuant pas n'importe quand, il n'a, de toute façon, pas d'autre solution que d'attendre. Tandis que Marcel Aboulker, qui a constitué un réseau efficace, prend contact avec Londres, le roi des loufoques choisit de se refaire une santé. Il passe des heures au soleil, simplement vêtu d'un caleçon bleu et de son chapeau, et tente, presque chaque jour, de laver à grande eau et de repasser la chemise et le costume qui constituent l'essentiel de sa garde-robe. Des moments que les enfants de Marcel Aboulker ne manquent sous aucun prétexte. Beaucoup plus doué pour manier les mots que les objets, Pierre connaît en effet des démêlés aussi quotidiens qu'irrésistibles avec un fer dont il est incapable de comprendre le fonctionnement, ou même le sens de la marche. Quant aux repas, ils sont heureusement un peu plus consistants qu'au cours des douze derniers mois. La viande se fait rare, mais, grâce à la complicité d'un boucher voisin, les rations quotidiennes de riz sont complétées, de temps à autre, par des côtelettes de mouton.

Le 12 octobre 1943 au matin, le signal de Londres tant attendu parvient enfin à Alger... Le départ est prévu pour le soir même ! Pierre Dac a bien du mal à dissimuler son émotion lorsque, avant de se diriger vers le terrain où se trouve l'appareil, il serre dans ses bras des compagnons qui, comme lui, croient en une victoire prochaine...

Il est à peu près six heures du matin, le lendemain, lorsque l'avion se pose sur le sol britannique. Le vol s'est déroulé à haute altitude et un grand détour en mer a été nécessaire pour éviter les zones dangereuses. Le voyage a été long et agité, les trous d'air nombreux, mais Pierre Dac n'a pas bronché. Assis sur une banquette de fortune, il n'a pas adressé un seul mot à l'un des vingt autres passagers, demeurant attentif au moindre bruit et craignant, en son for intérieur d'éternel pessimiste, le plus petit incident qui l'empêcherait de parvenir — enfin — à destination. Un spectateur de la Lune rousse des années 30 aurait eu à son arrivée bien du mal à reconnaître en cet homme au visage amaigri, portant un vieil imperméable décoloré, le chansonnier de jadis, aux souliers impeccablement cirés et aux yeux bleus toujours maquillés.

En quittant l'appareil, il remercie brièvement l'équipage et monte, avec ses compagnons de voyage, dans un car qui prend la direction du centre de Londres. Il frissonne... Le ciel est gris et la température n'a plus rien à voir avec celle qu'il a connue à Alger jusqu'à la veille au soir. Il sait pourtant que, sous ce ciel brumeux, il est à l'aube de l'une des journées les plus ensoleillées de son existence. Il a presque envie de se pincer afin de vérifier qu'il ne rêve pas. Près de trois ans après avoir commencé à songer à rejoindre l'équipe du général de Gaulle, le voici à quelques minutes à peine de concrétiser ce désir aussi profond que patriotique.

Le véhicule s'arrête dans une rue tranquille, à quelques dizaines de pas de Buckingham Palace. Pierre, toujours aussi silencieux, descend au milieu des autres passagers, pose sa minuscule valise en carton bouilli et sort de sa poche le petit dictionnaire français-anglais qu'il a pris soin d'emporter. Sa connaissance à peu près nulle de la langue anglaise (à l'exception du mot « whisky »), assortie à son sens de l'orientation défaillant, l'oblige à demander son chemin à une bonne demi-douzaine de policemen avant d'atteindre Carlton Gardens, où se trouve le QG du général de Gaulle.

Le chef de la France libre est alors à Alger mais son fidèle représentant, le colonel Claude Hettier de Boislambert, reçoit immédiatement ce courageux loufoque, dont l'arrivée lui avait été signalée. En quelques secondes, le chaleureux accueil de ce haut dignitaire fait oublier à Pierre Dac les fatigues du voyage. Il se présente réglementairement avant d'évoquer avec pudeur, en quelques minutes et sans trop de détails, le parcours accompli depuis le départ de Toulouse. Visiblement il est triste, écœuré même par les horreurs qu'on lui a rapportées, les rafles du Vel' d'Hiv en particulier.

Puis, il s'étend un peu plus longuement sur ceux qui, en son âme et conscience d'idéaliste pur et dur, ont trahi le pays : tous ces artistes qui, depuis trois ans, ont accepté de s'exprimer aux micros de Radio-Vichy ou de Radio-Paris. Il retient la colère froide qui est en train de monter en lui et redevient plus serein afin d'expliquer combien son plus cher désir est d'apporter sa pierre à l'édifice d'espoir qu'est devenue, pour ses compatriotes, l'émission « Les Français parlent aux Français ».

Son interlocuteur l'en remercie au nom du Général puis griffonne sur une feuille de papier l'adresse de la French Section et ajoute un mot à l'attention de Jacques Duchesne, responsable de l'antenne. Une demi-heure plus tard, Pierre

Dac arrive devant Bush House, au cœur d'Aldwych, en plein centre de Londres. Un immeuble où, depuis 1942, se trouvent regroupés les services européens de la BBC. Une dizaine de studios ont été aménagés au sous-sol, pour des raisons évidentes de sécurité, et la French Section occupe les deuxième et quatrième étages de l'aile centrale.

« Le paradis après l'enfer », songe aussitôt le chansonnier qui déchante lorsque, à peine entré dans le bureau de Duchesne, il entend une voix qu'il reconnaît pour l'avoir cinq cents fois entendue sur les ondes lancer froidement : « Monsieur, êtes-vous venu ici pour jouer les vedettes ou pour vous incorporer tout simplement dans notre équipe ? »

Le roi des loufoques en a vu d'autres. Sa réponse est aussi immédiate que cinglante : « Monsieur Jacques Duchesne, en me posant pareille question, vous me faites grave injure, étant donné et vu que... »

Il n'a pas à en dire davantage pour sa défense. Son interlocuteur l'interrompt et lui serre chaleureusement les mains. En quelques dixièmes de seconde, le ton de sa voix s'est transformé. « Mon cher Pierre, vous venez de réussir brillamment votre examen d'entrée ; considérez-vous comme d'ores et déjà adopté par nous. Venez que je vous fasse connaître les camarades... »

C'est ainsi que le nouveau venu fait la connaissance de quelques-uns des autres Français qui, chaque soir, parlent aux Français. Le tutoiement est presque aussitôt de rigueur. Parmi eux, Jean Marin, correspondant à Londres depuis 1935 du *Journal*, que Pierre Dac va appeler affectueusement « Mon Jean ». Mobilisé à la mission franco-anglaise d'information dès le 2 septembre 1939, il est détaché en juin 1940 au service français de la BBC. Il commence alors à présenter les informations aux côtés de Pierre Bourdan, ex-journaliste à l'agence Havas, créateur dans la capitale britannique de l'Agence française indépendante. Il y a aussi André Labarthe, fondateur en 1940 du mensuel *La France libre*, qui, depuis 1942, prononce à l'antenne l'éloge des ouvriers et les incite même, de temps à autre, au sabotage. Il y a surtout Maurice Schumann. Depuis le 17 juillet 1940, il est le « porte-parole de la France libre » et le responsable de tout ce qui se trouve diffusé sur l'antenne, particulièrement des cinq minutes de la France libre intitulées « Honneur et Patrie ». Entre le 18 juillet 1940 et le 30 mai 1944, il va, à travers cette chronique, intervenir plus d'un millier de fois au micro. Un rendez-vous auquel le Général en personne répondra présent soixante-sept fois durant la même période.

« Prenez quelques jours de réflexion indispensables avant d'entrer dans notre équipe et pensez longuement à ce que vous allez dire quand vous parlerez au micro de la Radio française de Londres », conclut alors Jacques Duchesne.

Pierre Dac ne peut qu'approuver de tels propos. Pour avoir très souvent écouté la radio de Londres, mais aussi celles dirigées par l'occupant, il sait parfaitement ce qu'il ne doit pas dire. En revanche, il le confesse bien volontiers, il ne sait pas encore vraiment sous quelle forme il va s'exprimer.

Avant même d'y songer, il doit résoudre un problème vital, c'est-à-dire trouver un logement et un minimum d'argent de poche pour survivre : il ne dispose pas en effet d'un penny vaillant et la valise qui le suit depuis Toulouse ne contient même pas une chemise de rechange. George Boris, ancien directeur de cabinet de Léon Blum, alors chargé des fonctions de trésorier-payeur, lui remet, en guise d'avance, les quelques livres qui devraient lui permettre de subsister. L'hébergement ne pose pas plus de problèmes : André Kaminker, le père de Simone Signoret, qui a rejoint La France libre dès le début de l'occupation, lui propose aussitôt l'hospitalité. Son appartement du 18, Talbot Square est minuscule mais, pour les deux hommes, cela n'a aucune importance. Ils se connaissent bien pour s'être souvent rencontrés dans les coulisses du Poste parisien. Leur amitié va au-delà de la fraternité qui est de règle dans cette équipe réunie autour de la même idée, la libération de leur pays ; des volontaires qui n'ont qu'un slogan en tête, « Un pour tous, tous pour un »...

« Et dix pour cent pour l'imprésario », murmure Pierre Dac à l'oreille de Georges Gombault, un brillant journaliste politique qui l'héberge à son tour la semaine suivante. Enfin, grâce à l'aide de Maurice Van Moppès, le nouveau venu finit par obtenir un minuscule *home sweet home*, un studio situé au 36, Inverness Terrace, dans le quartier de Bayswater, entre Paddington et Kensington.

Le temps de reprendre quelques forces, de se constituer une garde-robe minimale mais décente, et le chansonnier se met au travail. Le voici installé dans un bureau tranquille, devant une rame de papier. Pendant une semaine, le visage encore plus fermé que d'habitude, il va consacrer la majeure partie de son temps à se chercher un style. Il sait qu'il lui faut presque repartir de zéro. Les temps ont en effet changé et il ne doit pas se contenter de transposer *L'Os à moelle* à la radio de Londres. Son hebdomadaire n'avait pas d'autre but que de faire rire, sans faire trop de mal à qui que ce soit. Là, au contraire, il doit frapper très fort et extrêmement vite ! Dès le premier contact avec les membres de l'équipe, il a pris conscience de l'atout que peut constituer son arrivée au sein de la France libre. Il a été reçu par le général Koenig, chef des Forces françaises de l'intérieur, puis il est entré en contact avec le général Corniglion-Molinier, commandant en second des Forces françaises aériennes libres. Tous deux ont été formels : sur le terrain, la situation semble enfin tourner à l'avantage des Alliés, le monstre donne des signes d'essoufflement, mais la partie n'est pas gagnée pour autant. L'une des méthodes de défense de l'occupant demeurant la propagande sur les ondes de Radio-Paris, s'y opposer ou, mieux encore, mettre les rieurs du côté des Alliés, c'est gagner des points précieux dans une guerre qui est aussi devenue psychologique.

Il va ainsi écrire une bonne dizaine de versions de son premier message radiodiffusé avant d'établir le texte définitif. Un « broadcast », comme l'on dit en jargon radiophonique, qui, après accord de Jacques Duchesne, est enregistré le 30 octobre pour diffusion le 31.

Ce jour-là, Pierre fait son entrée, la dégaine au ras du sol, l'air ahuri mais l'œil vif. « Un mélange de férocité et de timidité avec un côté minable », murmure affectueusement Duchesne à l'oreille du technicien.

En une seule prise, le chansonnier débite de cette voix monocorde que l'on reconnaît entre mille le texte qu'il a lu et relu plusieurs dizaines de fois depuis la veille au soir. Après avoir prononcé le dernier mot, il jette un regard vers la cabine et, toujours aussi peu sûr de lui, demande, timidement, si cela convient. Unanimement, on lui répond par le V de la victoire.

Quarante-huit heures plus tard, les rapports d'écoute sont formels. De l'autre côté de la Manche, l'arrivée de Pierre Dac à Londres a fait sensation. Dans les deux camps on a entendu et aussitôt compris la portée du message. Les plus fidèles auditeurs de la BBC rient franchement, sans doute pour la première fois depuis plus de trois ans, tandis que les membres du gouvernement de Vichy ne dissimulent pas leur colère.

Tout le monde est au courant y compris ceux qui n'écoutent pas forcément la radio. Deux jours avant sa première intervention sur les ondes, le rédacteur en chef de *L'Os à moelle* a renoué des liens avec la presse. Il a écrit son premier éditorial depuis le 31 mai 1940, date de la publication du dernier numéro de son hebdomadaire. Trois colonnes qui figurent en page 2 du numéro 986 de *France*, le quotidien qui, depuis juillet 1940, paraît à Londres sous le patronage de l'Association des Français de Grande-Bretagne. Un journal au slogan de circonstance, « Liberté - Egalité - Fraternité », dirigé par Pierre Comert, dont le rédacteur en chef-éditorialiste est Georges Gombault.

ÇA ME FAIT TOUT DROLE

« L'ensemble de mes sensations depuis mon arrivée à Londres peut se traduire par cette simple phrase : "Ça me fait tout drôle." Il va de soi que le mot "drôle" doit être pris ici, non au sens littéral, mais au sens curieux, bizarre, troublant, bref, pour employer une expression renouvelée des Grecs et des Truands réunis, il signifie que "j'en prends un bon coup dans le porte-pipe".

Quand je me promène tranquillement dans les rues, les bras ballants ou les mains dans les poches, sans sentir à mes poignets la désagréable meurtrissure des menottes, quand je marche sans éprouver le choc au cœur provoqué par la sensation d'être filé, prélude d'une imminente arrestation, ça me fait tout drôle !

Ce qui me fait peut-être le plus drôle de tout, ce sont les nuits ; les nuits que je passe maintenant dans un lit, alors que pendant de longs mois je n'ai eu entre mes os et le ciment que l'espace de ma patience et de mon espérance. Encore que la prison offrait pour moi l'avantage — tout relatif — d'une situation nette et totalement dépourvue d'équivoque : j'étais dedans, c'était net et précis, et je n'avais qu'une pensée : en sortir ; par contre, quand j'en étais sorti, je vivais avec la crainte constante d'être interviewé par des reporters de l'Ordre nouveau, qui, sous prétexte de me faire visiter l'exposition de "la matraque pour tous", m'auraient incontinent remis à l'ombre. Et dans l'état de demi-veille qui précède mon sommeil, je me remémore mes nuits de France, nuits que continuent à vivre tous les camarades connus ou inconnus qui mènent le combat contre les gouapes hitléro-collaborationnistes. Nous nous réunissions souvent le soir ; parfois il en manquait à l'appel. L'un de nous demandant : "Alors, Charles ou André, ou Jean ?" Un autre répondant : "Il y est." La conversation continuait ainsi :

"Interrogé ?

— Oui.

— Torturé ?

— Oui.

— Et alors ?

— Il n'a rien dit."

C'était tout ; nous nous séparions en nous disant : "A

demain.'' Et nous ajoutions mentalement : ''Peut-être.'' Chacun rentrait chez soi et se couchait, à moitié habillé ; le programme se déroulait alors dans l'ordre quotidien ; valise prête au pied du lit, brusques réveils, sueurs au front au moindre craquement, tout bruit, toute voix devenant hostiles et suspects.

Ça me fait tout drôle d'évoquer tous ces souvenirs, qui s'affirment à ma mémoire, à mesure qu'ils s'éloignent dans le temps. Il y a bien des choses encore qui me font tout drôle depuis mon arrivée à Londres, comme par exemple pouvoir écouter la radio sans être contraint de prendre, sous l'évier, la position du cor de chasse ; couché, ne plus entendre cet hallucinant bruit de bottes sur le pavé ni ces chants dont nous font bénéficier ces messieurs de la Wehrmacht sitôt qu'ils sont plus de deux ; ne plus voir les mascarades tragico-comiques du SOL ni les lamentables défilés d'enfants qu'on fait marcher au pas en les obligeant à chanter *Maréchal nous voilà*. Ça me fait tout drôle aussi de penser que bientôt, nous aussi, nous pourrons chanter *Maréchal, nous voilà*, mais pas du tout dans le sens voulu par les auteurs de ce joli morceau de littérature pseudo-musicale.

Pour conclure, ça me fait tout drôle de voir flotter les drapeaux alliés et de ne plus avoir devant les yeux l'obsession de l'étendard à croix gammée. Ça me fait tout drôle de me savoir à trente-cinq minutes de Paris. Ça me fait tout drôle d'être accueilli par les Anglais avec autant de sympathie et de gentillesse. A plusieurs reprises, depuis que je suis ici, j'ai senti ma gorge se serrer. Mais je me raidis, car le jour où je me donnerai la permission de laisser couler mes larmes sera celui où je remettrai les pieds sur la terre de France.

Parce que, n'est-ce pas, ce jour-là, ça me fera tout drôle. »

Le quotidien londonien l'*Evening Standard* signale à ses lecteurs la qualité de cette chronique et en profite pour affubler l'auteur du titre de *« King of lunactics »*. Du côté de la

BBC, les réactions sont également de plus en plus favorables : les interventions du loufoque, diffusées entre 21 h 35 et 22 heures, sont en train de devenir des institutions. Pierre Dac n'en tire pas toutefois la moindre gloire. En dépit de tous les compliments et encouragements, il demeure d'une modestie qui n'a d'égale que sa discrétion. Chaque matin, il s'enferme dans son bureau et écoute attentivement Radio-Paris afin de trouver matière à chronique. Il calligraphie ensuite de sa belle écriture ronde et sans la moindre rature des textes qui font mouche. Son moral est maintenant au plus haut. Il ne veut pas manquer une occasion de faire trembler l'occupant et les collaborateurs sur leurs bases de moins en moins solides. A plusieurs reprises, il va ainsi finir par adapter aux circonstances certaines rubriques de *L'Os à moelle* de jadis, comme les prévisions météorologiques ou les recettes de cuisine. Des textes qui, par principe, se trouvent soumis à la censure britannique. Il s'agit en fait d'une simple précaution empêchant la fuite, même involontaire, de « secrets d'Etat », toute autre forme d'expression étant, bien entendu, tolérée...

Des chroniques auxquelles viennent rapidement s'ajouter des chansons. Maurice Van Moppès et Jean Oberlé lui demandent de prendre leur relais. Aussitôt, retrouvant sa verve montmartroise de jadis, Pierre Dac écrit des couplets dans la plus pure tradition des chansonniers.

Plusieurs fois par semaine, il se rend dans un autre immeuble appartenant à la BBC, à Maida Vale, c'est-à-dire à une vingtaine de minutes en taxi de son bureau. Les dimensions des studios de la French Section sont en effet trop modestes pour accueillir les musiciens nécessaires à l'accompagnement de mélodies que tous les Français connaissent pour les avoir fredonnées en des temps plus heureux, depuis *La Romance de Paris* jusqu'à *La Polka du roi* en passant par *Et tout ça, ça fait d'excellents Français*.

Certains après-midi, Pierre Dac s'accorde une pause pour visiter Londres. Ne disposant que du mini-cachet alloué par la BBC, l'homme élégant qu'il demeure n'a plus les moyens de s'acheter de superbes chemises et des souliers toujours impeccablement cirés. Cela ne n'empêche pas toutefois de laisser ses yeux bleus s'émerveiller devant les quelques vitrines encore bien garnies. Des rêveries d'un promeneur solitaire, version 1943, qui constituent la base d'une chronique qui paraît le 16 novembre dans *France*.

IMPRESSIONS D'ANGLETERRE

« "Rien n'est moins sûr que l'incertain." Si je rappelle ici cette formule, c'est qu'elle reflète assez fidèlement mon état d'esprit après trois semaines de séjour en Angleterre ; elle est, en quelque sorte, la conséquence — et le bilan — des efforts incessants que je ne cesse de déployer depuis mon arrivée ici pour m'initier aux mystères des lois monétaires, linéaires et de capacité en usage en Grande-Bretagne.

Parce que là, comme le disait récemment M. Abel Bonnard, sinistre de l'Education nationale et président du groupe : "L'envers vaut l'endroit", il y a vraiment de quoi se mettre la francisque sous le bras.

J'écris aujourd'hui le présent article, le front ceint d'une compresse imbibée d'eau sédative et les pieds plongés dans la farine de moutarde. Je me débats à longueur de journée et de nuit avec tous les crowns, les pounds, les yards, stones, knots, inches, pouces, etc., à l'initiation desquels je fournis un labeur désespéré.

La question de la monnaie est peut-être la plus épineuse. D'abord parce que la difficulté première est de s'en procurer et la seconde d'apprendre à s'en servir. J'avais l'autre jour à effectuer une opération simple en apparence et qui consistait à retrancher 6 pence de 2 500 livres. Partant donc du principe établissant que la livre équivaut au pound qui vaut 20 shillings, que dans 1 shilling il y a 12 pence, que dans un demi-crown il y a 2 shillings 6 et que dans 2 500 livres il y a un peu de tout ça ; considérant d'autre part que la livre, dans le système "avoir du poids", pèse environ 450 g, j'ai essayé de convertir ma livre de 450 g en shillings en y ajoutant un halfpenny pour ne pas être taxé d'avarice et en multipliant par le nombre de pounds contenus dans la quantité correspondante de guinées pour être en règle avec ma conscience. J'ai agité le tout dans un chapeau, puis laissé sécher pendant vingt-quatre heures et j'ai obtenu un résultat que je préfère passer sous silence.

En ce qui concerne les mesures de capacité, je réalise un peu mieux. Je sais que le quart vaut 1,175 l, le gallon 4,54 l et le bushel 5 gallons. D'où j'infère avec beaucoup de chances de raison qu'un colonel, qui a 5 galons, offre une capacité de 22,70 l, ce qui, à mon avis, est infiniment respectable.

Je me suis pesé avant-hier : la balance marquait 11 stones. Le stone légal valant 14 livres, soit 6,350 kg, mon poids devrait donc être 69,850 kg. Malheureusement la valeur du stone change suivant les cas, ainsi : pour la viande de boucherie et le poisson il vaut 8,625 livres, soit 3,629 kg, pour le fromage il vaut 16,625 livres, soit 7,257 kg, pour le chanvre il vaut 32,625 livres, soit 14,515 kg, pour le verre il vaut 5,625 livres, soit 2,268 kg.

Comme avant de me peser, j'avais mangé de la viande, du fromage et du chanvre, comment voulez-vous que je m'y retrouve ? Heureux encore de ne pas avoir avalé de verre pilé, j'ai pris la résolution de remettre mon poids à une date ultérieure.

Je vis maintenant dans la crainte constante de tomber malade, ce qui me mettrait dans l'obligation de prendre ma température. Je frémis à l'idée de me voir avec des 80° ou 90° de fièvre. Je sais bien que pour convertir les degrés Fahrenheit en degrés centigrades, il suffit de soustraire 32, multiplier par 5 et diviser par 9. Je préfère, le cas échéant, prendre ma température avec un baromètre. Je verrai bien si le temps est au beau.

Voilà où j'en suis. Pour l'étude de l'anglais, ça va : quand on me le parle en français, je réalise assez bien. Hier matin ma logeuse m'a téléphoné ; je n'ai strictement rien compris à son discours, mais le ton me paraissant sympathique, à tout hasard j'ai répondu : "Yes." La brave dame m'a dit thank you very much à cinq ou six reprises et de la façon la plus chaleureuse. Depuis je vis dans les transes, car je me demande à quoi je me suis engagé.

En résumé, mes jours se passent dans les poids, les mesures et les comptes. Pour les deux premiers, je ne risque rien de dire que le vieux proverbe : deux poids, deux mesures, est singulièrement dépassé. Pour les comptes, ce n'est pas leur complication qui empêchera, en France et ailleurs, leur règlement dans un temps prochain.

Ni la victoire.

Et, somme toute, il n'y a que ça qui compte. »

Puisque, dans les circonstances actuelles, il lui est impossible de faire autrement, Pierre Dac finit par s'acclimater au brouillard londonien et au flegme traditionnel *british*. Ce qui ne l'empêche pas toutefois d'afficher, de temps à autre, un comportement plus proche de celui du Français moyen que de celui du sujet type de Sa Gracieuse Majesté.

Un matin du mois de novembre 1943, il choisit ainsi le bus comme moyen de locomotion pour se rendre à son bureau de la BBC. Lorsqu'il arrive à la station, il constate la présence d'une vingtaine de personnes qui attendent dans le calme, sans manifester la moindre forme d'impatience. Comme tout bon Parisien qui se respecte, il se met alors à longer discrètement la file d'attente et se retrouve au premier rang. Personne, dans la foule, n'émet la moindre protestation, bien au contraire. On semble regarder le resquilleur avec sympathie et compréhension. Quelques secondes se passent et Pierre Dac entend distinctement une voix qui, comme pour l'excuser, murmure simplement : *« He is a French ! »* Le coup est imparable ! Le visage cramoisi à l'extrême, il se retourne, redescend la file d'attente et se place en queue, sous le regard bienveillant et approbateur des autres voyageurs.

L'affaire est classée mais, côté mentalité britannique, il n'est pas encore au bout de ses surprises. Il demeure ainsi une tradition à laquelle Pierre Dac ne parvient pas à s'habituer, celle du week-end. Les dimanches sont tellement moroses qu'un jour du printemps 1944 il accepte l'offre de Johnny et Molly, un couple d'Anglais dont il a fait la connaissance dans les locaux de la BBC. Ils lui proposent de passer un week-end à la campagne. Un moment de détente inespérée, une journée qu'effectivement il ne va jamais oublier. Gavé de gigot bouilli et de pommes de terre assorties arrosés de bière, abruti par des silences entrecoupés de formules allant de « Il n'y a pas de brouillard ce matin, mais il y en avait hier soir » à « Nous sommes contents de vous recevoir chez nous », il va passer les heures les plus ennuyeuses de son existence d'homme libre. Jurant qu'on ne l'y reprendra plus, il ne va toutefois pas oser tirer une chronique de cette leçon de courtoisie britannique qui vaut bien le fromage que, ce jour-là, on lui sert après le dessert...

Un intermède malheureux dans des dimanches habituellement réservés à de longues promenades dans Hyde Park. L'occasion pour l'humoriste d'observer des bobbies dont l'attitude force son admiration. Ils connaissent en effet les limites des bornes à ne pas dépasser, lorsqu'il s'agit de faire respecter les règles de la discipline et de la morale publique, établies par Sa Gracieuse Majesté. S'ils sont compréhensifs face à des ébats amoureux dont les rumeurs s'étendent au-delà des fourrés, ils se montrent en revanche intransigeants lorsqu'ils surprennent en flagrant délit des exhibitionnistes et autres voyeurs...

A Marble Arch, ils se révèlent encore plus subtils. Dans cet espace traditionnellement réservé aux orateurs publics en tous genres, ils jouent la carte de la libre parole plutôt que celle de la censure. Lorsqu'ils aperçoivent un citoyen juché sur une caisse à savon ou un seau à charbon, occupé à manifester une opinion défavorable à l'encontre de Sa Gracieuse Majesté ou du Premier ministre Winston Churchill, ils n'interviennent que l'espace d'un instant. Ils arrêtent le contestataire dans son élan verbal et demandent calmement que les opposants à ces propos se placent d'un côté et les partisans de l'autre. Après avoir constaté que les premiers se trouvent systématiquement beaucoup plus nombreux que les seconds, ils se retirent et laissent ce mécontent s'époumoner pour pas grand-chose.

Ce recul face aux réalités dramatiques de la guerre et aux risques de bombardement permanents, ce sens de la vraie valeur des choses, tout citoyen britannique s'est trouvé dans l'obligation de l'acquérir. L'attitude d'un chauffeur de taxi, un soir de 1941, le démontre. Un fait authentique, vécu par Jean Oberlé et rapporté à Pierre Dac...

Londres se trouve, à cette époque, sous la menace de violents bombardements. Oberlé, appelé d'urgence à la French Section de la BBC, quitte son appartement, monte dans un taxi et se retrouve soudain en plein cœur d'une pluie d'obus. Le chauffeur qui le conduit ne manifeste pas la moindre émotion et finit miraculeusement par atteindre Bush House, sans le moindre dégât. Le visage défait, Oberlé s'exclame alors :

« On peut dire qu'on a eu une sacrée veine, non ?

— Oh, yes, répond le chauffeur, tous les feux étaient au vert ! »

Le courage ne manque pas non plus aux membres du groupe Lorraine. C'est parmi ces héros des forces aériennes françaises stationnées en Grande-Bretagne que Pierre Dac va passer le réveillon de Noël 1943. A Hartford Bridge, à trois quarts d'heure environ de Londres, il assiste ainsi à une messe de minuit prononcée à 20 heures, pour cause de couvre-feu, par le révérend père Godard, et à une soirée dont il va rapporter tous les détails, ou presque, sur les ondes de la BBC...

« La salle de spectacle avait été transformée en salle de banquet, impeccable, toutes tables dressées ; tout le monde réuni, colonel, officiers, sous-officiers, soldats, comme une grande et même famille. Vers le milieu du repas, le commandant P... remit, au nom du groupe tout entier, un pot d'honneur au colonel, une pièce d'orfèvrerie gravée aux armes de Lorraine, de Metz et de Nancy. Je ne me rappelle plus exactement les paroles prononcées par le commandant, mais ce dont je me souviens, c'est qu'elles exprimaient l'affection profonde, la confiance totale et l'admiration sans limites pour le chef qui leur donne chaque jour le plus noble des exemples. Le colonel remercia en quelques phrases qui, elles, contenaient tout son amour pour ses hommes et sa fierté de les mener au combat. Puis il accrocha, au revers de mon veston, l'insigne du groupe. Il sera pour moi un de mes plus beaux souvenirs. Il y eut, un peu plus tard, une série de chansons en chœur dont les paroles n'ont certainement pas été écrites pour pensionnats. Et on alla se coucher. J'allai dormir avec les lieutenants qui m'avaient préparé un lit dans leur baraquement. Le 25, jour de Noël, sur le coup de onze heures, j'allai, suivant la tradition, avec les officiers, boire le pot de l'amitié chez les sous-officiers ; à midi, ceux-ci vinrent à leur tour boire un autre pot chez les officiers. A une heure, le repas des hommes de troupe fut servi par les officiers. Tout ça à grand renfort de pots d'amitié. Je dois, à la vérité, déclarer que, durant ces diverses manifestations, il me passa pas mal d'amitié liquide entre le nez et le menton. Et on se sépara vers les quatre heures de l'après-midi.

Voilà ; c'est tout ; tel fut mon réveillon au groupe Lorraine, que j'ai passé, quoiqu'en Angleterre, dans un coin de notre pays. J'ai été reçu en camarade par des camarades. Et j'ai , plus encore qu'à l'accoutumée, pensé à vous, mes chers copains, avec qui j'étais, l'an dernier, en France ; pour beaucoup d'entre vous, Noël, cette année, s'est passé en cellule dans un camp de déportés, ou dans la pauvre terre des suppliciés. Et j'ai tant pensé à vous, que je crois qu'ainsi vous étiez tous avec moi, au groupe Lorraine et présents au milieu de ceux qui vont, presque chaque jour, porter le combat dans le ciel français. On appelle certains d'entre eux les jeunes pousses, parce qu'ils ramènent souvent des branches d'arbres de chez nous accrochées à leur appareil. Des chics types, des hommes, avec un seul cœur et un même idéal.

Alors, après avoir passé ces quelques heures fraternelles avec eux, et pour en terminer le compte rendu, je ne trouve que trois mots à dire en guise de conclusion. Les voici : VIVE LA FRANCE ! »

A l'issue de cette rencontre, Pierre Dac va devenir le seul civil nommé membre d'honneur du groupe Lorraine. L'une des plus grandes fiertés de sa vie… Ce qu'il ne précise pas en revanche dans le texte qui précède, sans doute parce qu'il n'en est pas très fier, c'est que, selon son expression, « pour cause d'excès de manifestations d'amitié liquide », il s'endort dans un fauteuil, peu après le déjeuner, oubliant l'enregistrement prévu à 16 heures à Bush House. Vers 17 heures, lorsque Jacques Duchesne en personne, visiblement inquiet, joint par téléphone un responsable du groupe Lorraine, il ne peut s'empêcher d'éclater de rire. Pierre Dac, affalé dans un fauteuil, ronfle comme un bébé… Le seul rendez-vous manqué du roi des loufoques en neuf mois de présence au micro des « Français [qui] parlent aux Français ».

Au matin du 1er janvier 1944, le baromètre est à l'optimisme dans les studios de la French Section. On croit tellement à l'imminence de la victoire finale que Pierre Dac présente à ses chers auditeurs, mais aussi aux autres, des vœux de circonstance…

MESSAGE DU 1er JANVIER

« Je ne peux m'empêcher, en ce premier jour de l'an 1944, d'évoquer l'atmosphère des premiers de l'an d'avant-guerre et ce qu'ils pouvaient avoir, à certains égards, de conventionnel. Naturellement, pour ceux qu'on aimait vraiment, l'échange de souhaits était sincère ; mais il y avait tous les autres, et je me souviens qu'en fin de journée, après avoir encaissé et rendu une quantité industrielle de vœux, lorsque je rencontrais, d'aventure, encore un quidam, avant même que celui-ci n'ouvre la bouche, je lui disais, ou plutôt lui hurlais : "Merci, je vous souhaite la même, et à l'envers." Et les lettres, les cartes de visite, les cadeaux, les fleurs, les bonbons avec toujours l'arrière-pensée d'oublier quelqu'un ; bref, ça tournait souvent à la corvée. Corvée qu'on blaguait, dont on riait, en raison de son côté traditionnel un peu suranné et, cependant, à tout prendre charmant.

Depuis trois ans, le rire a disparu ; les bonbons, les cadeaux aussi, et les fleurs qui restent on les apporte sur les tombes anonymes de nos camarades que la Gestapo a suppliciés parce qu'ils voulaient demeurer des hommes fiers et libres. Les souhaits qu'on échange presque à voix basse sont graves. D'ailleurs, on n'a pas besoin de se dire grand-chose : on se regarde droit dans les yeux, on se serre la main, bien fort, et ça suffit : on se comprend.

C'est parce que j'ai trop en mémoire le souvenir de ces premiers janvier écoulés que les vœux que je forme en ce premier de l'an, mes camarades de la Résistance, je vous les adresse d'une voix plus claire et plus assurée. J'ai vécu au milieu de vous, bien des jours mauvais et durs ; j'ai connu, en prison ou traqué, les heures troubles où l'on n'a pas trop de toute sa volonté pour conserver son calme et son courage. Et c'est pour ça qu'aujourd'hui, du fond de mon exil, de toute mon âme, de toutes mes forces, je vous dis : "Bonne année, parce que je sais que ce sera la bonne, la grande année. Pour vous toutes et tous, pour les petits surtout, bonne santé, malgré les privations."

Et puisque la tradition veut qu'au seuil de l'an nouveau on se donne l'accolade, laissez-moi vous embrasser tous, car je crois que l'immense espoir que je porte en moi me donne un cœur assez grand pour pouvoir le faire.

Bonne année, mes chers copains, bonne victoire, et à bientôt. »

Dans le « grand cœur » de Pierre, il est une personne qui occupe une place privilégiée, Dinah... Longtemps, il a craint le pire à son sujet. Les services secrets britanniques ont fini par le rassurer. Leurs informateurs sont formels : elle est saine et sauve ! Depuis peu, elle a même trouvé du travail. Raymond Souplex l'a engagée aux Deux-Anes pour jouer, aux côtés de Roméo Carlès et de Fernand Rauzéna, le rôle d'une fée dans sa dernière pièce à succès, *Le Rêve de M. Belette*. Un pamphlet astucieusement écrit au second degré contre l'occupant, aussi anodin pour la censure que fortifiant pour les Parisiens qui, depuis décembre 1942, se pressent boulevard de Clichy. Le thème en est résolument optimiste. Dans un décor modeste de chambre à coucher, derrière des volets fermés et des rideaux tirés, Monsieur Belette dort, sous la protection de deux charmants lutins baptisés Quiétude et Sans Souci. Il songe à l'avant-guerre, à ces beaux jours de 1938 où l'on trouvait du chocolat et des cigarettes en abondance...

Rassuré, Pierre Dac affiche un moral qui augmente proportionnellement à son espace vital. Au début du mois de janvier, il déménage encore pour s'installer à Mayfair, au 6, Carlos Place. Il va alors partager avec deux autres membres de l'équipe des Forces françaises libres un charmant petit appartement au cœur d'un hôtel particulier. Les trois hommes, en célibataires forcés, se partagent les tâches ménagères. Un planning tournant pour la corvée de vaisselle est établi mais Pierre se voit interdit de cuisine à l'heure de préparation des repas. La seule tentative qu'il ait effectuée dans ce domaine s'est en effet révélée suffisamment désastreuse pour ne jamais être renouvelée. Personne, pas même le cuisinier, n'a été capable d'identifier ce soir-là ce qui a été servi. C'est dire si le chansonnier se trouve exceptionnellement mal placé lorsque, dans les colonnes de *France*, il trousse un « Essai sur la cuisine anglaise », dont voici quelques extraits :

ESSAI SUR LA CUISINE ANGLAISE

« On m'avait dit : "En Angleterre on mange beaucoup moins qu'en France." Je dois reconnaître que c'est pure vérité : à part le breakfast du matin, le déjeuner à une heure, le thé et les toasts à n'importe quelle heure, les sandwichs intermédiaires et le dîner à huit heures, on ne prend pour ainsi dire que très peu d'aliments en dehors de ce qu'on avale.

Une chose qui m'a beaucoup impressionné, c'est la sobriété à table ; on boit peu ou pas du tout le plus souvent ; vous me direz qu'on se rattrape dans les bars et les pubs. Ne mélangeons pas ; chaque chose en son temps et chaque verre à sa place. Quand on mange, on mange et quand on boit, on boit ; d'autant qu'en Angleterre il n'est pas question de boire pour se désaltérer ; on boit pour boire, par sport, par devoir et obligation, durant une période nettement déterminée, spécialement réservée à l'ingurgitation massive et systématique de liquides variés ; c'est un travail, une tâche, une besogne ; un labeur acharné qui doit être mené obstinément et sans répit jusqu'à la fermeture de l'établissement, en un mot un marathon du gosier consistant à absorber le maximum dans le minimum de temps. (...)

J'allais oublier l'essentiel : la cuisine anglaise est entièrement basée sur l'eau qui en est le principe fondamental, et l'élément déterminant. Tout devant être bouilli, l'eau est le commencement et la fin de tout. Ce qui m'a inspiré la confection d'un plat auquel j'ai donné le nom de "Water-pudding" et dont voici la recette :

Vous prenez un litre d'eau ordinaire que vous faites soigneusement bouillir pendant ce temps, vous prenez un autre litre d'eau, préalablement bouillie, et vous la faites tiédir au bain-marie et à feu doux. Quand c'est à point, vous versez dans votre premier litre d'eau le contenu du second, mais goutte à goutte et en remuant, pour éviter que ça attache.

Dans la préparation ainsi obtenue, vous versez alors la

valeur d'un bon seau et demi d'eau, bouillie naturellement. Vous ajoutez la valeur de gros comme la tête d'un âne sur la pointe d'une épingle d'eau bouillie légèrement dégourdie, pour lier le tout convenablement. Vous mettez au four pendant 60 minutes en arrosant tous les quarts d'heure d'un verre d'eau bouillie pour gratiner. Vous démoulez, vous servez et vous n'avez plus qu'à vous en remettre à la suite des événements. »

Un texte écrit à l'issue de quelques expériences concrètes, puisque, régulièrement, Pierre Dac dîne, comme l'on dit, en ville. Parmi ses adresses préférées, le Petit Club français — également connu sous l'enseigne de Chez Aldwin, le prénom de la propriétaire —, où il retrouve la plupart de ses camarades de la France libre. Il est aussi un habitué de Prunier. C'est là que par l'intermédiaire d'un résistant français, René Bolloré, il va faire la connaissance de Robert Benoit, l'un de nos plus brillants pilotes automobiles d'avant-guerre. Ce dernier se prépare alors à accomplir une mission en France. A la fin du repas, Pierre lui demande un service. Puisqu'il passe par Paris, peut-il apporter un peu d'argent à Dinah ? Benoit accepte et promet même de ramener à Londres un message en retour. Il s'acquitte de sa tâche avenue Junot, mais, dénoncé aux miliciens, il est arrêté peu après. Jeté en prison puis torturé, il va mourir pendu par les pieds sans révéler aucun de ses secrets...

A la nourriture britannique, Pierre Dac préfère le whisky. Il doit au commandant Pons, chef du centre d'accueil des évadés de France, son initiation au jus de treille de la Vieille Ecosse. Les deux hommes ont sympathisé et pris l'habitude de déjeuner ensemble une fois par semaine. Un repas traditionnellement suivi de ce que le gradé appelle un « moment de recueillement à la chapelle ». Un nom de code désignant un établissement voisin à l'enseigne du pub Church of Highlands. Les premières fois, Pierre Dac a trouvé que cette boisson laissait dans la bouche un certain goût d'amertume et de punaise, mais cela n'a pas duré. Des moments agréables, certes, mais qui ajoutent à sa nostalgie. La France et ses traditions commencent à lui manquer. C'est pourquoi il ne voit aucun inconvénient, bien au contraire, à devenir le complice d'un de ces canulars qui fleurent bon l'avant-guerre. L'initiative en revient à Daniel Monick, un proche parent d'un ancien directeur de la Banque de France, locataire principal de l'hôtel particulier où réside le chansonnier. La fiancée britannique de ce jeune homme ne parlant pas un mot de la langue de Molière, il lui a appris une expression « bien d'chez nous », en lui précisant qu'il s'agit de la plus courtoise des formules de bienvenue. Ce qui n'est pas le cas, bien entendu... Vous imaginez donc sans difficulté la surprise de l'arrivant lorsqu'il est accueilli par cette charmante créature qui, le sourire innocent, murmure simplement : « Salut, mon sacré nom de Dieu de bordel à cul de mes fesses à cru. »

Au bout de quelques jours, le gag tourne à la tradition et chaque fois qu'un non-initié se retrouve dans cette situation insolite, Pierre Dac ajoute aussitôt et tout aussi courtoisement, à l'encontre de la jeune femme : « Alors, salope, toujours aussi vicelarde ? »

Ces rares moments de détente n'empêchent pas le chansonnier de suivre de plus en plus attentivement l'évolution de la situation. Toutes les informations importantes considérées de « source sûre » lui sont transmises par des services secrets qui ont compris l'impact de ses propos. Au début du mois de janvier 1944, il apprend ainsi que le maréchal Pétain se trouve de plus en plus isolé dans ses appartements de l'Hôtel du Parc à Vichy. Il ne semble avoir confiance qu'en Bernard Ménétrel, son médecin et confident. La rupture paraît définitivement consommée avec Pierre Laval, redevenu chef du gouvernement, selon la volonté... du Führer ! Pétain refuse de signer les décrets nommant Philippe Henriot à l'Information et à la Propagande et Joseph

Darnand au Maintien de l'ordre. Pierre Dac ne laisse pas passer l'occasion et évoque, à sa manière, « La crise de Vichy ».

LA CRISE DE VICHY

« La situation est confuse à Vichy, elle est même couverte de confusion et comme le déclare si finement M. (qu'il dit) Abel Bonnard, de l'Académie française et de la salle des ventes : "Il y a du bromure dans la colonne montante."

Or, il apparaît que cette situation, du fait même de son incohérence, devient nettement de mon ressort. En conséquence, je vais essayer de vous en brosser un exact tableau, en reprenant, dans leur ordre chronologique, les événements qui ont abouti à la crise actuelle.

Depuis quelques mois, M. Philippe Pétain subissait, de la part de son entourage, une pression grandissante en vue d'obtenir de lui un important remaniement ministériel ; et souventes fois, le dialogue suivant s'engageait :

"Monsieur le Maréchal, il faut que Laval abandonne son portefeuille. — Pour ça, vous pourrez toujours courir", interrompait-il.

Et l'on avait toutes les peines du monde à lui faire comprendre qu'il ne s'agissait pas pour Laval d'abandonner son portefeuille personnel contenant ses petites économies, mais celui de ministre de l'Intérieur ; et l'on prétendait, pour justifier cette requête, que l'accroissement de la résistance avait pour cause l'impopularité de Laval et sa politique de céder à toutes les revendications des Allemands, alors qu'il était tellement plus simple d'accorder à ceux-ci par anticipation tout ce qu'ils seraient susceptibles de demander ultérieurement.

"En somme, dit Pétain, il s'agit de prendre quelqu'un de l'extérieur, pour le mettre à l'Intérieur" ; et il envoya derechef, derechef de l'Etat, bien entendu, une note dans ce sens au Gauleiter von Peter Laval Gesellschaft, lequel essaya en vain de former un nouveau gouvernement avec des individus tels que Bonnet, de Monzie, Chichery et Rives. Malgré tous ses efforts, Laval n'aboutit pas. Il eut alors recours aux petites annonces, sans plus de résultat. A bout de souffle, il envoya dans les rues de Vichy des rabatteurs qui accostaient les passants et leur murmuraient à l'oreille : "Qu'est-ce que vous diriez d'une bonne petite place de ministre de l'Intérieur, n'exigeant aucune connaissance spéciale sinon une absence totale de scrupules, bons gages, chauffé, nourri, logé, hein ?" Là aussi, échec complet, les postulants éventuels émettant la prétention excessive d'être également blanchis.

En désespoir de cause, il présenta une autre liste, qui comprenait, autant qu'on le sache, des gens comme Bonnard, dit l'Abel malgré lui, Lagardelle et quelques autres de la même poubelle. C'est alors que Pétain refusa de donner son assentiment aux changements proposés. Le 12 novembre, il signa l'acte constitutionnel publié plus tard en Suisse, dont le point principal prévoyait le retour du pouvoir constitutionnel à l'Assemblée nationale, au cas où il viendrait à lâcher et à casser son bâton de Maréchal en avalant sa francisque de travers. Et c'est là où commence à percer le bout de l'oreille ; car, si l'on veut bien s'en souvenir, la question de la succession de Pétain a été, à diverses reprises, remise sur le paillasson, et de la manière suivante : tout d'abord, on a dit qu'on verrait ça plus tard ; ensuite Laval fut désigné comme dauphin ; quand il fut sacqué, Darlan prit sa place et lorsque ce dernier eut été admis comme membre définitif du retour à la terre, Laval reprit ses prérogatives. Il les conserva donc jusqu'au 12 novembre où Pétain essaya de placer sa petite grande manœuvre du retour du pouvoir constitutionnel à l'Assemblée dite nationale.

La publication de ce document à l'"Officiel" fut interdite par le dénommé Schleier — sauf votre respect — à la demande de Laval. Pour le coup, l'homme de Montoire fit annoncer qu'il prononcerait à la radio des paroles provisoirement définitives ; le discours plusieurs fois différé fut finalement rentré pour cause de panne d'explications.

Pour tout arranger, voilà que Lagardelle, inconsolable de la disgrâce de son ami Mussolini, donne sa démission, ce qui part d'un bon sentiment, étant donné qu'il aurait tout aussi bien pu la vendre. Il motive, par ailleurs, son acte en essayant de monter en épingle sa confiance envers les ouvriers par opposition aux employeurs à qui il reproche de saboter la charte du travail, comme si le travail n'avait pas été suffisamment saboté par la charte elle-même.

Et voilà qu'il est aussi question de la formation d'un gouvernement Piétri avec Platon, Barthélemy, de Brinon, Yvon Sicard, histoire d'illustrer le principe qui établit que des propres à rien peuvent être bons à tout.

En bref, Vichy est dans une impasse. Pétain ne veut plus voir Laval qui, lui, continue d'agir comme s'il ne voyait pas que le Maréchal ne veut plus le voir ; les Allemands n'interviennent que pour le maintien à la tête de la police de Bousquet, dont je m'excuse d'écrire le nom avec des pincettes. Et c'est ainsi que d'aucuns s'en vont clamer que le Maréchal, devenu prisonnier des Allemands, ne peut plus rien faire maintenant. Il serait peut-être alors opportun de se rappeler que du temps où il pouvait faire quelque chose il laissa passer, sans rien dire ni faire, par oubli ou négligence sans doute, certains événements, tels que l'annexion par le Reich de l'Alsace et de la Lorraine, l'expulsion des paysans lorrains, la livraison des réfugiés politiques à la Gestapo, les enfants juifs arrachés des bras de leur mère, la perte de la flotte, les travaux forcés en Allemagne pour les ouvriers, les déportations, les tortures, les exécutions d'otages.

La seule fois qu'il ait dit quelque chose, c'est quand il a donné l'ordre aux troupes d'Afrique de résister et, si celle-ci a été délivrée, il n'y est vraiment pour rien. Mais là, n'est-ce pas, il n'était pas prisonnier des Allemands ; tandis que maintenant…

Allons, avec un peu de patience, ne désespérons pas de le voir arriver un de ces quatre matins, l'honneur sous un bras, la dignité sous l'autre, et s'écrier : "Maréchal, me voilà", en chantant *La Marseillaise* sur les motifs du *Deutschland über alles*.

Décidément, et pour conclure, la trahison mène à tout, à condition d'y rester. »

Au début de l'année 1944, dans les couloirs de la BBC, on ne pavoise pas mais on croit de plus en plus à une victoire prochaine ! Un tournant décisif s'est produit le 3 juin 1943, lorsque les comités de Londres et d'Alger ont fusionné. Le chansonnier a noté que, depuis, le Reich et ses alliés enregistrent défaite sur échec. L'armée italienne a capitulé, Mussolini a été arrêté, son successeur, le maréchal Badoglio, a conclu un armistice avec les Alliés, annoncé par le général Eisenhower en personne. Les maquis de résistants se sont multipliés en Pologne et en Yougoslavie, Hambourg croule sous les bombes et la perte de la bataille de Koursk en Ukraine a constitué un tournant décisif... Eisenhower, Montgomery et leurs adjoints, arrivés à Londres en même temps que Pierre Dac, préparent, le plus discrètement possible, l'opération décisive destinée à frapper le Reich en plein cœur, le débarquement sur le continent par l'ouest. Nul ne sait, bien entendu, où et quand il va se produire, mais, pour les Alliés, le moment est venu d'accentuer encore leurs efforts. Pierre Dac ne se le fait pas dire deux fois... Il frappe encore plus fort et cite des noms :

CITATIONS A L'ORDRE NOUVEAU

« LA MILICE. — Corps mercenaire d'élite. Sous l'énergique impulsion de son chef, l'Obersturmführer de Waffen SS Darnand, poursuit sans relâche, avec la plus haute conscience national-socialiste, tous les Français qui luttent contre l'Allemagne, manifestant de l'allant et du mordant dans toutes les opérations d'assassinat, de mouchardage et de délation.

Animée du plus pur esprit nazi, ne cesse d'accumuler les actions d'éclat.

Les Miliciens se sont particulièrement illustrés au cours des brillants faits d'armes suivants :

A Lyon, cours Morand, ont courageusement assassiné d'inoffensifs passants.

En parfaite liaison avec les troupes d'occupation, ont réussi à faire brillamment exécuter les Français qui leur paraissaient suspects, par des équipes spécialisées opérant la nuit.

Le 26 novembre, à Grenoble, ont assassiné M. Pain, dont le corps fut retrouvé le lendemain les dents cassées, les yeux crevés.

Cette citation comporte pour chaque Milicien l'attribution de la croix gammée avec francisque.

PÉTAIN, Philippe. Maréchal de France. Excellent serviteur de l'Allemagne. A fait, pour le compte du Reich, près de deux millions de prisonniers français entre le 18 et le 25 juin 1940. A couvert et continue à couvrir de son autorité et de son nom toutes les attaques contre l'honneur, la dignité et le patrimoine français.

DARNAND, Joseph. Obersturmführer de Waffen SS. Modèle parfait du nazi accompli. Fidèle à son serment à Hitler, n'a pas hésité à la faveur du malheur de la France, à s'intégrer corps et âme aux armées d'occupation pour mieux servir l'Allemagne.

A la tête de ses SS, a résolument traqué des patriotes inférieurs en nombre et en armement, et s'est dépensé sans compter afin de les livrer à l'ennemi. A participé personnellement à de nombreuses opérations d'exécutions. A bien mérité du Führer, du Reich et de la Gestapo.

HENRIOT, Philippe, ministre de la Propagande allemande en France. Infatigable défenseur des institutions national-socialistes. Propagandiste actif et dévoué, a su faire abnégation de tout honneur, de tout patriotisme, et de toute dignité humaine, pour faciliter l'action de l'ennemi.

LAVAL, Pierre, Gauleiter d'élite, s'est fait spécialement remarquer depuis des années par son dévouement absolu et de tous les instants aux intérêts du Führer. Avec un mépris complet du peuple français, et au mépris de celui-ci, a très largement contribué à la défaite de la France. Habile manœuvrier, s'est toujours efforcé de concilier ses propres entreprises avec celles de l'ennemi et s'est dépensé sans compter pour le compte de la puissance occupante. A participé personnellement à toutes les opérations dirigées contre la Nation. »

A Radio-Paris, on fulmine, mais on ne se résigne pas pour autant. Le chansonnier est devenu l'homme à abattre pour Pierre Laval mais aussi pour Jacques Doriot, qui arbore sans honte la croix de fer qu'il a reçue le 1er décembre 1943 pour sa conduite sur le front russe. Leurs menaces n'ont visiblement aucun poids sur Dac, pas plus que les critiques ou les quelques lettres anonymes qu'il reçoit ainsi libellées : « Ta place n'est pas ici, sale Juif, mais dans un four crématoire. »

Au début du mois de mai 1944, Jacques Duchesne demande à Pierre de diriger ses flèches vers Philippe Henriot. Ce militant d'extrême droite, député de Bordeaux de 1932 à 1940, a été l'un des premiers à prôner la collaboration, quelques jours seulement après la défaite française. Entre 1940 et 1942, il a multiplié les tournées de propagande d'abord au nom du maréchal Pétain, puis aux côtés des occupants. Il a effectué sur Radio-Paris des interventions hebdomadaires, puis quotidiennes et enfin, depuis son entrée dans le gouvernement de Pierre Laval, il assure un éditorial biquotidien. Ses cibles favorites sont les Juifs, les résistants et les francs-maçons.

« Malgré tout ce qu'on peut dire et en dépit de tout ce qu'on peut faire, on ne parvient pas à venir à bout de Philippe Henriot, explique Duchesne à Pierre Dac plus attentif que jamais. On a tout essayé. Rien n'y fait, rien ne l'arrête. Il n'y a guère plus que vous à présent pour essayer de le contrer et pour tenter de le contenir.

— Merci du cadeau », réplique le chansonnier qui demande un quart d'heure de réflexion. Le dilemme est presque cornélien. S'il échoue, il passe pour un imbécile, ce qui n'a guère d'importance, mais s'il réussit, à tous les coups, on arrête sa femme... Trois minutes plus tard, il a pris sa décision : il accepte cette mission. Parce que c'est son devoir... Dès le lendemain, il s'en prend directement à l'éditorialiste de Radio-Paris :

REFLEXIONS SUR UN DISCOURS

« J'ai écouté le discours que M. Philippe Henriot vient de prononcer au Théâtre du Capitole de Toulouse. Je n'hésite pas à lui exprimer ma profonde reconnaissance pour la façon magistrale dont il nous fait toucher du doigt le danger dont nous sommes menacés quand il dit (je cite ses propres paroles) : "Au moment où déjà le bolchevisme plante partout son drapeau rouge, nous savons maintenant quel est le péril qui nous guette..."

Une légère critique, cependant : en dépit de sa fluviale dialectique, ce discours, d'après moi, souffre d'une évidente insuffisance objective (que M. Henriot me permette donc de lui apporter ici les quelques éléments de précision indispensables et nécessaires). Si j'ai bien compris, voici comment — d'après M. Henriot — va se dérouler le processus des prochains événements.

L'armée rouge va envahir la France et l'occuper, par moitié d'abord, en établissant une ligne de démarcation ; en totalité par la suite. Pas d'objection, monsieur Henriot ? Nous sommes bien d'accord ? Rien de similaire à signaler en ce qui concerne les Allemands ? Bon. Simultanément, les services administratifs de l'armée d'occupation — de l'armée *rouge* d'occupation, naturellement — c'est bien ça, monsieur Henriot ? Ce n'est pas de la Wehrmacht dont il est question, n'est-ce pas ? installeront un peu partout des Kommandanturs soviétiques. Là-dessus, Staline annexera purement et simplement l'Alsace et la Lorraine et incorporera dans les rangs de son armée tous les Alsaciens-Lorrains en âge de porter les armes. Le mot d'ordre donné à tous les membres de l'armée rouge par les services de la propagande bolcheviste sera : De la correction, encore de la correction, toujours de la correction, en l'imposant au besoin par la force. Puis, les agents, les argousins, les mouchards de Moscou s'infiltreront partout. Je ne me trompe pas, monsieur Henriot ? vous n'auriez pas, par hasard, entendu parler de la Gestapo ? Non ? Vous n'êtes pas au courant ? Parfait. Et tout se déroulera comme prévu. Les rouges réquisitionneront, pilleront, affameront, dévaliseront, expédieront des centaines de milliers de Français travailler en Russie, déporteront les suspects, opéreront des arrestations en masse, emprisonneront en foule, tortureront d'après les plus modernes procédés de raffinement sadique, prélèveront des otages et fusilleront par milliers les Français qui seront tentés de leur résister. C'est bien ça, n'est-ce pas, monsieur Henriot ? qu'ils vont faire, les rouges ? Il n'y a pas d'erreur ? ce n'est pas des Allemands qu'il s'agit ? Parce que, tout de même, si les défenseurs de la civilisation européenne étaient capables de pareils forfaits, vous le sauriez, vous, monsieur Henriot, et, en bon Français que vous prétendez être, votre cœur si sensible, si compatissant, éclaterait d'indignation et de douleur !

Et quand M. Henriot, à la fin de son discours, s'écrie : "Reprenons l'habitude de rendre son vrai sens à notre hymne national : Allons enfants de la patrie, contre nous, de la tyrannie, un peu partout en Europe, un peu partout dans le monde entier, l'étendard sanglant est levé", on comprend de quoi il s'agit. Monsieur Henriot, monsieur Henriot ! vous êtes bien sûr, n'est-ce pas, que ce n'est pas de l'étendard à croix gammée que vous voulez parler ? Redites-le-nous encore, monsieur Henriot ! redites-le-nous souvent pour que même l'ombre du moindre doute ne demeure en notre esprit. Et surtout, parlez-nous de ces bons, de ces grands, de ces braves Allemands si tendres, si doux, si affectueux, si humains, qui luttent avec tant de grandeur d'âme pour que toutes les épouvantes que je viens d'énumérer ne puissent jamais se produire sur le sol de France... »

Cette fois-ci, c'en est trop pour les dirigeants de Radio-Paris. Puisqu'ils ne peuvent plus atteindre Pierre Dac physiquement, ils décident de viser son talon d'Achille, son jardin secret extraordinaire dont il se refuse à parler, autrement dit sa famille. Philippe Henriot se lance personnellement dans cette bataille. Le 10 mai 1944, il déclenche une attaque en règle contre le chansonnier. La lecture de ce texte, l'impact potentiel de la propagande sur le non-averti et l'idée de la France vue par Henriot donnent rétroactivement des frissons...

« Le 15 août 1893, jour anniversaire de la naissance de Napoléon, naissait à Châlons-sur-Marne un certain Isaac André, fils de Salomon et de Berthe Kahn. Pareil à la plupart de ses coreligionnaires, il était secrètement fier de sa race mais gêné par son nom. Incapable bien entendu de travailler à la grandeur d'un pays qui n'était pour lui qu'un pays de séjour passager, une provisoire terre promise à exploiter, il se consacra à l'œuvre à laquelle tant de ses pareils se sont employés [...]. Une sorte d'esprit desséchant et ricaneur, une perpétuelle aspersion d'ironie sur tout ce qu'on avait l'habitude de respecter, une sottise corrosive à force d'être poussée à l'extrême lui firent une clientèle... Tout ce qui avait chez nous décidé de ne rien prendre au sérieux, tout ce qui avait essayé d'échapper à la redoutable étreinte d'un devoir sévère par une sorte de blague grossière et épaisse, se rua pour l'écouter et le lire. [...] Comme il devait se frotter les mains, le jeune Isaac André, à voir qu'il pipait à son gluau infâme des étudiants, de futurs intellectuels dépravés par ses soins. [...]

Cet Isaac André était bien entendu prédisposé à fuir la France à laquelle en fait rien ne l'attachait dès qu'elle se trouvait soumise à l'épreuve. [...]

Je ne me soucierais pas de ce faux Dac qui a depuis lors réussi à s'évader si Londres, décidément à court de speakers, ne l'avait chargé de me répondre. [...]

Où nous atteignons les cimes du comique, c'est quand notre Dac prend la défense de la France. Les loufoqueries de *L'Os à moelle* ne m'ont pas toujours fait rire, mais le Juif Dac s'attendrissant sur la France, c'est d'une si énorme cocasserie qu'on voit bien qu'il ne l'a pas fait exprès. Qu'est-ce qu'Isaac, fils de Salomon, peut bien connaître de la France, à part la scène de l'ABC où il s'employait à abêtir un auditoire qui se pâmait à l'écouter ? La France, qu'est-ce que ça peut bien signifier pour lui ? [...] Cet apatride se moque éperdument de ce qui arrivera à la France. S'il s'insurge contre les Allemands, ce n'est pas parce que ceux-ci occupent la France dont il se moque, c'est parce qu'ils ont décidé d'éliminer le parasite juif de l'Europe. Et de même que Mandel voulait que la France fît la guerre pour venger sa race, Dac voudrait qu'elle se dressât pour la défendre... »

Oubliant le profond sentiment d'écœurement qui l'habite aussitôt, Pierre Dac se demande si Philippe Henriot a pris le temps de se renseigner sur ses antécédents civils et militaires. Ses premières flèches ont donc porté au-delà de ses espérances. Henriot a mordu à l'hameçon... Mieux encore, il lui fournit pour le lendemain la matière d'un broadcast pas comme les autres. Pour la première et sans doute pour la dernière fois, le loufoque va s'effacer devant l'homme. La gorge serrée, Pierre Dac, plus que jamais André Isaac en raison des circonstances, lit un texte qu'il a sobrement intitulé « Bagatelle sur un tombeau »...

BAGATELLE SUR UN TOMBEAU

« M. Henriot s'obstine ; M. Henriot est buté. M. Henriot ne veut pas parler des Allemands. Je l'en ai pourtant prié de toutes les façons : par la chanson, par le texte, rien à faire. Je ne me suis attiré qu'une réponse pas du tout aimable — ce qui est bien étonnant — et qui, par surcroît, ne satisfait en rien notre curiosité. Pas question des Allemands.

C'est entendu, monsieur Henriot, en vertu de votre théorie raciale et national-socialiste, je ne suis pas français. A défaut de croix gammée et de francisque, j'ai corrompu l'esprit de la France avec *L'Os à moelle*. Je me suis, par la suite, vendu aux Anglais, aux Américains et aux Soviets. Et pendant que j'y étais, et par-dessus le marché, je me suis également vendu aux Chinois. C'est absolument d'accord. Il n'empêche que tout ça ne résout pas la question : la question des Allemands. Nous savons que vous êtes surchargé de travail et que vous ne pouvez pas vous occuper de tout. Mais, tout de même, je suis persuadé que les Français seraient intéressés au plus haut point, si, à vos moments perdus, vous preniez la peine de traiter les problèmes suivants dont nous vous donnons la nomenclature, histoire de faciliter votre tâche et de vous rafraîchir la mémoire :

1. Le problème de la déportation ;
2. Le problème des prisonniers ;
3. Le traitement des prisonniers et des déportés ;
4. Le statut actuel de l'Alsace-Lorraine et l'incorporation des Alsaciens-Lorrains dans l'armée allemande ;
5. Les réquisitions allemandes et la participation des autorités d'occupation dans l'organisation du marché noir ;
6. Le fonctionnement de la Gestapo en territoire français et en particulier les méthodes d'interrogatoires ;
7. Les déclarations du Führer dans *Mein Kampf* concernant l'anéantissement de la France.

Peut-être me répondrez-vous, monsieur Henriot, que je m'occupe de ce qui ne me regarde pas, et ce disant vous serez logique avec vous-même, puisque dans le laïus que vous m'avez consacré, vous vous écriez notamment : "Mais où nous atteignons les cimes du comique, c'est quand notre Dac prend la défense de la France ! La France, qu'est-ce que cela peut bien signifier pour lui ?"

Eh bien ! Monsieur Henriot, sans vouloir engager de vaine polémique, je vais vous le dire ce que cela signifie, pour moi, la France.

Laissez-moi vous rappeler, en passant, que mes parents,

mes grands-parents, mes arrière-grands-parents et d'autres avant eux sont originaires du pays d'Alsace, dont vous avez peut-être, par hasard, entendu parler ; et en particulier de la charmante petite ville de Niederbronn, près de Saverne, dans le Bas-Rhin. C'est un beau pays, l'Alsace, monsieur Henriot, où depuis toujours on sait ce que cela signifie, la France, et aussi ce que cela signifie, l'Allemagne. Des campagnes napoléoniennes en passant par celles de Crimée, d'Algérie, de 1870-1871, de 14-18 jusqu'à ce jour, on a dans ma famille, monsieur Henriot, lourdement payé l'impôt de la souffrance, des larmes et du sang.

Voilà, monsieur Henriot, ce que cela signifie pour moi, la France. Alors, vous, pourquoi ne pas nous dire ce que cela signifie, pour vous, l'Allemagne.

Un dernier détail : puisque vous avez si complaisamment cité les prénoms de mon père et de ma mère, laissez-moi vous signaler que vous en avez oublié un : celui de mon frère. Je vais vous dire où vous pourrez le trouver ; si, d'aventure, vos pas vous conduisent du côté du cimetière Montparnasse, entrez par la porte de la rue Froidevaux ; tournez à gauche dans l'allée et, à la 6ᵉ rangée, arrêtez-vous devant la 8ᵉ ou la 10ᵉ tombe. C'est là que reposent les restes de ce qui fut un beau, brave et joyeux garçon, fauché par les obus allemands, le 8 octobre 1915, aux attaques de Champagne. C'était mon frère. Sur la simple pierre, sous ses nom, prénoms et le numéro de son régiment, on lit cette simple inscription : "Mort pour la France, à l'âge de 28 ans." Voilà, monsieur Henriot, ce que cela signifie pour moi, la France.

Sur votre tombe, si toutefois vous en avez une, il y aura aussi une inscription : elle sera ainsi libellée :

PHILIPPE HENRIOT
Mort pour Hitler,
Fusillé par les Français...

Bonne nuit, monsieur Henriot. Et dormez bien. Si vous le pouvez... »

Le chansonnier ne se croyait pas si bon prophète. Le 28 juin, des résistants parviennent à abattre Philippe Henriot. L'Etat français va naturellement réserver à son secrétaire d'Etat à l'Information des funérailles nationales, d'abord en la cathédrale de Notre-Dame de Paris, puis à Bordeaux. Pierre Dac, scandalisé, commente cet hommage sur les antennes de la BBC :

LES FUNERAILLES NATIONALES DE PHILIPPE HENRIOT

« Il n'entre pas dans mes intentions de prononcer l'oraison funèbre de Philippe Henriot. D'autres, tant parmi les Allemands que parmi les collaborateurs, sont plus qualifiés que moi pour accomplir cette tâche.

Comme je le lui avais prédit, il y a un mois et demi environ, Philippe Henriot est mort pour Hitler, fusillé par les Français. C'est la conclusion logique et inéluctable d'une activité, d'une intelligence et d'un talent mis sans réserves au service exclusif des forces mauvaises pour le seul bénéfice de l'ennemi détesté. Aussi est-il normal et naturel que le gouvernement de Vichy lui ait fait des funérailles nationales. Et pourtant, comme le mot "nationales" prend ici un sens spécieux et particulier. Singulières funérailles nationales, en vérité, que celles conçues, organisées et célébrées par Vichy, la milice, les Waffen SS, les collaborateurs et les Allemands !

Car c'est à vous que je pense, mes camarades de la Résistance, que Philippe Henriot assimilait à des bandits de grand chemin, parce que vous avez voulu demeurer des Français sans tache et des hommes libres.

C'est à vous que je pense, mes camarades des prisons dont j'ai, durant de longs mois, partagé le sort, et c'est à vous surtout que je pense, mes camarades qui n'êtes plus là, vous qui après des jours, des semaines d'abominables tortures, d'effroyables supplices et d'épouvantes sans nom, êtes morts au matin blême, face au peloton d'exécution, auxquels la propagande de Philippe Henriot vous avait livrés.

Vous n'avez eu à votre cortège funèbre, mes camarades, nulle escorte, nulle musique, nul discours, nulle pompe officielle. Et pourtant c'est vous qui avez eu des funérailles nationales, parce que c'est l'âme, le cœur et la fierté d'un peuple tout entier qui vous ont accompagnés jusqu'à votre dernière demeure. Voilà pourquoi, mes camarades, j'évoque, aujourd'hui, votre cher et grand souvenir à l'occasion des funérailles, non pas nationales, mais national-socialistes de Philippe Henriot. »

Radio-Paris crie vengeance ! Tandis que tous les soirs à 22 h 15 la propagande rediffuse les éditoriaux de feu Philippe Henriot, Jean-Herold Paquis, speaker vedette de la station, alors âgé d'une trentaine d'années à peine, monte en première ligne.

De son vrai nom Jean Hérold, il a choisi comme pseudonyme le nom d'un quartier de la ville d'Arches dont il est originaire et qui s'appelle le Paquis. Il a commencé sa carrière en 1937 pendant la guerre d'Espagne, à Radio-Saragosse, une station où il a pu défendre des idées d'extrême droite dont il ne se cache pas. Il croit encore au triomphe de l'occupant et le proclame d'une voix grave, identifiable entre mille. Son slogan favori est « L'Angleterre, comme Carthage, doit être détruite ». C'est ainsi qu'il termine toutes ses interventions. Pierre Dac ne semble pas impressionné. Il le dit clairement sur les ondes de la BBC et deux fois plutôt qu'une, c'est-à-dire dès le lendemain du débarquement puis à la fin du mois de juillet, dans son ultime broadcast :

QUI SERA VAINQUEUR ?

« Il y a quelques jours, l'Obersturmmilitaerischespeaker J.-H. Paquis m'a gratifié d'un coup de chapeau en remerciement des félicitations que je lui ai adressées à l'occasion de sa déclaration de loyalisme envers le Führer. Des compliments d'un côté, un coup de galurin de l'autre, on dira ce qu'on voudra, ça crée un courant. D'autant que nous avons tous deux un incontestable point commun : L'Obersturmmilitaerischespeaker J.-H. Paquis, il le répète assez, est un partisan ; moi aussi ; lui est un partisan de l'hitlérisme et moi un partisan du contraire. Comme on le voit, nous ne sommes séparés que par une légère nuance, un simple détail.

Le 9 courant, J.-H. Paquis, au cours de sa critique militaire, a prononcé, entre autres, les paroles suivantes : "Qui sera vainqueur, qui sera vaincu ? A la double question, qui n'a pas déjà répondu selon son opinion et ses préférences ?" Alors, mon cher monsieur Paquis, qui sera vainqueur, qui sera vaincu, toujours cette cruelle incertitude. Voyez-vous, moi, ça me fend le cœur de vous voir aux prises avec cet affreux doute et le coup de chapeau que vous m'avez donné — ça pourrait presque se chanter, sur un air de *Carmen* — me crée le devoir de vous donner un coup de main pour tenter de le dissiper.

Permettez-moi tout d'abord de vous faire observer que ni la victoire ni la défaite ne sont une question d'opinion ou de préférence. C'est une question de force. Or, vous savez, n'est-ce pas, comme moi, que l'armée rouge en est à l'assaut décisif, que les Alliés ont déjà libéré une partie vitale du territoire français, que la suprématie alliée est écrasante et totale sur terre, sur mer et dans les airs, que l'armée américaine approche de Paris ; qu'en Italie, il y a du parmesan dans l'élastique, que chez les satellites il y a du bromure dans l'enthousiasme et qu'à l'intérieur du Reich, il y a des punaises dans la svastika. Qui sera vainqueur ? Qui sera vaincu ? Troublante énigme, en vérité. Remarquez que je ne vous donne ces renseignements qu'à titre purement indicatif et uniquement pour vous permettre de sortir du dilemme dans lequel vous vous débattez. Ces éléments vous permettront-ils de vous faire une petite idée de la situation ?

S'ils vous paraissent insuffisants, la prochaine fois, je pourrai vous faire un dessin.

Dans le fond, voyez-vous, mon cher monsieur Paquis, je ne vous plains pas. Vous touchez au but et vous êtes, en définitive, un heureux gaillard, car je suppose que la France libérée n'offrira pour vous qu'un attrait bien mince et bien relatif ; vous allez donc pouvoir bientôt rentrer chez vous en Allemagne ou, tout au moins, essayer d'y rentrer. Y parviendrez-vous ? Je n'ose l'affirmer ; en cette époque tourmentée un accident est si vite arrivé ! J'ai prédit à Philippe Henriot, cinq semaines avant l'événement, ce qui allait lui advenir. Je vous signale ça, simplement, en passant, histoire de vous distraire un peu et de vous prodiguer quelques bonnes paroles de réconfort si nécessaires en ces temps difficiles.

Il ne me reste, pour l'instant, rien d'autre à vous dire sinon que je vous souhaite tout ce que vous pouvez me souhaiter. Merci encore pour le coup de chapeau et, pour terminer, laissez-moi, à titre de consolation, livrer à vos méditations ce petit slogan, imité du vôtre ; en vertu duquel je conclus que, à défaut de l'Angleterre, l'Allemagne, comme Carthage, doit être détruite. »

Un souhait qui, encore une fois, a de plus en plus de chances de devenir réalité. Et pourtant, à cet instant, Adolf Hitler croit toujours à la victoire. Depuis le 13 juin, de la région de Calais, il envoie sur Londres ses avions sans pilote : des bombes volantes ultraperfectionnées baptisées les V 1 (Vengeance 1), une arme secrète qui transporte 820 kilos d'explosifs à 600 km/h, sur une trajectoire dont l'apogée se situe à 1 000 m d'altitude. Les V 2, à la portée bien supérieure, suivent au mois de septembre. Grâce à ces fusées au terrible pouvoir destructeur, Hitler espère porter un coup décisif au moral des Anglais : 2 752 morts ainsi que 8 000 blessés sont dénombrés en trois semaines. Quelques jours plus tard, l'effet de surprise dissipé, la RAF va heureusement démontrer qu'on peut abattre en vol ces engins de mort ou les détruire préventivement grâce à des ballons captifs.

Les V 1, Pierre Dac en connaît le bruit et les dangers... L'un d'entre eux est tombé à quelques dizaines de mètres d'un immeuble où il était venu rendre visite à Marcel Bleustein-Blanchet, alors chef des services de presse du général Koenig. Une alerte à laquelle, comme d'habitude, il n'a guère prêté attention. Par décision gouvernementale, les abris se trouvent en effet réservés en priorité aux Anglais, les Français n'y ont pratiquement jamais accès.

« Ça ne me gêne pas outre mesure, avoue Pierre Dac. Je suis incapable de me déplacer dans le noir sans rater une marche. Un jour, afin de remédier à ce problème, j'ai voulu acheter une torche. Tout ce que je suis parvenu à me procurer, c'est une pelle. Enfin, grâce à elle, maintenant, au moins, quand je tombe, je peux me ramasser... »

Un fait qu'il ne rapporte pas toutefois dans l'ultime éditorial qu'il donne à *France*, au début du mois d'août...

COMMENTAIRE SUR L'AVION SANS PILOTE OU V 1

« [...] C'est au cours de la toute première alerte nocturne que s'offrit aux regards de mes yeux bleus, naïfs et étonnés, mon premier avion sans pilote. Lorsque je l'aperçus, les 11 coups de 10 h 45 venaient de sonner au plus proche beffroi de service. Comme le déclame, à peu de chose près, cette pauvre femme d'Athalie, c'était pendant l'horaire d'une profonde nuit, alors que je regagnais paisiblement mon domicile tout en fredonnant la récente et déjà célèbre mélodie américaine : "Darling, venez dans ma Jeep effeuiller le chewing-gum".

Encadré par la DCA, et pris dans un faisceau de projecteurs, il volait bas, à l'instar des bassets par temps d'orage. "Ah ! ah ! me dis-je en moi-même et in petto, voilà un curieux avion." Car, n'est-ce pas, à ce moment, je ne savais pas qu'il s'agissait d'un avion sans pilote. Je croyais que c'était un avion normal. Quand même je lui trouvai quelque chose de bizarre ; le son, surtout, me jeta dans une sorte

Pierre à trois ans...

Marcel à quatre ans...

1924 : il entre à la SACEM.

1930 : à sa table de travail.

Première rencontre avec Dinah à la Lune rousse.

1940 : Pierre et Dinah
à Toulouse.

1970 : avenue de Villiers. ►

1950 : en vacances.

A la Lune
rousse avec
Léon Michel.

1936 : *La Revue des loufoques* à la Lune rousse.

Le scheck sans provision.

1939 : Bal des loufoques au Moulin de la Galette.

1937 : l'arrivée de « La course au trésor » au Poste parisien.

TOUS LES VENDREDIS — LE NUMÉRO : 0 fr. 75 3e ANNEE — N° 106 — VENDREDI 17 MAI 1940

L'OS à MOELLE

ORGANE OFFICIEL DES LOUFOQUES Rédacteur en chef : **Pierre DAC**

REDACTION ADMINISTRATION : 43, rue de Dunkerque, Paris-10e. Téléphone : Trud. 09-92 et la suite. Compte chèque postal : 259-10. R. C. Seine 63.345.

REGIMENT ETRANGER

Mystère et Mystique du Fumier

par Pierre DAC

Qu'on ne donne surtout pas un sens péjoratif à ce titre ; ses intentions ne sont que saines et louables et n'ont surtout aucun but injurieux ou malveillant.

Qu'on le veuille ou non, il y a un mystère du fumier et je suis en mesure d'affirmer aujourd'hui et en connaissance de cause qu'il en existe également une mys-

drol' de s

REDIS-L

Livre de cuisine académiqu

Une certaine activité, toutef régné l'autre jour à la dernière de l'Académie française où les I tels se sont occupés fébrilement d tionnaire.

Ils ont adopté, entre autres, le définitions suivantes :

Aillade : sauce faite avec de l'

Ailloli : mets provençal c d'ail pilé et d'huile.

De quoi faire hausser de mé

La Société des Loufoques

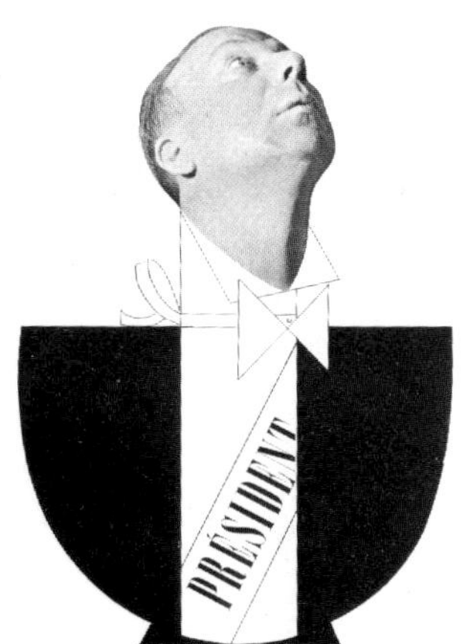

L'OS LIBRE

"Contre tout ce qui est pour - Pour tout ce qui est contre"

DIRECTEUR PIERRE DAC

1938 :
avec Gabriello :
duel pour rire
à *L'Os*.

… au régiment en 1938.

1938 : pendant sa mobilisation.

1939 : le théâtre aux armées.

1945 : sa photo d'artiste au retour de Londres.

1945 : correspondant de guerre à la 1re DFL.

5 novembre 1946 : Pierre Dac décoré à la caserne des Tourelles.

PIERRE-DAC André

Répondant à l'appel de la France en péril
de mort, vous avez rallié les Forces Françaises Libres.
Vous avez été de l'équipe volontaire des
bons Compagnons qui ont maintenu notre
pays dans la guerre et dans l'honneur.
Vous avez été de ceux qui, au premier rang,
lui ont permis de remporter la Victoire !
Au moment où le but est atteint, je
tiens à vous remercier amicalement,
simplement, au nom de la France !
1er Septembre
1945.
C. de Gaulle

Les remerciements du général de Gaulle à un Français qui, depuis Londres, a réchauffé le cœur des Français.

L'équipe des « Français parlent aux Français ». De gauche à droite : Jean Oberlé, major Vic Gerson, André Labarthe, Jacques Duchesne, Pierre Dac, Jean Marin, Marcel Bleustein-Blanchet, général Corniglion.

Pierre avec... Fernand Rauzéna

… avec René Lefèvre

... avec Léo Campion

Pierre Dac (à gauche) et Francis Blanche n'en reviennent pas : « Est-ce donc possible qu'on soit si drôles ? ». Ils ne songent même pas à en rire

... et Francis Blanche.

… avec Louis Rognoni

1946 : il engage Bourvil à *L'Os libre*.

◄ 1960 : le classique Sar Rabindranath Duval.
1972 : les retrouvailles.

7 décembre 1953 : avec Vincent Auriol et les chansonniers de Paris.

1954 :
mannequin d'un jour.

1966 : *L'Instruction*.

La statue à Meulan.

1974 : vacances à Riccione (Italie). Le yoga à la marine.

de perplexité ; il me rappela celui des moteurs des taxis de la Marne. Mais je ne poussai pas plus avant mes réflexions, lorsque, quelques minutes plus tard, j'en aperçus un second. "Ah ! ah ! m'écriai-je cette fois, toujours in petto mais non à voix basse, voilà un autre avion..." Ce qui dénote chez moi un esprit rationnel susceptible de discrimination équilibrée. Je renouvelai les mêmes observations, puis, ne réussissant pas à en tirer des conclusions définitives, je rentrai chez moi, me couchai et m'endormis sans plus y penser. Ce n'est que le lendemain que j'appris de quelle bimbeloterie il s'agissait.

Pour le coup je pris la résolution d'examiner plus attentivement la chose à la première occasion. Je n'eus pas longtemps à attendre, puisque celle-ci se présenta dans la nuit suivante. J'étais chez moi et, de ma fenêtre, j'aperçus, pris comme les autres dans les projecteurs, mon troisième avion sans pilote. Alors je me rendis parfaitement compte qu'il ne s'agissait pas d'un appareil ordinaire, mais d'une espèce de chose affectant la forme d'un truc camouflé en machin, avec de la fumée s'échappant d'un tuyau idoine porté au rouge vif, bref une sorte de dragon qui aurait pris l'aspect d'un fer à repasser. L'imagination aidant, je crus distinguer, en plus des ailes et de la queue, des yeux phosphorescents, un nez lumineux et une grosse vilaine langue toute fourchue. [...]

D'après les renseignements que j'ai été à même de me procurer auprès de certains services secrets qui n'ont de caché pour moi que ce qu'ils ne veulent pas me montrer, je suis en mesure de déclarer que l'actuel Pilotless Plane est loin d'être parvenu à son stade définitif. Les spécialistes allemands sont en train de mettre au point un appareil beaucoup plus perfectionné. C'est également un avion sans pilote, mais un avion sans pilote qu'on n'entend pas, qu'on ne voit pas, qui ne tombe pas, qui n'explose pas et qui, très probablement, ne part pas. C'est en quelque sorte l'arme secrète idéale et définitive contre laquelle toute défense deviendra vaine et toute riposte impossible. [...] »

Ainsi se terminent les interventions du roi des loufoques de l'autre côté du Channel. Les émissions des « Français parlent aux Français » vont se poursuivre jusqu'au 25 octobre, mais le 14 août 1944, muni d'un ordre de mission réglementaire, le caporal Pierre Dac se rend au camp d'Old Dean, à Camberley, pour se faire équiper. Le soir même, il revient à Londres vêtu du classique battle-dress, coiffé du traditionnel béret, le badge France soigneusement cousu sur l'épaule. Le seul vrai moyen d'entrer dans Paris en héros plutôt qu'en suspect.

Pendant les huit derniers jours qu'il passe dans la capitale britannique, il lui est quasiment impossible de payer sa place dans un bus ou un verre au pub. Pour tous les Britanniques, il est, comme tous ses compagnons, le symbole de la victoire, donc l'invité de la population...

Le 22 août, à l'heure où la rumeur de la libération de Paris se propage, le chansonnier quitte Londres et, le 23 au matin, pose le pied sur les côtes d'Arromanches. Un camion militaire l'attend. En une journée, via Bayeux, Lisieux, Vire et Alençon, il atteint Le Mans. Les résistants de la région lui réservent un accueil triomphal. Ils mettent à sa disposition une traction avant, chargée de victuailles parmi lesquelles un nombre incalculable de pots de rillettes.

Le lendemain, à midi, Pierre entre dans un Paris en liesse. C'est pour lui la fin de trois ans de souffrance et de neuf mois de combat psychologique, qui laissent dans son cœur et dans son esprit quelques-unes des plus douloureuses mais aussi des plus belles images de son existence. Parmi elles, une minute historique, le 6 juin 1944, vers 11 heures du matin : la rencontre avec de Gaulle venu saluer l'équipe des « Français [qui] parlent aux Français ».

Jacques Duchesne présente le chansonnier au Général qui affiche aussitôt un large sourire, ce dont il est peu coutumier. Il s'approche du roi des loufoques et lui serre chaleureusement les mains.

« Ah, Pierre Dac, je suis content de vous voir, comment ça va ?

— Mon général, puisque je vous vois, ça ne peut qu'aller bien. »

Les deux hommes ne se croiseront plus jamais mais le 1er septembre 1945, le Général se manifestera encore une fois à travers une lettre manuscrite surmontée de la croix de Lorraine, adressée à Pierre-Dac André, son patronyme exact et réglementaire pour l'état civil :

« Répondant à l'appel de la France en péril de mort, vous avez rallié les Forces Françaises Libres. Vous avez été de l'équipe volontaire des bons Compagnons qui ont maintenu notre pays dans la guerre et dans l'honneur. Vous avez été de ceux qui, au premier rang, lui ont permis de remporter la Victoire ! Au moment où le but est atteint, je tiens à vous remercier amicalement, simplement, au nom de la France !

Charles de Gaulle »

Une page manuscrite que le chansonnier va conserver, encadrée au-dessus de son bureau. Un témoignage d'admiration envers le seul homme, avec son père, à propos duquel il n'a jamais admis la moindre forme de plaisanterie.

« S'il n'y avait pas eu de Gaulle, mon frère serait mort pour rien », a-t-il glissé un jour à l'oreille de Maurice Schumann au cours d'un repas frugal pris en tête à tête à la cantine de la BBC. Une formule qui confirme, s'il en était besoin, le sens du devoir, la sincérité de l'engagement d'un patriote, fier de ses origines juives, conscient de son devoir et qui, lorsqu'il évoque la France, affirme : « J'aime les pays où, lorsque l'on sonne chez vous à sept heures du matin, ce n'est que le laitier... »

Quelques chansons de Londres

LES GARS DE LA VERMINE

Sur les motifs des *Gars de la marine*

Quand on est un salaud
Un vrai, un pur, un beau
On se met au service
De la maison Himmler (bis)
Puis on fait le serment
D'obéir total'ment
Quels que soient ses caprices
Aux ordres du Führer (bis)
La croix gammée sur l'œil
On montre avec orgueil
Qu'on est un grand champion
Dans la course à l'abjection

REFRAIN

Voilà les gars de la vermine
Chevaliers de la bassess'
Voilà les Waffen SS
Voyez comme ils ont fière mine
C'est dans le genr' crapuleux
Ce qui s' fait d' mieux
Avant qu'on ne les extermine
Regardez les consciencieus'ment

Voilà les gars de la vermine
Du plus p'tit jusqu'au plus grand
Du simple voyou à Darnand
ILS SONT ALLEMANDS

ET TOUT ÇA, ÇA FAIT...

I

Parmi les noms qui tenaient la vedette
Certains d'entre eux se sont bien rap'tissés
D'autres encor' parmi tant de gross's têtes
Ont dans l'épreuv' complèt'ment perdu pied
On les croyait très bien, ils 'taient moches
Et c'est ainsi qu'ils se sont révélés
En préférant fair' des sourir's aux Boches
Par calcul ou stupidité.

REFRAIN

Et tout ça, ça fait de mauvais Français
Pour lesquels il n'est
Que le port' monnaie,
Faut savoir être opportuniste
Afin d' sauv'garder ses petits intérêts,
Et ils se sont mis
A grands coups de Vichy
Au régim' collaborationniste,
Bien sûr, maintenant
Ça devient gênant
Car tout d' même ces sal'tés là
Quoiqu'on puiss' dir' ça n' s'oublie pas.

II

Mais à côté de cett' racaille honteuse
Dont la conscience est un billet d'mill' francs
Il y a la Franc' fièr', digne et douloureuse
Toute la France et ses millions d'brav's gens
Parmi ceux-ci est une élite rude
Symbol' vivant des vertus du pays,
Qui préférant tout à la servitude
Arm's à la main a pris l'maquis.

REFRAIN

Et tout ça, ça fait d'excellents Français
Des homm's au grand cœur
Sans r'proche et sans peur
Qui combatt'nt pour que notre France
Soit toujours à l'avant-garde de l'honneur
N'ayant simplement
Pour tout ralliement
Qu'un seul mot, rien qu'un seul : Résistance,
Etroit'ment unis
Comme des amis
Oui ceux-là ce sont de vrais
De bons et d'excellents Français.

LA DEFENSE ELASTIQUE

Sur les motifs de : *La Plus Bath des Javas*

I

Un jour Adolf Hitler
S'promenant sous le Dnieper
A dit : j'vais vous montrer qu'j'ai du flair :
J'ai compris tout à coup
Qu'la défense avant tout
Devait être montée sur caoutchouc
Ma méthode est basée
Sur l'élasticité
Ein, zwei, drei, je vais vous l'expliquer.
Chaque pas en avant
Doit être immédiatement
Suivi, la chose est claire
De 15 pas en arrière.
Puis de manière adroite
L'ail' gauch' gliss' sur l'ail' droite
Pendant que l'ail' droite ébauche
Un virag' sur l'ail' gauche
Ah ! ah ! ah ! ah !
C'est la défense élastique
Ah ! ah ! ah ! ah !
Y a rien d'plus chouett' que c'truc-là.

II

C'est non seul'ment génial
Mais encor' radical
Et bien plus actif que l'véronal
L'astuc' de tout' façon
Est d'donner l'impression
D'fair' de la progression à r'culons
Faut déployer de l'adresse
Plus encor' de souplesse
Min' de rien, coud's au corps, en vitesse.
Quand un' brèche se produit
Sur un point du circuit
On fait une épissure
Qui colmat' la fissure
Pour n'pas être accroché
Suffit d'se décrocher
Et d'opérer son r'pli
Avant qu'ça n'fasse un pli
Ah! ah! ah! ah!
C'est la défense élastique
Ah! ah! ah! ah!
Y a rien d'plus chouette que c'truc-là.

III

S'défendre élastiquement
Nécessit' constamment
Qu'on se gard' derrièr' pour prendr' les devants
Bref l'avance dans l'recul
Est un fameux calcul
Qui prouv' bien que sans rien tout est nul,
C'est un' formule heureuse
Qui permet sans qu'on s'creuse
D'assurer la défait' victorieuse
L'offensive à l'envers
Ça démontre à l'ennemi
Qui vous r'garde de travers

Qu'on court plus vite que lui
A quoi bon se colleter
Avec les bolcheviks
Vaut mieux bien les lâcher
Avec un élastique
Ah ! ah ! ah ! ah !
C'est la défense élastique
Ah ! ah ! ah ! ah !
Y a rien d'plus chouett' que c'truc là.

LA COMPLAINTE DE FIN D'ANNEE

Air : *Romance de Paris* de Charles Trenet

Une année finit, l'autre commence,
L'un après l'autre les mois s'avancent
Apportant dans leur cortège bleu
La promesse de jours plus heureux
Et pendant que la Victoir' s'apprête
A revêtir ses habits de fête
Le voil' noir des désastres s'étend, oui
Sur le Reich et ses derniers Amis

C'est la complaisance des nazis,
Le crépuscule avant la nuit,
Qui met au cœur des hitlériens
L'âpre terreur du lendemain.
Elle exprime par ses accents
La sourde angoiss' du châtiment
Dans la tempête et dans les cris } (bis)
C'est dans la complainte des nazis }

Miliciens, mouchards, tristes apôtres
Cett' complainte est également la vôtre
Vous, les traitr's, les vendus, les vomis,
Vous les lâches, elle est la vôtre aussi
Tortionnair's, bourreaux et mercenaires

Elle rythme votre heure dernière
Collaborateurs écoutez-la bien
C'est pour vous que chante ce refrain

C'est la complainte des nazis
C'est la complainte des pourris
Qui met au ventre des salauds
La peur d'la corde ou du poteau
Elle accompagne en quelques mots
L'agonie de l'ordre nouveau
A vos potenc's homm's de Vichy } (bis)
C'est la complainte des nazis }

LA POLKA DU DESARROI

Air : *La Polka du Roi* de Charles Trenet

I

Connaissez-vous la nouvell' danse
Qui fait fureur partout chez les nazis
C'est un cocktail de révérence
De pas d'cours' et de saut d'cabri
Ah ! Ah ! Ah ! Ah ! (bis)
Quelle trouvaille
Quelle pagaye
Ah ! Ah ! Ah ! Ah ! (bis)
C'est la, c'est la polka du désarroi.

II

Dans cette danse réaliste
Trois figur's se suiv'nt en décomposant
Un' figur' longue, un' figur' triste
Et un' figur' d'enterrement
Ah ! Ah ! Ah ! Ah ! (bis)
Quelle attitude
Quelle inquiétude
Ah ! Ah ! Ah ! Ah ! (bis)
C'est la, c'est la polka du désarroi.

III

A un' cadenc' sans cesse accrue
Les collaborateurs la dans'nt tout l'temps
Le cœur battant, la têt' perdue
Tout agités de tremblements
Ah ! Ah ! Ah ! Ah ! (bis)
Quelle colique
Quelle panique
Ah ! Ah ! Ah ! Ah ! (bis)
C'est la, c'est la polka du désarroi.

Après la bataille : Pierre Dac, ce héros...

« Pour un colonel en retraite qui, avec brio, a commandé un régiment devant l'ennemi, rien n'est plus démoralisant ni plus déprimant que de se voir réduit à commander une choucroute dans une brasserie. »

Paris, 22 octobre 1944…

« Rentrée triomphale de Pierre Dac au Théâtre de l'ABC dans une revue justement intitulée *De l'ABC à la BBC*. En un peu plus de quatre ans, il n'a pas changé. Il s'embrouille toujours dans ses phrases et chante fort bien la tyrolienne. Il est visiblement très ému et le public aussi lorsqu'il se met à reprendre tous les refrains qu'il chantait à la radio de Londres… »

Confortablement installé dans un fauteuil de son appartement du 49 de l'avenue Junot, le principal intéressé sourit à la lecture de cette critique parue dans *Le Figaro* au lendemain même de son retour sur une scène parisienne. Un programme où il partage l'affiche avec Mauricet, Géo Charley, Rogers et la chanteuse Odette Moulin qui, affirme un slogan, tombe mais se relève sous les applaudissements du public…

Le téléphone sonne. Dinah répond. Encore une proposition ! Depuis six semaines, elles arrivent de tous les côtés : cela va du gala à Suresnes au passage en vedette à l'Européen ou aux Folies-Belleville. Cette fois-ci, c'est une série de tours de chant que l'on propose au chansonnier couvert de gloire… Du 24 novembre au 5 décembre, à l'Alhambra, rue de Malte… pourquoi pas ? Elle promet une confirmation avant la fin de la semaine, le temps de vérifier l'emploi du temps. A l'autre bout du fil, on insiste pour obtenir l'accord au plus tôt. « C'est impossible, ajoute Dinah, Pierre s'absente jusqu'au 26. »

Un pieux mensonge mais pour une bonne cause... Le 25 octobre au matin, à 10 heures, à la mairie du XVIIIe arrondissement, Pierre épouse en effet Dinah dans la plus stricte intimité. Les témoins sont deux amis qui n'ont rien à voir avec le monde du spectacle : un représentant, Georges Jonathan, et un diamantaire, Louis Pansard. Pierre, toujours « caporal à la mission militaire administrative », a dû obtenir, pour être en règle avec la loi, une dérogation de ses chefs. Elle lui a été immédiatement accordée. Pour le jeune marié, c'est la fin d'une autre épreuve. Son divorce avec Marie-Thérèse a été prononcé par le tribunal de Marseille le 5 novembre 1942. Une affaire qui traînait depuis cinq ans. L'acte officiel a été transcrit le 16 mars 1943 seulement, c'est-à-dire au moment même où le chansonnier tentait de prendre, pour la seconde fois, le chemin de l'Angleterre via l'Espagne. Informé dix-huit mois plus tard, il ne va pas hésiter un seul instant à épouser Dinah.

Il savoure d'autant plus son bonheur qu'il a bien failli ne jamais revoir celle qu'il aime. Le 25 août, lorsqu'il entre dans Paris libéré, il ne pense qu'à elle. Ecoutant ses sentiments plutôt que les flonflons de circonstance, il prend la direction de la butte Montmartre et arrive devant leur domicile, au 49, avenue Junot. Son cœur n'a jamais battu aussi fort. Il ignore tout, en effet, de son sort. Encore plus pessimiste que d'habitude, il envisage le pire : la maladie, la déportation, la mort... Sa valise à la main, il n'ose pas entrer et jette un coup d'œil angoissé vers la fenêtre du quatrième étage. Son anxiété atteint son apogée à l'apparition de Mme Velu, la concierge, puis se dissipe en quelques dixièmes de seconde, lorsqu'elle prononce des paroles toutes simples, mais qu'il n'oubliera jamais : « Ne vous en faites pas, elle est en face chez des amis, je vais la chercher... »

Trois minutes plus tard, il l'aperçoit enfin, « non pas

toujours aussi jolie, mais toujours aussi belle que le jour où je l'avais quittée », avouera-t-il ensuite.

Larmes de joie et étreintes passionnées : plus tard l'hebdomadaire *France-Dimanche* décrira ainsi ces retrouvailles tant attendues : « Et comme il l'avait espéré, Pierre Dac a retrouvé sa femme sur le trottoir... »

Le soir même, Dinah lui fait le récit des six dernières semaines qu'elle vient de vivre. En l'écoutant, Pierre frissonne rétroactivement. Comme il l'avait prévu, le 29 juin, c'est-à-dire le lendemain même de l'exécution de Philippe Henriot, quatre hommes de la SPAC (Section patriotique anti-communiste), autrement dit des miliciens, frappent à la porte de Dinah. Ils viennent pour l'arrêter. Officiellement parce qu'elle travaille pour la Résistance, officieusement, en guise de représailles après l'épitaphe prémonitoire du chef de la propagande, prononcée par Pierre au micro de la BBC. Dinah, sereine, les regarde droit dans les yeux et leur lance : « C'est seulement maintenant que vous venez ; il y a tellement longtemps que je vous attends. »

Tout gestapistes qu'ils sont, les quatre collaborateurs se découvrent par déférence devant cette preuve de courage. Quelques instants plus tard, ils la conduisent à la caserne des Tourelles, transformée en prison mixte, et la font incarcérer dans le quartier des détenus de droit commun, plutôt que dans celui des détenus politiques. Une décision du chef de ce petit groupe, un cousin d'Edouard Herriot, farouchement antiallemand, mais plus encore anticommuniste. S'il a choisi, pour cette raison, de faire partie des pourvoyeurs de la terreur, il conserve toutefois un semblant d'humanité. C'est donc en son âme et conscience qu'il commet cette bienheureuse entorse au règlement, qui va sauver la vie de Dinah. En effet, à la veille de la libération de Paris, en représailles à l'un des derniers attentats perpétrés par les Alliés contre les occupants, des « détenus politiques » transformés en otages sont envoyés vers les camps de la mort. Dinah ne fait heureusement pas partie de ces ultimes martyrs de la Seconde Guerre mondiale..

« Rien de ce qui est fini n'étant jamais complètement achevé tant que tout ce qui est commencé n'est pas totalement terminé », comme il est le premier à le dire, Pierre Dac décide de poursuivre le combat. Le 27 juillet 1944, il a été élevé au grade de sous-lieutenant, il tient à se montrer digne de cet honneur. Chaque soir, c'est en uniforme qu'il monte sur scène, et c'est dans la même tenue qu'il pose pour la carte postale officielle traditionnellement dédicacée en coulisse, à la fin du spectacle. Un symbole qui n'est pas du goût de tous les spectateurs. L'un d'entre eux le clame un soir haut et fort puisqu'en plein milieu de *La Défense élastique* il se lève et hurle : « C'était facile d'être à Londres, derrière un micro... » Tandis que le reste de la salle, dans une parfaite unanimité, siffle le contestataire, le visage de Pierre Dac devient d'une pâleur extrême. A la fin de son tour il reçoit une ovation encore plus forte que d'habitude mais ne décolère pas pour autant. Il quitte les coulisses et se précipite dans la salle d'un pas qui n'a rien de réglementaire, à la recherche d'un spectateur à qui il a deux ou trois mots à dire... Il ne supporte pas la moindre critique contre ceux qui ont sacrifié quatre années, voire leur vie, à la patrie. « Et dire qu'on a libéré la France pour un con pareil ! » murmure-t-il les dents serrées avant de regagner sa loge la rage au cœur. L'opposant s'est éclipsé discrètement sans demander son reste ni même le remboursement de son billet...

Au début de l'année 1945, après avoir participé à la réouverture ou à la relance de la plupart des music-halls, théâtres et cabarets — à l'exception des Dix-Heures parce qu'il considère le directeur, le chansonnier Augustin Martini, comme un antisémite notoire —, Pierre Dac accepte un poste de correspondant de guerre pour le compte de la Radiodiffusion française. Une tâche aussi honorifique que bénévole, que son devoir de patriote l'empêche de refuser.

La direction des moyens de communication des Alliés se trouvant alors placée sous responsabilité américaine, il endosse l'uniforme obligatoire pour se mêler aux troupes. Coiffé du calot et arborant sur l'épaule droite le badge War Correspondent, il va ainsi effectuer plusieurs séries de reportages auprès de la 1re DFL (division des Forces françaises libres) du général Brosset, puis aux côtés du 9e DIC (Department Information Control) du général de Montsabert, au cœur des Forces françaises de l'Atlantique du général de Larminat, et, enfin, au milieu d'une unité de la Ire armée du général de Lattre de Tassigny. Le chansonnier devenu journaliste rencontre des soldats, des prisonniers et des personnalités de toutes sortes. Au mois de février, il arrive ainsi dans un bourg des Vosges qui vient d'être libéré par un bataillon africain de la Ire DFL. Selon sa propre expression, « il y a de la neige fondue, à moitié fondue et en train de fondre aux trois quarts et la population est réunie sur la place, histoire de se rafraîchir les pieds et les idées ». Après avoir posé quelques questions à un lieutenant de vingt et un ans, fier d'avoir participé aux campagnes d'Afrique du Nord, d'Italie et de Toulon, il retrouve Germaine Sablon. La créatrice du *Chant des partisans*, de Kessel et Druon, l'hymne officiel des Français libres, vient d'accomplir en Algérie une mission d'infirmière-conductrice volontaire. Ensemble, ils interrogent — mais seulement au micro — des prisonniers allemands. Les réponses étant effectuées dans une langue de Goethe totalement incompréhensible pour l'auditeur, le roi des loufoques traduit, à sa manière, les propos qu'il vient de recueillir :

« En termes clairs, ils déclarent, "Y'a du mou dans l'élastique" et "Je suis bien content d'avoir gagné mais je tâcherai de faire mieux la prochaine fois". »

Puis il ajoute, bien entendu sans rire : « Ces prisonniers sont purs comme des anges, naturellement antinazis. Je suis même certain que si on interrogeait celui qui est à mes côtés, il avouerait tout de suite qu'il est gaulliste. »

Trois semaines plus tard, le voici au Tyrol face à des

personnalités que lui seul pouvait interviewer. Des témoignages apparemment aussi loufoques qu'incroyables, mais pourtant certifiés authentiques et précédés d'une indispensable mise au point : « Au Tyrol, sur des territoires libérés par l'armée française, on trouve des gens qui ont activement participé à la vie du IIIe Reich. Ce sont des personnages absolument inoffensifs dont les déclarations, toutes empreintes de gentillesse, tentent à démontrer leur parfaite ignorance de ce qui s'est passé au cours de ces cinq dernières années. De véritables agneaux innocents comme l'agneau qui vient de naître. »

Suivent des « scoops » d'une qualité indiscutable même si l'interview se limite à quelques échanges. Le petit-fils de l'inventeur du fusil, Paul Mauser, affirme ainsi qu'il ne se sent pas plus concerné par la fabrique d'armes familiale que par son aïeul...

« Je suis ici depuis un an, je fabrique des fûts métalliques ainsi que de la tôlerie. J'ignore ce qu'est devenue l'usine à Cologne et ce qui s'est passé pendant les combats d'occupation. J'espère qu'il reste encore quelque chose pour recommencer... Je vais fabriquer des meubles en acier et des machines pour l'agriculture. »

Pierre Dac lui demande quand même s'il compte engager en série la réalisation de lance-pierres à percussion centrale. Devant la mine surprise de l'industriel, il n'insiste pas et conclut simplement : « Ainsi que vous avez pu vous en rendre compte, l'honorable M. Mauser est absolument ignorant des armes qui se fabriquaient dans les usines Mauser. C'est tout juste si je n'ai pas eu à lui apprendre l'existence de Hitler. Aussi ai-je tout lieu de supposer que si, d'aventure, je rencontrais les dirigeants de la firme Krupp, ceux-ci n'hésiteraient pas à me dire qu'on n'a jamais fabriqué chez eux que des tétines à réaction et des rameaux d'olivier blindés. »

A Kitzbühel il retrouve la trace de Leni Riefenstahl, considérée comme la muse du cinéma allemand d'avant-guerre. Parmi ses films les plus célèbres figurent *La Mon tagne sacrée, Tempête sur le Mont-Blanc*, ainsi que *Les Dieux du stade*, qu'elle a présenté à Paris, au cinéma Normandie, en 1938. La comédienne s'exprimant dans un français approximatif, le dialogue est bref, mais révélateur :

« Vous aimez Paris ?

— J'aime Paris.

— Je crois que pas mal de vos camarades également... Depuis *Les Dieux du stade*, vous avez tourné d'autres films ?

— En 1939, j'en préparais un où il y avait quatre mille chevaux. Il n'a pas été tourné.

— Je comprends... Ces quatre mille chevaux, on a dû en avoir besoin pour autre chose... Et, de 1940 à 1945, qu'est-ce que vous avez fait ?

— De 1940 à 1945... J'ai été malade !

— Y'avait de quoi ! Y'a des maladies qui vous arrivent comme ça, on ne sait pas pourquoi ! Dites-moi... Ce bon vieil ami Hitler avait une grande admiration pour votre talent ?

— Oui Hitler a admiré mes films !

— Il a couru des bruits tendancieux sur les relations entre le Führer et Leni Riefenstahl.

— Aujourd'hui le monde entier reconnaît que je n'ai jamais été l'amie d'Adolf Hitler.

— Y'a tellement de mauvaises langues dans le monde, faut pas s'étonner des racontars ! Naturellement, vous n'avez jamais appartenu au parti nazi ?

— Je n'ai jamais été membre du parti nazi ! »

Leni Riefenstahl n'ayant visiblement rien à ajouter, le correspondant de guerre conclut ainsi son intervention sur les ondes de la Radiodiffusion française : « Etant donné ses rapports avec le docteur Goebbels, Leni Riefenstahl a été une résistante de la première heure et probablement une gaulliste qui s'ignore... Tout comme le distingué philanthrope pacifiste Mauser, elle a, d'après ce qu'elle dit, vécu complètement en dehors du national-socialisme. Elle n'a fait que de l'art, uniquement de l'art, rien que de l'art et encore de l'art. J'ai tout lieu de supposer que les services de la sécurité ont une opinion qui diffère légèrement de la sienne et qu'ils préparent à l'ex-égérie du IIIe Reich un petit scénario dont la mise en scène pourra lui réserver quelques surprises en rapport avec ses antécédents. »

Quelques jours plus tard, voici Pierre Dac sur les bords du lac de Constance face au docteur Michels, membre du parti national-socialiste depuis 1930 et ex-directeur de la vie culturelle en Basse-Silésie. Prisonnier, il doit répondre de son action mais aussi d'une parenté dont il se serait bien passé. Sa femme, Isa, écrivain et journaliste, est la sœur d'Eva Braun. Il est donc le beau-frère de Hitler !

« Je suis malheureusement le beau-frère du Führer, soupire-t-il au micro dans un français convenable. Mais je vous assure que je ne l'ai vu qu'une seule fois, il y a un an, à la noce de ma plus jeune belle-sœur.

— Il aurait dû chanter une chanson. Ça l'aurait peut-être calmé... Quel dialogue avez-vous eu avec lui ?

— Aucun. Il ne m'a pas dit un mot !

— Il n'était pas très causant avec vous. Il y a des moments où il parlait beaucoup plus que ça ! Et... votre femme était d'accord avec les idées de sa sœur ?

— Non. Les relations familiales étaient très tendues... »

Pierre Dac n'est pas dupe mais, ne parvenant pas à obtenir la moindre confidence supplémentaire, il met fin à l'entretien en s'adressant à ceux qui l'écoutent...

« Après bien des recherches, je viens de vous présenter un Allemand qui ne dissimule pas son appartenance au Parti. Il est vrai qu'il affirme n'y avoir adhéré que platoniquement. Il semble être littéralement catastrophé d'avoir été le beau-frère d'Adolf, ce qui n'est évidemment plus une référence. Laissons donc ces personnages à leur passé qu'ils renient et à leur avenir incertain. Quoi qu'il en soit, la chose la plus difficile qui soit à réaliser présentement, c'est de trouver un vrai nazi qui ne craint pas d'annoncer la couleur. C'est à se demander s'il y en a eu vraiment. Nous sommes malheureusement un certain nombre qui conservons le souvenir cuisant de ces messieurs et dames de l'Ordre nouveau. Puissions-nous ne jamais l'oublier. C'est la grâce que je nous souhaite ainsi qu'à nos alliés d'hier, d'aujourd'hui et de demain. »

L'armistice du 8 mai 1945 met un terme à cette série de reportages en même temps qu'à la carrière militaire du sous-lieutenant Dac. Pour lui, comme pour des millions d'autres citoyens, il n'est que temps de revenir à la vie civile et de retrouver ceux qu'on aime. Parmi les premiers figurant sur la liste, il y a, bien entendu, Fernand Rauzéna. Huit mois plus tôt, Pierre lui a adressé en Bourgogne, où il s'est réfugié, un mot très court mais qui en dit long sur ses sentiments.

« Mon cher Fernand,

Ainsi donc me voilà revenu après ce cycle d'épreuves douloureuses au cours desquelles cependant l'espoir et la volonté ne m'ont jamais abandonné. Et voilà que je te retrouve, toi, mon cher et vieux compagnon que je n'ai jamais oublié au cours des heures difficiles de l'exil. Je n'ai pas encore réalisé cet immense bonheur obscurci, hélas, par la perte de tant de mes camarades de la Résistance avec lesquels j'ai combattu tant et tant.

Mon petit Fernand, j'ai grand-hâte de te revoir. Il va falloir reconstruire et j'aurai besoin de toi.

La santé est bonne, mais j'ai besoin de ta compagnie pour me rendre le rire que quatre années d'épreuves ont quelque peu atténué.

P.-S. : Que Paris est beau au grand soleil de la liberté ! »

Le message est aussi clair que l'avenir du roi des loufoques. Apparemment, il n'a pas le moindre souci à se faire. Fort de sa gloire d'avant-guerre et de son courage des années noires, il devrait crouler sous les propositions, animer en même temps « La SDL », « La course au trésor » et diriger *L'Os à moelle*... D'autant que sur les ondes libérées, on prend les mêmes et on recommence... A la Radiodiffusion française, dès la libération de Paris, Saint-Granier, Jean-Jacques Vital ainsi que Jean Rieux, Mauricet, René Paul et quelques autres chansonniers ont immédiatement retrouvé leur micro. René Lefèvre, lui, a transformé son « Bar des vedettes » en un rendez-vous intitulé « Au carrefour des ondes » et reçoit des gens du spectacle mais aussi des militaires en permission, auréolés de gloire.

Au lendemain de la fin des hostilités, Radio-Luxembourg prend la relève de Radio-Cité et du Poste parisien. La direction de la station, libérée par les Américains en septembre 1944, a en effet été confiée six mois plus tard à Louis Merlin. Génie des ondes, il a débuté avant la guerre en « vendant des réclames » pour Radio LL et pour beaucoup d'autres stations. Dès son arrivée, en décembre 1945, il programme à nouveau « Le crochet radiophonique », « Sur le banc » et « Les incollables ». Le triomphe est immédiat...

En revanche, Pierre Dac, pourtant revenu des champs de bataille, n'est pas au rendez-vous. Pire encore, il ne répond pas aux sollicitations. Au fond de lui-même, il s'interroge sur l'opportunité de donner à sa carrière une nouvelle orientation. L'humour « sans fiel, sans méchanceté, sans parti pris politique » qu'il défendait encore au matin du 31 mai 1940 ne semble plus trouver grâce à ses yeux. Marqué par les horreurs de ces quatre dernières années, il estime qu'il est des sujets avec lesquels il ne faut plus plaisanter... De plus, l'écriture de nouveaux sketches ne constitue pas sa préoccupation immédiate. Entre deux galas donnés au profit des familles des victimes de la guerre, il fréquente le palais de justice. Il ne répond à aucune convocation mais assiste, librement et discrètement, aux procès de quelques-uns de ceux avec lesquels il a, pendant neuf mois, multiplié les joutes oratoires. Des moments pendant lesquels, à plusieurs reprises, il est au bord de l'écœurement. L'ambiance qui règne à la cour à l'heure de l'audience de Jean-Herold Paquis lui est tellement insupportable qu'il quitte la salle avant la fin des débats.

« On se serait cru dans une kermesse burlesque, raconte-t-il un peu plus tard à Dinah. Il ne manquait que les litres de rouge pour que la fête soit complète. Et puis, cette foule qui rigolait en réclamant la peine de mort ! Moi, un homme qui va recevoir douze balles dans la peau, ça ne me fait pas rigoler. Même s'il s'agit d'un ennemi déclaré ! »

Plus que jamais fier de ses origines, il ne dissimule pas, selon ses propres termes, « le mépris qu'il porte aux Juifs qui ont eu la possibilité de faire de la résistance et qui ne l'ont pas saisie ». Il avoue également son indignation face à une foule qui a bien vite changé de camp. Il vomit ces collaborationnistes d'hier qui affirment maintenant avoir fait partie des résistants de la première heure.

Les règlements de comptes en tous genres auxquels il assiste lui répugnent tant qu'il fait preuve de beaucoup plus de compréhension que prévu lorsqu'il participe au comité d'épuration des chansonniers, à Montmartre. Un tribunal officieux qui se réunit pendant tout un après-midi, dans le bureau-atelier de Raymond Souplex. Toute la profession est là. Chacun y va de son petit couplet mi-sincère, mi-revanchard contre ceux qui, dans des émissions intitulées « La rose des vents » et « Le rythme du temps », ont travaillé pour l'occupant à Radio-Paris. Or, les plus acharnés ne sont pas forcément les vrais patriotes. Le roi des loufoques comprend vite que, pour bon nombre des présents, faire justice, c'est tout simplement éliminer quelques concurrents dangereux pour retrouver une place au micro. La séance se termine par l'attribution de quelques blâmes sans vraie conséquence pour la carrière des artistes.

Le même scénario se reproduit lors du comité d'épuration des artistes de variétés où Maurice Chevalier a été convoqué. Pierre Dac et René Lefèvre tiennent à y être présents parce qu'ils se sentent particulièrement concernés. Au micro de la BBC, en février 1944, le premier a cité le nom de l'artiste en tête d'une liste de collaborateurs notoires, avant d'entonner « Et tout ça, ça fait de mauvais Français ». Lefèvre a aussitôt adressé à Dac le message suivant : « De Khroumir à Khroumir (leur nom de code qui provient de la revue des Deux-Anes) Stop. Cesse campagne contre Maurice. Stop. A donné des gages. Stop. En donnera d'autres. »

Effectivement, le créateur de *Prosper* a chanté au Casino de Paris pendant l'Occupation mais aussi et surtout, en décembre 1941, dans un camp de prisonniers français en Allemagne ! Pas pour de l'argent, va-t-il assurer à posteriori, mais en échange de la libération d'une dizaine de détenus. Depuis avril 1943, il n'est pratiquement plus sorti de sa propriété de Cannes, ce qui n'a pas empêché les rumeurs les plus fantaisistes de courir à son propos. Le 29 août 1944, à la une des journaux, on a même annoncé qu'il venait d'être tué sur les Boulevards par des patriotes... Peu après la libération de Paris, il va longuement s'expliquer avec Pierre Dac. La scène se passe à Toulouse chez l'un de leurs amis communs, l'écrivain René Laporte, qui a tenu à organiser cette rencontre. Le contact se révèle si fructeux qu'à l'heure du jugement le chansonnier et René Lefèvre apportent des témoignages suffisamment précis pour que Maurice soit officiellement blanchi.

Ces séances épuisent moralement Pierre Dac et modifient même son comportement de chansonnier. Mais il n'a pas le temps de s'interroger sur ce point. En effet, s'il n'envisage pas de revenir à la radio pour l'instant, il réfléchit intensément à une nouvelle formule de *L'Os à moelle*. Son projet est prêt depuis le lendemain de la libération de Paris, mais, pour l'administation chargée de gérer le papier disponible, il n'est pas encore d'actualité. Et pourtant, les stocks de cette indispensable matière première de la communication sont réservés en priorité aux résistants méritants et exemplaires. A plusieurs reprises, Pierre Dac accomplit en vain des démarches complexes, accompagné par son — déjà — vieux camarade Marcel Bleustein-Blanchet, qui l'aide à relancer le journal. Peu avant de quitter Londres, les deux hommes en ont fixé les grandes lignes par contrat. Le premier numéro de *L'Os libre* paraît enfin le 11 octobre 1945. Le rédacteur en chef a été promu directeur-gérant de cet hebdomadaire de quatre pages installé dans les locaux de Régie-Presse, au 1 du boulevard Haussmann. Pénurie de papier oblige, les caractères du titre sont identiques mais le format plus petit que celui de son aîné d'avant-guerre. Mais ce n'est pas le plus important. Dans son éditorial intitulé « Il était temps », Pierre Dac explique combien *L'Os à moelle* d'aujourd'hui n'a finalement pas grand-chose à voir avec celui d'hier et pourquoi cette date de lancement n'a pas été choisie au hasard...

« Dans son essai sur les origines du pain défendu, Montaigne a dit : "L'os est à la personne humaine ce que la ceinture de flanelle est au pigeon voyageur." C'est donc en vertu de cette noble et forte parole que j'ai aujourd'hui l'honneur et l'avantage de vous présenter le premier numéro de l'*Os libre.*

Par principe, par essence (ou par gas-oil) et par définition, *L'Os libre* est un journal humoristique ; cependant, je n'ai pas depuis l'armistice vécu tant d'aventures sans avoir acquis le sens profond et le goût de la politique. *L'Os libre* sera donc un journal politique.

"Mais, ne vont pas manquer de dire les gens doctes et de sens avisé qui composent la majorité de nos lecteurs, quel genre de politique comptez-vous suivre ?"

Ma réponse sera aussi transparente qu'une échelle double. En tout état de cause, ma ligne politique est clairement définie une fois pour toutes et toutes fois pour une par ce slogan qui figurera à partir de désormais en tête de cet hebdomadaire, "Pour tout ce qui est contre, contre tout ce qui est pour". Voilà qui est net, précis et sans bavure, voilà qui ne laisse place à la moindre équivoque et qui se passe de tout commentaire. Tous mes collaborateurs l'ont adopté d'emblée et d'enthousiasme, sinon sans réticences et sans multiples bagarres. Quand même — et seuls ceux qui sont d'un avis contraire au mien ne partageront pas mon opinion — il était temps ! Il était même plus que grand temps, Car, que chacun veuille bien y penser, nous sommes à la veille des élections*. Or, il s'en est fallu de peu que *L'Os*

---

* *Celles, dix jours plus tard, des membres de la première Assemblée constituante (N.d.A.).*

libre ne paraisse pas avant la date historique qui va marquer le coin du tournant décisif de la remise en marche de nos institutions démocratiques. Je vous le demande, de quoi aurions-nous eu l'air à la face du monde si les élections avaient eu lieu sans os ? Celles-ci n'auraient pu être que des élections sans consistance, sans autre possibilité que d'engendrer une assemblée constituante invertébrée, donc atteinte au départ de rachitisme divergent et partant dénuée de tout pouvoir constructif.

Il n'en sera heureusement rien et ce, grâce à la diligence, à l'intelligente compréhension et la bonne volonté de certains services de l'information qui n'auront mis que treize mois pour me donner les autorisations et les attributions de papier nécessaires à la parution du présent journal. Aussi je profite de l'occasion qui m'est offerte pour les remercier de leur bienveillante attention et pour leur témoigner — au carré — les mêmes sentiments que ceux qu'ils m'ont si aimablement manifestés.

Et maintenant, au travail ! *L'Os libre* prend le départ, nous ferons tout notre possible pour qu'il ne s'arrête pas en chemin, nous essaierons de tout traiter avec le sourire, tout esprit partisan, tout conformisme, toute méchanceté systématiques étant rigoureusement exclus.

Fidèles à notre programme, nous irons droit devant nous avec le seul souci de distraire nos concitoyens dans un climat d'euphorie (ou d'œufs au plat, au choix) que nous estimons seul capable d'être propice à une propulsion salvatrice des forces vives de la nation vers des destinées lubrifiantes et rénovatrices dans une, et au besoin deux atmosphères de mutuelle compréhension, d'assurance sociale réciproque, d'harmonie vice versa et de synchronisme désintégré. »

S'ouvrir officiellement à la politique, même et surtout en conservant un fond de loufoquerie, c'est pour Pierre Dac un devoir. Ses idées, profondément ancrées à gauche, il a toujours veillé à ne jamais les mettre en avant à la radio comme dans les colonnes de son hebdomadaire. A la réflexion, il finit même par en éprouver un regret. Peut-être aurait-il dû engager ses troupes loufoques dans la bataille contre Hitler entre 1938 et 1940. Leur impact était si fort que de telles interventions auraient peut-être réveillé un peuple français inconscient du drame qui se préparait. Aujourd'hui, l'espoir est revenu mais les leçons du passé ne doivent pas être oubliées lorsqu'il s'agit de préparer l'avenir...

Le ton est donné, les preuves suivent. Afin de ne pas recommencer tout à fait comme avant, Pierre Dac n'a pas pris les mêmes. Les fameuses petites annonces sont là, bien sûr, mais à l'exception de Fernand Rauzéna qui propose une « Nouvelle Encyclos... pédie » et du dessinateur Bugette, les signatures figurant au sommaire sont inconnues au bataillon des loufoques de jadis. La relève est assurée par Bernard Gervaise avec « Jusqu'à l'os », tandis qu'un jeune chansonnier, Edmond Meunier, prend le relais de Roger Salardenne en traitant l'actualité de la semaine dans une rubrique intitulée « Os pour os ». Jean Nocher, lui, se charge de « La substantifique moelle de l'os ». Rien à voir avec « Plate-forme 70 », une émission d'anticipation consacrée aux soucoupes volantes, aux rayons lasers, aux satellites et à la bombe H, qu'il anime chaque vendredi sur les ondes parisiennes. En page 4 de l'hebdomadaire, il y a bien entendu un feuilleton. Son auteur, Fernand Pouey, un ancien de Radio 37, travaille alors à l'UNESCO. Sous le pseudonyme d'Agatha Frichtie, il propose le premier chapitre d'un roman policier inédit, *L'assassin vient la bouche pleine.*

Quant au nouveau slogan du journal « pour tout ce qui est contre, contre tout ce qui est pour », il obtient un tel succès auprès des lecteurs que, juste après les élections à l'Assemblée constituante, le directeur-rédacteur en chef se trouve mis dans l'obligation de préciser sa position politique. Il s'exécute bien volontiers dans un éditorial publié dans le numéro 4, sous le titre « A mes électeurs ».

« [...] Etre pour tout ce qui est contre, c'est être avec tout ce qui n'est pas pour les choses contre lesquelles nous sommes et être contre tout ce qui et pour, c'est ne pas être avec tout ce qui est contre les choses avec lesquelles nous sommes.

En termes plus précis, nous sommes avec tous ceux qui sont avec nous, en spécifiant bien que tous ceux qui sont contre nous ne sont pas des nôtres, ce qui ne signifie pas obligatoirement que nous sommes systématiquement contre tout ce qui est pour nous ni pour tout ce qui est contre nous.

Il est probable, sinon certain, que mes détracteurs vont essayer de prétendre que je ne sais pas ce que je dis. Je leur répondrai simplement, et ce sera ma conclusion, que, pour ma part, j'estime qu'il est quelquefois préférable de ne pas savoir ce qu'on dit que de dire ce qu'on ne sait pas. »

C'est clair comme du poussier ! Un mois plus tard, lorsque les trois principaux partis de l'Assemblée constituante — les communistes, les socialistes et le MRP — élisent à l'unanimité le général de Gaulle chef d'un gouvernement tripartite, Dac saisit l'ampleur du désastre pour *L'Os libre*, s'il ne modifie pas la ligne de conduite, ou plutôt le slogan de son hebdomadaire. Le jour même, il trousse pour le numéro 8, un éditorial en forme de mea culpa qu'il intitule « Errare humanum ouest »...

« J'habite à l'Ouest et je me suis gouré. C'est tout simplement en toute sincérité ce que signifie le titre du présent article. J'eusse habité à l'Est que la citation latine eût été, de toute évidence, plus conforme à l'idée qu'on a l'habitude de s'en faire ; mais enfin, je ne peux tout de même pas me coller un déménagement sur les bras pour l'unique justification d'une constatation pertinente, certes, mais par trop dégagée, en la difficile période actuelle, des contingences de l'orientation par rapport à la crise du logement. Mais là n'est pas la question, encore que ce soit pourtant bien là qu'elle se trouve. J'ai suivi, au cours de ces jours derniers, et au cours officiel de la Bourse des cuirs et peaux, en ma qualité de citoyen honnête et du sexe masculin, l'évolution de la crise de gouvernement et enregistré avec satisfaction son heureuse conclusion. L'euphorie du moment n'a, hélas ! été pour moi que de courte durée. C'est que je viens de m'apercevoir que la politique menée par moi dans *L'Os libre* depuis sa création s'écartait dangereusement de sa primitive ligne depuis que les partis de la IVe République avaient décidé, dans un sentiment de mutuelle compréhension, que, en définitive, le mieux pour s'entendre était encore de se mettre d'accord. Voilà pourquoi, le petit doigt réglementairement allongé sur la couture de ma conscience, je n'hésite pas à m'écrier : "Errare humanum ouest."

En conséquence, j'ai décidé que, à partir de tout de suite jusqu'à immédiatement inclus, nous ne serions plus dans ce journal "pour tout ce qui est contre et contre tout ce qui est pour", mais délibérément et bel et bien "contre tout ce qui est pour et pour tout ce qui est contre". Ce nouveau slogan qui, désormais, remplacera l'ancien frappé de caducité précoce concrétisera à l'avenir notre volonté de faire triompher des idées fortement assises sur le fauteuil à roulettes du bien-fondé de nos aspirations légitimes. Est-ce à dire que nous renions ce que nous avons dit dans le passé ? Bien au contraire.

Si nous adoptons pour aujourd'hui et pour demain une politique diamétralement opposée à celle que nous préconisions hier, c'est, qu'on ne le veuille pas ou qu'on le veuille, pour affermir la solidité de nos principes, au nom desquels nous sommes fermement décidés à faire victorieusement aboutir des concepts qui ne doivent rien d'autre qu'à nous-même le fait de les avoir pris là où nous les avons empruntés. Le but que nous poursuivons n'est peut-être pas le même que celui que nous voulons atteindre ; raison de plus pour nous atteler courageusement aux brancards de notre tâche ; ainsi par le pont suspendu de nos forces infuses et démultipliées, nous atteindrons enfin la rive enchantée des vérités relatives par-dessus le flot verdâtre et tumultueux des erreurs exactes. »

A l'heure du bilan de l'année 1945, Pierre Dac y va de ses vœux traditionnels. L'occasion de se déchaîner, à sa manière, contre une forme de civisme qu'il n'approuve visiblement pas mais qui est, semble-t-il, d'actualité. Un éditorial intitulé « Excuses de fin d'année »...

EXCUSES DE FIN D'ANNEE

« Je viens de faire un demi-tour réglementaire sur moimême afin d'établir le bilan de l'année qui s'en va [...]

La radio annonçait : "c'est pour tout à l'heure", puis "c'est pour ce soir" ou encore "en raison des circonstances et d'incidents techniques indépendants de notre volonté, la Victoire est remise à demain ou après-demain et, de toute manière, à un moment que nous vous ferons connaître ultérieurement". Enfin les cloches sonnèrent et la joie, grâce aux services compétents, fut incontinent déclarée spontanément débordante et empreinte d'allégresse générale. Et puis les jours passèrent : et quand les jours passent, bien des événements passent également au-dedans et au travers. L'épuration fut en particulier pratiquée sur une grande échelle ; une échelle double probablement et du type connu sous le nom d'échelle double jeu. Et c'est à ce propos que j'ai décidé de faire des excuses de fin d'année. Ou en sommes-nous, en effet ? Dans la corporation du spectacle par exemple — que je cite à dessein, puisque y étant personnellement intégré — la plupart des grandes vedettes accusées plus ou moins de compromission avec Vichy et l'occupant s'en sont tirées avec bonheur et parfois avec les félicitations de la commission chargée de statuer sur leur cas. Bon, voilà qui est parfait. Or, si j'ai bonne mémoire, vers décembre 1943 ou janvier 1944, j'ai, à Londres, au micro de la BBC, et au cours de l'émission "Les Français parlent aux Français" dit des choses pas très aimables à certains hauts personnages de la scène et de l'écran tout en leur exprimant mon regret de ne pas les avoir vus élever leur civisme, ou plus simplement leur qualité d'homme digne de ce nom à la hauteur de leur talent. Il est vrai que je sortais de plus de deux ans de combat clandestin et d'un an de prison partagé entre les cellules de Vichy et de Franco. Ce qui, évidemment, ne peut être présentement considéré que comme une circonstance aggravante. Que le Seigneur, dans son infinie bonté, veuille bien me pardonner ! Il est probable que je ne savais pas ce que je disais. [...]

Alors n'est-ce pas, honnêtement, je leur dois des excuses ; je les leur présente donc en mon nom et au nom de tous mes camarades de la clandestinité et au nom aussi de tous ceux qui ne sont pas revenus, et qui, s'ils étaient là, leur exprimeraient certainement le regret de n'avoir pas fait comme eux.

Il ne me reste plus qu'à espérer en l'indulgence de ces messieurs et dames et à souhaiter, pour le nouvel an, qu'ils ne me tiennent pas trop rigueur de mes divagations passées. Toutefois, s'ils estiment que je doive, à mon tour, passer devant un comité d'épuration pour diffamation et attaques intempestives, je ne me déroberai pas. Et je ne manquerai pas d'affirmer à mes pairs, en mon âme et conscience, que, suivant la formule consacrée, je tâcherai de faire mieux la prochaine fois.

Ce qui, entre nous, est rigoureusement faux, car, en raison de notre indécrottable croyance à quelque chose de pas trop moche, n'est-il pas vrai, mes camarades : "si c'était à refaire... nous recommencerions !" »

L'évocation, en ces termes ironiques, de ce sujet brûlant déclenche de vives polémiques parmi les gens du spectacle et même ailleurs. Pierre Dac s'en moque ; il se sent soulagé. Cela faisait plusieurs mois qu'il éprouvait le désir de vider ainsi son cœur et de prendre position. Quant à ses inconditionnels, ils applaudissent des deux mains. Incontestablement, le roi des loufoques n'a rien perdu de sa verve. En revanche, le reste du journal ne semble pas correspondre à leur attente. Ils ont beau tenter de lire entre les lignes, ils ne retrouvent pas dans le ton des articles la folie qui a fait le succès des cent huit premiers numéros. La raison en est simple : en établissant pour règle qu'il n'est plus question, circonstances obligent, de plaisanter avec certains sujets, Pierre Dac a fixé, pour la première fois, une limite à sa loufoquerie. La plupart de ses collaborateurs tiennent tellement compte de cette directive qu'ils se contentent de pasticher l'actualité, en ajoutant, en guise de titre, un calembour souvent facile.

La jeune génération, qui découvre le titre légendaire qu'est *L'Os*, n'accroche pas. Les ventes stagnent, la longueur des articles devient vite inversement proportionnelle à la courbe des recettes. Dès le début de 1946, Pierre Dac, conscient du problème, renforce son équipe avec de nouvelles signatures. L'auteur dramatique Guy Verdot, le fameux journaliste Georges Briquet et le chansonnier René-Paul assurent chroniques et reportages, Roméo Carlès s'occupe des « Contes de mon père l'Os » et des mots croisés. Au détour des colonnes on trouve, en vrac, des conseils médicaux, des pastiches à la manière de... (Ronsard, Balzac ou Simenon) et des nouvelles du « Parti résolument loufoque » auquel toute l'équipe a adhéré. Sous l'influence des romanciers américains à la mode, les feuilletons successifs *Entre les mains du serpent, On a volé la coupe* (dont le héros s'appelle l'inspecteur Poileau Luc) et *Il n'y aura pas d'enfant aujourd'hui* sont respectivement signés Edgar Fountain Wallace et Harold J. Sellers.

Au début de l'été, Dac ajoute à sa galerie de personnages un certain professeur Léopold Sparadrap qui, pendant six mois, va devenir le centre de la plupart de ses éditoriaux. Dans le premier d'entre eux, intitulé « Vérités sans bavures » (*L'Os libre*, n° 38), il évoque longuement ce savant, auteur de dix bouquins composant une trilogie intitulée « De l'identité des ventouses et des problèmes internationaux ».

« D'origine khroumir, il est néanmoins, par sa mère, géorgien de naissance et, en dernier ressort, gallois du Sud par un ami de son père. Il a fait des études très poussées à l'université de Juliénas et à la faculté de Coucouron-les-Karpathes (Rhodésie parallèle). Polyglotte émérite, il a été répétiteur de vélomoteur à la Maison-Blanche de 1910 à 1913 et, de 1911 à 1912, expert manipulateur en savon noir auprès du Foreign Office.

[...] A propos de l'actuelle situation internationale, il écrit notamment :

''Il ne suffit pas aux hommes qui ont la tâche grandiose d'organiser la paix d'être guidés par les principes dont ils s'inspirent ; encore faut-il que ces principes aient leurs racines solidement enfoncées dans un terrain préalablement préparé à ce genre de compétition. Le rappel des discussions possibles ne doit pas, pour autant, constituer un obstacle infranchissable et demeurer un élément de surclassement pour les volontés impondérables qui désireraient se manifester en dépit même, et par cela même, des considérations d'ordre ethnique et résolument juxtaposées ; les conceptions valent surtout par ce qu'elles sont et par ce qu'elles représentent ; sur l'échiquier mondial, rien de positif ne pourra être obtenu, tant que ceux vers qui montent les espoirs de l'humanité ne seront pas en état de proposer ce qu'ils sont plus ou moins en mesure de préconiser le cas échéant et sous toutes réserves d'éventualités toujours possibles...'' »

Pierre Dac et le professeur Léopold Sparadrap vont ainsi disserter, par colonnes de *L'Os libre* interposées, à propos des sujets les plus divers, depuis le pacifisme jusqu'à l'augmentation des tarifs du gaz en passant par l'évolution de la mode. Des entretiens qui se déroulent « au cours d'un déjeuner traditionnellement composé de trois tranches de saucisson du lac, d'une tête de blette à l'eau blanche, d'un fromage dessiné sur la nappe et de fraises symboliques ».

Du pur loufoque, comme au bon vieux temps, qui permet au chansonnier de renouer avec la philosophie de l'absurde, plutôt que d'aller se perdre dans des considérations politiques qui ne passionnent visiblement personne. Ce changement à cent quatre-vingts degrés, il ne l'a pas effectué de gaieté de cœur, mais les réactions des lecteurs sont si encourageantes qu'il décide de persévérer.

LE SALADOPHISME

« [...] Le saladophisme, je crois bon de le rappeler, est, comme son nom l'indique, la philosophie de la salade. Je ne suis parvenu à cette conception et à cette conviction qu'après bien des débats intérieurs, des quantités de crises de conscience et d'urticaire. Et, puis, un jour récent, la vérité m'est apparue, à peine voilée d'un trench-coat destiné à la préserver des intempéries. Le saladophisme est l'aboutissement normal et naturel de toutes les philosophies. Son concept principal est d'ordre rigoureusement empirique, c'est-à-dire basé sur l'expérience. Or, que nous apprend l'expérience ? Aussi loin que nous remontions dans l'histoire du monde, nous voyons celui-ci agité, bousculé, secoué comme une vulgaire salade.

Nécessairement, par le processus naturel et successif des spéculations intimes, j'en suis arrivé à conclure que le monde en définitive n'est pas "comme une vulgaire salade" mais beaucoup plus simplement, lui-même, une salade. [...]

En bref, la terre est un immense panier au sein duquel est agitée, en un perpétuel mouvement de secouement, la salade de l'humanité dont chaque feuille est constituée par un être. La salade est à l'image du monde parce que le monde est à l'image de la salade, que les incrédules veuillent bien y réfléchir : que de fois devant l'incohérence des événements tant nationaux qu'internationaux, ne laissons-nous pas échapper cette exclamation : "Quelle salade !" Eh ! oui, quelle salade ! parce que tout est salade, tout vient de la salade, tout y retourne, qu'on le veuille ou non.

[...] La salade est l'élément constitutif dominant de la vie et du comportement des peuples. Tous pour et par la salade ! La salade par et pour tous ! Tous unis dans le saladophisme intégral, porteur des germes féconds de la civilisation totale, définitive et rafraîchissante. »

Entre la rédaction de deux éditoriaux, Pierre Dac lit tous les articles proposés par de jeunes humoristes encore inconnus. Un nombre infime d'entre eux sont publiés mais, à chacun, il répond personnellement en ajoutant, aux formules de remerciements habituelles, quelques mots d'encouragement, voire quelques conseils à sa manière. A Michel Lebrun, futur spécialiste du roman policier, qui lui adresse des croquis presque tous les jours, il répond, de sa main, à l'encre verte : « A l'usine à dessins Michel Lebrun : Ne nous envoyez plus rien. Nous sommes au printemps. On n'a plus besoin de papier pour le calorifère. »

Quelques semaines avant Noël 1946, il décide de faire appel à son vieux camarade René Lefèvre et annonce lui-même l'arrivée de cette recrue d'élite, dans un court billet, à la une du numéro 60 : « J'ai l'honneur et l'avantage de vous présenter aujourd'hui, et pour la première fois dans ce journal, René Lefèvre. Les problèmes de l'heure devenant de dix minutes en dix minutes plus ardus, il a consenti, sur mes instances et en dépit de ses innombrables occupations, à me donner un coup de main en vue de la recherche des solutions urgentes. Nous nous partagerons à l'avenir cette écrasante besogne : une semaine lui, une semaine moi... »

Le premier article de l'écrivain-comédien s'intitule « Le Khroumir, vous l'avez dans l'os »... Ce mot qui évoque les tribus pillardes de la frontière algéro-tunisienne au siècle passé, c'est leur signe de reconnaissance. Ils l'ont inclus en 1938 dans leur revue *Usine à gags*, puis ils en ont fait leur nom de code, aux heures glorieuses de la France libre. Depuis, l'un et l'autre l'ont abondamment utilisé. Nullement blasés, ils décident d'aller encore plus loin en annonçant la naissance du mouvement khroumir, rassemblant les adeptes d'un nouvel art de vivre : « Jamais au grand jamais le Khroumir n'a fait figure d'occupant sur un autre point du globe, expliquent Dac et Lefèvre. De plus, il vit sur des confins, c'est-à-dire en des lieux non sertis de frontières et ne comportant ni isoloirs, ni monnaie crasseuse, ni tampons dateurs et encore moins tout ce qui s'ensuit... »

Un univers de conte de fées en comparaison de ce que connaît alors la France, des querelles des partis politiques aux problèmes économiques en passant par les nouveaux rapports à établir avec les grandes puissances.

Dans les semaines qui suivent, le Khroumir va se trouver régulièrement cité en exemple par l'un ou l'autre dans des éditoriaux successivement intitulés, « Khroumir et diffamation », « L'heure du Khroumir », « Le Khroumir en marche », « Attention aux faux Khroumirs », « Du Khroumirisme à l'esthétique présidentielle » et « Le Khroumiricciline ». Leur prise de position est aussi ferme qu'évidente : à tout problème de société, du plus petit à l'essentiel, ils n'imaginent qu'une solution, le Khroumir. Tout est prévu, jusqu'aux moindres détails de la Constitution de ce pays, donnés par Pierre Dac au moment même où, à la suite d'un référendum, celle de la IVe République est adoptée à une courte majorité.

« La Constitution khroumir, précise le directeur de *L'Os libre*, est composée de cinquante-trois articles dont les six derniers sont judicieusement et respectivement numérotés de 37 à 92. »

Mieux placé que tout autre pour mesurer l'impact d'un succès populaire radiophonique, Pierre Dac, toujours à la recherche de nouveaux lecteurs, décide à peu près à cette époque de proposer des rubriques dans *L'Os libre* à des vedettes des ondes. Deux semaines plus tard, une nouvelle signature apparaît ainsi à la une de *L'Os*. Il s'agit d'un jeune chansonnier qui a débuté à Montmartre sans grand succès jusqu'à ce que Jean-Jacques Vital l'engage sur Radio-Luxembourg dans une émission de variétés, de jeux et de sketches, « Pêle-Mêle ». Jouant les paysans un peu benêt, ce jeune fantaisiste va se tailler un immense succès en interprétant une chanson qui s'intitule *Les Crayons*. Il s'appelle André Bourvil et, lorsque Pierre Dac l'entend pour la première fois, il lui prédit une grande carrière. Dans la foulée, il lui offre d'assurer une rubrique régulière dans son hebdomadaire, « Méli-Mélos ». Elle débute ainsi, en première page du numéro 62...

« Eh ben me v'la dev'nu journaliste maintenant ! Y manquait pus qu'ça ! D'abord je m'en vais vous espliquer comment ça m'est arrivé parce qu'un bon journaliste doit tout dire, n'est-ce pas, absolument tout. [...] Oh ! C'est un travail, celui de journaliste : Concentrer dans sa tête ce qu'on a sur le cœur de façon qu'y ne reste rien sur l'estomac et que tout soit sur le papier ! Voilà le secret, je vous le donne. Avec ça, demain, vous pouvez devenir journaliste. Moi, ça m'est égal, je ne crains pas la concurrence parce que vous comprenez, j'ai le style. Pierre Dac l'a vu tout de suite que je l'avais, le style. Y m'a ouvert les colonnes de *L'Os*. Il était temps. J'allais porter ma copie au *Figaro*.

Donc, "Vous allez me faire un artique" quc Picrrc Dac m'a dit. J'ai répondu "Bien sûr, y a rien de malin là-dedans, pas ?" Il a eu l'air vexé que j'dise que c'était pas malin parce que naturellement il en fait aussi, des artiques. [...] A peine entré à *L'Os*, je me mets mal avec mon directeur. Comment je vais m'en sortir ? Dès le début, j'ai le patron à dos. Au fond, c'est bê... non, c'est idiot, hein ? »

Une collaboration qui va se poursuivre pendant une dizaine de semaines seulement. Débordé par ses interventions à la radio et ses projets de cinéma, Bourvil, extrêmement méticuleux, doit, faute de temps, renoncer à sa carrière journalistique.

Pierre Dac a également remarqué — et apprécié — une émission hebdomadaire intitulée « Sans rime ni raison » proposée par la Radiodiffusion française. Une formule suffisamment délirante pour lui évoquer les grandes heures de la SDL. Il offre immédiatement aux deux producteurs-présentateurs de tenir une rubrique dans *L'Os libre*. Ils choisissent d'assurer le courrier du cœur qu'ils intitulent « L'Os de cœur ». Ils s'appellent Pierre Cour et Francis Blanche. Le premier est journaliste, le second est un fantaisiste qui promet. Il a débuté à Paris à la veille de la débâcle en disant des fables de sa composition dans un cabaret animé par Jean Rigaux. Il a ensuite écrit quelques chansons avec Gérard Calvi et Charles Trenet. Il est également le jeune et heureux auteur d'*On chante dans mon quartier*, indicatif de « Ploom ploom, tralala », l'émission de radio la plus populaire de France, créée juste après la Libération et diffusée chaque jour à 12 h 30 par la RDF.

L'accord est conclu et si le directeur de *L'Os libre* et Pierre Cour échangent quelques propos, Francis Blanche demeure muet. Il ne l'avoue pas mais il est terriblement impressionné, presque tétanisé. Il porte à Pierre Dac une admiration sans bornes, voire un amour filial sans limites. En 1935, à l'occasion de son quatorzième anniversaire, son père, le comédien Louis Blanche, lui a offert une soirée à la Lune rousse. Le tour de chant du roi des loufoques, à la fin de la première partie, constitue sans aucun doute le plus beau souvenir de son adolescence. A l'entracte, timidement, il est allé féliciter Pierre Dac en coulisse puis, revenu à sa place, a annoncé à son père que sa décision était prise, il sera poète-chansonnier... Louis Blanche n'a pas cherché à le décourager, bien au contraire. Cinq ans plus tard, c'est lui-même qui a demandé à Jean Rigaux de donner sa première vraie chance à son rejeton...

C'est dans le numéro 63 du 18 décembre 1946 que « L'Os de cœur », débute en bas des pages 2 et 3. A en croire les auteurs, « le courrier des lecteurs provient des deux coins du monde et des quatre points cardinaux ». En voici quelques exemples :

Mlle Yvonne R... de Suresnes :
La vie m'a douloureusement blessée... Il y a quinze ans de cela, mais la plaie est encore ouverte... Mon cœur saigne... Que faire ?

C'est très simple... Nettoyez d'abord la plaie avec de l'eau oxygénée... Puis faites un petit pansement avec du sparadrap et de la gaze... Quand il y a de l'eau dans la gaze, changez le pansement. Et si, malgré tout, votre cœur continue à saigner, alors voyez le pharmacien.

Pâquerette Oubliée :
Depuis quelque temps, mon mari semble m'ignorer... Il rentre le soir sans m'adresser la parole et son regard passe sur moi sans s'arrêter. Je ne compte plus pour lui... Je me sens seule et perdue...

Votre cas est sérieux, Pâquerette Oubliée... Nous y voyons les premiers syptômes de l'oubli dans le cœur de votre époux. Essayez d'attirer son attention par tous les moyens ; jouez de la trompette quand il rentre, mettez un casque de pompier et une fausse barbe pour servir le potage, poussez des cris gutturaux et faites des claquettes sur la table avant de vous mettre au lit... Si malgré tout il persiste à ne pas vous voir, alors... essayez le plastic et la dynamite, mais avec la plus grande prudence ! Attention à la vaisselle !

M. FXBRZ KLOTZENPIFT à Ljprzmzlh (Europe centrale) :
Przbq ghnklf xo + tüwx btroughj kqsipld' op Bhrjuyklof' ???...

Mais bien entendu, cher monsieur ; mais attention aux complications !

Une rubrique que les auteurs concluent par un appel aux lecteurs ainsi libellé, « pour nous écrire, une seule adresse, la nôtre ». Un clin d'œil à l'émission « Sans rime ni raison » qui se termine, elle aussi, chaque semaine avec cette formule que Pierre Dac ne renierait pas.

Au lendemain de la parution du numéro, les yeux encore remplis de larmes de rire, le directeur de *L'Os libre* envoie un mot de félicitations et d'encouragement à ses deux nouveaux collaborateurs. La chronique va ainsi se poursuivre jusqu'à la fin du mois de juin 1947, sans que Pierre et Francis se croisent une seule fois dans les couloirs des locaux du boulevard Haussmann. Des bureaux qui abritent également d'autres publications, *Le Clou*, de Bernard Lecache ; *Nou-*

velles du matin, dirigées par Jean Marin ; *Point de Vue*, créé par Edouard Corniglion-Molinier et animé par Roger Féral, Raymond Aron et Pierre Desgraupes. Des quotidiens et des hebdomadaires de qualité dont les ventes sont hélas insuffisantes pour équilibrer les prix de revient.

L'Os libre n'apparaît pas comme l'affaire financière du siècle mais s'en sort à peu près convenablement. A la fin de l'hiver, soucieux d'améliorer la situation de ce mini-groupe, les administrateurs décident de faire passer le prix de l'hebdomadaire « Contre tout ce qui est pour et pour tout ce qui est contre » de 3 à 5 F. Une forte augmentation compensée par le passage du petit au grand format, rendu possible par la fin de la pénurie de papier. Les rubriques habituelles sont composées en plus gros caractères et au sommaire, à côté d'un nouveau feuilleton historique *L'Eminence verte* — un inédit d'Alexandre Dumat (de Mysène) signé en réalité Roméo Carlès —, on ajoute, en quatrième page, des dessins réalisés par des humoristes confirmés et des jeunes au talent prometteur. Ils s'appellent Bugette, Eugène Wyl, Jacques Cathy, Harvec et Bellus.

« Enfin, le petit *Os* a pris des phosphates, c'est maintenant un grand gaillard en forme de matraque, affirme-t-on à la une de la première livraison de cette nouvelle formule, le numéro 74 daté du 2 avril 1947. On étouffait dans ces petites colonnes étriquées. Comment évoquer un grand scandale dans un petit écho ? Comment dresser la liste des mufles, des incapables, des ignorants et des dangereux dans le cadre exigu d'un timbre-poste ? [...] Nous levons la main droite à la hauteur d'une plume vengeresse et jurons de dire des vérités, toutes les vérités et des tas d'autres presque aussi vraies. Le grand format, c'est une fenêtre ouverte sur le monde, alors que le petit n'était qu'une lucarne, un vasistas ! »

Théoriquement, l'idée est bonne.

« Le coût de fabrication du journal ne subissant pas une augmentation des deux tiers, cet artifice doit constituer, à long terme, une bonne opération financière. » Pierre écoute d'une oreille distraite les propos que lui tient l'administrateur d'une voix monocorde. Beaucoup plus saltimbanque que géomètre, homme de lettres plutôt que de chiffres, il commence à ressentir une lassitude profonde et à se demander si le jeu, ou plus exactement les épreuves qu'il a traversées pour en arriver là, en valait la chandelle. Le titre de directeur-géant, il l'a accepté dans l'euphorie de la victoire, en toute confiance, sans trop comprendre ce que cela signifiait. Mais dans son esprit, il n'a jamais été question qu'il signe un bilan.

Cette activité lui prend tellement de temps que le loufoque, jadis si prolixe, ne parvient plus à rédiger qu'un éditorial tous les quinze jours.

Au mois d'août 1947, le teint bronzé au retour de dix jours de vacances dont il avait bien besoin, il accepte un plan de réorganisation établi par l'administration. Pour l'assister, Jean-Pierre Robert, un auteur-dessinateur appartenant à l'équipe, est nommé rédacteur en chef. L'état de grâce va toutefois se limiter à deux semaines et le drame se jouer en un mois et demi à peine... Le 3 septembre, à la sortie du numéro 96, lorsqu'il découvre le nom de l'heureux élu à côté du sien, Pierre Dac ne s'offusque pas, bien au contraire. En revanche, lorsqu'il parcourt les quatre pages du journal dont il n'a assuré qu'un éditorial, il ne peut contenir sa fureur. Les textes sont trop longs, voire interminables et surtout beaucoup plus proches du ton satirique du *Canard enchaîné* (en moins drôle) que de la folie originelle de *L'Os à moelle*. A l'exception des petites annonces, les nouvelles rubriques n'ont plus rien à voir avec ce qu'il avait imaginé : un compte rendu de procès intitulé « En correctionnelle » voisine avec un portrait de personnalité, intitulé « Tête de truc », tandis que Francis Blanche et Pierre Cour, absents pour cause de vacances depuis le 2 juillet, ne retrouvent pas leur place comme prévu. Pierre se rend boulevard Haussmann, entre dans une colère froide. A son retour chez lui, il avoue son désarroi à Dinah : à *L'Os libre*, il ne dispose plus d'aucun pouvoir décisionnaire. D'un commun accord avec l'administrateur, il conserve son titre, son éditorial et son chèque à la fin du mois mais ne considère plus l'hebdomadaire comme son enfant. Lors de la parution du centième numéro, ce n'est pas lui mais le rédacteur en chef qui rédige l'éditorial et conclut : « En un mot comme en cent, nous allons continuer à secouer la crasse administrative. *L'Os* est désormais un grand gaillard qui dit zut en cinq lettres à tout le monde. »

Le désarroi de Pierre est visible. Ce genre de propos n'a vraiment plus rien à voir avec l'univers loufoque ou poétique dont il est le premier représentant. A René Lefèvre qui tente de lui remonter le moral, il répond : « Mon vieux, il ne me manquait plus que ça ! » Juste avant l'été, au mois d'avril très exactement, il a perdu un procès contre la Société parisienne d'édition. Ceux qui ont publié *L'Os à moelle* avant la guerre l'ont accusé de concurrence déloyale et étayé leur thèse en fournissant aux juges le contrat de 1938 stipulant un accord de dix ans entre les deux parties. La somme demandée à titre de compensation est énorme : 3 500 000 francs. Le tribunal la ramène à 1 million mais, pour le condamné, c'est encore beaucoup trop. Il fait aussitôt appel et crie, à sa manière, à l'injustice : « Je ne suis pas assez fou, bien que directeur d'une publication loufoque, pour attendre sans réagir la reparution éventuelle d'un journal défunt depuis six années. »

Un raisonnement qui, juridiquement, n'a aucune valeur. Mais le roi des loufoques ne s'intéresse pas à ce genre de nuance. Il n'éprouve plus de toute façon qu'un désir : exercer son métier de chansonnier. C'est donc presque avec soulagement qu'il apprend au matin du 8 octobre 1947, de la bouche de l'administrateur, la décision de suspendre la parution dès le cent deuxième et prochain numéro de *L'Os libre.*

« Les lecteurs n'ont visiblement pas adhéré en masse à la nouvelle formule. Bien au contraire, les ventes subissent une érosion dramatique. Nous ne pouvons pas aller plus loin sans mettre en danger l'ensemble de nos titres, en position délicate eux aussi. Nous constatons en effet qu'actuellement la lecture des journaux ne constitue pas pour les Français un acte essentiel. Et puis, nous avons cherché à vendre des espaces publicitaires ; nous n'y sommes pas parvenus. »

Une conclusion que Pierre Dac se trouve bien forcé d'accepter mais qu'au fond de lui-même il n'admettra jamais.

« Vous m'étonnez, réplique-t-il froidement, je reconnais que notre situation n'est pas brillante mais les autres journaux ne se portent pas mieux, bien au contraire. Je me demande même si nos recettes ne compensent pas leurs pertes ! »

Une hypothèse qui ne pourrait être vérifiée qu'au cours d'un vaste débat de chiffres dont il ne veut même pas entendre parler. La fin aussi brutale que prématurée de *L'Os libre* dans sa cent troisième semaine a porté un grand coup à son moral. Le chansonnier réalise soudain combien il est prisonnier d'un personnage que les événements ont créé. Depuis son retour de Londres et jusqu'à ces dernières semaines, il a cultivé son image de héros de la Résistance, de patriote politiquement engagé. Intellectuellement, il peut en être fier : le 5 novembre 1946, à la caserne des Tourelles, Dac Pierre, sous-lieutenant des Forces françaises de l'intérieur, reçoit des mains du général Domino les insignes de chevalier de la Légion d'honneur et se voit attribuer la croix de guerre avec palme. Quelques mois auparavant, en mars très exactement, Dinah a été citée à l'ordre du régiment des Forces françaises de l'intérieur et s'est vu attribuer la croix de guerre avec étoile de bronze.

Concrètement, en revanche, il constate l'ampleur des dégâts. Ceux qui dirigent la Radiodiffusion française ont fini par oublier qu'il a été jadis le populaire animateur de « La Société des loufoques » et de « La course au trésor » et ne lui proposent plus rien. Quant aux plus jeunes, ils ignorent jusqu'à l'existence de ces formules. C'est entièrement de sa faute, il ne l'avoue pas publiquement mais, en privé, le reconnaît bien volontiers. Au lendemain de la libération des ondes, à l'heure de la reprise des formules à succès du Poste parisien et de Radio-Cité, il s'est peut-être un peu trop préoccupé de son passé à la BBC plutôt qu'à l'ABC. Ses interventions au micro se sont limitées à des dialogues réguliers avec René Lefèvre dans son émission hebdomadaire « Retour de flamme », diffusée sur la chaîne parisienne. L'occasion d'évoquer une fois de plus ses séjours en Espagne (« J'ai dû donner un pourboire à Franco pour m'en aller »), l'épuration (« Les collabos, c'est comme le cancer ; si on n'opère pas très largement, ça repousse ») et le devenir de l'entourage de Pétain : « Je viens d'apprendre que la propriété de l'ex-Maréchal, à Villeneuve-Loubet, devient un asile pour enfants des victimes de la guerre. Le jardinier conserve ses fonctions. Je ne suis pas contre, mais il me semble important de le garder à l'œil. Il a en effet déclaré qu'il s'engageait à remettre en état un jardin qui en avait bien besoin. Ce genre de personnage qui veut mettre un peu d'ordre nouveau, il faut s'en méfier... »

Des propos qui ne sont pas unanimement appréciés dans une France chaotique où les vainqueurs ne sont pas toujours les conseilleurs. La franchise de Pierre Dac en dérange plus d'un.

Côté scène, la situation n'est pas plus rose. Bientôt, à l'exception de son vieux copain Jean Marsac, promu directeur de la Lune rousse, personne ne lui propose le moindre engagement dans un cabaret. « On l'a trop vu », affirment certains en guise de prétexte. L'argument est, hélas, imparable. Depuis son retour de Londres, le chansonnier a largement donné de sa personne en acceptant de participer bénévolement à d'innombrables galas au profit des victimes de la guerre. « Je n'ai sans doute pas le sens des affaires, je suis incapable de jouer les opportunistes, mais j'ai fait mon devoir », répond-il à ceux qui, à posteriori, critiquent sa générosité.

Les lendemains s'annoncent bien sombres pour Pierre Dac. A l'heure des premières tentatives de redressement économique et des remaniements ministériels permanents, on n'a plus guère envie de chanter *La Défense élastique.* Pire, les chansonniers dans la grande tradition de Montmartre n'ont pas la faveur du nouveau public potentiel de ces années d'« après la bataille ». En une décennie, l'argent est passé des mains des bourgeois à celles de commerçants débrouillards, surnommés les BOF (beurre, œufs, fromage) parce qu'ils se sont créé leur capital en vendant des produits de première nécessité, pendant des années de marché aussi noir que la situation de la France. Et, l'humour de Dac, Souplex ou Dorin n'est pas leur préoccupation essentielle.

A cinquante-quatre ans, le roi des loufoques se demande soudain s'il a vraiment besoin de faire demi-tour pour avoir son avenir dans le dos. De temps à autre, un auditeur nostalgique lui écrit ou l'aborde dans la rue pour lui demander pourquoi on ne l'entend plus sur les ondes aussi souvent qu'avant-guerre. « La radio, c'est trop fatigant », répond-il d'une voix lasse. Ce qui l'épuise, c'est l'idée d'avoir à quémander quoi que ce soit auprès de qui que ce soit. Ce n'est pas dans son caractère, il ne l'a jamais fait et ne s'y abaissera jamais. Dinah le sait bien et ne s'en réjouit pas. Les finances du couple sont à la hauteur du moral et des projets du chansonnier, c'est-à-dire au plus bas.

Pierre se renferme d'autant plus dans sa coquille qu'il a, au fond de lui-même, l'impression de se retrouver moralement dans une impasse. Les trahisons d'hier qu'il a dénoncées et les principes patriotiques qu'il a défendus ne sont déjà plus d'actualité. Ils sont même en train de se retourner contre lui. A son grand désarroi, il fait l'objet d'attaques dont il n'aurait pas soupçonné la possibilité vingt-quatre mois plus tôt. Au cours d'un procès où Dinah a été citée par erreur, un avocat le traite ainsi de « pitre et d'idiot doué pour les manifestations de cabotinage publicitaire ». La réponse de l'intéressé ne se fait pas attendre. Aux journalistes qui le questionnent dès le lendemain matin, il déclare d'une voix assombrie par la colère : « Je tiens à la disposition de cet individu une paire de gifles dont il pourra prendre possession quand il voudra ! »

Son écœurement atteint son paroxysme lorsqu'il apprend que certains mauvais esprits contestent la croix de guerre de Dinah, sous prétexte qu'elle a travailllé pendant l'Occupation. Pas question toutefois de répondre quoi que ce soit à des accusations aussi malveillantes, à des êtres amnésiques et suffisamment de mauvaise foi pour mettre dans un même sac les collaborateurs et les résistants. Le coup est pourtant passé très près. Pierre Dac manque ne pas s'en relever. Il est capable de supporter beaucoup de souffrances — il l'a prouvé — mais ne peut accepter que l'on touche à celle qu'il aime le plus au monde.

Ce combat supplémentaire dont il se serait bien passé, il le livre tout seul. Deux ans après la fin des hostilités, il constate avec amertume que les notions de solidarité, voire de reconnaissance, prônées par ceux qui se prétendaient ses intimes se trouvent déjà rangées dans l'armoire aux souvenirs. « J'ai tiré une leçon de cette expérience, avoue-t-il. Je sais maintenant que je peux totalement compter sur mes amis lorsque je n'ai absolument besoin de rien... »

L'hiver 1947 s'annonce mal pour Pierre Dac. En dépit de la présence quasi permanente de Dinah à ses côtés, il se sent seul. Un isolement que la mort stupide de Fernand Lefèvre a accentué encore. Le brillant pilote qui avait traversé deux guerres sans une égratignure s'est tué au cours d'un meeting en Argentine un an auparavant. Le 27 juillet 1946, à la fin d'un vol de démonstration, le prototype dont il avait pris les commandes s'est écrasé. Trois semaines plus tôt, les deux hommes avaient déjeuné ensemble et Fernand n'avait pas dissimulé ses doutes sur la fiabilité de l'avion. Mais la France se devait d'être représentée à cette manifestation et son sens du devoir l'avait empêché de refuser cette mission. Pour Pierre Dac, cet accident prend une dimension particulièrement symbolique. Il considérait en effet ce compagnon d'exil comme son frère, celui qui dans son cœur avait remplacé Marcel, tué trente ans auparavant...

C'est dans cette disposition d'esprit qu'au début du mois de décembre il reçoit un coup de téléphone qui va constituer un beau cadeau de Noël. On lui propose d'écrire une revue et de la jouer au Club des Cinq, un théâtre de trois cents places aménagé au 13 de la rue du Faubourg-Montmartre. Ce music-hall, créé au lendemain de la Libération par cinq membres de la 2e DB du général Leclerc (parmi lesquels le manager de Marcel Cerdan), est alors en proie à des difficultés de programmation. La formule qui consiste à accueillir chaque soir ou presque un artiste différent donne des signes d'essoufflement. En deux saisons, la plupart de ceux qui attirent le public se sont produits sur cette scène. Edith Piaf y a même connu l'un de ses plus beaux triomphes en interprétant *Les Trois Cloches* en compagnie de neuf jeunes gens au talent prometteur, qui s'appellent les Compagnons de la chanson.

Nostalgiques des revues montmartroises d'avant-guerre, les cinq têtes pensantes des lieux ont eu l'idée de renouer avec cette tradition de Paris. Le nom du roi des loufoques leur est alors immédiatement venu aux lèvres. Ils lui proposent, outre la tête d'affiche, un titre honorifique de « directeur artistique » de l'établissement. La réponse de l'intéressé est immédiate : « Banco ! Je suis votre homme, vous ne pouviez pas mieux tomber ! »

Fini la morosité ! Le créateur retrouve aussitôt ses réflexes et, dès la première réunion de travail avec ses nouveaux employeurs, il expose son projet. « *L'Os libre* est mort, vive *Le Droit de rire* », annonce-t-il d'entrée de jeu. Pas question de refaire un journal — en tout cas pour l'instant — mais plutôt de renouer, à travers ses sketches, avec la loufoquerie la plus traditionnelle. Pour cette raison, il propose l'engagement du coauteur le mieux adapté aux circonstances, son vieux et fidèle complice Fernand Rauzéna.

Au début de l'année, les deux hommes ont déjà eu l'occasion de vérifier que leur complémentarité demeurait intacte. Ils ont traduit et adapté un film américain datant de 1941, *Hellzapoppin* : le récit burlesque du tournage d'un film musical, quatre-vingt-quatre minutes de délire, mises en scène par H. C. Potter, avec Ole Olsen et Chick Johnson. Le long métrage est sorti au mois de mars et, à cette occasion, le critique de *L'Os libre* a écrit, en page 4 du numéro 73 : « *Hellzapoppin* est un excellent film, admirablement sans queue ni tête, et c'est vous qui vous entêterez à faire la queue pour le voir. Vous aurez raison, toute la raison qui, heureusement, lui manque. [...] Il n'y a guère de véritables acteurs sauf un qui, d'ailleurs, crève l'écran. C'est celui qui éternue. On n'a jamais vu éternuer comme ça. C'est un monument. Un monéternuement. [...] C'est l'une des œuvres les plus intéressantes que nous ayons vues depuis longtemps. Sur la voie du coq-à-l'âne, je ne pense pas qu'on soit jamais allé aussi loin. [...] Cela manque de poésie, mais c'est un bel exercice de l'esprit. Et puis c'est du vrai cinéma, celui qu'on voit si rarement. »

Dès les premières répétitions de la revue *Le Droit de rire*, Dac et Rauzéna ont repris les habitudes du bon vieux temps. Quelques nouveaux sketches sont prêt, mais la plupart de ceux qui figurent au programme datent d'avant la guerre. Par manque de temps, il n'est pas question de faire autrement, tout doit être prêt pour l'avant-veille de Noël.

Pendant quinze jours et quinze nuits, le Club des Cinq ressemble à une ruche plutôt qu'à un théâtre. Les abeilles de service sont dirigées par Maurice Van Moppès, chargé de la réalisation des décors et des costumes tandis que Fred Freed assume la responsabilité de l'orchestre. Pierre Dudan, Michel Seldow, Jamblan, Eugène Wyl, Bugette et quelques autres fidèles de toujours complètent une distribution dont le premier rôle féminin revient à Irène Hilda. Chanteuse, danseuse, comédienne, elle est alors une vedette internationale de l'opérette et de la comédie musicale. Créatrice à

Londres de *Cancan* de Cole Porter, elle se retrouve, pour son plus grand plaisir, mêlée à des tableaux loufoques à souhait : un faux congrès de psychanalyse, une parodie du *Manon* de Massenet au rythme d'un boogie-woogie et qui se passe au Far West, ainsi que la fameuse chorale de la PJ qui interprète le non moins illustre *Boléro* de Ravel.

La générale se déroule le 22 décembre devant une salle où se côtoient Edith Piaf, Marcel Cerdan et la plupart des compagnons de Pierre Dac à Londres. A l'entrée, chacun des invités reçoit des mains d'ouvreuses portant une barbe postiche un journal intitulé « Edition spéciale ». Un programme en deux pages qui fait irrésistiblement penser aux grandes heures de *L'Os à moelle.* Au sommaire, un grand reportage de Fernand Rauzéna, un historique du théâtre, ainsi que les biographies des principaux interprètes, naturellement rédigées par le roi des loufoques :

Pierre Dac : né à l'âge de quatre ans et demi par 25 degrés de latitude sud-ouest. Titulaire du permis de conduire les bennes basculantes. Membre d'honneur de l'Amicale des pèlerines roulées. Fils de ses œuvres et père des siennes. Signe particulier : cicatrice consécutive à l'opération du bouton de col incarné.

Fernand Rauzéna : est ce qu'on appelle un enfant de la balle. Agé de vingt-sept ans, il compte maintenant quarante et un ans de métier. Signe particulier : porte des chaussures de pointures différentes.

Pierre Dudan : né à Moscou d'un père suisse et d'une grève des taxis. Est obsédé des orteils pour flanquer des coups de pied à la lune et des rimes riches aux étoiles. Signe particulier : impossible à apprivoiser.

Irène Hilda : bien qu'ayant vécu aux USA, n'a aucun rapport avec les Peter Sisters. A gagné, en 1945, la Coupe internationale des fruits confits. Signe particulier : sait danser, jouer, chanter et respirer en même temps.

Fred Freed : tambour-major à deux ans au 22e limonadier. Pianiste attitré du duc de Morny.

Eugène Wyl : descendant direct de Shakespeare et d'Eugénie de Montijo. Signe particulier : adore les snow-boats en salade.

Michel Seldow : arrière-petit-neveu de Cagliostro, fit disparaître en son temps l'homme invisible, Very Wells.

Bugette : élégant, distingué, spirituel à l'extrême. On n'est jamais si bien servi que par soi-même.

Jamblan : Primitivement destiné au chromage des buffets Henri II, est venu à la chanson à pied et par la route nationale numéro 6. Signe particulier : porte sur l'amygdale gauche un tatouage représentant les jardins suspendus de Babylone d'après le Titien.

Les loufoques sont enfin de retour pour le plaisir des amoureux de *L'Os à moelle* qui se pressent chaque soir afin de vérifier la réalité du slogan imprimé en bas de l'affiche, « on pleure de rire de 21 h 17 à 23 h 58 ». Pierre Dac retrouve ses fidèles en même temps que son inspiration. Le 20 avril 1948, il apparaît sur la piste du Cirque d'Hiver déguisé en centaure, aux côtés d'Irène Hilda et du comédien André Luguet. Un costume qu'il a lui-même dessiné pour les besoins d'un sketch intitulé *Centaure et sans reproches*, spécialement écrit à l'occasion du traditionnel gala de l'Union des artistes.

Le succès de la revue *Le Droit de rire* ne va toutefois pas se prolonger au-delà de l'été. Pierre n'attire plus qu'un public limité, ces nostalgiques de la SDL, qui se souviennent des mots de passe, des petites annonces ou entonnent, à l'entracte, l'*Hymne des loufoques.* Cela n'a rien à voir avec les foules d'avant-guerre, mais les échos de sa rentrée au Club des Cinq ont été suffisamment positifs pour que les organisateurs de galas, à Paris comme en province, lui téléphonent à nouveau. La prochaine saison ne se présente pas aussi mal que la précédente.

De temps à autre, bien sûr, Dac s'interroge. Quelle tournure sa carrière aurait-elle prise si la guerre n'avait pas éclaté ? Une question à laquelle, une fois pour toutes, il décide un jour de ne même pas tenter de répondre. Il n'est pas homme à avoir des regrets ; il est et demeure avant tout un créateur. Si, dans l'intimité, le patriote évoque avec gravité et émotion le général de Gaulle, les Français libres et les traîtres, le chansonnier occulte désormais en public toute cette partie de son existence. Roger Pierre va être le témoin privilégié de cette dissociation. Il est alors le jeune auteur d'une émission de Radio-Luxembourg diffusée depuis la salle Gaveau et parrainée par la brillantine Roja. Il découvre un jour que Pierre Dac et Jean Rigaux sont prévus au même programme. Erreur fatale ! Au lendemain de la Libération, le premier a vivement reproché au second d'avoir travaillé à Paris pendant l'Occupation. Il est de notoriété publique que, depuis, ils ne s'adressent plus la parole. Jean Nohain et Jean-Marc Thibault, qui animent cette soirée, imaginent le drame que peut entraîner une éventuelle confrontation. Ils transforment aussitôt l'ordre de passage des artistes et prévoient un battement de deux heures et demie entre les prestations des deux chansonniers. L'un a donc tout le temps de partir avant que l'autre intervienne à l'antenne. Malheureusement, l'enregistrement du sketch de Pierre Dac ayant commencé très en retard et Jean Rigaux étant arrivé bien en avance, l'inévitable se produit dans les sous-sols. Les deux hommes s'observent pendant quelques dixièmes de seconde, tandis que Roger Pierre, soudain tétanisé, sent le monde s'écrouler sous ses pieds. A sa grande surprise et à son immense soulagement, ils tombent dans les bras l'un de l'autre. Le roi des loufoques s'exclame :

« Mon Jean ! Que se passe-t-il ? J'ai plus de nouvelles de toi, pas même un coup de téléphone !

— Trop de boulot, mon vieux ! Mais je t'appelle très vite ! »

Le message est clair. Pour Pierre Dac, à la fin de cette année 1947, le spectacle a repris ses droits. Ses droits de rire, naturellement...

Francis Blanche
Campion, Celmas et Lefèvre : pour le meilleur avant le pire...

« Si un bon averti en vaut deux, deux mauvais avertis ne valent pas grand-chose. »

Lyon, 7 avril 1960, 21 h 30.

« Mesdames, mesdemoiselles, messieurs, j'ai le grand plaisir honorifique de présenter à vous ce soir, tout à fait exceptionnellement, dans le plus simple appareil, une beauté qu'on vient d'arracher à on ne sait pas quoi d'ailleurs... De vous présenter le Sar Rabindranath Duval, qui est le descendant authentique de grands Sars, des grands visionnaires de l'Inde... »

En entendant le professeur Papamakavroconstinévizélarguéropoulos, alias Francis Blanche*, présenter ainsi le Sar Rabindranath Duval, c'est-à-dire Pierre Dac, les six mille spectateurs du Palais des Sports, venus assister à un « Musicorama » spécial d'Europe n° 1, éclatent de rire. Les deux complices sont entrés en scène dans des tenues insolites, choisies à la hâte dans une malle à accessoires. Le premier, coiffé d'un turban, porte une espèce de djellaba délavée, tandis que le second, assis sur une table en position de yoga — discipline qu'il pratique chaque matin —, arbore un pagne à franges du plus mauvais goût ainsi que, comble du paradoxe et éternelle coquetterie obligent, des souliers parfaitement cirés.

* Blanche a choisi ce nom parce qu'il représente exactement une ligne sur sa machine à écrire. *(N.d.A.)*

Le climat est exceptionnel et l'on finit par rire de confiance, avant même que l'un ou l'autre ait prononcé le moindre mot. De plus, l'élocution quelque peu bousculée des intervenants démontre qu'ils ne sont pas tout à fait dans leur état normal... Le public ne s'y trompe pas. De toute évidence, les deux hommes ont bien profité de la nourriture et des vins locaux à l'heure du déjeuner. Francis, soucieux de remonter le moral de Pierre, qui n'est pas au beau fixe, l'a en effet entraîné vers 13 heures Au Mal Assis, chez Marius, un bouchon comme on n'en fait déjà presque plus. Ouvert à tous à l'heure d'un apéritif qui se prolonge parfois bien au-delà du dîner, cet établissement devient exclusivement réservé, pour le déjeuner, à ceux que le maître des lieux accepte de servir, en fonction de son humeur ou de critères de sympathie totalement subjectifs. Dac et Blanche figurent parmi ces privilégiés. Lorsqu'ils arrivent, le restaurateur débouche immédiatement, en leur honneur, quelques bouteilles provenant droit de sa réserve personnelle, puis pose les charcuteries sur la table. Les histoires, les vieux souvenirs commencent à fuser de toutes parts. Marius a en effet été, pendant la guerre, l'un des plus ardents résistants de la ville. A plusieurs reprises, son établissement a servi de quartier général aux réseaux implantés dans la région. Pierre l'a même utilisé comme relais avec Londres entre ses première et deuxième tentatives pour passer en Angleterre.

Marius évoque également le procès qui vient de l'opposer à une grande marque d'eau minérale. Dac et Blanche hurlent de rire en écoutant ce récit. Un représentant l'a pris en flagrant délit de nettoyage de son pas de porte avec une bouteille qu'il lui avait vendue quelques jours plus tôt. Il a aussitôt crié à la contre-publicité et l'affaire est allée en justice. Les habitués des lieux se sont passé le mot et la presse a titré : « Incroyable ! On a trouvé de l'eau chez Marius ! » Le temps d'ouvrir quelques autres magnums pour accompagner les viandes, les fromages et les desserts, il est déjà 20 heures...

« C'est pas tout ça, lance soudain Francis en tapant du poing sur la table, rigoler c'est bien beau mais on est quand même ici pour travailler... »

A une heure du début de la représentation, il est effectivement utile de se préoccuper de ce détail.

La complicité est alors totale entre Dac et Blanche, et pourtant, entre eux, tout a commencé par des éclats de colère plutôt que de rire.

Un dimanche matin de la fin du mois de février 1949, tout en recopiant un sketch, Pierre Dac écoute machinalement la radio. Soudain, il devient tellement rouge que Dinah, qui se trouve à ses côtés, s'inquiète...

« Que t'arrive-t-il ? Tu as un malaise ?

— Cette fois il va trop loin ! C'est presque exactement le texte que j'ai écrit il y a plus de dix ans pour la SDL ! »

Dinah tend l'oreille et comprend la fureur de son mari. Sur les ondes de la Radiodiffusion française, dans « Branquignol » l'émission hebdomadaire de Robert Dhéry, on diffuse un reportage sur les « mines de rien », signé... Francis Blanche !

« Mais... C'est du plagiat ! Qu'est-ce que tu vas faire ? »

Pierre Dac, le visage encore plus fermé que d'habitude, ne répond pas. Il retrouve son texte écrit pour le Poste parisien et le relit attentivement.

« [...] La SDL au grand complet prend place dans un "descendeur", une cage suspendue dans le vide par un bout de corde que l'on coupe soudain. Nous tombons et lorsque nous ressentons un certain choc, nous précise l'ingénieur en chef qui nous guide, cela signifie que nous sommes arrivés. Il convient toutefois de signaler que le sol est tapissé de vieux journaux pour amortir la chute. Nous découvrons des mineurs simplement coiffés d'un chapeau Cronstadt à oreillettes.

“Qu’est-ce que vous extrayez ici ? demandons-nous à l’ingénieur.

— Rien, puisque ce sont des mines de rien.

— Et vous en extrayez beaucoup ?

— Production excédentaire !” [...] »

Quarante-huit heures plus tard, une foule hilare sort du Théâtre La Bruyère. Comme tous les soirs, *Branquignol* a fait salle comble : c’est le triomphe de l’année, signé Robert Dhéry, avec, entre autres, Colette Brosset, Jean Carmet, Christian Duvaleix, Pierre Olaf, Gérard Calvi et... Francis Blanche. Un homme aux cheveux roux et rares demeure toutefois immobile dans le minuscule hall d’entrée. « Un chasseur d’autographes », imagine le machiniste qui est en train d’éteindre la salle...

Lorsque la troupe au grand complet s’extirpe du réduit qui fait office de loge, le quidam bondit vers Francis Blanche et l’abreuve aussitôt d’injures.

« Tout ce que vous savez faire, c’est voler mes idées », hurle Pierre Dac.

Francis, dont le mauvais caractère est légendaire, réplique avec une telle vigueur que Robert Dhéry et Pierre Olaf craignent le pire. Ils tentent de s’interposer mais Blanche les repousse vigoureusement, en lançant d’une voix glaciale : « On va aller régler ça ailleurs ! »

Aussitôt, Dac et Blanche sortent du théâtre... Pendant plusieurs minutes, les « Branquignols » restent paralysés. Ils ne savent pas quelle attitude adopter. Gérard Calvi, mi-courageux, mi-inconscient, jette un coup d’œil dehors et s’aperçoit qu’il n’y a plus personne. Il se dirige vers Chez Jeannette, le café où la troupe a ses habitudes, au coin des rues Notre-Dame-de-Lorette et La Bruyère. Il pousse un soupir de soulagement et retourne aussitôt rassurer ses camarades : « Ils sont en train de bavarder tranquillement dans l’arrière-salle. Ça a l’air de s’arranger. Allons les rejoindre... »

En file indienne, les Branquignols vont s’attabler autour

de Dac et Blanche, toujours sur la défensive et dont les visages demeurent impassibles, en dépit de la folie des propos qu'ils échangent. Les à-peu-près succèdent aux calembours à un rythme d'enfer. Vers 2 heures du matin, les Branquignols sont pliés en deux, Francis Blanche est hilare et Pierre Dac essuie ses yeux mouillés par des larmes de rire.

Le litige entre les deux humoristes va se régler à l'amiable, puisque trois jours plus tard, juste avant d'entrer en scène, Francis lance aux autres Branquignols : « Nous sommes d'accord ! Pierre et moi allons travailler ensemble ! On commence dimanche prochain une nouvelle émission de radio. Ça s'appellera "Le parti d'en rire"... »

Si un terrain d'entente a été trouvé aussi rapidement, c'est que la conjoncture est favorable. Hasard, ou tout simplement destin, depuis plusieurs semaines, Robert Dhéry, coauteur avec Blanche d'une tranche hebdomadaire intitulée « Branquignol », cherche, par manque de temps, une porte de sortie. Francis imagine mal continuer tout seul mais n'a pourtant guère envie de renoncer à ce rendez-vous du dimanche matin. Depuis « Sans rime ni raison » et une séparation — pas vraiment à l'amiable — avec Pierre Cour, la radio fait en effet partie de son existence quotidienne. Sur Radio-Monte-Carlo, il a créé ses premiers canulars téléphoniques et, sur Radio-Luxembourg, il participe régulièrement à une émission diffusée le mardi soir et intitulée « Le club du sourire ». A la seconde où il aperçoit Pierre Dac, il comprend qu'il tient la solution à son problème. Voilà des mois en effet que des proches lui suggèrent de rencontrer le roi des loufoques.

« Vous ne faites plus de radio ? demande Francis.

— Disons que la radio se fait sans moi, réplique Pierre quelque peu désabusé.

— C'est dommage, murmure Francis. Au fait, il paraît que le "Parti d'en rire" que nous avons créé sur la Chaîne parisienne dans "Branquignol"...

— J'ai fait la même chose avant guerre », l'interrompt Pierre, sèchement.

Et c'est ainsi que le dimanche 6 mars 1949, à 11 heures très précises, les auditeurs de la Chaîne parisienne peuvent entendre le dialogue suivant :

« Chers amis, adhérents au Parti d'en rire, nous venons de fusionner avec un autre grand Parti. L'émouvante cérémonie s'est déroulée devant l'arc de triomphe du Carrousel ; les deux secrétaires généraux ont signé l'acte d'association et l'ont ensuite jeté dans une bouche d'égout. [...]

Francis Blanche : [...] La coopération du grand Parti d'en rire et du non moins grand Parti sans laisser d'adresse est une date dans l'histoire. Je vais donc laisser la parole à celui qui désormais marchera à nos côtés, un grand précurseur, défenseur du tapioca, zélateur du cornichon, qui lutta tant et tant pour le Grand Sourire Universel, Pierre Dac !

Pierre Dac : [...] Mesdames, messieurs, mon général, ma sœur... La fusion, que nous déclarons ouverte, refroidira d'abord les partis de nos ennemis, ensuite, leur montrera qu'au-dessus de ce qui est en dessous et par-derrière ce qui est par-devant, ce qui se trouve au milieu n'est pas condamné ipso facto, et, par voie de conséquence, ipso cisson à pendre lamentablement. Enfin, cette fusion, en détruisant les grumeaux de l'incompréhension universelle, montrera du doigt les ridelles de l'incompréhension, en leur tournant le dos définitivement... »

Le départ de Robert Dhéry, alias Jules dans l'émission, se trouve évoqué dans la foulée : « Il s'est définitivement retiré de l'arène politique et vit dans son ermitage de Bourgogne avec une rente viagère de huit barriques par an. »

Le sketch s'achève par la diffusion de l'hymne du Parti d'en rire interprété par toute la troupe sur le thème du *Boléro* de Ravel : « Parti d'en rire... Parti d'en rire... C'est le parti de tous ceux qui n'ont pas pris de parti... »

Dans les studios de la Radiodiffusion française, rue du Mail, les autres intervenants ont du mal à conserver leur sérieux. On les surnomme les « Meu Meu ». Ils s'appellent en réalité, par ordre d'entrée en ondes, Edith Fontaine (alors Mme Francis Blanche à la ville), Robert Destain, Jean Carmet, Lawrence Riesner et Roger Lanzac. L'accompagnement est assuré par Gérard Calvi et son quatuor et, comme le dit la formule déjà célèbre, « de qui est la mise en ondes ? Mais Pierre Arnaud de Chassy-Poulay, bien sûr ! ». C'est beau comme un pseudonyme et pourtant c'est son vrai nom. Comédien, musicien, régisseur, ingénieur du son, il devient, au lendemain de la libération de Paris, secrétaire de Pierre Schaeffer, directeur général de la Radiodiffusion française. Parce que son voisin de bureau a fait poser sur sa porte une plaque ainsi libellée : « Hubert du Moulin de La Bartette, Chargé de Mission », il en fait réaliser une au format identique, précisant son identité et son titre. Un jeune poète, Francis Blanche, venu présenter ses textes quelques jours plus tard, s'arrête net devant cette inscription insolite et éclate de rire. Il sympathise aussitôt avec Pierre Arnaud et, en octobre 1948, peu avant de créer « Branquignol », il apprend que l'ex-secrétaire de l'ancien directeur général est devenu l'un des plus brillants metteurs en ondes de la Chaîne parisienne. Il le choisit comme réalisateur de son émission. La complicité est immédiate, la complémentarité totale entre deux hommes qui sélectionnent ensemble musiques et bruitages accompagnant les séquences et n'ont même pas besoin de parler pour se comprendre des deux côtés de la cabine.

Dans cette ambiance exceptionnelle, Pierre Dac effectue un retour qui arrive à point pour lui remonter le moral et son compte en banque. Depuis un an, les rentrées financières sont tellement aléatoires qu'au début de 1949 Dinah s'est remise à travailler. Ne trouvant pas d'emploi au théâtre, elle a accepté un poste de vendeuse à mi-temps dans une parfumerie de luxe, place des Ternes.

Pendant les après-midi qu'il passe seul à son bureau, le chansonnier éprouve la désagréable impression d'être quasiment revenu à son point de départ. En septembre 1948, il s'est produit en première partie de la revue du Coucou et, pendant les trois mois qui ont suivi, son vieux copain Jean Marsac l'a engagé dans son cabaret de la Lune rousse en ouverture d'une revue intitulée *La Belle Manière.* Il y a interprété des chansons d'avant-guerre devant un public chaleureux certes, mais plus clairsemé et moins enthousiaste que jadis. Fort de cette constatation, le pessimiste qu'il est de nature écrit chaque jour de nouveaux sketches qu'il range aussitôt dans un tiroir, persuadé que cela n'intéresse plus personne.

La mode n'est plus au loufoque et aux monologues intemporels mais plutôt à ceux qui brocardent les têtes d'affiche de la politique ou des arts. *Le Rêve de M. Belette* a été repris pour l'été au Théâtre du Chapiteau mais les grands succès de la saison sont, incontestablement, *Bon pour le serre-vis*, au Caveau de la République, *Le Fol de Chaillot* aux Noctambules, *Les Mains propres* au Deux-Anes, ainsi que la transposition d'une émission de radio de Jean Lec, « Le grenier de Montmartre », sur la scène d'un nouvel établissement de deux cent cinquante places à l'enseigne des Trois-Baudets. Créé au lendemain de la Libération par les chansonniers Pierre-Jean Vaillard, Christian Vebel et Georges Bernardet, initialement baptisé les Trois Anes, ce cabaret est situé à l'angle du 64, boulevard de Clichy et du 2, rue Coustou, à l'emplacement d'un dancing célèbre avant la guerre, le Cœur de Montmartre. Jacques Canetti en assume la direction artistique. Fin 1948, il programme un spectacle composé de quatre jeunes talents, Jacqueline François, Jean-René Caussimon, Francis Lemarque et Henri Salvador. Les gags réalisés par ce dernier, avec la collaboration discrète de Francis Blanche, remportent un tel succès que Canetti décide, dès février 1949, de faire de ce lieu, qu'il rebaptise Théâtre Montmartre, un temple de l'humour. La plupart des chansonniers ayant des engagements à honorer jusqu'à la fin de la saison, il téléphone à Pierre Dac, apparemment libre de tout contrat et qui s'est déjà produit dans cette salle le temps d'un sketch, pendant les fêtes de Noël.

« Pourriez-vous débuter dans quatre semaines ? lui demande-t-il en préalable.

— J'ai assez de matière pour quatre spectacles, vous n'avez qu'à choisir », réplique Pierre Dac, qui commence à retrouver sa vitalité de jadis. Ce coup de fil se produit en effet au lendemain de son association radiophonique avec Francis Blanche...

Le concept de la revue se trouve rapidement défini : le journaliste, toujours nostalgique de son cher *Os à moelle*, crée pour l'occasion un « hebdomadaire (quotidien) des gens fiévreux » qu'il intitule tout naturellement *39° 5*. Le spectacle est en deux parties, « Le gala de lancement » et « Le sommaire du numéro 1 ». L'occasion d'évoquer les grands événements politiques, judiciaires, diplomatiques et artistiques de l'époque. Aux côtés de Pierre Dac, figure un « grand ancien », le dessinateur Bugette, fidèle parmi les fidèles, à propos de qui le roi des loufoques précise dans le programme : « Cet abonné désespéré au Gaz et à l'Electricité de France n'a pas de chance. En effet, quand il raconte une histoire à ses amis, ceux-ci feignent de ne pas comprendre afin qu'il leur fasse un dessin. » Les « petits nouveaux » s'appellent Bob Harley, Jean Patrick, Jean Valmence, Jacques Bénétin et François Chevais. Ce jeune homme au visage éternellement pâle et fatigué offre la particularité de se présenter comme « le plus mauvais comédien de Paris ». C'est lui qui le premier, bien avant la rencontre au La Bruyère, a dit à Francis : « Tu sais, tu devrais rencontrer Pierre Dac. Je suis sûr que vous vous entendriez bien tous les deux. »

Le roi des loufoques limitant ses interventions à des propos résolument intemporels, les textes additionnels d'actualité ont été écrits par trois jeunes piliers du *Canard enchaîné*, Jean-Paul Lacroix, le dessinateur Jacques Lap et Marcel Rioutord, le « petit poète » de l'hebdomadaire satirique. La mise en scène est confiée à Yves Robert, un ex-comédien de la Compagnie Grenier-Hussenot qui a déjà créé avec succès des spectacles au Théâtre Saint-Georges et surtout au cabaret de la Rose rouge : son découpage des *Exercices de style* de Raymond Queneau, interprétés par les Frères Jacques, demeure un modèle du genre. Sur la même affiche figurent également André Popp, un pianiste encore inconnu, et Robert Lamoureux. Jacques Canetti l'a découvert au cours d'une audition au Central de la chanson, nouvelle raison sociale du Club des Cinq. Il l'a présenté à Pierre Dac qui, trente secondes après avoir entendu son monologue, l'a accepté avec enthousiasme dans son équipe. Un autre jeune fantaisiste débutant a été sollicité mais, faute de place, il n'a pas été retenu. Il s'appelle Fernand Raynaud...

Le 31 mars 1949 à 21 h 30, quand le rideau se lève pour la première officielle, le Tout-Paris est dans la salle, à l'exception de l'équipe du « Parti d'en rire », Francis Blanche en tête, qui joue toujours *Branquignol* au La Bruyère. Les points communs entre les deux spectacles sont évidents et le public ne s'y trompe pas. Dès le lendemain matin, on se bouscule à la caisse. Dans la foule, il y a les fidèles de *L'Os à moelle*, bien sûr, mais aussi et surtout des jeunes qui font un triomphe à une forme d'humour que certains avaient enterrée trop tôt.

La revue, prévue pour cinquante représentations, est déjà bien partie pour durer beaucoup plus longtemps. Chaque soir, en coulisse, Pierre Dac joue les rédacteurs en chef paternalistes. Tout est bon pour faire disparaître chez ses camarades l'angoisse qui précède le lever de rideau. Ainsi, lorsque Robert Lamoureux, quasi mort de trac, l'interroge sur la qualité du public, le dialogue se limite à deux répliques :

« Comment sont-ils ce soir ?

— Assis ! »

Au bout de quelques semaines, le succès est tel que le roi des loufoques ne sait plus où donner de la plume. A la radio, les « Meu Meu » » se sont regroupés en « mouvement » et le mélange Dac-Blanche commence à donner des résultats détonants. On traite, en vrac, de l'origine du confetti, de la chasse au clou, de la traite des planches, de la chasse à l'éponge dans le Pacifique ou de la culture du schpoutzmoutz dans l'île de Madagascar entre Pazatavalo-Magajavola-Rinanka et Magajavola-Pazatavalo-Rinanko ; des reportages sont diffusés en direct de l'école à manger de la tarte ou encore depuis la maison de repos des fainéants ; on évoque les pêcheurs de lune, un nouveau calendrier alphabétique, les fumeries clandestines de jambon, la transmutation du louis d'or en billet de mille, la réconciliation des œufs brouillés et l'extraordinaire invention universelle des frères Fauderche, le Schmilblick ou Filotron ; on explique comment tricoter un porte-bouteilles ou réussir l'ourlet écrémé ; on donne la recette du suprême de rognures fraîches...

D'innombrables auditeurs, pris au jeu, écrivent pour demander leur carte de membre du Parti d'en rire, ornée d'un insigne dessiné par un jeune artiste, Yves Corbassière, et représentant un virage dangereux. Les auteurs s'amusent beaucoup, eux aussi. Complémentaires, aussi poètes et anticonformistes l'un que l'autre, Dac et Blanche débordent d'imagination. Ils établissent ensemble le sommaire de chaque émission du « Parti d'en rire », puis se partagent le travail. Pierre semble toutefois plus à l'aise devant une feuille de papier que devant un micro tandis que Francis se montre capable d'improviser pendant des heures face à n'importe qui, à propos de n'importe quel sujet. Un principe de respect mutuel a été immédiatement et instinctivement adopté : les deux hommes se vouvoient et Pierre, grâce à celui qu'il appelle maintenant son « fils spirituel », fait connaissance avec une nouvelle génération de comédiens qui n'engendrent pas la mélancolie. A travers ces contacts, il rajeunit à vue d'œil. Il avoue avoir fêté ses « cinquante-six ans à la dernière Saint-Pruneau cuit-Pruneau cru », mais affiche un cœur et un esprit de vingt ans. En quelques semaines, il retrouve l'inspiration qu'il croyait avoir perdue à jamais.

Peu avant la fin de la saison radiophonique, un nouveau personnage effectue une entrée remarquée dans l'équipe du « Parti d'en rire ». Il est soi-disant envoyé par un ami de Pierre Dac, notaire à Cogolin, et se présente comme « le représentant du nouveau gobergeot compensateur en bois d'olivier, bien supérieur à l'ancien modèle à glissière double, puisque sans identation, métastase et tablette oscillante ». Ce nouveau « Meu Meu », qui va régulièrement intervenir, toujours dans le même rôle et à propos du même appareil, s'appelle Louis de Funès. Il a débuté comme pianiste de bar et joue rue Fontaine, à la Nouvelle Eve, une comédie intitulée *Quatre Pas dans le cirage*, aux côtés de Roger Pierre et Jean-Marc Thibault. Francis l'a repéré et songe à lui écrire une pièce dont les protagonistes principaux seraient des jumeaux : physiquement, le futur « gendarme » ressemble en effet à Pierre Arnaud ; Edith Fontaine ayant une sœur jumelle prénommée Simone, la distribution devient évidente. Un projet parmi d'autres qui, faute de temps, ne va jamais se concrétiser.

Cet été-là, pas question de longues vacances pour Pierre Dac. *39° 5* remporte un tel succès que la troupe accepte avec enthousiasme de renoncer à la traditionnelle « fermeture pour congés ». La complicité est totale entre le rédacteur en chef et ses interprètes qui, en coulisse, mettent leur imagination débordante au service de canulars indispensables pour éloigner tout risque de monotonie. Robert Lamoureux prend ainsi un malin plaisir à jeter discrètement par une fenêtre du décor des boîtes sur la tête d'André Popp. Le pianiste parvient à poursuivre son accompagnement, mais avec bien des difficultés. Sous le choc, il perd régulièrement les lunettes sans lesquelles il est pratiquement incapable de déchiffrer une partition.

Pierre Dac, lui, a d'autres fines plaisanteries dans son sac à malice. Un soir, à la fin d'une scène parodiant une négociation délicate entre diplomates, il offre, comme prévu, des cigares à son voisin et choisit pour lui-même une saucisse de Strasbourg, qu'il a préalablement trafiquée. Il l'allume et commence à la fumer avec délectation devant ses partenaires qui s'étouffent de rire. Une autre fois, il distribue des bananes et s'en réserve une pas comme les autres. Confectionnée par ses soins, elle dispose d'une fermeture éclair. Il l'ouvre, mange l'intérieur puis, toujours impassible, referme la peau et glisse l'ensemble dans sa poche. Toutefois, sa blague préférée consiste à entrer sur scène maquillé d'un seul côté, un mégot dessiné sur le coin de la bouche, puis à jouer de profil pendant toute la représentation, de manière que les spectateurs ne s'aperçoivent de rien. Mais ses partenaires qui, eux, doivent faire face à cette vision sont incapables de garder leur sérieux jusqu'à la fin de la soirée.

Tel l'« arroseur arrosé », le roi des loufoques est parfois le premier à rire des surprises qu'il a réservées aux autres. Ainsi, un soir, à la fin d'un sketch parodiant les romans policiers américains à succès, il entre l'air grave comme d'habitude, pour jouer une scène réglée à la réplique près par Yves Robert : il porte un chapeau mou, qu'une ravissante et longue créature doit lui ôter pour lui caresser son crâne chauve en murmurant « Salut beau blond ». A peine a-t-elle enlevé le couvre-chef que Pierre Dac éclate de rire. Il est incapable de prononcer une parole, des larmes coulent de ses yeux bleus et le régisseur se trouve dans l'obligation de baisser le rideau. Dans la salle comme en coulisse, on n'a rien compris. Quelques instants plus tard, enfin calmé, il s'explique : « Regardez mon crâne... J'ai passé deux heures à coller une tartelette aux fraises avec du sparadrap. Je voulais que ma partenaire la découvre pour lui lancer, aussitôt après : ''J'ai reçu une tarte sur la gueule et j'ai pas eu le temps de l'enlever''... »

Côté radio, ça ne va pas mal non plus. « Le Parti d'en rire » fait toutefois grincer bien des dents, certaines voix se sont même élevées pour demander à la direction de la Radiodiffusion française la suppression d'une émission qu'ils jugent impertinente. Leur appel n'a heureusement pas été entendu par des responsables qui, sans l'aide du moindre audimat, estiment incontestable le succès de cette formule unique en son genre.

Le 16 octobre 1949, Dac et Blanche retrouvent donc leur micro et leur horaire du dimanche matin mais, à la demande de leurs supérieurs hiérarchiques, changent le titre de leur rendez-vous. Une précaution contre les interventions possibles, à la tribune de l'Assemblée nationale, de certains députés qui, à en croire la rumeur, décèlent dans cette fantaisie radiophonique une menace pour les institutions. Pierre et Francis, ravis à l'idée d'une polémique de ce genre, font de « Faites chauffer la colle » l'émission officielle du Parti d'en rire. Avec autour du duo vedette, nommés « directeurs politiques », une troupe de fidèles « Meu Meu » parmi lesquels Edith Fontaine, François Chevais, Jacques Bénétin et Lawrence Riesner, ainsi qu'un « petit nouveau », Jean-Marie Amato : un comédien niçois d'origine sicilienne, capable de prendre l'accent napolitain comme personne et qui, à l'antenne, devient le professeur Amerigo Tagliatelli, professeur de framboise à l'université de Florence, docteur honoris causa de la faculté de Gruyère, membre de la Compagnie internationale des raviolis et des grands express européens, fondateur du Parti d'en rire italien et champion de pastaga toutes catégories.

Entre deux couplets de Charles Trenet interprétant *Le Retour des saisons*, Francis Blanche et Pierre Dac tracent les grandes lignes de leur nouveau programme hebdomadaire.

Francis Blanche : Emu par l'ampleur du mouvement qui se dessinait dans le pays tout entier en faveur du Parti d'en rire, le gouvernement a décidé de nous confier une demi-heure d'antenne pour que nous puissions nous exprimer.

Pierre Dac : Une circulaire de la Présidence du Conseil, numéro Pi R/2 1416 du 30 septembre, donnait à la radiodiffusion cet ordre bref mais précis, signé illisible... Faites chauffer la colle !

Et c'est reparti comme en mars 49 ! Dès la première émission, les auditeurs découvrent un reportage exceptionnel à Thermes-les-Eaux, dans le département des Pyrénées-Verticales, la station où l'on soigne toutes les maladies de la soif. D'autres, tout aussi loufoques suivent : Néron inventeur du punch au rhum, les aveux spontanés en bronchopulmonie, l'hospice Manneken, la glande illusion... Les auditeurs sont ravis mais les hommes politiques ne manifestent plus la moindre réaction, à la déception des auteurs.

Certains après-midi, Pierre enregistre des pièces radiophoniques signées Courteline comme *L'Article 330* et *Lettre chargée.* Le soir, au Théâtre Montmartre, il change de registre avec *39° 5*, dont la température des recettes est au beau fixe. En mars 1950, à l'occasion d'une fête donnée pour la quatre centième représentation à bureaux fermés, Francis Blanche avoue à Jacques Canetti son intention de quitter la troupe de *Branquignol.* La réponse du directeur de l'établissement ne se fait pas attendre : « Vous êtes ici chez vous ! »

Aussitôt dit, presque aussitôt fait... *39° 5* s'interrompt en plein succès le 17 avril 1950, au bout de 441 représentations, et se trouve remplacé, quatre jours plus tard à 21 heures, par *Sans issue*, un « psychanalytical-show en dix-sept tests », signé Pierre Dac et Francis Blanche. Pour l'occasion, le Théâtre de Montmartre a retrouvé son enseigne des Trois-Baudets. Dans un décor et une ambiance d'hôpital psychiatrique, les intervenants se proposent de traiter toutes sortes de complexes définis comme « sans issue » : l'inhibition se trouve ainsi stigmatisée dans une saynète bien parisienne intitulée « Le salon où l'on ne cause pas ». Suivent, en vrac, « L'analyse oniro-psychanalytique », « La mnémotechnie » et la fameuse tyrolienne intitulée « Y'a trop d'haineux ». Aux journalistes qui s'interrogent sur le titre du spectacle, sans vrai rapport avec les sujets évoqués, Dac et Blanche avouent qu'il leur a été suggéré par la vision permanente d'un panneau accroché au-dessus des portes situés aux extrémités de la salle.

Aux côtés de ces deux vedettes, le public découvre des visages dont, grâce à la radio, il connaît la voix ou le nom : Edith Fontaine, Jean-Marie Amato, François Chevais, Lawrence Riesner et Pierre Arnaud de Chassy-Poulay, chargé des enchaînements musicaux et des accompagnements au piano. Le fidélissime Bugette est là aussi, bien sûr, ainsi qu'un jeune fantaisiste qui a débuté comme régisseur à la radio avec Pierre Arnaud, Maurice Biraud.

Robert Lamoureux est également présent mais son engagement en haut de l'affiche a été précédé d'un long débat. Dès les premières répétitions, il a donné sa démission, affirmant ne pas être satisfait par la place qui lui a été réservée ni convaincu par les gags prévus qu'il juge d'un niveau très moyen. Il finit par accepter de rester, moyennant un rôle d'un genre nouveau et pas tout à fait de composition : tous les soirs, dix minutes après le début du spectacle, il entre dans la salle, s'installe discrètement sur un strapontin et commence à interrompre les comédiens en demandant à son voisin d'une voix forte :

« Et vous aussi, vous avez payé pour entendre ça ? »

Suivent, devant un public hilare, des réflexions, des commentaires pas toujours très agréables à entendre pour les autres protagonistes, si tout cela n'était pas préalablement réglé.

« J'ai déjà vu ça ! C'est vieux ! Tiens, mais qui c'est ce petit gros ! »

Avant la fin de la première partie, le ton monte un peu plus encore et le contradicteur est invité à venir sur scène afin de montrer ce qu'il sait faire. L'occasion pour Lamoureux de présenter enfin ses propres sketches...

Le succès de *Sans issue* va se trouver renforcé par une grande première : cinquante-cinq minutes du spectacle sont enregistrées puis diffusées un mercredi soir à 20 h 30 sur la Chaîne parisienne. Une forme de promotion imaginée par Dac et Blanche, à propos de laquelle Jacques Canetti émet au départ quelques réserves. Le résultat dépasse les espérances les plus optimistes puisque quarante-huit heures après l'émission, il n'y a plus une seule place à louer pour les quatre semaines à venir.

La mise en scène a été initialement assurée par Michel de Ré mais Dac, Blanche et tous les autres, plus complices que jamais, s'amusent à en rajouter tellement que, certains soirs, le résultat n'a plus rien à voir avec ce qui était prévu à l'origine. Comme dans *39° 5*, pas question, en effet, de manquer une occasion de rigoler, en coulisse comme sur scène. Dans la loge de Francis Blanche, à l'entracte, lorsqu'un spectateur vient présenter ses félicitations, il y a toujours quelqu'un pour lire à ce moment-là, à haute voix et avec le plus grand sérieux, des textes érotiques parmi lesquels *Les Onze Mille Verges* de Guillaume Apollinaire.

En deuxième partie, histoire de casser la monotonie des représentations, Dac et Blanche se déguisent un soir en clowns pour jouer l'un de leurs sketches vedettes, « L'ablation de la poche-revolver », une intervention particulièrement délicate sur le pantalon d'un patient couché sur une table. Le résultat est totalement incompréhensible pour le non-initié. Francis, maquillé en blanc, entre en scène en lançant à Pierre, habillé en Auguste : « Allez, monsieur Mimile, on va faire rire les petits enfants... »

Une autre fois, Pierre décide de piéger Francis et tandis que ce dernier entame un monologue devant le public, il se place en coulisse dans le champ de vision de son complice, baisse son pantalon et montre ses fesses. Parvenant à demeurer sérieux, Blanche s'interrompt, le temps de lancer : « Tiens, vous avez bien mauvaise mine ! » puis reprend son propos tandis que Dac, plié en deux, ne trouve même plus la force de se rhabiller convenablement.

Les mois passent et le succès ne se dément pas. S'accordant quelques jours de vacances, Pierre Arnaud de Chassy-Poulay cède son tabouret de piano à un jeune musicien-fantaisiste, Darry Cowl. Capable de raconter d'une manière parfaitement incohérente une histoire invraisemblable pendant une quinzaine de minutes, il finit par remplacer Robert Lamoureux qui doit s'absenter à son tour. Pendant cette saison, d'autres espoirs vont se produire, le temps de quelques représentations ; parmi eux, Marcel Mouloudji et Jacques Brel. Régulièrement, un charmant fantaisiste d'une vingtaine d'années qui connaît le spectacle par cœur joue les bouche-trous. Avant chaque représentation, il est devant l'entrée des artistes, prêt à pallier n'importe quelle défection. La plupart du temps, il repart en lançant, fair-play : « Vous n'avez pas besoin de moi ce soir mais s'il y a un problème demain, sachez que je serai là. » A plusieurs reprises, il va ainsi reprendre au pied levé le rôle interprété par Lawrence Riesner dans le sketch de « L'opération de la poche-revolver ». Ce jeune homme visiblement plein de talent s'appelle Jean Poiret.

Un soir de janvier 1951, à l'aube d'une seconde année qui s'annonce aussi triomphale que la précédente, les auteurs décident de modifier la première partie et Jacques Canetti — également directeur artistique des disques Philips — engage avec leur accord un ancien bûcheron canadien qui s'accompagne à la guitare, Félix Leclerc. En même temps, Dac et Blanche offrent, le temps de quelques dizaines de représentations, leur première chance à Fernand Raynaud puis à un duo burlesque irrésistible baptisé les Pinsons : l'un s'appelle Verbecke, l'autre, le leader, est un Belge qui a déjà fait ses classes à la Rose rouge et au Vieux-Colombier, Raymond Devos. Pendant dix mois, après sa prestation, il va demeurer en coulisse afin de s'imprégner de l'esprit de Pierre Dac. L'influence du roi des loufoques sur l'œuvre du génial créateur du monologue du *Sens interdit* est déjà perceptible.

Leurs apparitions quotidiennes sur la scène des Trois-Baudets n'empêchent pas Pierre Dac et Francis Blanche d'honorer leur rendez-vous hebdomadaire sur la Chaîne parisienne. Le 26 février 1950, « Faites chauffer la colle » est devenue « CQFD », ou « La faculté d'en rire ». La formule s'interrompt le 25 juin et quitte les studios de la rue du Mail pour revenir, le 15 octobre, au centre Devèze, 18, rue François-Ier. Le local, baptisé « Studio 22 », donne son titre à une émission nouvelle, comme le confirme le premier éditorial :

Francis Blanche : Mesdames, messieurs, aussitôt qu'il fut question que nous assumassions une émission sur les antennes parisiennes, trois télégrammes nous parvinrent...

Pierre Dac : L'un émanait de la direction générale, le second de la présidence de la République et le troisième de la Société protectrice des animaux.

Francis Blanche : Le premier télégramme disait « du nouveau », le second « encore du nouveau », le troisième « toujours du nouveau » !

Pierre Dac : C'est en nous appuyant fortement du bras gauche sur cette triple et puissante parole que nous nous lançons courageusement dans l'exploitation de notre Studio 22 !

Face aux émissions inventées depuis la fin de la guerre par les stations périphériques, la direction de la Radio souhaite en effet renouveler régulièrement ses programmes. A peine une émission commence-t-elle à trouver ses marques qu'elle est supprimée. Une formule dont Dac et Blanche se moquent à leur manière en rebaptisant leurs « Meu Meu » sous l'appellation de « la brigade légère ». En ce qui concerne les auteurs et le metteur en ondes, la nouveauté se limite à des tracas administratifs aussi absurdes que les propos tenus à l'antenne chaque dimanche. Un mystérieux règlement intérieur de la Radiodiffusion française interdisant de graver tout enregistrement dans le studio 22, Pierre Arnaud de Chassy-Poulay reçoit l'ordre de transmettre chaque émission, par ligne téléphonique, dans un autre immeuble situé au 13, c'est-à-dire juste en face. Ce n'est pas aussi simple qu'on pourrait le croire. Pour parvenir à ses fins, le metteur en ondes doit établir un relais avec deux centraux situés à l'autre bout de Paris. Le (studio) 22 à Asnières de Fernand Raynaud avant la lettre ! Un système d'autant plus complexe qu'à l'autre bout du fil il n'y a personne trois fois sur quatre, le technicien de permanence s'étant absenté pour des raisons personnelles. Un jour, n'y tenant plus, Pierre Arnaud décide de passer outre les ordres de la direction et de graver lui-même l'émission sur une machine en parfait état de marche qui se trouve installée dans le studio 22. Le chef de centre intervient alors : pas question de toucher aux appareils sans l'accord préalable d'un haut responsable ! Le metteur en ondes ne prêtant pas la moindre attention à ses remarques, le chef de centre coupe le courant. Pierre et Francis le rétablissent, le fonctionnaire de service récidive aussitôt... Blanche se met en colère et propose à Pierre Arnaud d'aller terminer le montage de l'émission dans la cabine de leur ami Jean-Jacques Vital, au 134, boulevard Haussmann. Le temps de ranger le matériel dans la Simca 8 du comédien, et voilà tout ce petit monde parti pour un lieu plus accueillant. Dac, lui, demeure sur place pour donner le change et détourner l'attention des techniciens en leur racontant quelques histoires. Hélas, un opérateur scrupuleux a compris la manœuvre et décidé d'empêcher ce déménagement, encore une fois interdit par le règlement. Juste avant que la voiture démarre, il monte sur le pare-chocs arrière. Francis l'aperçoit mais ne freine pas pour autant, bien au contraire. Au rond-point des Champs-Elysées, un policier découvre cette scène insolite et siffle. Blanche, sans se démonter un instant s'arrête et lance au pandore : « Vous tombez bien, monsieur l'agent. Voulez-vous demander à cet individu de descendre ? Sinon, je porte plainte pour violation de domicile ! »

Le technicien, furieux, obtempère et court effectuer à la direction générale un rapport dont les grandes lignes sont faciles à imaginer.

Le soir même, les producteurs se retrouvent devant Wladimir Porché, directeur général, et Paul Gilson, responsable des programmes. Bien entendu, ils exigent la diffusion de l'émission à l'heure prévue et, en cas de refus, menacent d'attaquer pour non-exécution de contrat. A l'issue d'un court échange, les deux parties se mettent d'accord : le programme passera à l'antenne le dimanche 25 mars 1951, mais pour la vingt-quatrième et dernière fois. Afin de ne pas déclencher la moindre polémique, aucune annonce d'au revoir ne sera effectuée. Juste avant de quitter le bureau, Dac et Blanche se hasardent à poser une dernière question qui, depuis le début de l'entretien, leur brûle les lèvres :

« Wladimir Porché semble non seulement très évasif, mais, en plus, il ne regarde jamais ses interlocuteurs dans le blanc des yeux. Souffre-t-il d'un problème de rétine ou d'autre chose ?

— Pas du tout, réplique aussitôt Gilson devant le principal incriminé. M. Porché est directeur et ne le reste que parce qu'il est capable, en toutes circonstances, de faire preuve d'une certaine adaptation, voire d'une extrême souplesse. Il a volontairement choisi de s'asseoir sur un fauteuil à roulettes, afin de sortir sans encombre des situations les plus délicates. Ainsi, lorsqu'il se trouve poussé de droite à gauche par les syndicats, il peut aisément trancher : pour que vos revendications soient prises en considération, il suffit que votre poussée soit plus forte que celle des groupes qui se trouvent de l'autre côté. C'est un principe d'Archimède appliqué à la radio. »

En cet instant précis, Pierre a dû regretter de ne jamais

avoir pensé à confier à Paul Gilson une chronique dans *L'Os à moelle*. Au milieu des loufoques, il n'aurait pas dépareillé...

Dac et Blanche sortent un peu meurtris de cette mésaventure, mais, quelques jours plus tard, ils se demandent si celà ne constitue pas un mal pour un bien. C'est peut-être l'occasion de songer à de nouvelles formules, à l'heure même où la radio se trouve en pleine évolution. Jean Nohain, les Duraton, Souplex et Sourza, Saint-Granier et le « Crochet » sont toujours là mais, pour la première fois depuis quinze ans, comme l'ont constaté et déjà exprimé les dirigeants de la Radiodiffusion française, l'heure est à l'évolution des idées et même des producteurs et des animateurs. Chaque vendredi à 20 heures, sur Radio-Luxembourg, Henri Kubnick réunit les chansonniers en « Académie joyeuse » pour commenter les grands faits de l'actualité. Le jeudi débute « Cent francs par seconde », un jeu que ses inventeurs, Jacques Antoine, Jean-Paul Blondeau et Jean-Jacques Vital, présentent comme le plus drôle du monde : le candidat doit accomplir un gage délirant chaque fois qu'il donne une mauvaise réponse. Le dimanche, à 10 heures, le Programme parisien propose « Central 21-53 », un show animé depuis le cinéma Rex par Gisèle Parry et Robert Beauvais. Enfin, le mercredi à 20 h 15, Radio-Luxembourg lance un jeu inspiré d'une formule américaine, « Quitte ou double », présenté par Zappy Max, un ancien chanteur de l'Orchestre Jacques Hélian. Loin des micros, Dac et Blanche décident d'un commun accord de prendre le « parti de réfléchir » jusqu'à la rentrée prochaine. Ils n'en sont pas moins très occupés. Dès qu'ils sortent des Trois-Baudets, ils se dirigent vers la rue Cujas où ils assurent la deuxième partie du spectacle d'un cabaret à l'enseigne du Potofou. Un établissement dirigé et animé par quelques Branquignols qui se sont séparés de Robert Dhéry. L'esprit burlesque est tellement de rigueur que les folies les plus *hard* sont permises, voire conseillées, des deux côtés de la scène : le patron vous accueille comme un chien dans un jeu de quilles, le maître d'hôtel pratique le tutoiement immédiat mais se révèle incapable d'ouvrir une bouteille de champagne sans arroser les alentours, le magicien casse un œuf dans le chapeau d'un spectateur, rate son tour et rend le galurin dans un état déplorable à son propriétaire, les pompiers interviennent parce qu'une pipe allumée, oubliée dans un pardessus, a mis le feu au vestiaire, on tire des coups de fusil en pleine représentation... Le comble d'un burlesque pas toujours volontaire. Parmi les têtes d'affiche de cette coopérative du spectacle figurent Jean Carmet, Micheline Dax, Jack Ary et Christian Duvaleix. Ce dernier tombant brusquement malade, Francis Blanche est appelé en renfort. Il arrive accompagné de Pierre Dac. En quelques heures, l'ensemble du spectacle est revu et corrigé. Le surlendemain, le 10 mai 1951 très exactement, débute un « show-effroi » intitulé *Charmante Soirée*. Les grandes lignes sont tracées mais une place immense est réservée à l'improvisation. Tous les rôles ont été redistribués. Jean Carmet tente de battre chaque soir le record du monde d'inertie. Installé au centre de la minuscule scène, il subit toutes sortes d'assauts destinés à le faire bouger : on le recouvre de fromage blanc, on place un réchaud (truqué) sur sa tête où l'on fait cuire un œuf... Le champion demeure impassible et ne craque que lorsqu'une jeune femme en tenue légère passe dans son champ de vision. La première partie s'achève par un sketch intitulé « La veillée des chaumières ». Maurice Biraud, Jean Poiret et Paul Demange, habillés en vieilles paysannes, devisent autour d'une cheminée, en attendant leurs hommes partis travailler la terre. Entre leurs dialogues et aux milieux de bruits en tous genres, on assiste en vrac aux apparitions successives d'un militaire en train de déclamer la liste des stations de métro qu'il lit sur un plan agrandi au format d'une carte d'état-major, de Raymond Devos se mettant à chanter un air du folklore cow-boy en s'accompagnant à la guitare et au youkoulélé, et enfin, une fois de plus, de Jean

Carmet entonnant *Le Credo du paysan* en poussant si fort la note qu'il finit par faire éclater les boutons de son pantalon.

Après l'entracte, Pierre Dac, déguisé en marin, entame l'un de ces monologues loufoques dont il a le secret, puis Francis Blanche et toute l'équipe le rejoignent pour interpréter « Pas de marguerite pour Mister Faust », ou « La Faustocopie », une parodie de l'illustre drame sous forme de roman noir cycliste. Un sketch dans lequel Jean Carmet intervient à plusieurs reprises en entrant en scène au milieu d'un dialogue, pour demander aux principaux protagonistes, avec la gravité qui s'impose : « Pardonnez-moi de vous interrompre. D'aucuns m'ont dit qu'il y avait un bidule dans le schmilblick. Dois-je y croire ? »

Une formule traditionnellement suivie d'une paire de claques à destination de Jack Ary, et d'une tentative d'explication de l'un ou l'autre des interprètes : « Tout ça, c'est sans raison, mesdames et messieurs. C'est seulement pour vous intéresser. »

Cette apparition insolite est systématiquement conclue par une interrogation de Blanche : « Y a-t-il un docteur dans la salle ? »

Le grand plaisir de ce dernier est d'improviser sans arrêt, voire de détruire ce qu'il a construit la veille. Avec Pierre, dont la rigueur est en revanche totale, Blanche teste régulièrement des sketches destinés à d'éventuels futurs spectacles. Un soir, le roi des loufoques apporte à son complice une parodie de Myr et Myroska, inventeurs du plus exceptionnel des numéros de transmission de pensée. Interrogé par Francis, Dac, assis sur un guéridon et affublé d'un vieux rideau transformé en robe de voyante, lit l'avenir et le caractère des spectateurs dans les lignes de leurs gants... Une ébauche du *Sar Rabindranath Duval* dont quelques dialogues ne seront pas retenus, dix ans plus tard, lors de la mémorable soirée du Palais des Sports de Lyon :

« Madame Arnica, quel âge a monsieur ?
— Entre 18 et 61 ans.

— Vous pouvez préciser davantage ?
— Inutile ; ça change tous les ans.
— Quelle est sa taille ?
— 1,68 mètre des pieds à la tête, 1,71 mètre de la tête aux pieds.
— Madame Arnica, pouvez-vous me dire quel est le nom de cet instrument ?
— Machine à écrire !
— Machine à écrire comment ?
— Machine à écrire à la main !
— Parfait. A qui appartient-elle ?
— A son propriétaire.
— Qui est son propriétaire ?
— C'est moi ! Vous me l'avez piquée !
— Madame Arnica, pouvez-vous me dire si la personnalité de madame présente quelques particularités ?
— Oui, elle a un grain de beauté !
— Où est-il situé ?
— Sur l'amygdale droite !
— Le public est déçu ! Madame Arnica, pouvez-vous me donner le signalement de monsieur ?
— Monsieur a le visage ovale, le menton rond, le nez creux, les cheveux en rapport et les yeux auburn !
— Oui. Les yeux auburn de quelle teinte ?
— Noirs !
— Les yeux auburn noirs ! C'est extraordinaire... Dans l'intérêt de la santé de Mme Arnica, chère petite créature au foie délabré, nous ne poussons pas plus avant cette expérience... Mais n'hésitez pas à faire appel au don de Mme Arnica sans préjudice des dons que vous voudriez bien me faire à moi, en espèces seulement ; nous n'acceptons pas les chèques, Mme Arnica ayant déjà été entubée plusieurs fois dans des circonstances qu'elle n'avait malheureusement pas prévues. »

Au Potofou, tout est possible : le programme change presque tous les soirs, les artistes aussi, parfois. Ainsi, Francis

Blanche se trouvant obligé d'aller régler d'urgence un problème affectif très personnel dans le midi de la France, Raymond Devos devient, le temps de quelques représentations, le complice de Pierre Dac. Un moment aussi émouvant que délicat pour le jeune humoriste qui s'est juré de parvenir à chanter en rythme l'hymne du Parti d'en rire en ne regardant jamais le roi des loufoques dans les yeux. C'est en effet plus fort que lui : il ne peut croiser le regard — toujours grave — de Pierre Dac sans s'esclaffer.

Pendant près de trois mois, les représentations vont se poursuivre sans interruption. Le 15 juillet, les fondateurs décident de mettre définitivement la clé sous la porte. En dépit d'une affiche prestigieuse et d'une ambiance unique à Paris, la presse a boudé ce spectacle et, faute d'une promotion suffisante, le grand public n'est pas venu. Le bilan financier n'est pas meilleur : les comptes, supervisés par des ex-Branquignols plus cigales que fourmis, sont catastrophiques. La « fermeture définitive » est adoptée sans trop de regrets, chacun des participants ayant à payer très cher ce qui va demeurer cependant un merveilleux souvenir...

Pierre et Francis tournent d'autant plus vite la page que le cinéma commence à s'intéresser à eux. Ça tombe bien, Blanche a justement des scénarios à proposer aux producteurs. Le succès d'un ballet intitulé *Septuor*, qu'il a écrit pour l'Opéra de Paris à partir de l'un de ses poèmes, lui a donné des ailes. Il trousse ainsi les dialogues et interprète avec Pierre Dac un court métrage intitulé *Un curieux cas d'amnésie*, puis écrit seul *Une fille à croquer*, mis en scène par Raoul André. Pierre Dac, mais aussi Gaby Morlay, Louise Carletti, Serge Reggiani, Edith Fontaine, Robert Rollis, les Quatre Barbus et Louis Blanche figurent au générique de cette libre adaptation du *Petit Chaperon rouge* : des bijoux appartenant au frère de Mergrand ont été cachés dans une galette. Lou courtise Mergrand afin de s'emparer des joyaux...

Au mois d'août, les représentations de *Sans issue* se trouvent momentanément interrompues pour cause d'indispensables vacances. Physiquement épuisé et ne sachant pas vraiment où aller, Pierre accepte avec enthousiasme l'invitation de Francis à passer quelques jours dans la villa qu'il possède depuis 1946 à Eze-Village, au-dessus de Nice. Entre deux siestes, ils s'amusent comme des gamins avec des pistolets à plomb à air comprimé qui, cette année-là, sont à la mode sur la Côte d'Azur. Cachés derrière les stores d'une fenêtre de la maison, ils visent la partie postérieure de toute personne se trouvant dans leur champ de vision. Quelques femmes, ne sachant pas d'où vient le projectile, retournent aussitôt une claque au gamin qu'elles tiennent par la main, et qui possède la copie conforme de ce joujou infernal. D'autres, plus subtiles, cherchent le point de départ du plomb. Un estivant, appartenant visiblement à la catégorie « poids lourds », ayant parfaitement identifié l'origine du coup, va ainsi longuement frapper sur la porte de Francis en menaçant de la défoncer. Les deux farceurs, blottis au fond du salon, craindront pendant une dizaine de minutes que leur blague ne tourne au tragique. Le vacancier costaud finit par s'éloigner, mais l'alerte avait été chaude...

Au bout de huit jours de baignades et de repos intensif, Dac et Blanche commencent à réfléchir à leurs projets de rentrée. Francis, inconditionnel des romans populaires, propose à Pierre d'inventer une série d'aventures, un feuilleton en quelque sorte, dont le héros serait un compromis de Fantômas, Arsène Lupin et Rocambole revu et corrigé à la sauce loufoque. Les idées fusent rapidement et, un matin, Pierre propose que ce personnage hors du commun soit baptisé Furax...

Début septembre, Dac et Blanche reviennent à Paris avec un scénario parfaitement ficelé, intitulé « Le Vol des barbus » : le mystérieux enlèvement, pour de hautes raisons scientifiques, de tous les barbus de la planète. A la base de ce complot gigantesque, un aventurier sans scrupules, Edmond Furax. Sur ses traces, les détectives Black et White, le journaliste Fred Transport et sa fiancée Carole Christmas, fille du professeur Merry Christmas, titulaire de la chaire de barbologie analytique à la Sorbonne et mystérieusement kidnappé… D'autres personnages complètent cette histoire : Malvina, la compagne de Furax qu'elle appelle tendrement « Fufu » ; le tueur napolitain Asti Spumante, assistant du professeur ; le commissaire Socrate de la Police judiciaire et son adjoint, l'inefficace inspecteur Euthymènes.

Une grande aventure qui débute le 15 octobre 1951 à 13 h 10 sur la Chaîne parisienne, sous le titre définitif de *Malheur aux barbus !* Serge Reggiani avait été pressenti pour incarner Furax, mais, l'affaire ne s'étant pas faite, c'est Jean-Marie Amato qui reprend le flambeau. En même temps, il prête sa belle voix grave à Asti Spumante. Black et White, ce sont Dac et Blanche ; Jean Poiret, passé du stade de « remplaçant » à celui de « titularisé », devient Fred Transport tandis que les Christmas sont respectivement interprétés par le père et la femme de Francis, Louis Blanche et Edith Fontaine. Maurice Biraud incarne le commissaire Socrate, François Chevais l'inspecteur Euthymènes et Jeanne Dorival, Mme Biraud à la ville, prête sa voix à Malvina. Raymond Devos apparaît dans des rôles épisodiques, comme celui du directeur des Mines de déterré, mais, trop pris par ailleurs, il disparaît assez vite, victime, selon l'humeur des auteurs, d'un « regrettable accident » ou d'une « mort violente ». La mise en ondes, de Pierre Arnaud de Chassy-Poulay bien sûr, est effectuée au studio 52 dans les locaux du centre Bourdan, avenue du Recteur-Poincaré. Dès le premier épisode, le ton est donné :

Pierre Dac : Les péripéties de cette histoire incroyable vous emmèneront aux quatre coins du monde et même au cinquième si le besoin s'en fait sentir.

Francis Blanche : Nous déroulerons sous vos oreilles épouvantées le chapelet maléfique des aventures de Furax.

Pierre Dac : Déjà, à l'annonce de cette manifestation, le Syndicat des aventuriers, malfrats et criminels est entré en action…

Francis Blanche: Une réunion d'urgence s'est tenue à Paris, sous la présidence d'Arsène Lupin...

(Bruits de voix.)

« Silence, silence ! La parole est à Fantômas !

— Messieurs, je n'ai que peu de choses à dire. La diffusion par la Chaîne parisienne des aventures de Furax constitue une atteinte caractérisée aux droits sonores des aventuriers ! Ce criminel, en effet, qui n'est même pas inscrit à notre syndicat, n'a pas droit de cité sur les antennes officielles. Il est temps de réagir contre la déloyale concurrence des criminels qui gâchent le métier et qui ne payent pas leur cotisation à la Fédération...

— Haut les mains !

— Mais quoi ? Qu'est-ce que c'est ?

— J'ai dit : Haut les mains !

— Mais qui êtes-vous ?

— Silence, Judex... Vous allez nous faire avoir des ennuis.

— Mais faut bien savoir qui que c'est, ce gars-là !

— Belphégor, soyez raisonnable !

— Qui je suis ? Vous voulez savoir qui je suis, messieurs du Syndicat des aventuriers ? Eh bien, avant de disparaître, apprenez, Arsène Lupin, Fantômas, le Saint, Judex, Belphégor, Pieds Nickelés et autres petits besogneux de l'illégalité, pauvres mirlitons du crime, piètres criminels de banlieue, apprenez qui je suis... Je suis Furax ! »

Une quinzaine d'épisodes quotidiens de dix minutes sont suffisants pour que, dans la France entière, on adopte comme cri de ralliement la déclaration d'amour de Furax : « Et c'est pour ça que tu m'aimes Malvina ! » Les auditeurs se passionnent pour cette poursuite infernale qui débute à Paris et se prolonge dans l'océan Indien sur l'île de Benbecula transformée en péniche, puis jusqu'à Yadupour, où la maharanée Pauline IV (Pauline Carton) a confié au général Motors la mission d'empêcher l'invasion du Filekistan par l'armée de Sama-Koutra, pays voisin mais néanmoins ennemi. Une saga qui continue en Californie, à Pissaladiéra, au cœur du ranch de la Betterave Maudite sur l'air de *Mangez de la salade...*

Pour n'être pas malade
Pour être bien portant
Mangez de la salade
C'est nourrissant

... et s'achève dans l'espace au-delà de l'éther intersidéral... Au fil des épisodes apparaissent de nouveaux personnages comme le petit Hindou Jejeeboy (Francis Blanche) au langage tellement incompréhensible qu'il en devint génial, ainsi que les inspecteurs Mortimer et Rinaldo, alias Roger Pierre et Jean-Marc Thibault. Au début du mois de janvier 1952, ces derniers demandent à reprendre leur liberté pour tourner un film. Les auteurs la leur accordent mais, en guise de vengeance affectueuse, transforment le scénario prévu et imaginent un ultime épisode que Roger et Jean-Marc sont bien obligés d'enregistrer : Mortimer et Rinaldo passent à l'ennemi et finissent par implorer le pardon de leurs copains : « Oui, reconnaissent-ils, nous sommes des salauds, nous avons trahi nos amis, nous n'hésitons pas à les lâcher... » Des propos dont le second degré est incompréhensible pour l'auditeur et qu'une scénarisation assez souple a rendus possibles. Les grandes lignes de l'histoire ont été tracées mais les dialogues sont en effet écrits à la petite semaine, selon un rituel bien établi : Dac et Blanche se réunissent chaque jeudi au domicile du premier qui, ce jour-là, ne se rase pas. En deux heures et pas mal de fous rires, ils déterminent le synopsis des six épisodes à venir, puis se les partagent. Pierre trace les grandes lignes de l'action, développe des idées, puis se déchaîne dans la folie absurde. Le second se réserve le fignolage de l'intrigue et des gags complémentaires.

Leurs méthodes de travail aussi sont très différentes. Le

lendemain matin, Pierre s'installe à son bureau et commence à rédiger quelques dizaines de pages de sa belle écriture ronde. Quarante-huit heures plus tard, il envoie sa copie à Francis qui, lui, attend la nuit qui précède l'enregistrement pour se mettre à l'ouvrage. A 7 heures du matin, il arrive au studio avec un texte tapé par sa mère, née Montagucelli, surnommée « Madame Monta » et que son fils appelle affectueusement « Mon gros tas ». La veille, avec Pierre Dac et Pierre Arnaud, il a sélectionné les musiques d'ambiance les plus étranges, à la discothèque de la radio, rue de l'Université. La machine à écrire de « Madame Monta » n'acceptant pas plus de quatre carbone, il n'y a jamais assez de textes pour l'ensemble des interprètes. Ceux-ci, tout en tenant leur rôle, doivent toujours penser à glisser, sans faire de bruit, l'ensemble des feuilles de papier pelure à leur voisin dès la fin de leur réplique. Un relais qui dégénère parfois en course poursuite autour du micro et s'achève souvent par un dérapage verbal de l'un ou de l'autre suivi d'un fou rire général.

Une méthode insolite mais qui va être « scrupuleusement » respectée tout au long des deux cent treize épisodes de la série. L'histoire s'achève le 19 juin 1952 par la victoire des héros et la fuite d'Edmond Furax. Une ouverture évidente vers une suite éventuelle...

Entre-temps, *Sans issue* a poursuivi ses triomphales représentations aux Trois-Baudets. Au mois de novembre 1951, Francis Blanche, qui est au bord du divorce avec Edith, choisit d'oublier ses soucis en se déchaînant sur scène un peu plus encore que d'habitude. Un soir, au milieu d'un sketch, il commence à jeter des fruits pourris sur des spectateurs du premier rang qui n'apprécient guère la plaisanterie. Le lendemain, il choisit comme cible le public des baignoires, qu'il asperge d'insecticide. Devant les protestations des victimes et du directeur du théâtre en personne, il récidive quarante-huit heures plus tard, en ajoutant un produit nauséabond à sa bombe antimoustiques. Jacques Canetti se met alors très en colère et le ton monte si fort que, plus soupe au lait que jamais, Francis Blanche annonce son départ pour la fin de la semaine. La consternation est totale mais *Sans issue* s'achève irrémédiablement le 2 décembre 1951, au bout de 683 représentations.

Un incident qui n'empêche pas le duo de se reformer dès le 1er avril 1952. Mitty Goldin, le directeur de l'ABC, leur a donné carte blanche ! Après avoir accueilli des stars aussi prestigieuses que Charles Trenet, Tino Rossi, Edith Piaf ou les Compagnons de la Chanson, il considère que pour justifier le slogan de son établissement, « Théâtre du rire et de la chanson », il se doit d'accueillir des humoristes d'une telle réputation. Le triomphe des Trois-Baudets est encore dans toutes les mémoires, mais il ne compte pas pour autant programmer une resucée de *Sans issue*. Il rêve d'une revue qui ne ressemble à rien. C'est ainsi que naît *Autre Chose*, au titre correspondant exactement au souhait du producteur. Roger Pierre, jeune auteur de l'Amiral, est engagé pour apporter sang frais et idées nouvelles au duo vedette. Sur la même affiche figurent Raymond Devos, au talent de plus en plus apprécié, Henri Salvador dont le comique est irrésistible, Annette Poivre et Raymond Bussières, le couple parigot par excellence, ainsi qu'une jeune comédienne, Nadine Tallier, qui joue alors le rôle d'une dactylo. Elle deviendra plus tard la baronne Nadine de Rothschild. Enfin, la mise en scène est confiée à Gilles Margaritis, le créateur avec Roger Caccia d'un célèbre numéro burlesque, les Chesterfield, mais aussi le réalisateur de « Music-hall parade », l'une des premières grandes émissions de variétés de la télévision, diffusée chaque mercredi à 20 h 30 depuis bientôt deux ans.

La charge que constitue un tel spectacle n'empêche pas Dac et Blanche de réserver du temps à l'élaboration de canulars aux préparatifs parfois assez complexes. Un soir, à la fin d'un sketch où ils interprètent le rôle de deux conspirateurs, ils ôtent le loup qui leur cache le visage et, dos au public, font découvrir aux autres comédiens un visage tricolore. Deux heures de maquillage ont été nécessaires pour aboutir à ce gag dont la durée n'excède pas quelques secondes : la surprise de leurs partenaires est telle que les deux complices s'estiment néanmoins récompensés de leurs efforts.

En revanche, les rapports sont beaucoup plus tendus avec le maître des lieux. Tout a très mal commencé avec des répétitions qui se sont déroulées au Théâtre des Capucines dans une pagaille exemplaire. Mitty Goldin, aussi génial que fou et caractériel, a multiplié les remarques et les contre-ordres en tous genres. Francis a pris l'habitude de lui répondre et, à chaque fois, des deux côtés, on frise l'apoplexie. Pierre, en revanche, ne bronche jamais et tente même, de temps à autre, de modérer les propos de son partenaire. Il profite de la moindre accalmie dans la tempête verbale pour remonter le moral des troupes. Les yeux à demi fermés, le sourire aux lèvres, il murmure alors : « Ne vous inquiétez pas, les enfants, on va y arriver ! »

Certains soirs pourtant, les exigences directoriales constituent le prétexte idéal à canular. Lorsque Blanche voit arriver des jeunes femmes plantureuses, soi-disant engagées par un patron visiblement attiré par le sexe faible et les aventures éphémères, il lance, en imitant l'accent slave de Goldin : « Vous passerez me voir sous mon bureau. » Une formule qui a pour conséquence immédiate de faire rougir, voire fuir, la nymphette de service.

La colère du directeur est alors si grande que Dac et Blanche font poser sur la porte de leur loge le panneau suivant : « Ouvert à tout le monde mais interdit à Goldin. »

« C'est pas très gentil les enfants », réplique ce dernier qui, en dépit de cette guerre interne, conserve un fonds paternaliste. Soucieux de se venger, il décide de mettre sur écoute la loge de ses deux pensionnaires vedettes. Ceux-ci découvrent bien vite, grâce à un grincement inhabituel, l'existence de cette installation de fortune. Au moindre bruit suspect, comprenant qu'ils sont espionnés, ils commencent à tenir, avec le plus grand sérieux, des propos à faire rougir un régiment de la Légion étrangère.

Les rapports s'enveniment encore lorsqu'une répétition est retardée de deux heures parce que toute la troupe se trouve bloquée dans un ascenseur. Goldin, fou de rage et persuadé que cette arrivée tardive est le signe d'une opposition à son égard, décide de retirer symboliquement deux heures de cachet à chacun des interprètes.

Le public, naturellement, ignore tout de ces querelles internes. Il accourt en masse boulevard Poissonnière et réserve chaque soir une ovation à toute la troupe. Dac et Blanche s'en montrent ravis mais, pour eux, *Autre Chose*, c'est plutôt « du pareil au même ». La plupart des sketches sont en fait des reprises de leurs meilleurs moments des revues précédentes. Pour cause d'emploi du temps surchargé, ils n'ont guère la possibilité de se renouveler : l'écriture et l'enregistrement hebdomadaire de *Malheur aux barbus* nécessitent toute leur attention ; de plus, Francis tourne deux films d'affilée, *La Maison du crime* et *Minuit, quai de Bercy*.

Les représentations vont s'achever quelques jours après la diffusion du dernier épisode de *Malheur aux barbus*. Pour la rentrée, une suite à ce feuilleton vedette a été envisagée par les auteurs, mais, à la grande surprise de ces derniers, les dirigeants de la Radiodiffusion ne retiennent pas ce projet. Fidèles à leur principe « Du nouveau, toujours du nouveau, encore du nouveau », ils se refusent à programmer la même émission deux saisons de suite, même si elle connaît un gros succès. Ils proposent en revanche à Pierre et Francis de renouer avec leur horaire et leur formule du dimanche matin. Les deux complices refusent et les ponts sont rompus avec les directeurs de la chaîne nationale.

Cet incident de parcours constitue un coup d'arrêt dans l'activité débordante d'un duo qui, d'un commun accord, décide de s'accorder une année sabbatique. Remonter sur scène sans avoir eu le temps d'écrire de nouveaux sketches leur paraît suicidaire. De plus, après quatre années de vie professionnelle commune, ils éprouvent le désir de concrétiser des projets plus personnels. Francis, qui s'est découvert une passion pour le cinéma, veut écrire *Faites-moi confiance*, un film qu'il compte interpréter aux côtés d'une autre vedette de la radio en pleine ascension, Zappy Max. L'animateur du « Quitte ou double » est désormais quotidiennement présent au micro de Radio-Luxembourg avec « Magnéto stop », une bande magnétique dont les candidats interrompent le défilé pour gagner un cadeau ou le droit d'accomplir un gage insolite, et « La piste aux chansons », une formule directement inspirée de « La course au trésor » puisqu'il s'agit de réunir en un minimum de temps un maximum d'objets ayant un rapport avec une chanson. Depuis six mois, il est aussi le héros d'un grand feuilleton d'aventures diffusé chaque jour à 13 heures, écrit par le romancier Hugo de Haan, alias Saint-Julien, et intitulé *Vas-y, Zappy*.

A l'aube de ses trois fois vingt ans, Pierre, qui a retrouvé la créativité de ses débuts, déborde également de projets. En octobre 1952, il confie à Fernandel l'un des plus beaux textes poético-loufoques, *La Linotte*. Le grand comédien l'enregistre aussitôt sur disque. En même temps, le roi des loufoques, qui éprouve le désir d'entrer en littérature, commence à écrire son premier roman, *Du côté d'Ailleurs*. Il s'agit des aventures poético-policières de Sylvain Etiré et Guy Landneuf, reporters à « Mardi Huit Heures », qui se rendent « du coté d'Ailleurs » afin de mener à bien le reportage de leur carrière : la visite, dans ses moindres détails, d'Autrelieu, capitale d'un pays où l'étrange le dispute au surprenant et où l'on a compris combien les mots peuvent parfois être plus réels que le monde dans lequel nous vivons. C'est l'occasion idéale pour l'auteur de donner la preuve de son talent d'écrivain, en reprenant, sous une forme encore plus écrite qu'à la scène, quelques-uns de ses thèmes favoris : « Le Schmilblick », « Les aveux spontanés » (un interrogatoire où l'on couvre l'accusé de cadeaux pour le faire parler), ou « La clinic station service 129 » (un garage spécialisé dans le changement des pièces du corps humain).

Un sujet que retient aussitôt l'éditeur lyonnais André Martel. Il s'est fait un nom en publiant *Paprika* d'Eric von Stroheim et *Marie des Isles* de Robert Gaillard. Inconditionnel de Dac et Blanche, il vient également d'entamer la publication de la version littéraire, sous forme de tétralogie, des aventures de Furax : « Malheur aux barbus », « Confession de Furax », « Mangez de la salade » et « Les barbus de l'Espace » ont été remis en forme à partir des textes originaux, par Claude Grégory, baptisé « conseiller criminel ». Tout au long du feuilleton il est régulièrement intervenu au micro en demeurant fidèle à son titre, c'est-à-dire en lançant d'une voix machiavélique des formules aussi lapidaires que « La lame, la balle, le poison, la lame, la balle, le poison, la lame, la balle, le poison... ». Il a connu Francis adolescent au lycée Charlemagne, et il l'a si peu quitté qu'il a fini par épouser Simone, la sœur jumelle d'Edith Fontaine. Plus fort encore, en 1952, lorsque Blanche décide de divorcer pour se marier avec une charmante Niçoise prénommée Evelyn, il demeure quand même son beau-frère, puisqu'il quitte lui aussi sa femme pour la sœur de la jeune Evelyn.

Au début du mois d'avril 1953, *Du côté d'Ailleurs* apparaît à la vitrine des libraires au moment même où chacun des tomes de *Malheur aux barbus* passe le cap des quarante mille exemplaires vendus ! Un immense succès qui conforte, dans l'esprit du public, l'espoir d'une reconstitution du duo dans les plus brefs délais. Pierre Dac partage ce désir et le confirme officiellement le mercredi 15 avril 1953, à l'occasion du baptême de son livre. Une fin d'après-midi mémorable dans une cave du 33 de la rue Dauphine, le Tabou, habituellement plus chère aux existentialistes qu'aux adeptes de la loufoquerie. Sous l'œil des caméras de la jeune Télévision française, le nouveau-né est porté sur les fonts baptismaux. L'acte officiel est lu par François Chevais, animateur des lieux :

« A 18 heures très exactement, il a été procédé dans les formes rituelles au baptême du premier roman de Pierre Dac, qui a reçu les noms et prénoms de *Du côté d'Ailleurs*. Il a été tenu sur les fonts de bouteille par sa marraine Jacqueline Joubert, assistée par son parrain André Claveau, en présence de MM. André Martel, René Lefèvre et Jean Oberlé, respectivement éditeur, préfacier et illustrateur... »

André Claveau verse alors une carafe d'eau glacée sur une couverture représentant un touriste qui s'interroge devant un poteau indicateur orné de deux flèches, précisant « Chandernagor 12 350 kilomètres, Autrelieu 2,50 mètres »... Puis il entonne *a cappella* un couplet spécialement troussé pour la circonstance, par le héros de la fête...

Loin de mes soucis vers des jours meilleurs
Où le mot Printemps
Rime avec longtemps
Du côté d'Ailleurs...

La présence de ce prince de la chanson de charme constitue un événement dans un cabaret que Pierre Dac connaît bien pour s'y produire chaque soir depuis six mois, avec un nouveau complice, Léo Campion. Les deux hommes se sont rencontrés par l'intermédiaire de Chevais et, entre eux, le courant est passé si vite que, quelques jours plus tard, ils interprètent ensemble sur la scène du Tabou un sketch que Pierre vient d'écrire, intitulé *Bon sens ne peut mentir*. Deux messieurs, coiffés d'un canotier, discutent, assis sur un banc. L'un feuillette un quotidien du jour, l'autre tourne les pages du *Canard enchaîné* de la semaine. La mise en scène est épurée mais les propos délirants. A force d'improvisations quotidiennes de part et d'autre, les quinze minutes originelles deviennent rapidement quarante puis cinquante.

Après Fernand Rauzéna, qui se consacre désormais au cinéma et au doublage, et Francis Blanche, le roi des loufoques a trouvé en Léo Campion un partenaire à sa démesure. Cet ancien caricaturiste de presse reconverti à la scène depuis la guerre est l'auteur de « Petites définitions », qui pourraient constituer la base d'un nouveau « Dictionnaire encycl.... ospédique ». Ancien directeur artistique du Caveau de la République, ex-producteur à la radio de « Cabaret du soir, espoir », une émission qui donne sa chance aux jeunes talents, il connaît au Tabou son premier grand succès populaire. Le contrat, prévu pour un mois, va se prolonger jusqu'à la fin de la saison et s'achever en apothéose par une émission de télévision intitulée « Du côté d'Ailleurs », avec, aux côtés des duettites, Anne Campion — fille de Léo — et René Lefèvre. Des sketches diffusés en direct depuis le Tabou et regardés à Paris ou dans un rayon maximal de cinquante kilomètres par des amateurs regroupés autour des cinq mille récepteurs en circulation. La Télévision française n'a que deux ans d'existence et ses moyens sont alors si faibles qu'elle se contente de programmer la mire chaque vendredi et pendant tout le mois d'août. Elle ne conserve, hélas, aucune vraie trace de ses émissions. Le « Journal télévisé » de Pierre Sabbagh, « Télé-Paris », de Roger Féral et Jacques Chabannes, ainsi que les dramatiques diffusées le mardi, jour de relâche des théâtres, ne sont presque jamais enregistrés.

Peu avant l'été 1953, la direction de la Radiodiffusion se rappelle au bon souvenir de Pierre Dac et lui demande s'il n'aurait pas une idée d'émission. Seule exigence : faire, comme d'habitude, « du nouveau, encore du nouveau, toujours du nouveau ! » Le chansonnier a justement dans ses cartons un projet qui lui tient à cœur. Il a imaginé le principe d'une série de trente dialogues philosophico-loufoques, auxquels il propose d'associer René Lefèvre. Un style quelque peu différent de ses interventions habituelles sur les ondes, dont le principe est accepté avec enthousiasme par les plus hautes instances. Pendant tout le mois de juillet 1953, les auditeurs de la Chaîne parisienne découvrent ainsi une émission très insolite intitulée « Sous les fraisiers ». L'action se déroule à Figues-les-Eaux, station thermale bien connue des intellectuels surmenés, mais aussi le seul coin de France où l'on est parvenu à acclimater le fraisier géant. C'est sous ses branches touffues que chaque jour, à la même heure, Ernest Lampluche et Léon Malabout, deux éminents philosophes français, se retrouvent pour converser sur les mœurs de ce siècle. Des propos loufoques à souhait, observés et discrètement enregistrés par Georges de Caunes, les deux savants refusant, explique-t-il, toute forme d'interview. Reporter sportif vedette des ondes, le journaliste se retrouve ainsi dans un rôle de récitant, à la demande des interprètes, qui connaissent son amour de l'irrationnel. Trente émissions plus tard, ayant assumé sa mission et parfaitement à l'aise dans cette forme de délire, De Caunes annonce à l'antenne, le plus sérieusement du monde, que, pour récupérer d'un tel choc intellectuel, il va passer le mois d'août à se mettre au noir entre Hénin-Liétard et Bruay-les-Mines, très exactement à la fosse n° 6.

Le programme estival de Pierre Dac est très différent. Une fois les enregistrements de « Sous les fraisiers » totalement achevés, il retrouve Léo Campion pour honorer une tournée dans les casinos des plages, heureuse conséquence de leur succès au Tabou.

Des activités multiples qui n'empêchent pas le roi des loufoques de demeurer à l'affût de toute proposition nouvelle et insolite. Il va ainsi jouer les mannequins, lors d'un défilé de mode, la présentation de la collection automne-hiver 1954 des vêtements Bril.

En octobre paraît un quarante-cinq tours regroupant quelques-uns de ses monologues, dont *Le Schmilblick* : un disque enregistré au Tabou où un appareil à base de ferrailles, de fioles et de cuillères à café a été spécialement construit pour la circonstance. Une longue règle à la main, sans perdre son sérieux un seul instant, le chansonnier effectue une démonstration d'une logique mathématique, physique et chimique extrême. *Bon sens ne peut mentir* va également devenir, à peu près au même moment, un trente-trois tours vingt-cinq centimètres intitulé *Les Marrants.*

« Nous vivons dans des temps troublés, écrit Campion au dos de la pochette. Il y a des gens qui ont les pieds sur terre et d'autres qui ont la tête en l'air ; ce qui, à tout prendre, vaut mieux que d'avoir la tête par terre et les pieds sur les épaules. Il demeure heureusement quelques éléments sains qui, par leur comportement, donnent à notre époque le caractère austère qui, sans eux, lui manquerait regrettablement. »

Au duo Dac-Campion qui répond, bien entendu, à ce portrait flatteur, vient s'ajouter un élément considéré comme « perturbateur », Marcel Celmas. Il obtient carte blanche pour placer, quand il le désire au cours de l'enregistrement, des propos tellement absurdes qu'ils rendent presque sérieux le dialogue des deux autres intervenants. C'est le rôle idéal pour ce chansonnier montmartrois beaucoup plus connu des professionnels que du grand public. Un personnage hors du commun que bon nombre d'humoristes et d'amateurs de canulars, Dac et Campion en tête, évoquent avec émotion. Ils le vénèrent et le considèrent comme leur maître ès loufoquerie. Derrière un visage banal, Celmas dissimule une folie qui fait l'admiration de tous ses confrères. Il est capable de réaliser pour le plaisir et sans la moindre arrière-pensée toutes les incongruités que les autres imaginent mais n'osent pas accomplir. Il s'appelle en réalité Marcel Dupuis, est né à Nantes en 1889 et vit à Romainville avec sa femme. Il est le père d'une fille qui, honte suprême, est entrée dans les ordres. Sa biographie se limite à ces quelques détails et personne ne cherche à en savoir plus, parce que cela n'a aucune importance.

Dans les coulisses des cabarets et théâtres, on s'amuse plutôt des histoires, incroyables mais vraies, qui circulent régulièrement à son propos : des canulars montés avec autant de naturel que de génie, sans idée de carriérisme ou d'exhibitionnisme. Pour Celmas, en effet, la seule chose qui compte est de disposer d'un pécule suffisant pour se payer sa petite cuite quotidienne. Il y parvient sans difficulté, en présentant dans les cabarets de chansonniers un numéro unique en son genre, d'une invention folle, et dont il est le seul auteur et responsable.

Lorsqu'il entre en scène, il se dirige directement vers le piano et, tournant le dos au public, entame avec le musicien de service une conversation qui n'en finit pas. Au bout d'une dizaine de minutes, des murmures d'étonnement et d'impatience s'élèvent dans l'assistance. L'artiste se retourne alors et, bougonnant, lance en direction des non-initiés à sa forme d'humour : « Oui, oui, je sais que vous êtes là. Une seconde ! »

Le temps d'un regard furieux aux perturbateurs de la salle et il se retourne pour achever ce qui ressemble à une discussion. Enfin, il se dirige vers l'avant de la scène et, sans transition, entame son monologue :

« Eh bien, pour en revenir à ce que je disais, car au fond on ne pouvait pas lui en vouloir, surtout qu'il se rasait lui-même. Et comme le poulailler donnait sur la rue, ça faisait un faux jour. Ce qui n'empêchait pas que le courrier arrivait quand même à l'heure. Mais comme la blanchisseuse habitait en face, ça lui permettait de repasser.

Le lendemain, nous arrivons à Quimper, dans le Var... Pas de nouvelles de l'un, pas de nouvelles de l'autre. Alors, on prend les mesures et on fait faire un pantalon à la grand-mère... Ecoutez, faites une chose : mettez un peu de teinture d'iode sur la partie malade et vous êtes là-bas vers les cinq heures sans vous en faire. Et on coupe le gaz... »

Des propos qui se poursuivent sur un ton monocorde pendant une dizaine de minutes, seulement interrompus par des ricanements du pianiste auxquels Celmas répond, en se retournant vers lui d'un air furieux, puis en lançant : « Taisez-vous ! Vous n'êtes qu'un employé ! »

Cette forme d'humour déclenche des réactions mitigées. Certains spectateurs pleurent de rire, d'autres affichent un visage fermé à l'écoute de formules qu'ils jugent incohérentes. Celmas s'en moque : bide ou triomphe, ce qui lui importe, c'est la bouteille de rouge qui l'attend au bar à la sortie.

En dehors de ses propres textes, il est pratiquement incapable de jouer quoi que ce soit. A l'Alhambra, il accepte de figurer dans une opérette parce que l'auteur lui permet d'improviser en toute liberté. Sa seule vraie contrainte, c'est d'apparaître juste avant l'entracte, un filet de pêche sur l'épaule, pour chanter :

Si tu t'engageais dans les zouaves
Ou dans les chasseurs à pied
Ça t'empêcherait pas d'être brave
Mais ça t'empêcherait pas de te noyer.

Une exception qui ne confirme pas la règle. Un producteur va ainsi tenter une expérience malheureuse en lui confiant, au Grand-Guignol, un rôle de mousse dans un mélodrame qui s'intitule *L'Hirondelle.* C'est le récit des derniers moments de l'équipage d'un sous-marin avec un final particulièrement poignant, au cours duquel le seul homme qui puisse échapper à cette fin affreuse enregistre les volontés de ses compagnons d'infortune. Dès les premiers soirs, une majorité de fauteuils vides dans la salle démontre que cette pièce ne possède aucune chance de devenir le succès de l'année. La date de la trentième et dernière représentation se trouve aussitôt fixée au 15 avril. Huit jours auparavant, l'ultime scène entre l'équipage et le seul rescapé se déroule à peu près ainsi :

« Tu diras à ma mère… que je suis mort en héros, soupire le capitaine.

— Dis à ma fiancée que ma dernière pensée a été pour elle, parvient à hoqueter le quartier-maître dans un ultime sursaut.

— Moi, lance Celmas d'une voix forte, tu diras à mon imprésario que je suis libre la semaine prochaine ! »

Le fou rire est général ; on baisse le rideau et Marcel est, bien entendu, renvoyé sur l'heure.

Une nuit, en rentrant chez lui après avoir bien abusé du vin rouge, il se cogne dans un meuble et réveille sa femme qui lui lance :

« D'où sors-tu ?

— De l'ordinaire ! » répond-il avant de s'effondrer ivre mort.

Un autre soir, à la fin des années 30, il se dirige vers les toilettes de la Cloche d'or, un restaurant du quartier de Pigalle, régulièrement fréquenté par les gens du spectacle. Les lieux étant occupés, il patiente et se met à bavarder avec Raymond Souplex qui dîne à une table voisine. La porte s'ouvre enfin et apparaît Georgel, l'un des chanteurs les plus populaires de l'époque, grâce à une romance dont le refrain commence ainsi : « Roule, roule, train de plaisir... » Celmas le regarde passer et lance : « Derrière une vedette, ça va être dur ! »

Le grand bonheur de Celmas consiste toutefois à s'installer dans l'autobus à côté d'une religieuse. Sans avoir préalablement manifesté le moindre signe de folie, bien au contraire, il se dresse soudain en plein trajet au milieu des autres voyageurs et s'exclame : « Comment merde, ma sœur ! »

Et d'ajouter sur le même ton, devant les protestations bien compréhensibles de la pauvre femme : « Et péché de mensonge en plus ! »

L'une de ses blagues favorites, qu'il va réaliser à plusieurs reprises juste après la guerre, a pour cadre le métro aux heures de pointe. Tranquillement installé dans le wagon, il commence par attirer l'attention des voyageurs en feuilletant un petit carnet et en lançant, suffisamment fort pour être entendu : « Ces salauds d'Allemands ! Ils m'ont pas payé les arriérés qu'ils me doivent depuis 43 ! »

Indifférent au malaise qui s'installe autour de lui, il

appuie discrètement sur une sonnette dissimulée dans sa poche gauche et sort de la droite un combiné téléphonique. Sous les yeux effarés des autres passagers, il entame avec naturel une conversation : « Allô... C'est toi ?... C'est moi ! Comment vas-tu ?... Quoi ! Tu t'es cassé le bras !... Mais lequel ?... Le droit en plus !... Tu es plâtré jusqu'au cou !... Mais c'est incroyable ! Où es-tu ?... A la station Etoile !... Moi j'arrive à la porte Maillot ! Si tu veux on se retrouve sur le quai !... D'accord... A tout de suite !... »

Tranquillement, il replace ensuite son combiné dans sa poche et, sans manifester la moindre émotion, se replonge dans ses pensées. A Etoile, il se lève et descend. Des dizaines de regards le suivent alors qu'il se précipite vers un homme (qui n'est autre que Fernand Rauzéna), tenant un téléphone de son bras valide, l'autre — le droit — se trouvant dans le plâtre jusqu'au cou !

Robert Dhéry demeure l'une de ses cibles préférées. Un jour de 1946, il le rencontre dans le métro. Arrivé à destination, Celmas salue son copain, descend puis, au moment où la porte du wagon se referme, il lance haut et fort au créateur de « Branquignol » : « Puisque tu as la chance de voir les anciens de la Milice, embrasse-les pour moi ! » Tous les autres passagers ont, bien sûr, entendu et commencent à dévisager Dhéry qui devient aussitôt écarlate et fuit dès l'arrêt suivant, au milieu de chuchotements pleins de reproches.

C'est toutefois Paul Meurisse qui, dans les années 50, a été la victime du canular le plus machiavélique que l'on puisse imaginer. Les deux hommes se connaissent bien : à leurs débuts ils ont partagé, pendant quelques mois, le même appartement. Un soir, ils se croisent place Blanche, au pied d'une pharmacie voisine du domicile de Meurisse. Celmas, l'air visiblement abattu, se confie à son ami : « Ma vie est devenue un enfer ! Ma femme m'a quitté et, en plus, je me drogue ! »

Son interlocuteur tente de trouver les mots qu'il faut pour lui remonter le moral, mais en vain.

« Est-ce que je peux faire quelque chose pour t'aider? finit-il par lancer.

— Oh oui, réplique aussitôt Celmas. Je suis en manque et... j'ai pas d'ordonnance. Toi qui connais bien le pharmacien puisque tu le croises tous les jours... tu peux pas lui demander une dose pour moi ? »

Outré, Meurisse refuse mais, au bout d'un quart d'heure de palabres, à bout d'arguments, il finit par accepter le compromis proposé par Celmas : « Tu restes sur le trottoir et moi j'entre dans la boutique. J'explique que je ne dispose pas du moindre justificatif médical, mais que tu te portes garant de ma bonne foi. Je te désigne alors du doigt et toi, depuis le trottoir, tu hoches la tête pour confirmer mes dires. »

C'est exactement ce qui se produit, à un détail près dont la victime n'a pas conscience. En réalité, une fois dans l'officine, Celmas s'adresse à l'employé en ces termes : « Bonjour, monsieur, je voudrais de la vaseline... Oui... La boîte bleu pâle... Non, inutile de faire un paquet, c'est pour tout de suite... C'est pour passer un moment d'intimité* avec monsieur ! »

Et de désigner du doigt Meurisse qui, sans entendre la conversation, hoche une tête au visage plus grave que jamais... Des années d'efforts pour se bâtir une image honorable, réduites en poussière en quelques secondes, un record absolu, inégalé à ce jour, même par les hommes politiques les plus compromis !

En revanche, Celmas n'a jamais cherché à piéger Pierre Dac. Mieux encore, ils ont réalisé ensemble, en octobre 1953, un mémorable canular. L'initiative en revient à Eddie Barclay et à deux de ses copains, Philippe Weil, alors direc-

* Il s'est exprimé en termes beaucoup plus crus. Le lecteur rectifiera de lui-même, s'il le désire. *(N.d.A.)*

teur artistique des disques Philips, et Jean-Claude Merle, un joyeux farceur qui, pour l'état civil, exerce la profession d'animateur à Paris et à Saint-Tropez. Tout commence, fin septembre, par un déjeuner chez Renée Lebas, bien connue pour ses interprétations des chansons de Boris Vian, Francis Carco et surtout de *La Mer* de Charles Trenet. Au cours de la conversation, Merle se déchaîne contre toute la publicité que l'on est en train de faire autour de l'arrivée à Paris de Jonas, une baleine naturalisée, qu'on prétend géante, alors qu'elle mesure à peine dix-huit mètres. Un coup de génie imaginé six mois auparavant par deux forains de Copenhague et qui s'est transformé depuis en un immense succès populaire à travers toute l'Europe. En quelques minutes, le trio infernal met au point une blague énorme. Sur l'esplanade des Invalides, à une vingtaine de mètres à peine du chapiteau où repose le mammifère, ils font aménager un semi-remorque aux dimensions identiques, louent une sono, achètent à bon prix un poisson mesurant 0,768 mètre, et annoncent l'exposition d'un goujon géant baptisé Nanar. Ils contactent ensuite Pierre Dac pour lui demander de présenter l'événement à sa manière. Il hésite mais lorsqu'on lui précise que Celmas sera de la partie, il accepte avec enthousiasme. C'est ainsi que le samedi 3 octobre à 18 heures, devant trois cents invités prestigieux, Nanar arrive dans un fourgon blindé, escorté par six motards prêtés par le préfet de police que ce canular amuse énormément. Le roi des loufoques et son complice baptisent dignement un minuscule aquarium avec une grande bouteille de Ricard. Celmas, élevé au rang de dresseur professionnel, tient un fouet à la main « au cas où », et garde un œil grave et vigilant sur le poisson pendant que Dac évoque ce déjà légendaire *gobio gobionis gigantis*...

« Il a été capturé le 14 octobre 1952, jour de la Sainte-Oculie, patronne des fabricants de lunettes, en Vendée dans la Gapette, affluent honoraire de la Sèvre Niortaise, par un audacieux et subtil pêcheur, M. Celmas, qui exerce en outre l'honorable profession de représentant d'une nouvelle marque américaine de papier hygiénique en nylon aéré. [...]

Nanar est le produit du croisement fortuit d'un *barbulus*, barbeau en français, et d'une *gadus morrhua*, c'est-à-dire d'une morue égarée, d'où la justification du nom de Nanar qui lui a ainsi été judicieusement donné.

Aussitôt après sa capture, il fut indispensable de prendre toutes mesures utiles afin de le protéger contre la décomposition. Le problème n'était pas simple. Impossible bien sûr de l'empailler, en vertu de l'article 5 *bis* de la loi du 12 prairial an II, modifié par le décret du 6 mars 1893 et annulé par l'ordonnance du 5 mai 1946 qui l'interdit formellement.

On se décida donc à la conservation au moyen d'un liquide antiseptique ; des injections intramusculaires et intra muros furent pratiquées à haute pression et à marée basse en plusieurs endroits du corps et l'on choisit à cet effet une solution d'eau légèrement dégourdie, et de laplaxmol à 15,7 % additionné de smitmuphre à l'état pur, de nortiflore de barzanoufle et de phormolabémol sulsiforé. Grâce à ce traitement qui est renouvelé le 1er, le 15 et le 22 de chaque mois, ainsi que le deuxième mardi et le troisième samedi de chaque semaine, la conservation de Nanar peut être considérée comme indéfinie.

Quelques détails encore : Nanar ne mesure pas moins de la tête à la queue que de la queue à la tête et ses dimensions sont sensiblement égales à son gabarit. Quant à son poids, il ne m'est pas possible, à mon très vif regret, de vous le communiquer et ce, pour des raisons de sécurité sociale, de défense nationale et de défense de déposer des ordures sous peine d'amende, que tout citoyen digne de ce nom comprendra aisément.

Enfin, on ne connaît que fort peu de choses sur le mode de reproduction du *gobio gobionis gigantis*. Toutefois, et d'après les travaux de l'éminent ichtyologiste Jean-Marie Léopold Sallecomble, on sait cependant qu'il est vivipare les jours pairs, ovipare les jours impairs et mixte les dimanches et jours fériés, de 10 heures à midi et de 23 h 45 à minuit moins le quart... »

Le temps d'un week-end prolongé et à raison de trois représentations par jour, c'est le triomphe pour Pierre Dac, Celmas et Nanar ! Entre le goujon et la baleine, le public n'hésite pas une seconde et l'on se bouscule plus autour du premier que de la seconde. Les recettes, à 1 F l'entrée, vont dépasser le million de centimes et, une fois les investissements récupérés, les promoteurs décident de verser la totalité des bénéfices aux caisses des écoles du VIIIe arrondissement.

Les noms de Jean-Marie Léopold Sallecomble et de la Gapette, qui figurent dans le monologue qui précède, n'ont pas été choisis au hasard par Pierre Dac. Ils proviennent de son nouveau roman, *Les Pédicures de l'âme*, qui paraît quelques jours plus tard. *Du côté d'Ailleurs* a en effet remporté un tel succès d'estime qu'André Martel lui a commandé un second ouvrage. En deuxième et troisième pages de la couverture, signée cette fois-ci Maurice Van Moppès, l'auteur prend les devants en répondant franchement à une question qu'on ne lui a pas encore posée...

« Pourquoi ce titre et à quoi correspond-il ? A rien, ne vont pas manquer de répondre les éternels puristes, coupeurs de tartes en cinquante-huit morceaux.

C'est un ouvrage qui arrive à son heure. Si la justice était véritablement ce qu'elle devrait être et si la circulation était moins dense, *Les Pédicures de l'âme*, de toute évidence, constitueraient une sorte de nouvelle charte morale et seraient considérées par les plus hautes autorités politiques et sociales comme étant l'aboutissement normal de tous les systèmes établis jusqu'à ce jour.

Il n'en sera très probablement pas ainsi. La démonstration par l'absurde n'est pas facilement admise et encore moins acceptée par une humanité qui, en dépit de son apparent degré d'évolution, n'en demeure pas moins trop souvent statique, pour ne pas dire rétrograde.

Ouvrage d'avant-garde alors ?

Non pas ; tout simplement un ouvrage qui est le fruit de multiples réflexions, de doctes et sagaces méditations et dont chaque mot a été soigneusement pesé aux balances du bon sens et de l'humaine dignité.

Voilà ce que sont *Les Pédicures de l'âme*. Rien de plus mais rien de moins.

Un ouvrage qui peut être mis dans toutes les mains, ne serait-ce que pour le flanquer par la fenêtre, dans le cas où il serait jugé indésirable et attentatoire aux bonnes mœurs et à l'ordre établi. Ce qui ne serait qu'une erreur de plus !

Mais au point où nous en sommes, on n'en est pas à ça près ! »

Une allusion discrète à une actualité qui ne prête guère à sourire : le conflit d'Indochine et la grève générale contre les mesures prises par le gouvernement pour combler le déficit budgétaire inquiètent les Français. Fort de sa mauvaise expérience de l'après-guerre, Pierre Dac préfère parler de tout autre chose : l'action se déroule à Villeneuve-la-Vieille, ravissante cité équestre qui se tient à cheval sur la Gapette et la Galure, deux affluents honoraires du Rhône. On y fête le retour, après cinquante ans d'absence, de l'enfant du pays, le grand aventurier Jean-Marie Léopold Sallecomble. Doué d'une sagesse aussi universelle que macrocosmique, il fonde alors le Cénacle des Pédicures de l'âme et devient le « Platon français ». Trois cent pages beaucoup plus proches de l'essai philosophique que du roman loufoque, qui déconcertent les inconditionnels de *L'Os à moelle*. Les ventes ne correspondent pas aux espérances de l'auteur et, tout en reconnaissant la complexité de cette œuvre, il ne cache pas sa déception à son éditeur.

Il n'a heureusement guère le temps de méditer sur cet échec. Il connaît d'abord une forme de consécration professionnelle en étant reçu, le 7 décembre 1953, par Vincent Auriol, soit une semaine avant la fin de son mandat de président et l'élection de René Coty.

« Sous ce que vous appelez parfois des "loufoqueries", je retrouve un bon sens et des leçons profitables », lui dit le chef de l'Etat. Aux côtés de tous les chansonniers réunis à cette occasion, il pose pour une photo qui va paraître dans tous les journaux de France. Une première dans l'histoire de la République.

Le triomphe de *Bon sens ne peut mentir* ne se démentant pas, Pierre Dac parcourt la France avec Léo Campion, et, du 5 au 18 mars 1954, ils se retrouvent à l'affiche de l'Olympia, au même programme qu'Annie Cordy et Eddie Constantine. C'est le troisième spectacle seulement de ce jeune music-hall inauguré un mois plutôt par Bruno Coquatrix.

A la radio, Dac ne chôme pas non plus. En raison du succès estival de « Sous les fraisiers », les dirigeants de la Chaîne parisienne lui ont confié une autre série, hebdomadaire cette fois-ci. Le 11 janvier 1954, à 20 h 20, débute ainsi « L'affaire Villon », une émission poético-policière écrite par Pierre Dac et René Lefèvre, interprétée par les auteurs et... Georges de Caunes. On prend les mêmes mais on ne recommence pas ! Chaque lundi, pendant trente minutes, voici les grandes heures de l'histoire de France revues et corrigées par les loufoques. Pendant une année, en compagnie du « reporter historique » Georges de Caunes, les auditeurs vont suivre les aventures de plusieurs générations de Torchenave et de Mouchabœuf, inspecteurs de père en fils, mis en voix par Dac et Lefèvre. La police du temps leur a donné pour mission de retrouver le dénommé François Villon, de dresser un procès-verbal au sujet de ses abominables écrits et de lui poser une question : « Où sont les neiges d'antan ? » Le générique débute par la *Ballade des dames du temps jadis*, interprétée par Georges Brassens, puis, au fil des dialogues, des gloires du passé, de Charles IX à Napoléon en passant par Catherine de Médicis, Richelieu et Louis XIV, se mêlent à des célébrités d'aujourd'hui, d'André Gillois, rebaptisé « Sire Gillois de Diamanberger », à « Messire Pierre Arnaud de Chassy-Poulay » qui a conservé son patronyme authentique, parce qu'un nom pareil ne s'invente pas. Léo Campion, Maurice Biraud et François Chevais viennent, de temps à autre, apporter une touche de folie supplémentaire à une formule qui a ses partisans et ses détracteurs. Dans *La Semaine Radio* du 15 mars 1954, le critique de service se félicite de cette série aussi littéraire que loufoque, puisque, au-delà de sa truculence, voire de sa gauloiserie, elle met en valeur les vrais poètes. Mais ce jugement ne fait pas l'unanimité : le 8 novembre 1954, dans *Le Figaro*, André Brincourt raconte qu'une véritable polémique est en train de s'engager autour de cette émission. Un programme d'humour à un horaire habituellement réservé aux débats culturels et aux concerts, cela ravit quelques auditeurs mais en scandalise d'autres, beaucoup plus traditionalistes. Ces derniers sont d'ailleurs les premiers à écrire pour manifester leur mécontentement ; parmi eux, un enseignant qui a adressé au journal une lettre virulente :

« Une parodie totalement dénuée d'intérêt, des plaisanteries d'un goût plus que douteux sur les rapports de Napoléon et de Marie-Louise, une caricature de l'histoire de la campagne de Russie, ponctuée de traits d'esprit, tels que : "La retraite de Russie... une retraite même pas proportionnelle !" Le tout d'une vulgarité et d'une bassesse de pensée innommables. Nous avions déjà eu droit avant à des allusions de ce genre : Madame Sans-Gêne contemplant le linge de Bonaparte : "Un sale... non, un caleçon, j'avais mal placé la cédille." Je ne suis pas un admirateur sans réserve de ce que l'on appelle l'épopée napoléonienne ; mais j'estime que les Français devraient avoir un peu plus de respect pour leur propre histoire, et qu'ils devraient prendre garde à ce que les étrangers peuvent penser d'eux lorsqu'ils entendent des plaisanteries pareilles. »

André Brincourt conclut en ajoutant : « Si je vidais le dossier de l'“Affaire”, je remplirais d'un seul coup une page entière du *Figaro*... »

A la lecture de ce dernier paragraphe, Pierre Dac fulmine. Il ne s'attendait pas à une telle levée de boucliers. Cependant, il en a vu d'autres. Il le rappelle dans une lettre qu'il adresse à André Brincourt et que ce dernier, fort loyalement, publie deux jours plus tard, dans les mêmes colonnes :

« Le dossier de l'“Affaire” remplirait selon vous une page du *Figaro*. J'en serais surpris, prétendez-vous. Que non pas, monsieur. D'autres pages me furent consacrées, il n'y a pas tellement longtemps dans *La Gerbe* et *Le Pilori*. Alors, vous comprenez... l'étonnement ! Toutefois, je dois à la vérité de dire que je tiens à votre disposition de quoi remplir une autre page et peut-être même deux, du *Figaro*, avec des lettres d'encouragement et d'approbation que j'ai reçues.

L'“affaire Pierre Dac” ! Allons-nous vers une nouvelle affaire Dreyfus ? Ce serait vraiment trop d'honneur. Enfin, je m'excuse, monsieur, de n'avoir aux temps difficiles été ni fusillé ni terminé mon existence *(sic)* dans un four crématoire. Cela vous eût ainsi évité votre papier que je considère, non pas comme une critique, mais comme une mauvaise action.

Mais enfin, un peu de patience. Du train où nous allons, et avec votre bienveillant appui, cette regrettable lacune ne pourra bientôt manquer d'être comblée. Vous me direz que je déplace la question. Hélas, non ! Je ne la déplace point, vous le savez bien. Que certaines plaisanteries n'aient pas toujours été d'un goût parfait, je vous le concède ; mais de là à ce papier tendancieux, il n'y a plus qu'une nuance ! [...]

Signé : Pierre Dac, chevalier de la Légion d'honneur, croix de guerre 1914-1918, 1939-1945, deux palmes et cinq étoiles, médaille de la Résistance. »

Cette réaction, démesurée par rapport à la critique, est celle d'un écorché vif. André Brincourt le comprend si bien qu'en quelques lignes de conclusion il met un terme à la polémique.

« On sait que M. Pierre Dac est un humoriste. Mais ses plaisanteries sont en effet de moins en moins drôles, quand elles ne frisent pas l'injure. Que viennent faire ici *La Gerbe*, le four crématoire, l'affaire Dreyfus et la Légion d'honneur ? D'autant plus qu'en fait de guerre et de résistance, nous pourrions bien, *Le Figaro* et moi-même, vous tendre... la palme, monsieur Pierre Dac.

Mais de quoi parlions-nous ? Ah oui ! D'un papier critique. Eh bien je vais tout vous dire : ce papier ne mettait pas en cause votre personnalité (comment y aurais-je songé ?) mais celle de Napoléon Ier (malmené en la circonstance). C'est plutôt comique — puisque nous avons décidé d'en rire — et bien cordialement, le voulez-vous ? »

« Mais qu'a-t-il pu se passer dans la tête de Pierre pour qu'il réagisse ainsi ? » se demandent ses proches. Pourquoi ces allusions à la guerre, tellement éloignées du sujet ? Ils s'interrogent, tout comme le principal intéressé qui regrette sa missive et la polémique qu'elle a déclenchée. Sur le coup, il le reconnaît bien volontiers, cela a été plus fort que lui : il ne supporte plus la critique. Dinah, elle, est très inquiète. Depuis plus d'un an, ce n'est pas la première fois qu'il se montre aussi irascible. Une violente altercation avec Mitty Goldin s'est même récemment terminée devant le tribunal correctionnel...

Le 29 mai 1953, le chansonnier, fou de colère, entre dans le bureau du directeur de l'ABC. Il lui reproche d'avoir versé une obole dérisoire, 2 000 francs, au moment du décès d'un employé de l'établissement. Le ton monte, le vocabulaire se fait de moins en moins châtié et la discussion se termine par un coup de poing sur la pommette gauche du visiteur. Un œil au beurre noir que les juges ne vont pas prendre en considération, puisque le 14 octobre Pierre Dac est condamné aux dépens. Motif : Goldin, se sentant menacé, a agi en état de légitime défense.

Quatre semaines plus tard, le 18 novembre très exactement, Dac retrouve les prétoires pour les conclusions du procès qui, depuis sept ans, l'oppose aux responsables de la Société parisienne d'édition. En première instance, il avait été condamné à 1 million de dommages et intérêts pour avoir rompu son contrat en publiant *L'Os libre*. Il avait aussitôt fait appel de cette décision et se voit infliger une amende moindre, puisqu'elle est définitivement fixée à 200 000 francs.

Des procédures qui laissent dans la bouche de Pierre Dac un arrière-goût amer. Il n'a plus l'envie d'écrire et, chaque soir, déchire rageusement les feuillets qu'il a noircis dans la journée. « C'est très mauvais », murmure-t-il, en tirant sur son mégot de Celtiques papier maïs, sa marque de cigarettes favorite. Dinah, qui le connaît mieux que personne, l'oblige à subir des examens médicaux. Leurs conclusions sont formelles : physiquement, il n'y a aucun problème. Le praticien avoue même qu'il a rarement vu cela. Pour l'état civil, Dac a soixante ans mais, à en croire les analyses, il possède le cœur d'un jeune homme. En revanche, moralement, il semble au plus bas. Les disciples d'Hippocrate diagnostiquent un début de dépression dont ils se révèlent incapables de déceler l'origine. Ce cas leur paraît toutefois suffisamment grave pour qu'ils prescrivent au malade un repos absolu de plusieurs mois, une recommandation que Pierre Dac est incapable de suivre. D'abord parce qu'il ne supporte pas l'inaction, ensuite et surtout parce que, financièrement, il ne peut pas se le permettre. Après avoir été à la hausse entre 1949 et 1952, sa cote est maintenant nettement à la baisse.

Au début de 1953, tout se présentait pourtant sous les meilleurs auspices, grâce à une tournée de trois mois avec un Francis Blanche plus en verve que jamais. Un spectacle produit par Jacques Canetti et intitulé *Malheur aux barbus*. Hélas, le succès s'est révélé beaucoup plus mitigé que prévu. Pierre traverse une mauvaise passe. En dépit de ses multiples efforts, Francis ne parvient pas à le dérider. Pire, la moindre parole déplacée fait entrer son complice dans de violentes colères. Parfois, il s'estime blessé ; le ton monte si fort entre les deux hommes qu'ils finissent par se fâcher pour de bon. Pendant les huit derniers jours du périple, ils ne vont plus s'adresser la parole en dehors de la scène. Au lendemain de l'ultime gala, Francis part sans se retourner vers les studios de Radio-Monte-Carlo où il a déjà créé l'événement en inventant un nouveau genre radiophonique, le canular téléphonique : des coups de fil aussi loufoques qu'improvisés à des abonnés pris au hasard dans l'annuaire, sur tout sujet qui lui traverse l'esprit. En même temps il achève des chansons et des sketches commandés par Robert Dhéry pour son nouveau spectacle *Ah les belles bacchantes* au Théâtre Daunou, ainsi que pour la version cinématographique de cette parodie de revue. La boucle semble bouclée puisque les ex-complices de *Branquignol* se retrouvent, à l'heure de ce qui ressemble à une séparation définitive avec Pierre Dac...

Au début de 1955, les proches des deux ex-amis effectuent en vain des tentatives de réconciliation. Francis, plus têtu que jamais, ne veut plus entendre parler de Pierre et ce dernier s'enferme dans sa coquille. Incapable d'écrire de nouveaux sketches, il a fort heureusement trouvé une forme de reconversion au théâtre. Au mois d'octobre 1954, il a été engagé au Montparnasse-Gaston-Baty pour jouer le rôle du colonel Pardy dans *La Petite Maison de thé*, une comédie de John Patrick, adaptée par Albert Husson avec, aux côtés du roi des loufoques, Yoko Tani, Francis Lax, Jacques Hilling et un débutant prometteur, Claude Rich. Une histoire d'amour entre une geisha et un GI se déroulant dans un établissement qui, à cette époque, constitue l'équivalent de nos maisons de rendez-vous. Cette première tentative théâtrale n'est pas couronnée de succès puisque, faute de public suffisant, le spectacle s'interrompt au bout de trente représentations.

Au printemps suivant, Pierre Dac récidive toutefois et accepte le rôle principal d'une autre pièce, *Le Coq et la Perle*, écrite par Marcel Jullian et mise en scène par Michel de Ré. Une comédie produite par Jacques Crépineau — aujourd'hui directeur du Théâtre de la Michodière — qui doit être jouée à Nice et à Enghien. A l'origine, il est convenu de profiter du récent succès de *Bon sens ne peut mentir* pour associer Léo Campion à ce spectacle. Hélas, lors des premières répétitions, ce dernier se révèle incapable de jouer un autre texte que le sien. Victime d'un trou de mémoire, il doit son salut au roi des loufoques qui pallie cet incident technique en déclamant le sketch de *La Confiture de nouilles*, le temps que son partenaire retrouve le fil de sa pensée. Charles Lemontier le remplace tandis que Mona Goya, Jacqueline Noëlle, Paul Demange, Jean Degrave et Jacques Erwin complètent la distribution.

Des activités que Pierre Dac accepte parce qu'il ne peut pas faire autrement. Au cours de chaque représentation, il meurt d'envie d'ajouter au dialogue quelques répliques personnelles. Il se retient difficilement et Michel de Ré, shakespearien convaincu, frise à plusieurs reprises la crise de nerfs. Il a été à l'origine de la mise en scène de *Sans issue* et sait parfaitement ce que peut devenir son travail, s'il se trouve revu et corrigé par Dac, même en l'absence de Blanche.

En septembre 1955, voici Pierre au Daunou dans *Chair de poule*, dont il a écrit les sketches et Michel Emer la musique. Cette parodie des romans de James Hadley Chase, Albert Simonin et Auguste Le Breton lui permet de donner une version définitive à certains textes créés aux Trois-Baudets ou à l'ABC. En première partie, il interprète « Passe la pogne miniature », puis, après l'entracte, participe, aux côtés de Darry Cowl et de quelques jeunes femmes présentées comme des « pin-up », à un pastiche du *Rififi* de Jules Dassin, qu'il a écrit avec Robert Rocca et un jeune auteur de pièces radiophoniques, François Billetdoux. Pierre devient Freddy le Caïd, son partenaire principal se mettant dans la peau d'un tueur sentimental. Une scène déclenche chaque soir un fou rire général : les efforts tentés pour percer le blindage d'un coffre-fort dont la porte est restée ouverte.

Les représentations s'achèvent à Noël et, au début de l'année, Pierre reprend pour des revues de chansonniers quelques-uns de ses textes, intitulés *Ça va gazer, On tombe des nues, Vichy-Plaisirs* et *Super Parade*. Un modeste contrat puisqu'à chaque fois il n'est engagé que pour une ou deux représentations. Entre janvier et juillet 1956, il se produit successivement à La Chaux-de-Fonds, à Lausanne, à Vichy et à Besançon. Dans cette dernière ville, il dîne, après le spectacle, chez Henri Weil, un jeune industriel de la ville qui dirige une entreprise spécialisée dans le textile. A la fin du repas, il interroge le maître des lieux sur les origines du somptueux piano placé dans le salon.

« C'est un Gaveau que nous nous transmettons de génération en génération

— Un Gaveau de famille », conclut aussitôt Pierre Dac...

Le roi des loufoques n'a rien perdu de sa vivacité d'esprit mais certains signes indiquent pourtant qu'il fait désormais partie des vedettes du passé plutôt que de l'avenir. En octobre 1954, Henri Spade lui a consacré un hommage sous forme d'une émission télévisée de « La joie de vivre » où il a retrouvé tous ses compagnons de la BBC ; à partir de février 1955, la RTF a programmé à nouveau « La course au trésor ». Le départ est cette fois donné le dimanche à 20 heures, depuis le Théâtre de l'Empire, et l'arrivée télévisée en direct, vers 22 h 30. Un huissier, Me Valiron, contrôle les objets rapportés par les concurrents. Le vainqueur reçoit des places de théâtre ou de cinéma. Vingt-deux ans après sa création, la valeur des lots n'est toujours pas à la hausse. Le succès est honorable, mais sans rapport avec le phénomène d'avant-guerre.

Au printemps 1956, Pierre Dac n'est pas au mieux de sa forme. Francis Blanche l'apprend et lorsque François Chevais lui propose un dîner de retrouvailles avec son ex-complice, il accepte avec enthousiasme. Avant même de passer à table, la brouille fait déjà partie du passé. Dans la seconde qui a suivi leur arrivée, ils sont tombés dans les bras de l'autre. Une fois le moment d'émotion passé, le fou rire et les projets sont à nouveau de rigueur. Francis a en effet une idée derrière la tête, une reprise de *Furax* qui demeure dans toutes les mémoires...

Quelques jours plus tard, il rencontre Louis Merlin et Lucien Morisse. Le premier, après avoir inventé les programmes de Radio-Luxembourg, est en train de révolutionner les ondes en créant le style Europe n° 1. Le second, découvreur incontestable et incontesté de talents, occupe les fonctions de directeur artistique de la station. Blanche a fait sa connaissance en 1950 à la Radiodiffusion française, où il travaillait à la discothèque. C'est lui qui a alors découvert cette sardane de Pujol intitulée *La Scintillante* qui va devenir l'indicatif de *Signé Furax*.

C'est ce sujet justement qui se trouve abordé, après un court bilan de « Rue de la Félicité », une émission de variétés que Francis a animée pendant plusieurs mois sur l'antenne. Un terrain d'entente est rapidement trouvé. Une fois l'accord conclu, Francis décroche son téléphone et appelle la direction de la RTF : « Pierre Dac et moi comptons donner une suite à *Malheur aux barbus*. Ce projet vous intéresse-t-il ?»

A l'autre bout du fil, on se déclare intéressé mais, budgets obligent, on marchande. La somme proposée étant ridiculement faible, Blanche interrompt la discussion : « Je vois que nous ne parviendrons pas à trouver un accord. C'est dommage mais pas vraiment grave. En réalité, je vous avais contacté par courtoisie. Europe n° 1 accepte nos conditions et nous engage. D'ailleurs, je vous appelle du bureau du directeur où nous signons le contrat dès que j'aurai raccroché... »

Le 22 octobre 1956, à 13 h 10, les auditeurs écoutent ainsi le premier épisode de leur nouveau feuilleton. Ceux qui connaissaient *Malheur aux barbus* sont ravis, les autres, qui en ont forcément entendu parler, sont attentifs. Dès les premières secondes, le dialogue qui s'engage entre les auteurs prouve qu'en quatre ans d'absence Furax n'a rien perdu de son image légendaire...

Francis Blanche : Eh oui, mon cher Pierre Dac, il faut bien se rendre à l'évidence.

Pierre Dac : Alors rendons-nous-y.

Francis Blanche : Le moment est proche.

Pierre Dac : Que dites-vous proche ? Il est venu... Il est là.

Francis Blanche : Comme les montagnards.

Pierre Dac : Il est là le moment de conter à nouveau au monde incrédule les hallucinants faits et gestes du plus grand aventurier de notre temps.

Francis Blanche : Celui dont le nom fait encore trembler les lèvres de ceux qui l'ont approché... Furax !!!

Pierre Dac : Furax !!!!

Francis Blanche : Et puisque le destin nous a fait...

Pierre Dac : Bien malgré nous d'ailleurs...

Francis Blanche : ... Ses historiographes, prenons notre plume, mon cher Dac.

Pierre Dac : Une plume impartiale, mon cher Blanche.

Francis Blanche : Et comptons jusqu'à trois.

Pierre Dac : Jusqu'à dix...

Francis Blanche : Jusqu'à mille !

Pierre Dac : Contons les exploits fabuleux de celui qui brave la justice des hommes.

Francis Blanche : De celui qui ponctue ses méfaits du plus odieux des paraphes...

Le temps d'un rire machiavélique identifiable entre plusieurs millions et, sur fond de coup de tonnerre, les auditeurs entendent un générique qui s'intitule *La Scintillante*, suivi d'une formule qui va entrer dans l'histoire : « Signé Furax ! »

Le premier enregistrement s'est déroulé la veille, 15, rue Saussier-Leroy, dans le nouveau studio aménagé par Pierre Arnaud de Chassy-Poulay, plus que jamais metteur en ondes du feuilleton. Jean Poiret, qui s'est envolé avec Michel Serrault vers d'autres sommets, manque seul à l'appel. Autour des auteurs, alias Black, White et Jejeeboy, les principaux comédiens de jadis ont retrouvé leur rôle ou l'équivalent : Jean-Marie Amato incarne à la fois Fouvreaux, Furax et Asti Spumante, tandis que Maurice Biraud est le commissaire Socrate mais aussi Maurice Champot dit la Grammaire, descendant direct de Champollion, propriétaire à Tanger du « Bar de la Grimace ». Lawrence Riesner reste le récitant, Jeanne Dorival, elle, demeure Malvina Carnajou, la compagne de son « Fufu » mais Pauline IV épouse d'Euthymènes, alias François Chevais, prend du galon : elle se fait couronner Pauline V au moment même où, en France, la IVe République devient la Ve. Louis Blanche, ex-professeur Christmas, garde son titre mais change de patronyme. Il devient le professeur Hardy-Petit, directeur de l'Institut d'électronique expérimentale et transcendantale de Châtillon-sous-Meudon. Sa fille Carole est, comme Mademoiselle Fiotte, interprétée par Edith Fontaine, tandis que Claude Nicot rejoint l'équipe pour incarner Théo Courant l'assistant du professeur. Une aubaine pour ce comédien de talent, sans emploi depuis un an. Huit jours auparavant, il a rencontré Francis et lui a fait part de ses difficultés professionnelles. Ce dernier l'a attentivement écouté et, avant de prendre congé, a ajouté : « Je vais voir si je peux faire quelque chose ! »

Le surlendemain, Nicot a reçu un coup de téléphone de Pierre Dac :

« Vous êtes libre jeudi ?

— Oh oui, même lundi, mardi et mercredi.

— Alors venez rue Saussier-Leroy. Vous avez un rôle dans *Furax.* »

D'autres voix vont petit à petit venir enrichir l'univers du feuilleton. Claude Dasset incarne à merveille l'ignoble Klakmuf, l'âme damnée des Babus, Robert Verbecke, son adjoint Grougnache. Roger Carel est entre autres le docteur Sokolodovenko et le professeur Grégory Mosmosh, Robert Frantz, également chargé des bruitages, devient aussi l'inspecteur Herbetendre, Léo Campion, lui, se met dans la peau de Clodomir, président d'une population qui s'appelle les Pignoufs et vit sur la planète Astérix* ! D'autres voix apparaissent au détour des épisodes comme celles de Jacques Hilling, ou de Jacques Dufilho, dans la peau de l'ignoble Pssaff, ou encore de Raymond Devos, alias Célestin Jolipont, ancien chauffeur de taxi devenu douanier sur une île déserte.

Une équipe qui ne va guère subir de modifications pendant quatre ans. Fidèles au principe des « copains d'abord », Dac et Blanche arrangent toujours le scénario lorsqu'un comédien doit s'absenter pendant quelques semaines pour tourner un film. Un enlèvement, une disparition subite, mais provisoire, du personnage qu'il incarne, cela fait toujours du bien au suspense. Les rebondissements se multiplient dans une histoire qui n'a rien à voir avec la première série. Cette fois-ci, plus question de barbus mais de Babus ! Une secte qui veut dominer le monde, dirigée par le mystérieux Grand Babu : un être dont on ignore l'identité et qui apparaît masqué des pieds à la tête, une fois l'an, le 4 mai très exactement, lors des fêtes du Mastarapion à Yadupour capitale du Filekistan. Tenant à la main, le Goudgouz ou Boudin Sacré, l'emblème des Babus, il bénit ses sujets qui se prosternent en prononçant les mots rituels avant d'entonner l'hymne traditionnel :

---

* Un nom sorti de l'imagination de Pierre Dac et Francis Blanche en 1957, soit plus de deux ans avant la naissance, dans les pages de *Pilote,* de l'illustrissime Gaulois. *(N.d.A.)*

Chaviro
Rotantacha
Chamipataro
Rogriapatacha

Tout le monde y pue
Y sent la charogne
Y'a qu'le Grand Babu
Qui sent l'eau de Cologne
Tout le monde y pue
Y fait mal au cœur
Y'a qu'le Grand Babu
qui a la bonne odeur

Des figues, des bananes, des noix,
Des noix, des bananes, des figues...

Le premier épisode débute par la disparition des principaux monuments français, depuis l'obélisque de la Concorde jusqu'au lion de Belfort en passant par l'arc de triomphe d'Orange. Tous ont été remplacés par des imitations en staff et, peu après chaque vol, on a retrouvé une carte ainsi libellée : « Signé Furax ! »

Les détectives Black et White, ainsi que Jean-Jacques Socrate de la PJ, se lancent sur la piste de leur vieil ennemi, en même temps que le commissaire Fouvreaux, chef de la DDT (Défense divisionnaire du territoire). Mais le coupable est-il vraiment celui que l'on croit ? Furax est-il l'ami, voire le complice des Babus, ou leur plus cruel ennemi ?

Le point de départ d'une épopée qui va s'articuler en quatre grandes séries : « Le Boudin Sacré » (du 1er au 247e épisode), « La Lumière qui éteint » (du 248e au 507e épisode), « Le Gruyère qui tue » (du 508e au 769e épisode), « Le Fils de Furax » (du 770e au 1 034e et dernier épisode). En 11 856 pages manuscrites, soient 207 488 lignes dactylographiées, les auteurs vont imaginer 9 880 minutes d'émission, autrement dit 164 heures et 40 minutes. Sur une bande magnétique d'une longueur totale de 494 000 mètres va ainsi s'engager une lutte sans merci entre le bien et le mal. Cette saga va mener nos héros dans le monde entier, mais aussi dans l'espace et même dans le passé grâce à une prodigieuse machine à remonter le temps baptisée l'extrapolateur de densité. D'innombrables personnages secondaires vont apparaître et disparaître au fil des intrigues : le professeur Grégory Mosmosh, inventeur de la lumière qui éteint, le ténor Arthur Costecalde, l'astronaute Jerry Bighouse, Tumlatum, chef de la garde personnelle de la maharanée Pauline IV puis V, Léopold Vanperémerche, cruciverbiste belge, Tapioka, ravissante indigène de Port-Zitrone (Golfe du Bengale) dont Asti est tombé éperdument amoureux, l'Ange Mauve, Alexis, le fils de Furax ainsi que les Xbrrrrr, ces êtres venus d'ailleurs, qui, pour dominer la Terre, transforment des milliers d'hommes et de femmes en soumis, que l'on reconnaît parce qu'ils disent « indibutablement » au lieu de « indubitablement », sauf les nuits de pleine lune entre onze heures et onze heures cinq...

Le succès dépasse tous les espoirs des responsables d'Europe n'° 1. Le feuilleton est programmé sept jours sur sept, le dimanche étant consacré au résumé des péripéties de la semaine. Pierre et Francis sont désormais les vedettes de la station au même titre que les meneurs de jeux, Pierre Bellemare, Maurice Gardett et Maurice Biraud. Sur Radio-Luxembourg, les feuilletons comme *Ça va bouillir* avec Zappy Max, *42, rue Courte, Tancarville* et *L'Homme à la voiture rouge* d'Yves Jamiaque ont du succès, mais *Furax* bat tous les records de popularité. Peu après 13 heures, la France entière s'arrête pour écouter ses fabuleux exploits. La durée de chaque épisode variant en fonction de l'imagination des auteurs, de nombreux élèves sont en retard à l'école les jours où le feuilleton est prolongé de trois à quatre minutes. La consécration absolue se produit un jour de janvier 1957, quand Guy Mollet, alors président du Conseil, interrompt un débat de l'Assemblée nationale en annonçant au micro : « Messieurs les députés, continuez sans moi. Je vous quitte, je vais écouter *Furax*... »

Attiré par cette audience aussi populaire que gouvernementale, *France-Soir* prend le relais d'Europe n° 1 et publie *Signé Furax* en bande dessinée, à partir du 25 février 1957. L'adaptation est confiée à Paul Gordeaux, l'auteur des séries « Les amours célèbres » et « Le crime ne paie pas » ; Henry Blanc est choisi comme historiographe linéaire, autrement dit devient le dessinateur de la série publiée chaque jour dans la page des Petites Annonces.

Ce succès incite Europe n° 1 à fêter le millième épisode du feuilleton en organisant, le dimanche 22 mai 1960, une course au trésor dans Paris : les auditeurs sont chargés de rechercher des pièces de l'Extrapolatos, seul moyen de permettre à nos héros de sortir d'un mauvais pas et des griffes des Babus. Un jeu qui, comme au temps du Poste parisien, va provoquer des embouteillages géants, des quais de la Seine à Montmartre, en passant par les Champs-Elysées.

La bonne humeur est aussi de rigueur de l'autre côté du micro. Dès le premier rendez-vous, toute l'équipe a retrouvé les réflexes de jadis. Les méthodes de travail de Pierre et Francis n'ont guère changé. Dac remet son texte à Blanche le mardi soir mais ce dernier, plus débordé que jamais, n'écrit sa part du feuilleton que dans la nuit du jeudi au vendredi, juste avant la séance d'enregistrement. A 8 heures, il apporte l'ensemble à une secrétaire qui tape les dialogues à une vitesse record. Une tâche qu'elle effectue mécaniquement, sans même être choquée par certaines indications farfelues rajoutées par Pierre Dac, comme « ouverture de la porte et du *Barbier de Séville* ». Huit copies de chaque épisode sont réalisées en même temps, soit deux fois plus que pour *Malheur aux barbus*. Les progrès de la technique permettent en effet aux interprètes de disposer maintenant d'un texte sur des liasses de papier extrafin, avec carbones incorporés.

Pendant ce temps, Pierre Arnaud qui, parallèlement à ses activités de metteur en ondes, est en train de devenir l'un des spécialistes internationaux des sons et lumières ajoute avec Francis des bruitages provenant de sa collection personnelle, également utilisés pour l'animation vespérale de l'Acropole.

A 9 heures, les comédiens commencent à répéter et, vers 12 heures, tout est terminé. Un miracle de professionnalisme si l'on étudie d'un peu plus près les conditions de travail : un technicien assure le montage d'un épisode pendant l'enregistrement du suivant et, avant de se séparer, Dac et Blanche vérifient l'ensemble des émissions.

Les séances se déroulent souvent dans des conditions très insolites. Certaines ambiances sont réalisées en direct et, par exemple, lorsque le pauvre Théo Courant, privé de nourriture depuis plusieurs épisodes par les Babus, subit le supplice de Tantale, on fait réellement frire des œufs sur une poêle. De temps à autre, au désespoir de Pierre Arnaud de Chassy-Poulay, il faut interrompre le dialogue pour cause de dérapage ou de canular. Fort heureusement, le premier épisode de la semaine parvient toujours à être livré à Europe n° 1 à midi, pour diffusion une heure plus tard.

Entre Dac et Blanche, plus que jamais père et fils, la complicité est à nouveau parfaite. Lorsque Francis arrive chez Pierre accompagné de personnes qui ne les ont jamais vus ensemble en privé, la tradition veut qu'il se dirige vers le bureau et ouvre le courrier qui vient d'arriver. Dac, faussement outré, fait semblant de se fâcher tout rouge, à la grande gêne des visiteurs. Pire encore : au cours d'une répétition, parce qu'il juge déplaisante une réflexion de Pierre, Francis lance d'une voix forte :

« Monsieur Pierre Dac, vous qui vous servez de vos initiales de façon inavouable, vous n'êtes qu'un éléphant stipendié.

— Et vous un diable à trois queues », réplique aussitôt l'offensé avant de jeter rageusement son texte et de quitter le studio.

Le scénario est alors toujours le même. Blanche le rattrape, le supplie de revenir, arrive toujours à ses fins et passe ensuite une heure à se donner des gifles en s'auto-insultant et en regrettant ses propos.

Plus insolite : un jour, au cours d'un enregistrement de *Signé Furax*, Pierre demande à Francis s'il peut lui prêter un franc. Devant les hésitations de ce dernier, il avoue quelques difficultés financières dues à de mauvais placements. Blanche finit par céder mais à condition que cette somme lui soit rendue huit jours plus tard, au début de leur prochaine séance de travail en studio. Pierre jure qu'il n'y aura pas de problème, mais, la semaine suivante, lorsque son créancier lui réclame son dû, le roi des loufoques prétexte de nouvelles échéances qu'il n'a pas pu honorer et sollicite un délai supplémentaire. Ce dialogue se reproduit pendant plusieurs semaines et, deux mois plus tard, un huissier, muni d'un acte en bonne et due forme, se présente rue Saussier-Leroy et, au nom de M. Francis Blanche, comique troupier, réclame à M. Pierre Dac, littérateur, la somme d'un franc. Tandis que les autres comédiens, pliés de rire, se dissimulent dans la cabine technique, le débiteur, capable de faire couler des larmes sur demande, se met à pleurer et demande à s'acquitter de sa dette en plusieurs mensualités. L'homme de loi, soudain inquiet, se contente de noter cette déclaration et se retire précipitamment. Aux dernières nouvelles, il court encore...

Cette affection profonde a toutefois ses limites : plus pudique et secret que jamais, Dac se ferme chaque fois que Blanche l'interroge sur son passé. En revanche, il écoute avec attention et affection les confidences de son cadet de près de trente ans. Lorsque Francis, les ongles rongés jusqu'au sang, à la limite de la crise nerveuse, finit par évoquer devant lui, et loin de tout autre témoin, ses soucis extra-conjugaux et leurs conséquences, Pierre l'aide à retrouver son calme. A l'inverse de ce que l'on pouvait craindre quelques mois plus tôt, il est alors le plus équilibré des deux. Ce n'est hélas qu'une apparence. Plus farceur que jamais à la scène, Dac qui rit devient Pierre qui pleure dès qu'il rentre chez lui. Dinah subit courageusement un paradoxe dont ce maître du genre se serait bien passé. Il est en effet parfaitement conscient qu'il n'a aucune raison d'être malheureux. A l'âge où d'autres n'aspirent qu'à la retraite, le voilà reparti pour une nouvelle et grande aventure. Et pourtant, il ne peut rien contre cet état dépressif qui le ronge au plus profond de son cœur et de son esprit.

Médicalement, à l'exception de la prescription de quelques calmants, il n'y a rien d'autre à faire qu'à attendre et espérer. « En vous réveillant un matin, vous réaliserez, sans savoir pourquoi, que votre mal a disparu, lui assure un grand professeur appelé en consultation. Je suis certain de mon diagnostic ; en revanche, le délai de guérison est imprévisible ; cela dépend des patients. »

A l'aube des années 60, les recherches sur ce que l'on commence à appeler la « déprime », et qui est en train de devenir le « mal du siècle », ne sont pas encore très avancées. Les causes sont tellement diverses que les chercheurs éprouvent bien des difficultés à trouver des dénominateurs communs, à fortiori des remèdes.

Dans le cas du roi des loufoques, le diagnostic semble toutefois facile à établir : en dépit de sa réussite et de l'amour que lui porte sa femme, il est moralement épuisé. Il paye aujourd'hui quarante ans de souffrances, deux guerres, la mort de son frère dont il ne se remet toujours pas ainsi que toutes les déceptions qui ont émaillé sa vie professionnelle.

Seule consolation, cet état neurasthénique disparaît devant un micro ou, mieux encore, en scène, sur un plateau de cinéma ou de télévision. Francis Blanche l'a tellement bien compris qu'il juge salutaires les propositions qui affluent de tous côtés. Entre deux enregistrements de *Signé Furax*, le duo se réunit pour écrire des chansons pour les Quatre Barbus, parmi lesquelles l'évocation de l'invention de Jérémie Van Obdebeck, *La Pince à linge*, sur l'air de la *Cinquième* de Beethoven. Il se produit également à la télévision dans « Trente-six chandelles » : à la demande de Jean Nohain, ils interprètent l'opération de la poche-revolver, la préparation de la water-sauce et reprennent leur fameux sketch du Potofou. Pierre modifie quelques répliques et surtout le sexe de son personnage : Mme Arnica devient alors le Sar Rabindranath Duval. A l'écran, toujours en 1956, Dac et Blanche font une apparition dans un film de Raoul André intitulé *La Polka des menottes*. Le premier joue un homme en caleçon, le second un locataire. Au même générique figurent Pascale Audret, Claude Rich, Paul Demange, Jean Lefebvre, Jacques Dynam, Harry Max, Elga Andersen ainsi que Mischa Auer, l'une des têtes d'affiche de *Hellzapoppin* : l'occasion d'une rencontre unique entre l'interprète de ce chef-d'œuvre burlesque et l'auteur des sous-titres français. C'est là la seule originalité d'une comédie à l'argument bien mince : une femme (Pascale Audret) se livre à la police parce qu'elle croit avoir tué son voisin, le très étrange professeur Charles Magne. Pour la sauver, son fiancé (Claude Rich) puis son père s'accusent de ce crime, au désespoir du commissaire qui ne comprend plus rien à cet imbroglio. Quelques scènes plus tard, ce sont deux truands qui, à leur tour, plaident coupables. L'action se corse (« chef-lieu Ajaccio », comme l'écrit Pierre Dac, justement dans *Hellzapoppin*) lorsque l'on s'aperçoit que le cadavre est introuvable. Une histoire qui s'achève, au commissariat, par une polka des menottes endiablée.

Le 22 mai 1957, Pierre a l'occasion d'évoquer ce film devant un public de spécialistes. Il participe à la Nuit des cadres de la Sûreté nationale. Au même programme, Jacqueline Maillan, Sim, André Aubert, Georges Jouvin et Gloria Lasso.

Fin 1957, Pierre et Francis se retrouvent sur scène, aux Trois-Baudets, pour quelques soirs, à l'occasion des dix ans du théâtre de Jacques Canetti. La brouille des derniers jours de *Sans issue* n'est plus qu'un mauvais souvenir ! Mais leur vrai retour à la scène se produit au début de 1958. Tandis que Furax, Black, White, Socrate et les autres poursuivent sur l'atoll Anatole, quelque part dans le Pacifique, le combat contre les Babus qui se sont emparés de la lumière qui éteint, Pierre et Francis prennent leur quartier de printemps à la Comédie Caumartin, une salle voisine de l'Olympia, également dirigée par Bruno Coquatrix. Leur nouveau spectacle, une suite de sketches et de chansons découpés en tranches, s'intitule fort judicieusement *Chipolata 58, saucisson-show*. A l'entrée, un panneau précise aux spectateurs que par décret du préfet de police « il est toutefois interdit, pendant l'entracte, de donner à manger aux spectateurs ». Une mise en condition idéale pour une revue encore plus délirante que les précédentes. A partir d'un argument simple — un homme du monde devient directeur de théâtre à la suite d'un héritage —, les auteurs ont laissé libre cours à leur fantaisie. Tout a été prévu afin qu'il y en ait pour tous les goûts, mais aussi les dégoûts. On passe d'une scène poétique qui se déroule dans un square avec trois ravissantes danseuses, au milieu d'une fanfare dirigée par Pierre Dac, à un dialogue à l'Hôtel Crado, réputé pour ses trois punaises. La troupe s'amuse presque autant que les spectateurs et, de Jean Carmet à Pauline Carton en passant par Moustache, Bernard Dumaine, Arlette Rebora, Nono Zamitt, et René-Louis Lafforgue, qui vient de créer *Julie la Rousse*, c'est à qui se montrera le plus fou, Bruno Coquatrix n'apprécie pas toujours ces débordements et en fait régulièrement part à Francis qui réagit alors à sa manière. Il se rend au théâtre et lance à la cantonade : « Faut pas déconner, le patron est furieux ! »

C'est le signal que les autres attendent pour en rajouter encore au gré de leur imagination. Un soir, Dac, toujours aussi souple, entre en scène dans une caisse à roulettes, un fer à repasser dans chaque main. Une autre fois, il décide de jouer un sketch les yeux fermés. Ses partenaires sont décontenancés, mais le public ne s'aperçoit de rien. Il faut en effet se trouver à quelques dizaines de centimètres de distance pour voir le subterfuge, Pierre ayant soigneusement dessiné des yeux bleus sur ses paupières...

Jean Carmet et Moustache s'en donnent également à cœur joie. A la fin d'un numéro réalisé autour d'un réfrigérateur magique, capable de transformer une orange en citrouille, les spectateurs explosent de rire : en ouvrant la porte de l'appareil, Pierre Dac et Francis Blanche ont découvert un élevage de poussins à la place des œufs mais, surtout, l'arrière-train de Carmet peint aux couleurs de la courge prévue. Ils décident, bien entendu, de se venger. Ils profitent d'un moment où, comme chaque soir, Carmet, debout devant le rideau, fait patienter le public en racontant des histoires d'une vulgarité extrême avec un air d'enfant innocent. Tandis qu'il s'exprime, Dac et Blanche commencent à lui piquer discrètement les fesses à plusieurs reprises, avant de saisir le bas de sa chemise et de l'accrocher tout doucement au rideau à l'aide d'un morceau de fil de fer. Le comédien n'a que le temps de se retenir à un pan pour éviter d'être déséquilibré au moment de l'ouverture...

Le dimanche soir, la représentation tourne régulièrement à la folie furieuse. Grâce à Jean Castel, une partie des intervenants a en effet découvert, place de la Contrescarpe, un punch antillais d'une qualité exceptionnelle. L'adresse a été communiquée à d'autres et, très vite, tous les comédiens prennent l'habitude de profiter de la matinée de relâche pour venir déguster quelques verres avec des copains. Ils ramènent ensuite au théâtre des compagnons de beuverie, qui s'installent dans la salle et s'évertuent à perturber un spectacle qui n'a vraiment pas besoin de ça. Parfois, c'est encore pire ! Les hommes de la troupe ayant sympathisé avec les péripatéticiennes de la rue Godot-de-Moroy, les coulisses ou l'envers du décor se transforment en annexe de maison close. Cela fait rire tout le monde, y compris les spectateurs qui, à la suite d'une mauvaise manipulation d'un technicien, découvrent soudain un soir, au fond du plateau, Carmet, le pantalon baissé, face à une dame qui semble décidée à lui donner du plaisir...

Les représentations se poursuivent avec succès jusqu'à l'été, et, au retour des vacances, tandis que, dès les premiers épisodes du « Gruyère qui tue », des personnalités en tous genres sont soumises aux Xbrrrrr, la troupe s'installe juste à côté de l'Arc de triomphe, rue Arsène-Houssaye. Les voici sur la scène de l'Amiral, le cabaret le plus chic de Paris où Roger Pierre, Jean-Marc Thibault, Jean Richard ont joué leurs premiers sketchcs au début des années 50.

Pierre Dac, toutefois, manque à l'appel. Il a déclaré forfait parce qu'à soixante-cinq ans il se sent « trop vieux » pour monter sur scène tous les soirs. Il a prévenu Francis à la fin de l'été, en ajoutant qu'il se sentait « extrêmement fatigué » et n'avait plus d'idées nouvelles. Bien sûr, il accepte de continuer à écrire *Signé Furax* et se réjouit de souper régulièrement avec toute la troupe et quelques copains extérieurs à la revue, parmi lesquels un jeune artiste dont Pierre admire le talent, Bobby Lapointe.

Blanche est alors convaincu qu'en réalité, en dépit du succès de *Furax*, Dac est à l'aube de traverser une très mauvaise passe. Afin de l'aider à combattre l'état dépressif dans lequel il est en train de s'installer doucement, il lui demande d'adapter certains anciens sketches aux dimensions restreintes de l'Amiral.

« J'en suis incapable, mon vieux ! soupire Dac. Mais prenez ce que vous voulez et faites-en ce que bon vous semble. Ils sont classés dans cette armoire. »

Puis, il ajoute tristement, d'une voix inquiète : « Vous croyez que ça va encore intéresser quelqu'un ? »

La réponse ne se fait pas attendre. Dans un spectacle parodiant le slogan à la mode « Santé sobriété », Henri Labussière, qui assure depuis deux saisons les mises en scène de l'Amiral, fait un triomphe en interprétant *Le Schmilblick*. Le décorateur Georges Arditi en a même construit un, à partir de vieux pots d'échappement, d'engrenages, de bougies et de képis d'agents de police, achetés au marché aux puces. Labussière, chargé de véhiculer tous ces objets dans le coffre de sa voiture, va vivre ce soir-là un moment angoissant. Arrêté dans le bois de Boulogne lors d'un contrôle de routine effectué par la gendarmerie, il est emmené au poste et interrogé sans ménagements. En découvrant toute cette ferraille, l'inspecteur de service l'a pris pour un terroriste. Le comédien se trouve aussitôt suspecté d'être membre du FLN, qui multiplie alors les menaces d'attentats contre la politique du général de Gaulle en Algérie. Lorsqu'il précise que toutes ces pièces sont en réalité destinées à la construction d'un Schmilblick, le policier devient rouge de colère. Il consent toutefois à téléphoner à l'Amiral et la vérité éclate enfin. Sans rancune, Labussière va inviter son accusateur à assister à la revue, le soir de son choix...

Pendant toute cette saison, Pierre Dac n'est pas en forme. La situation qu'il s'est volontairement créée dans « Le Gruyère qui tue » n'améliore pas son moral. Peu avant le 700e épisode, il devient en effet prisonnier des Xbrrr, soumis, comme beaucoup d'autres, à la volonté de ces êtres venus d'ailleurs. Dans l'histoire, il se trouve rejeté par tous ses amis qu'il a involontairement trahis. Dans son esprit fatigué, la réalité finit par se confondre avec la fiction. Le voici maintenant persuadé qu'il est usé, fini et, pire encore, que tous ses proches, à commencer par Francis Blanche, sont en train de l'abandonner. Dinah, une fois de plus, tente en vain, de lui remonter le moral.

En octobre 1959 débute sur Europe n° 1 la quatrième série de *Signé Furax* : le grand aventurier continue à affronter les Babus, mais devient parallèlement le père attentif d'Alexis, né quatorze ans plus tôt et dont Malvina lui avait caché l'existence jusque-là. Le rôle du « Fils de Furax » est confié au comédien Maurice Sarfati, tandis que, pour la première fois, Claude Grégory participe activement à l'écriture. Francis a adopté ce principe pour que le feuilleton continue sans risque d'interruption. De toute évidence, il ne peut pas compter à coup sûr sur Pierre, dont l'état moral ne cesse de se dégrader. Ce dernier parvient, certes, à écrire plusieurs épisodes de *Furax* chaque semaine, mais en dehors des séances d'enregistrement qui sont en train de devenir une corvée, il limite ses apparitions en public. En trois mois, il n'accepte qu'un gala, à Saint-Quentin : une revue montée pour un soir par ses copains chansonniers, et intitulée *Voluptés 59 ou Ça c'est magnifique*. Un spectacle qui tourne au calvaire. Même s'il n'en laisse rien paraître, Pierre se sent mal dans sa peau et se demande à plusieurs reprises ce qui l'a poussé à venir dans cette ville. Francis ne cache pas son inquiétude à Dinah et trouve le temps de téléphoner tous les jours à son partenaire favori. Le seul moyen de garder le contact avec lui, puisque, pris par de multiples activités cinématographiques, il ne participe plus aussi régulièrement que par le passé aux séances hebdomadaires d'enregistrement. Une liberté qu'il s'est accordée parce que les grandes lignes de l'histoire de *Furax* sont parfaitement définies jusqu'à la fin de la saison et surtout parce que Claude Grégory a tellement bien assimilé son style qu'il est désormais capable d'effectuer en son absence la synthèse des épisodes de la semaine. Cette tranquillité d'esprit permet à Blanche de se créer d'autres soucis. Au cours de l'année 1959, il tourne quatre films : *Les Motards*, avec Roger Pierre et Jean-Marc Thibault, *Le Petit Prof* de Carlo Rim, *La Jument verte* de Claude Autant-Lara d'après Marcel Aymé et surtout *Babette s'en va-t-en guerre* de Christian-Jaque : un triomphe personnel puisqu'en dépit de la présence de Brigitte Bardot, c'est son immortel personnage de Papa Schultz que le public plébiscite.

Pendant ce temps Black, Asti Spumante et Philodendron tentent de retrouver l'extrapolateur de densité dérobé par les Babus ainsi que White qui, pour cause d'engagements extérieurs de son interprète, a mystérieusement disparu dans l'espace-temps pour une durée indéterminée. Le

15 janvier 1960, à la fin du 875e épisode, toutes les conditions sont enfin réunies pour que le bien triomphe du mal une fois de plus. Pierre Dac doit s'absenter huit jours, le temps de tourner un film sur la Côte d'Azur avec Darry Cowl. Le grand retour de Black et White, enfin ensemble, est prévu la semaine suivante.

Le planning est bouleversé le 16 janvier 1960. A 9 heures du matin, Pierre tente de mettre fin à ses jours et s'ouvre les veines dans sa baignoire. Le seul rebondissement que Francis Blanche n'aurait jamais voulu imaginer...

Choix de textes
1950-1960

LE SCHMILBLICK

« C'est dans la nuit du 21 novembre au 18 juillet de la même année que les frères Fauderche ont jeté les bases de cet extraordinaire appareil dont la conception révolutionnaire bouleverse de fond en comble toutes les lois communément admises tant dans le domaine de la physique thermonucléaire que dans celui de la gynécologie dans l'espace.

Voici les principales caractéristiques de cette géniale invention.

Le Schmilblick des frères Fauderche est rigoureusement intégral, en ce sens qu'il peut à la fois servir de Schmilblick d'intérieur, grâce à la taille réduite de ses gorgomoches, et de Schmilblick de campagne grâce à sa mostoblase et à ses deux glotosifres qui lui permettent d'urnapouiller les istioplocks même par les plus basses températures.

L'un des principaux éléments du Schmilblick est la papsouille à turole d'admission qui laisse passer un certain volume de laplaxmol, lequel, comme nul ne l'ignore, n'est autre qu'un combiné de smitmuphre à l'état pur et de roustimalabémol sulsiphoré. Le laplaxmol, après avoir été soumis à un courant polyfoisé de l'ordre de 2 000 spickmocks exactement — moins, ce ne serait pas assez, plus ce serait trop —, se transforme alors en troufinium filtrant, non pas à l'état métalbornique, ce qui serait non seulement ridicule, mais encore totalement inopérant, mais bel et bien à l'état guilmanuré, d'où formation de gildoplate de raboninite, élément neuromoteur et fondamental du Schmilblick.

La mise en marche du Schmilblick est, vous allez en juger, d'une déconcertante facilité puisqu'elle s'opère par simple rivaxion de la rabruche.

Automatiquement, le flugdug — le flugdug métranoclapsoïdique, naturellement, autrement, ça n'aurait aucun sens — le flugdug, donc, entraîne, par le jeu de sa liquemouille et de ses trois spodules, le bournoufle du grand berdinière, qui faisant pression sur la rutole de sibergement libère la masse des zavaltarépodes, lesquels poussent le clampier dans la direction du viret d'alcalimon. Jusqu'à ces derniers temps, il y avait à ce stade un risque permanent de calcifrage par suite du passage du flagdazmuhl dans le calcif du propentaire de nortification.

Or, il a suffi aux frères Fauderche de brancher un simple schpatzinock du commerce sur le bidule d'échappement et deux pepsoïdaux clatinomalfoireux sur l'artimon préférentiel pour placer le Schmilblick en position idéale d'évernescence pornogyrotringloïdale d'où élimination radicale et radicale socialiste de tout risque d'accident — plus de saturation par accumulation des gaz splélémétriques, désormais fulmiférés par le lavalnaplage électronique des onazbiplucks, plus d'auto-galtralaminage puisque l'utilisation rationnelle, dans les clangons paphomoteurs de la force extraphalzaroïdique, laquelle, comme nul ne l'ignore est proportionnelle au carré des ondes talardinconcentriques.

Tel est, dans ses lignes essentielles, le Schmilblick de Jules et Raphael Fauderche, que les plus hautes autorités scientifiques internationales s'accordent à reconnaître, non seulement comme la plus étonnante découverte de tous les temps, mais encore et surtout comme la seule panacée possible au sein d'une humanité klakmufément rénovée dans le cadre grandiose d'une civilisation schnapso-pifotroniquement et schmilblickement pacifiée. »

BON SENS NE PEUT MENTIR

« Je m'excuse, monsieur, mais j'ai nettement l'impression de vous avoir déjà rencontré quelque part.

— C'est bien possible. J'y vais souvent. A mon tour, je m'excuse, monsieur, mais il me semble également que votre visage ne m'est point inconnu. Voyons... N'étiez-vous pas, la semaine dernière, ici même, un gros rouquin avec des après-ski ?

— C'était quel jour ?

— Mardi dernier.

— Le matin ou le soir ?

— Le soir.

— Alors, non, monsieur, parce que ce soir-là, j'étais plutôt un grand brun avec des chaussettes vertes.

— Alors... Dans ce cas, monsieur, toutes mes excuses.

— Je vous en prie.

— Ce sera pour une autre fois. »

« Dites-moi, monsieur, vous habitez le quartier ?

— Oui, j'ai un gentil appartement qui se compose d'une entrée, d'un plat de viande, d'un légume... Enfin, de quatre pièces, dont une de 75.

— Vous devez avoir du recul... Vous entrez par la culasse?

— Eh, oui, ça ne mange pas de poudre.

— Ben voyons! Et, vous payez cher de loyer?

— Ça a été toute une histoire: pensez donc, le propriétaire en demandait 4 500 F par mois. Après des semaines de marchandage, de discussions sordides, j'ai eu toutes les peines du monde à l'avoir pour 7 000. [...]

— Vous habitez le quartier peut-être?

— Oui, j'ai un gentil petit coin juste à l'angle de la rue de Belleville et du boulevard Malesherbes.

— C'est central et périphérique, ce qui ne gâte rien. Et vous payez combien?

— 1 350 F.

— Eh bien, dites-donc, c'est pas donné!

— Ah, mais pardon! Ecuries comprises!

— Ah! Vous avez des chevaux?

— Oui, je fais un peu d'élevage.

— C'est à quel étage?

— Au septième.

— Vous devez être bien là?

— Oui, il y a de l'air. Le seul ennui, c'est la difficulté d'habituer les chevaux à dire leur nom au concierge après 10 heures du soir!

— Je comprends... D'autant que ça doit faire du bruit!

— Pas tellement... Ils enlèvent leurs sabots... Ce sont des chevaux bien élevés.

— Forcément... Au septième. Enfin, comme disait Buffon: Hennit soit qui mal y pense!

— Et vous, monsieur, vous n'avez pas d'animaux?

— Si, un chien.

— De quelle race?

— Un saint-bernard, une bête splendide... Haute comme ça!

— Et il est intelligent, ce saint-bernard?

— S'il est intelligent? Pensez donc, monsieur, c'est un ancien basset! Et qui est arrivé à être saint-bernard à force de travail, d'énergie, d'ambition, de volonté!

— C'est magnifique ! Quel exemple ! C'est un chien comme ça qu'il nous faudrait à la tête de la Sécurité sociale !

— Si ce n'est trop vous demander, monsieur ? Que faites-vous dans la vie ?

— Je suis dans les assurances.

— Assurance-vie, accidents ?...

— Non, assurance sur la considération distinguée.

— Et à quelle compagnie êtes-vous ?

— Deuxième compagnie de la Garde républicaine. Et vous, monsieur, que faites-vous dans l'existence ?

— Administrateur colonial en retraite.

— En retraite proportionnelle ?

— Non, en retraite aux flambeaux.

— Brillante situation ! Et dans quelle colonie étiez-vous ?

— Colonie de vacances.

— Vous avez des enfants, monsieur ?

— Oui, un, ou plutôt une...

— Une fille ?

— Oui... une fille cadette.

— Vous... n'avez pas de fille aînée ?... Vous avez bien raison... Pour ce que ça sert. Ça fait des frais et ça encrasse la baignoire.

— Ben voyons ! Et vous, des enfants aussi, monsieur ?

— Oui, trois fils.

— Ah ! Et que font-ils ?

— Ben... Le plus jeune fait une angine en ce moment.

— Et votre second fils ?

— Il poursuit ses études.

— Ah, ah !

— Oui, mais comme elles courent plus vite que lui, il a du mal à les rattraper.

— Et votre troisième fils ?

— Ah, celui-là, c'est quelqu'un : il est magistrat.

— Magistrature debout ? Magistrature assise ?

— Non... Magistrature accroupie... Il est magistrat cycliste. Il est juge, monsieur... A l'arrivée au vélodrome du Parc des Princes... Et Mademoiselle votre fille, à quoi la destinez-vous ?

— Elle étudie les langues... La sienne, d'abord, et les langues étrangères... Le yaourt.

— C'est une langue blanche.

— Oui, le strabisme, le moldo-samovar et l'argyrophedrol.

— Difficile... C'est une langue nasale, qui s'apprend goutte à goutte...

— Dites-moi, monsieur, vous avez une voiture ?

— Oui.

— De quelle marque ?

— Ce n'est pas une marque, c'est un prototype. A dire vrai, c'est un ancien cinq tonnes, qu'un bricoleur spécialisé de mes amis a transformé en cabriolet monoplace.

— Je vois... Et ça consomme beaucoup ?

— Non... Du sept litres au cent... Du sept litres d'huile naturellement... car pour ce qui est de l'essence, mieux vaut parler d'autre chose.

— Bien sûr... Monsieur, laissez-moi vous dire tout le plaisir que j'ai pris à votre conversation si pleine d'intérêt et d'enseignement.

— Permettez-moi de vous retourner le compliment, monsieur, et de souhaiter que nous ayons la très prochaine occasion de reprendre cet entretien.

— Ça ne dépend que de nous.

— Alors, voulez-vous que nous profitions de cette fortuite rencontre pour prendre un prochain rendez-vous ?

— A votre disposition, monsieur.

— Quand vous voudrez.

— Très bien. Et où ?

— Où il vous plaira.

— Parfait. Et à quelle heure ?

— Votre heure sera la mienne.

— J'y serai, monsieur. Au revoir.

— Et à bientôt. »

LA LINOTTE

« Née des amours du Rhône et de la Saône, la Linotte, charmante petite rivière, prit sa source, par un clair matin d'avril, au pied de la colline de Fourvières, sous le saint patronage de Notre-Dame du même nom sanctifié. Toutes les divinités lacustres et fluviales de la région étaient présentes à sa naissance et les plus heureux présages semblaient présider à sa destinée.

Ses premières années s'écoulèrent douces et tranquilles. Son père, le Rhône, établit, en aval de Lyon, un barrage pour que l'eau dont elle était nourric fût exempte d'impuretés et de souillures.

Gâtée et dorlotée par sa mère, la Saône, elle devint vite un adorable petit ruisselet, puis un ravissant ruisseau qui faisait l'admiration de tous et de toutes.

Petit ruisseau deviendra grand, lui murmurait parfois le vent par les chaudes soirées d'été. En effet, elle grandit et, de ruisseau, un beau jour, devint rivière. Ah ! La délicieuse petite rivière que la Linotte ! Et comme son nom lui allait bien !

Gracieuse, fine, claire, limpide, avec un teint transparent et délicat qui lui donnait un aspect d'infinie pureté.

... Un peu étourdie, aussi..

Elle s'allongeait paresseusement, s'étirait, serpentait à

travers les vignes, s'arrêtant parfois sur un banc de galets pour s'offrir à la caresse du soleil qui la faisait miroiter de mille feux étincelants. Les peupliers, au passage, lui faisaient signe de leurs basses branches, les roseaux se penchaient tendrement sur elle et les saules pleuraient des larmes de joie et d'émotion en la voyant si joliment couler.

Bref, sautant, caracolant, courant, malgré la défense de ses parents, après les libellules et les papillons, sous l'œil indulgent des ajoncs, car on sait que les ajoncs sont de braves joncs.

La nuit, la lune lui prêtait, pour jouer, ses plus beaux reflets d'argent et n'omettait jamais, en s'en allant, de lui laisser un grand croissant pour son petit déjeuner.

La brise et le zéphyr venaient lui murmurer les beaux refrains qu'ils avaient rapportés de leurs lointains voyages.

Et puis, un jour qu'elle avait fait une course plus longue que d'habitude, elle aperçut, au détour d'un rocher, un magnifique torrent qui dévalait à toute allure. Le flot battant, elle s'arrêta net dans sa course, le courant coupé. Ce fut le coup de foudre !

Et la nuit suivante, le beau torrent vint la rejoindre dans son lit... Il la quitta au matin, sur la promesse de confluer légalement avec elle. Hélas ! Promesse de torrent, autant en emporte le vent ! Il disparut et la pauvre petite Linotte, inconsolable, se mit à dépérir... Elle devint trouble, grise, puis verte et se dessécha peu à peu... Des traînées de sable, de vase, apparurent. Des rides, des plis, des sillons flétrirent sa surface jadis si limpide, si translucide...

En vain, ses parents lui donnèrent-ils leurs plus beaux poissons, elle n'y prêta même pas attention. En vain, son oncle, le Gave d'Oloron, lui envoya-t-il ses plus belles pierres... elle s'étiolait de plus en plus. Et puis, un soir d'hiver, comme ivre de désespoir, elle sortit de son lit, malgré le froid glacial et fonça droit devant elle.

Ecumant de souffrance, rugissant comme une lionne blessée, elle emporta tout sur son passage : troncs d'arbres, ponts, barrages, tout fut balayé comme fétu de paille...

Son père, le Rhône, fit un crochet pour tenter de lui couper la route ; elle se cacha au creux d'une vallée, bondit pardessus les canaux, se cogna dans une écluse, fit demi-tour, repartit en sens inverse et arriva enfin en vue de l'Atlantique. Tous les cours d'eau, alertés par les sirènes et les tritons, se mirent à sa poursuite...

Trop tard !

La Linotte, en une ruée sauvage, se jeta dans l'Atlantique, qui l'engloutit à jamais...

Le Rhône et la Saône prirent le deuil et se couvrirent de brouillards épais.

Longtemps, leurs flots demeurèrent noirs et les bateliers se signaient en les entendant gronder de douleur...

Et, parfois, en mer, quand les bateaux de pêche sont au large, un marin étonné s'écrie : *Curieux, ça, y a plus de courant ici, on dirait qu'on est sur de l'eau morte.*

Eh oui, brave pêcheur, de l'eau morte !...

C'est l'âme de la petite rivière qui, de temps en temps, remonte à la surface pour rappeler aux humains trop sceptiques qu'on peut encore mourir d'amour... »

LE SAR RABINDRANATH DUVAL

« Mesdames, mesdemoiselles, messieurs, j'ai le grand plaisir honorifique de présenter à vous ce soir, n'est-ce pas, tout à fait exceptionnellement dans le plus simple appareil, une beauté qu'on vient d'arracher, à on ne sait pas à quoi d'ailleurs ! De vous présenter le Sar Rabindranath Duval, qui est le descendant authentique des grands Sars, des grands visionnaires de l'Inde, n'est-ce pas ! Votre sérénité...

— Hum ! Hum !

— Vous avez bien dîné déjà ? Bon ! Vous descendez des grands Sars de l'Inde, n'est-ce pas ?

— Oui.

— Vous êtes né dans l'Inde ?

— Je suis né dans l'Inde.

— A quel endroit de l'Inde ?

— Châteauroux.

— A Châteauroux ! Extraordinaire ! Vraiment ! D'ailleurs, je crois savoir de source sûre que votre père était hindou !

— Hindou, oui.

— Votre grand-père ?

— Hindou.

— Et votre arrière-grand-père ?

— C'était un dur.

— Voilà donc par conséquent, n'est-ce pas, il a depuis

de longues années la pratique de la vision hindoue. Dites-moi, Votre Sérénité, vous avez le don de double vue ?

— Oui, je vois double.

— Il voit double ! Je m'en doutais un peu d'ailleurs ; vous voyez donc, mais c'est héréditaire ?

— Héréditaire !

— C'est atavique.

— Non, c'est à moi !

— Je veux dire, c'est congénital !

— Non, c'est quand j'ai trop bu

— Il faut dire, n'est-ce pas, je tiens absolument à préciser, que Sa Sérénité fait de grands exercices tous les jours, quotidiennement presque, pour conserver son don de double vue. Il fait le yoga, n'est-ce pas ? Vous faites le yoga ?

— Oui, oui.

— C'est le yoga de...

— La Marine !

— Et il surveille également de très près son alimentation... Quelle est votre alimentation ? Qu'est-ce que vous prenez pour votre dîner ?

— Uniquement de la cuisine à l'huile.

— La cuisine des Sars ?

— La cuisine des Sars, oui !

— Oui, mais pourquoi ?

— Parce que les Sars dînent à l'huile !

— Les Sars dînent à l'huile ! Vraiment, ce n'est pas trop tiré par les cheveux du tout parce qu'il n'en a plus ! Alors, si vous permettez, nous allons nous livrer sur quelques personnes de l'assistance publique, à des expériences tout à fait extraordinaires. Votre Sérénité, je vais vous demander de vous concentrer soigneusement... Voilà ! Vous êtes concentré ?...

— Je suis concentré.

— Il est concentré comme on dit chez Nestlé... parfait ! Votre Sérénité, concentrez-vous bien, vous êtes en transe ?

— Oui, je suis en transe napolitaine.

— En transe napolitaine, n'est-ce pas ? Votre Sérénité,

concentrez-vous bien, et dites-moi, je vous prie, quel est le signe zodiacal de monsieur ?

— Monsieur est placé sous le double signe du Lion et du fox à poil dur.

— Oui, dites-moi quel est son caractère ?

— Impulsif, parallèle et simultané.

— Quel est son avenir ?

— Monsieur a son avenir devant lui, mais il l'aura dans le dos chaque fois qu'il fera demi-tour.

— Il est vraiment extraordinaire ! Voulez-vous me dire, à présent, quel est le signe zodiacal de mademoiselle ?

— Mademoiselle est placée sous le triple signe bénéfique de la Vierge, du Taureau et du Sagittaire avant de s'en servir.

— Ah ! C'est ça. Il a raison ! Il a mis dans le mille, n'est-ce pas ? Il a mis dans le mille, comme disait Jean-Jacques Rousseau. Votre Sérénité, au lieu de vous marrer comme une baleine... Excusez-nous, Sa Sérénité est en proie aux divinités contraires de l'Inde : Brahma et Vichnou. Brahma la guerre et Vichnou la paix. Voulez-vous me dire, s'il vous plaît, Votre Sérénité, quel est l'avenir de mademoiselle ?

— L'avenir de mademoiselle est conjugal et prolifique.

— Ah ! Prolifique ?

— Oui.

— Qu'est-ce que ça veut dire ? Elle aura des enfants ?

— Oui.

— Des enfants ?

— Des jumelles.

— Des jumelles !!! Combien ?

— Une paire avec la courroie et l'étui !

— Voulez-vous, à présent, je vous prie, me dire quel est le signe zodiacal de monsieur ?

— Ce monsieur est placé sous le signe de Neptune, Mercure au chrome.

— Quels sont ses goûts ?

— Monsieur a des goûts sportifs. Son sport préféré, le sport cycliste.

— Bien. Qu'il peut pratiquer sans inconvénients ?

— Oui, mais à condition toutefois de se méfier.

— Se méfier. De qui ? De quoi ?

— De certaines personnes de son entourage qui prétendent que sa compétence dans le domaine de la pédale exerce une fâcheuse influence sur son comportement sentimental.

— Ah ! Encore une fois vous avez mis dans le mille. Mais, dites-moi, qu'est-ce que vous lui conseillez municipal ?

— Je lui conseille vivement de ne pas changer de braquet et de surveiller son guidon.

— Votre Sérénité, tout à fait autre chose à présent. Pouvez-vous me dire quel est le sexe de monsieur ?

— Masculin.

— Oui. Vous êtes certain ?

— Oui. Vous pouvez vérifier.

— Non, non, on vous croit sur parole ! Et dites-moi, quelle est sa taille ?

— Un maître soixante-seize debout, un mètre cinquante-six assis, zéro mètre quatre-vingt-trois roulé en boule.

— Et dites-moi, il pèse combien ?

— Oh… deux fois par mois !

— Non, non ! Excusez le Sar, n'est-ce pas, il ne comprend pas bien le français. Je vous demande quel est son poids P.O.I.X. ?

— Soixante-douze kilos cinq cents ! Sans eau, sans gaz et sans électricité.

— Oui, dites-moi quel est le degré d'instruction de monsieur ?

— Secondaire.

— Oui. Est-ce que monsieur a des diplômes ?

— Oui, monsieur est licencié GL.

— Licencié GL ? Qu'est-ce que ça veut dire ?

— Ça veut dire qu'il travaillait aux Galeries Lafayette et qu'on l'a foutu à la porte.

— S'il vous plaît, Votre Sérénité, concentrez-vous bien, combien monsieur a-t-il de dents ?

— Trente dedans et deux dehors !

— Voilà très bien ! Monsieur a-t-il des complexes ?

— Oui ! Monsieur fait un complexe... A certains moments, il prend sa vessie pour une lanterne.

— Et alors ?

— Et alors, il se brûle !

— Dites-moi, Votre Sérénité, mon petit bonhomme, dites-moi de quelle nationalité est madame ?

— Française.

— Oui. Et son père ?

— Esquimau !

— Et sa mère ?

— Pochette surprise !

— Très bien !... Et ta sœur ?

— Ma sœur, elle bat le beurre et quand elle battra...

— Bon, bon, oui, ça va !

— Escroc, voleur !

— Espèce de mal élevé, mauvaise éducation, excusez-le. il n'y a pas longtemps... Il en a une touche là-dessus Tiens, encore il y a trois ans, il n'avait même pas un plateau, il avait directement le pied de la table... Mais enfin, ça c'est autre chose... Votre Sérénité, pouvez-vous me dire, s'il vous plaît...?

— Oui !

— Euh !

— Quoi ?

— Qu'est-ce que vous pouvez me dire ?

— Je peux vous dire que vous ne savez plus votre texte...

— Si vous étiez intelligent, dites-moi donc qu'est-ce que je dois vous demander à présent ? Votre Sérénité, pouvez-vous me dire, c'est très important, concentrez-vous, pouvez-vous me dire quel est le numéro du compte en banque de monsieur ?

— Oui.

— Vous pouvez le dire ?

— Oui !!

— Vous pouvez le dire ?

— Oui !!

— Il peut le dire !!! Bravo ! Il est extraordinaire, il est vraiment sensationnel. Votre Sérénité, quelle est la nature du sous-vêtement de monsieur ?

— Monsieur porte un slip.

— Oui. De quelle teinte ?

— Saumon fumé.

— Tiens, tiens, en quoi est-il ?

— En chachlick mercerisé.

— Ah ! Il a un signe particulier ?

— Oui. Il y a quelque chose d'écrit dessus.

— Quoi donc ?

— Suivez la flèche.

— C'est merveilleux. Tout à fait extraordinaire !!! Votre Sérénité, monsieur que voici que voilà a-t-il un signe particulier ?

— Oui, un tatouage.

— Ah ! Un tatouage ! Très intéressant ! C'est bien exact, n'est-ce pas ? Je ne le lui fais pas dire ! C'est bien exact ! Et où se trouve situé le tatouage de monsieur ?

— Je suis extrêmement fatigué, je m'excuse...

— Allons, allons, voyons... Monsieur Schumaker !

— ... C'est très délicat et je suis fatigué.

— Il est dans un état épouvantable, excusez-le. Votre Sérénité, je vous demande où se trouve situé le tatouage de monsieur ?

— Le tatouage de monsieur est situé à un endroit que l'honnêteté et la décence m'interdisent de préciser davantage.

— Ah ! bon, mais qu'est-ce que vous entendez par là ?

— Oh ! par là j'entends pas grand-chose !

— Je vous prie de vous concentrer davantage, espèce de malotrou ! Alors, que représente le tatouage de monsieur, s'il vous plaît ?

— Bon ! Le tatouage de monsieur représente... enfin lorsque monsieur est en de bonnes dispositions... le tatouage représente : d'un côté la cueillette des olives en Basse-

Provence, et de l'autre un épisode de la prise de la Smalah d'Abd-El-Kader par les troupes du duc D'Aumale en mil huit cent quarante-trois.

— Ah ! Parfait ! Et de plus ?

— Et c'est en couleurs !

— Ah ! C'est en couleurs ! Bravo ! Mes félicitations, monsieur ! Vraiment, si, si, vraiment très bien ; mes compliments, madame ! Madame a de la lecture pour les longues soirées d'hiver, c'est parfait. Votre Sérénité, vraiment, vous avez été extraordinaire, c'est vrai, vraiment, il est vareuse... il est vareuse...

— Eh !...

— Non, il est unique, pardon, je me suis trompé de vêtement, mais ça ne fait rien. Il ne me reste plus qu'à envoyer des baisers à l'assistance publique. Bonsoir mesdames, bonsoir mesdemoiselles et bonsoir messieurs. »

L'époque « Renaissance »

« A l'éternelle et triple question, toujours demeurée sans réponse ''qui sommes-nous, d'où venons-nous, où allons-nous ?'', je réponds, en ce qui me concerne personnellement, je suis moi, je viens de chez moi et j'y retourne. »

Paris, lundi 18 janvier 1960.

« Dans un moment de dépression nerveuse, le fantaisiste Pierre Dac a tenté samedi matin de se donner la mort en se tailladant les veines, allongé dans sa baignoire, à son domicile, 3, rue Théodore-de-Banville.

Découvert à temps par sa femme qui, après avoir garrotté l'avant-bras du blessé, le fit transporter à la clinique Eugène-Manuel, Pierre Dac est maintenant hors de danger. On lui a fait dix-sept points de suture.

Fatigué depuis plusieurs mois, il a cru que ses amis — à l'exception de Francis Blanche — allaient l'abandonner. »

L'information ainsi libellée dans tous les quotidiens du matin fait l'effet d'une bombe. Dans les heures qui suivent, le téléphone ne cesse de sonner au domicile du roi des loufoques, tandis que les télégrammes et les lettres affluent par centaines. Parmi les signataires, des comédiens et des chanteurs, tous les anciens de la France libre, des dizaines d'admirateurs anonymes, auditeurs hier des « Français parlent aux Français » et de *Signé Furax* aujourd'hui, ainsi que des enfants qui ne manquent pas un seul épisode de leur feuilleton préféré. Nicole, douze ans, écrit ainsi : « Quelle idée d'avoir voulu nous quitter ? Que serions-nous devenus sans notre *Furax* ? Je vous demande de bien vous reposer pour écrire beaucoup d'autres histoires. »

Certains profitent de l'occasion pour lui raconter leurs propres malheurs. Même le président de la Fédération nationale des donneurs de sang y va de sa missive : il se réjouit sincèrement de la rapidité des soins qui ont pu être prodigués grâce au dévouement de généreux bénévoles et ajoute : « Nous sommes heureux d'avoir suscité un tel mouvement qui permettra bientôt à Furax de clamer, à sa façon, sa joie de vivre. » Quant à Louis Merlin, le directeur d'Europe n° 1, qui avoue être passé par ce stade cinq ans plus tôt, il l'autorise à faire ce qu'il veut, après le vingt millième épisode de *Signé Furax*.

Dinah lit tout, répond à chacun, annote certaines lettres et ne transmet à son mari que ce qui lui semble essentiel. Des mots d'espoir qui, pour la plupart, se terminent par : « Vous nous avez fait tant rire, ne nous faites pas pleurer ! »

« Message reçu cinq sur cinq, précise Pierre aux rares visiteurs admis dans sa chambre à la clinique. Si seulement j'avais pensé à ma femme..., ajoute-t-il, je n'aurais jamais fait ça ! »

Dinah, de son côté, respire enfin. A l'issue d'un ultime examen, les médecins l'ont définitivement rassurée : Pierre, qui avait absorbé une boîte de cachets avant de se taillader les veines, est sauvé. Disposant d'une constitution physique exceptionnelle, il ne conservera pas la moindre séquelle.

Tout a commencé deux jours auparavant lorsque Dinah est revenue du marché, peu après 10 heures. Elle se souvient avoir aussitôt ressenti un climat inhabituel. Il n'y a aucun bruit dans l'appartement et Pierre, d'habitude si matinal, n'est pas en train d'écrire à son bureau. Tout se déroule alors très vite. Elle ouvre la porte de la chambre et constate que leur grand lit capitonné de satin rose est vide. Elle se précipite vers la salle de bains et pousse un cri d'horreur en découvrant son mari agonisant dans la baignoire dont l'eau a pris la couleur du sang. La lame de rasoir qu'il tient encore serrée dans sa main droite ne laisse planer aucun doute sur la folie de son geste.

Dominant son émotion, Dinah court vers la cuisine,

ouvre un tiroir et trouve le bout de ficelle qui doit lui permettre de faire des garrots. Les pompiers et son médecin et ami, Charles Levasseur, qui le suit depuis longtemps, arrivent heureusement très vite. « Vous avez fait ce que toute femme devrait être capable de faire en de telles circonstances, lui dit ce dernier. Je dois quand même vous avouer que vos garrots n'ont pas servi à grand-chose, vous les avez placés du mauvais côté de la plaie. Ne vous inquiétez plus, Pierre sera sauvé, j'en suis sûr ! »

Le récit de cette matinée tragique, Dinah va le rapporter plusieurs dizaines de fois au cours de la journée, à ceux qui téléphonent pour prendre des nouvelles de Pierre. Tous se posent la même question. « Pourquoi ?

— Je n'en sais rien », répond-elle.

En réalité, au fond d'elle-même, depuis plusieurs mois, elle redoute le pire. Pierre, qui, en dehors de la scène, n'est pas toujours un joyeux drille, affiche de plus en plus régulièrement sa mélancolie, voire sa lassitude. Ses rares intimes ont eu l'occasion de constater à plusieurs reprises, combien il peut être brillant un soir et, sans aucune raison apparente, morose, voire sinistre le lendemain. Un état de fait contre lequel il ne peut rien, avoue-t-il à Dinah lorsqu'ils se retrouvent dans l'intimité : « Je m'engueule de faire la gueule mais je continue quand même sans savoir pourquoi. »

Certains jours, incapable de travailler, Pierre va passer de longs moments dans le salon d'attente de Charles Levasseur. Il y écrit quelques textes qu'il offre au praticien lorsqu'ils bavardent ensemble entre deux rendez-vous. Du boulevard Malesherbes où est installé le cabinet, Dac se dirige directement rue du Faubourg-Saint-Honoré. D'un café situé à l'angle de l'avenue des Ternes, il téléphone à Jacques Canetti, dont le bureau se trouve dans l'immeuble de la salle Pleyel. Le scénario est alors immuable. L'imprésario propose au chansonnier de monter mais ce dernier préfère le retrouver juste en face, sur un banc, à côté de l'arrêt de l'autobus. Leur conversation se poursuit pendant un long moment ; ils parlent de rien plutôt que de tout. Un jour, Pierre lui remet un volumineux paquet : « Ce sont des chansons que j'ai écrites. Il y en a exactement cent dix-huit. Si cela intéresse quelqu'un, veillez à ce que Dinah touche les droits d'auteur. »

Parfois, il lui arrive même de se reprocher d'avoir choisi de se rendre à Londres plutôt que de s'engager, pour se battre sur le front, comme beaucoup de ses camarades. Toutefois, l'avenir de sa femme constitue sa préoccupation essentielle. Il a soixante-sept ans, sa compagne, seize de moins. S'il disparaît le premier, ce qui est dans la logique de la nature, comment subsistera-t-elle ? Leur seul espoir de progéniture ayant disparu au début des années 50 après une mauvaise chute de Dinah dans un escalier, l'environnement familial se limite à Rose Schouver. Elle vit toujours à Toulouse, porte bien ses soixante-quinze printemps et affiche encore bon pied bon œil.

« Ce n'est pas une solution », se dit Pierre au cours d'innombrables insomnies. Ne parvenant parfois à dormir qu'une heure par nuit, il dresse un bilan de sa carrière qui, dans un tel climat, prend une allure de cataclysme. Les moments difficiles ont été nombreux et le succès de *Signé Furax* n'empêche pas ses ressources financières de demeurer extrêmement modestes. Il ne peut garantir à sa chère épouse un avenir décent. Plus grave encore à ses yeux, il n'a pas les moyens de lui offrir ce manteau de vison dont elle parle si souvent. Cette absence d'économies l'inquiète d'autant plus qu'à l'aube de son millième épisode le feuilleton *Signé Furax* commence à avoir son avenir derrière lui. Si les auditeurs en redemandent, Francis Blanche donne en revanche des signes de lassitude. Au mois d'octobre 1959, il a d'ailleurs confié à Pierre — mais pas à la direction d'Europe n° 1 — que cette aventure de Furax sera sans doute la dernière. Le théâtre et surtout le cinéma l'attirent maintenant beaucoup plus que la radio pour des raisons pécuniaires et intellectuelles. Dac a compris, bien sûr, mais redoute le moment où le traditionnel « à suivre » va se trouver remplacé par l'inévitable « à ne plus suivre »... Que va-t-il devenir ensuite ? Depuis des semaines, à l'exception de *Furax*, il estime n'avoir rien écrit de valable. Dans son esprit perturbé, le constat est évident et sans appel : si sa source loufoque se révèle définitivement tarie, il n'a plus à espérer le moindre engagement.

Les premiers indices de cette descente aux enfers sont d'ailleurs présents. Pour la première fois de sa carrière, en effet, il n'a pas le moindre petit projet. D'ici à quelques mois, il en est sûr, plus personne ne va s'intéresser à son cas ; ses camarades du spectacle ne seront plus que ses anciens amis...

Une situation à laquelle il s'est déjà trouvé confronté, pour d'autres raisons, après la guerre, et qu'il se sent incapable d'assumer à nouveau. Une seule solution finit, petit à petit, par trouver grâce à ses yeux : disparaître.

C'est l'explication qu'il donne à sa femme quelques heures seulement après sa tentative de suicide. D'une voix encore plus douce que d'habitude, elle tente de l'aider à mettre de l'ordre dans ses idées.

« En ce qui me concerne, ta disparition n'aurait rien arrangé, bien au contraire...

— C'est vrai, ma chérie, j'avais oublié l'essentiel. Excuse-moi... Je ne sais pas ce qui m'est passé par la tête. »

La notion de pardon n'a même pas effleuré l'esprit de Dinah. Rétrospectivement, c'est elle qui se fait des reproches. Elle n'aurait jamais dû le laisser tout seul un instant, après les alertes de ces deux derniers mois : à deux reprises, il a avalé des mélanges de barbituriques et d'alcool et a dû être transporté en pleine nuit à l'hôpital pour subir un lavage d'estomac. La troisième fois, il a déjà tenté de se taillader les veines à l'issue d'une dispute aussi épouvantable qu'injustifiée. Ce soir-là, pendant le dîner, il est entré sans raison dans une colère froide puis a entamé un long monologue laissant transparaître une forme d'angoisse morbide et incohérente. Dinah a alors tenté en vain de le raisonner, puis de le calmer ; en plein milieu du repas, il a jeté sa serviette à terre puis est parti se coucher sans ajouter un mot. Une demi-heure plus tard, elle l'a surpris dans la salle de bains, l'air hagard, une lame de rasoir dans la main droite, tentant de se taillader le poignet gauche. D'un geste, elle s'est emparée de l'arme fatale puis a poussé un soupir de soulagement en constatant qu'elle était suffisamment émoussée pour ne pas causer la moindre petite blessure. Le temps d'administrer à Pierre un calmant, de téléphoner au médecin et de s'offrir un petit remontant bien mérité et l'incident était clos. Le lendemain, ayant apparemment retrouvé ses esprits, Pierre, penaud, avait écouté les reproches de sa femme et de son praticien et juré de ne pas recommencer... jusqu'à la prochaine fois.

Ce n'était pas une boutade, il a, hélas, tenu parole. Mais Dinah l'aime trop pour lui en vouloir un seul instant. Ce geste était à prévoir depuis très longtemps. Trente années — moins la période de guerre — pendant lesquelles ils ne se sont pas quittés lui permettent de savoir, mieux que quiconque, ce qui se cache derrière le masque de Pierre Dac. Cette tendance dépressive dont le public vient de découvrir l'existence, voilà près de huit ans qu'elle la subit presque quotidiennement. Elle a constaté l'évolution d'un mal contre lequel tout remède semble impuissant. Elle a appris, contrainte et forcée, à porter à l'homme de sa vie une attention, voire une abnégation, de tous les instants. Elle ne lui a jamais adressé le moindre reproche lorsque, sans explication, il a commencé à passer des journées entières dans son bureau sans desserrer les dents, sauf à l'heure des repas pour se nourrir : des déjeuners rapidement avalés dans un silence troublé par le seul bruit des couverts. Dinah a, en effet, fait installer une sonnette à ses pieds afin d'avertir le plus discrètement possible la femme de chambre qu'elle peut apporter le plat suivant. Certains jours, cela n'a pourtant pas empêché Pierre de saluer chacune des apparitions de la domestique en lançant, d'une voix glaciale : « Tiens la voilà, elle, avec ses patins à roulettes ! »

Plus inquiétant encore, cet homme dont le courage n'est

plus à démontrer a pris l'habitude de se comporter comme un enfant attardé. Parfois, à table, à la grande surprise des autres convives, sa femme lui coupe sa viande, morceau par morceau. Pas question non plus, de le laisser aller seul chez le coiffeur.

« Lorsque Pierre a besoin de se faire raser, raconte-t-elle à ses amis, je l'accompagne ; il est tellement timide que nous ne sommes pas trop de deux pour refuser le shampooing, la friction, la serviette chaude et le séchoir électrique. »

C'est elle encore qui, sans jamais avoir étudié la médecine, suggère par écrit des brouillons d'ordonnances que Pierre tente de soumettre à la signature de son praticien habituel avant de se rendre à la pharmacie. Elle s'occupe de tout, il est son « bébé ». Ce n'est donc pas par hasard s'il lui a ainsi dédicacé son roman *Du côté d'Ailleurs* : « A ma Dinah bien-aimée, sans qui je serais sans doute resté du côté de n'importe où. »

Il affectionne ce genre de pirouette parce qu'elle déclenche aussitôt le sourire et évite un débat plus approfondi à son sujet. Pour le commun de ses fans, il apparaît comme un joyeux plaisantin, rien de plus, et ne s'en offusque pas bien au contraire. Sans être misanthrope, cet autodidacte doué de l'intelligence vive qu'ont parfois ceux qui n'ont pas fait de longues études préfère réserver à de rarissimes privilégiés ses réflexions profondes sur notre société. Parce que cela risque de briser son image, bien sûr, mais surtout, comme il le dit lui-même, « parce qu'on ne peut pas raconter ça à tout le monde, sous peine de se faire fusiller sévèrement ». Il est capable d'instants de grande exaltation, suivis de moments de franche déprime. Il apparaît alors comme un anarchiste, résolument pessimiste sur l'avenir des civilisations.

Désespéré par l'immense gâchis intellectuel qu'ont constitué les deux dernières guerres, opposé à tous les racismes, il rêve d'un monde meilleur, qu'il reconnaît toutefois illusoire : « L'être le plus exceptionnel qui soit ne peut espérer plus de vingt ans de lucidité parfaite. C'est, hélas, insuffisant pour changer des règles établies depuis des siècles. De toute façon, rien ne pourra jamais s'arranger, parce que les cons nous cernent. Ils nous cernent d'ailleurs de plus en plus, et sont de plus en plus nombreux. »

Politiquement, s'il conserve un attachement indéfectible au général de Gaulle, il ne cache pas des idées de gauche, toutefois plus anti-aristocratiques que proches de celles de Léon Blum. Entre 1920 et 1925, il a régulièrement participé aux fêtes du Premier-Mai : « A cette époque, c'était pas du muguet, raconte-t-il en 1974. J'ai encore sur le crâne deux cicatrices souvenirs des pèlerines plombées de ces messieurs des Brigades spéciales. » Il s'honore aussi d'avoir activement participé le 12 février 1934 aux manifestations qui allaient donner naissance au Front populaire mais ne se considère pas comme un militant. Patriote avant tout, il se met au garde-à-vous et affiche un visage ému dès qu'il entend les premières notes de *La Marseillaise*.

S'il respecte les décorations pour faits de guerre, il adore se moquer de toutes formes de distinctions obtenues dans le civil. L'un de ses plaisirs consiste à se procurer des rubans de plusieurs couleurs chez les chapeliers et à les remettre à des intimes, sous des prétextes imaginaires, et ce, à l'issue d'un discours dont il est l'auteur et en vertu de pouvoirs qui ne lui avaient pas été conférés. C'est le prétexte idéal pour boire un petit coup entre copains, ce que Pierre ne dédaigne pas de temps à autre, mais exclusivement en compagnie de bons vivants qui partagent sa forme d'humour. Tous les 14 juillet lorsqu'il se rend à Vernon, chez son ami Charles Levasseur, il ne manque jamais de sacrifier à une prise de la pastille de Mantes — ville voisine — qui s'achève par un buffet campagnard largement arrosé en compagnie des pompiers et par une série de menuets, danse qu'il adore par-dessus tout.

A Vernon toujours, il a pris l'habitude de se recueillir

devant un monument dédié à la mémoire des gardes républicains de l'Ariège qui ont vaillamment défendu leur région pendant le siège de Paris, en 1870. Un édifice laissé à l'abandon pendant des années, et qu'à l'issue d'une soirée bien arrosée Levasseur, Dac et quelques autres s'étaient juré de remettre en valeur. Quelques week-ends plus tard, ils l'inauguraient au milieu d'une fanfare et par des discours délirants qui surprirent les badauds mais divertirent énormément les organisateurs.

Ses convictions religieuses sont, en revanche, plus complexes à cerner. Profondément écœuré par l'aspect commercial abusif de toutes les religions, il demeure résolument agnostique en son for intérieur. Il ne « sait pas » mais n'en respecte pas moins les croyances des autres et leurs traditions. Pas question, par exemple, de les choquer un vendredi saint. Pour cette raison, ce jour-là, il refuse systématiquement de participer à une émission d'humour. Ce rejet de toute doctrine ne l'empêche pas de se dire profondément « juif et fier de l'être ». Si, depuis le 22 décembre 1948, il s'appelle officiellement André Pierre-Dac pour l'état civil, il ne renie pas pour autant ses origines, bien au contraire. Depuis le premier jour, il défend la création d'un Etat d'Israël, qui lui paraît constituer le plus efficace des boucliers de notre civilisation contre les destructeurs en tous genres. En février 1953, il publie à la une de l'hebdomadaire *Le Droit de vivre*, le doyen des journaux antiracistes, un billet intitulé « Du droit d'être un salaud ». Il s'agit de l'une de ces démonstrations par l'absurde dont il a le secret. L'impact en est immense dans les milieux sionistes, mais aussi ailleurs :

« Le jour où les Juifs se verront dûment et légalement conférer le droit imprescriptible d'être des salauds comme les autres — comme les autres salauds, bien entendu —, l'antisémitisme sera virtuellement vaincu.

Cette proposition n'est pas une boutade car, si elle en avait la prétention, elle ne pourrait qu'être entachée de mauvais goût. Telle n'est pas mon intention. [...]

Prenons deux salauds du modèle courant; du salaud moyen, quoi, du tout-venant, solide, indiscutable, presque du salaud d'avant-guerre.

Et, comme de juste, deux salauds strictement, rigoureusement, algébriquement égaux en salauderie.

A une différence près cependant : l'un est aryen ou quelque chose d'approchant et l'autre est juif.

Or que dira, devant ces deux authentiques salauds, la rumeur raciale ?

Elle dira du premier : "c'est un salaud" et de l'autre "c'est un Juif". Non, non, non et non ! Un Juif a le droit d'être un salaud ! »

Depuis l'enfance, Dac écrit et parle le yiddish presque couramment. Un savoir qu'il utilise dans des circonstances exceptionnelles. Un jour de 1959, en rendant visite à Francis Blanche sur le tournage de *Babette s'en va-t-en guerre*, il va réécrire une partie du texte que doit prononcer Papa Schultz. C'est ainsi que, dans diverses séquences, ce dernier va s'exprimer en yiddish avec un accent indéfinissable sans que personne s'en aperçoive !

Pierre participe régulièrement à des galas au profit de la LICA (Ligue internationale contre l'antisémitisme), présidée par Pierre-Bloch, et prend souvent la parole en ces termes : « J'ai eu de la chance d'être juif. Si cela n'avait pas été le cas, ma famille ne serait peut-être jamais venue à Châlons-sur-Marne et je me serais retrouvé du côté des Allemands. »

Ses origines se trouvent même involontairement évoquées en bas de la page 693 de l'Annuaire du Théâtre 1949-1950. Son nom et son numéro de téléphone sont suivis du mot « juif ». Il s'agit d'une malencontreuse erreur d'impression, ce terme étant destiné à compléter une ligne plus loin l'adresse d'un autre comédien domicilié à Villejuif...

Tout cela ne l'empêche pas toutefois de demeurer résolument ouvert à d'autres dogmes. Dans les années 50, il va ainsi se convertir au catholicisme, puis être initié à la franc-maçonnerie. Des faits dont la logique n'a rien à voir avec celle de l'absurde... Son baptême est en effet la conséquence d'un vœu effectué à Londres, en 1943, au cours d'une soirée de réveillon remplie d'espoir. Il jure alors d'épouser religieusement Dinah s'il la retrouve saine et sauve après la victoire des Alliés. Dix ans après, il révèle cette promesse au chrétien convaincu qu'est le colonel Rémy, l'un des plus illustres combattants de la « guerre secrète ». Ce dernier rapporte ce fait à l'abbé Ducouret, qu'il connaît bien puisqu'il a été, entre 1941 et 1944, dans le sud de la France une « tête de réseau » particulièrement efficace. L'homme d'Eglise saisit bien sûr l'opportunité et prend aussitôt contact avec Pierre Dac. Il lui conte avant tout en long et en large les difficultés qu'il éprouve à faire vivre l'école libre qu'il dirige alors à Tusson, petite commune des Charentes. Il précise que de nombreux artistes, parmi lesquels Jean Nohain et Fernand Raynaud, sont récemment venus donner des galas au profit de son établissement. Il sollicite du roi des loufoques un soutien identique et lui propose, en échange, de le baptiser et même de le marier, s'il le souhaite. C'est ainsi que le 17 mai 1954, au lendemain d'un gala où il a longuement évoqué le Schmilblick et Joseph Isidore Paudemurge, Pierre Dac communie avant d'épouser religieusement Dinah. Le colonel Rémy, absent pour des raisons indépendantes de sa volonté, devient symboliquement son parrain tandis que des habitants du village signent le registre, en qualité de témoins. Enfin, c'est à peu près à cette époque que Pierre Dac va vivre une courte expérience en franc-maçonnerie. Initié au Grand Orient, il donne sa démission au bout de quelques tenues seulement, avouant, en toute sincérité, qu'il ne pense pas pouvoir apporter quoi que ce soit à la loge qui l'a accueilli. Ses frères ne sont pas surpris : dès les premières réunions, Pierre leur a semblé très éloigné de leurs préoccupations : le rituel l'ennuie ; de plus, en dépit des recommandations de ses parrains, il n'a même pas pris la peine d'acheter le tablier traditionnel et porte, à la place, un grand mouchoir blanc.

Professionnellement, il est aussi un solitaire. Se définissant comme un humoriste plutôt qu'un chansonnier, il ne porte pas aux gens de sa profession une très haute estime. A l'exception d'Alphonse Allais, dont il n'a jamais lu le moindre conte jusqu'à l'âge de soixante-cinq ans, il ignore tout des écrits de ses confrères du passé ou prétendus tels. Il préfère Voltaire, Hugo ou Virgile et avoue faire partie des inconditionnels du Céline de *Mort à crédit* et d'*Un château l'autre*. Il se délecte toutefois à la lecture des romans de Jean Dutourd et Pierre Daninos et regrette d'ailleurs parfois de ne pas avoir eu le temps de publier d'autres livres. Des proches lui révèlent régulièrement qu'il possède la dimension d'un grand écrivain. Dac n'en tire aucune satisfaction personnelle ; il est en effet la modestie même. La « grosse tête », il avoue toutefois l'avoir eu une seule fois, en 1935. « Je donnais alors un tour de chant à l'Empire. Le soir de la première, j'avais fait un malheur, j'en étais sûr ! Eh bien oui, j'avais soulevé une critique : ''Monsieur Pierre Dac a un très joli smoking bleu.'' La honte de ma vie ! J'ai frisé la crise de foie, la jaunisse mais cette gifle m'a été salutaire. »

Au matin du 20 janvier 1960, Pierre retrouve son appartement, au 3 de la rue Théodore-de-Banville. Cent vingt mètres carrés couverts d'une moquette vert espérance et remplis d'objets parfaitement rangés, auxquels il porte une indifférence évidente. A l'exception de la lettre que lui a adressée le général de Gaulle au lendemain de la Libération, il n'attache aucune importance à son environnement immédiat. Au début des années 50, il a ainsi quitté sans regrets l'avenue Junot pour un petit hôtel particulier, au 173, boulevard Brune, près de la porte d'Orléans. Cinq ans plus tard, il s'est acclimaté tout aussi facilement à l'espace plus rationnel choisi par Dinah au cœur du XVIIe arrondissement.

Quelques minutes après son retour de la clinique, le téléphone se met à sonner. C'est Francis Blanche qui, comme toutes les quatre heures depuis trois jours, appelle pour demander des nouvelles. A peine apprend-il que Pierre est rentré chez lui qu'il hurle : « Ne bougez pas, j'arrive ! »

« Il s'inquiète pour rien ! Je n'ai vraiment pas l'intention de partir d'ici », murmure Pierre en raccrochant.

Quelques instants plus tard, il change d'avis lorsque Blanche, après l'avoir longuement et affectueusement serré dans ses bras, lui propose de passer sa convalescence à Eze. « Vous y serez tranquille. Maria ma cuisinière et Attilio mon jardinier s'occuperont de vous. Chez moi, vous ne risquez rien : il n'y a que des rasoirs électriques ! »

C'est ainsi qu'en deux semaines, isolé du monde, Pierre va petit à petit tenter de reprendre goût à la vie. Dans les jours qui précèdent son retour, il retrouve enfin, sinon sa verve, du moins ses esprits. Le mot tendre qu'il adresse à Dinah, restée à Paris, constitue le plus rassurant des messages d'espoir : « Toi, ma chérie adorée que j'ai failli quitter pour toujours ! Il fallait que je fusse bien malade pour en arriver là. Espérons que la cure aura été salutaire et que je reviendrai à Paris bien guéri, ne pensant plus qu'à une seule chose : te rendre heureuse par mon travail et mon amour. »

C'est donc un nouveau Pierre Dac qui revient dans la capitale pour participer aux enregistrements du « Fils de Furax ». Sa réapparition sur les ondes n'a pas posé à Claude Grégory plus de problèmes que son éloignement provisoire. Les personnages plongeant dans l'espace-temps au gré de la fantaisie de l'extrapolateur de densité, pour les auditeurs, Black a tout simplement passé quelques semaines dans la

Grèce antique, sans donner de ses nouvelles... Jusqu'à la fin de la saison, Dac va effectuer, entre deux épisodes, beaucoup d'autres voyages. Depuis la fin du mois de janvier, les propositions n'ont pas manqué, et le chansonnier a choisi l'offre du producteur Roland Hubert : le voici, avec un Sacha Distel en pleine vogue du scoubidou, la covedette d'une tournée à travers toute la France. L'occasion idéale de vérifier que ses sketches les plus célèbres ont toujours autant d'impact sur un public encore plus chaleureux que d'habitude. A l'inverse de ce qu'il imaginait, Pierre a beaucoup d'amis. Le nombre des autographes qu'il distribue après le spectacle en est la preuve. A plusieurs reprises, il signe les pochettes de disques pas comme les autres qui commencent à être distribués par correspondance : il s'agit de cinq doubles quarante-cinq tours racontant les fabuleux méfaits de Furax. Dans ces nouvelles inédites — « Menace sur Tancarville », « Trafic de larmes », « La navrante comédie des proverbes », « Alerte aux homards », « L'enlèvement du Père Noël » —, tous les personnages principaux apparaissent, à l'exception de Black et White. Les illustrations sont d'Henry Blanc et la mise en ondes de Pierre Arnaud de Chassy-Poulay, bien sûr.

Dac est ensuite engagé à l'Alhambra, mais, le 21 avril 1960, il fait une chute pendant les répétitions. Le médecin diagnostique des contusions multiples et lui prescrit quinze jours d'immobilisation qui l'empêchent d'honorer son contrat. Il y a décidément des années où rien ne va...

Le samedi 29 juin 1960, Europe n° 1 diffuse le 1 034e et dernier épisode de *Signé Furax*, qui voit bien entendu la victoire de nos héros sur les irréductibles Babus. Avant le générique final, la voix d'Edith Fontaine annonce, comme d'habitude : « A suivre ! » Pierre sait qu'il n'en est rien, et que Francis a pris rendez-vous avec la direction pour le début de la semaine suivante. Il va annoncer aux responsables de l'antenne leur décision d'interrompre la série pour au moins une saison. Dac n'est finalement pas mécontent de ce qu'il considère comme la voie de la sagesse. Moralement et physiquement, il se sent encore bien faible et, pour l'instant, il n'aspire qu'aux vacances. Avec Dinah, il décide de partir pour la Grèce. Il éprouve en effet l'envie de mieux connaître un pays qui a été au centre du feuilleton depuis un an.

« La terre de mon maître, Mordicus d'Athènes », précise-t-il impassible au guide qui les accompagne, lors de la traditionnelle visite de l'Acropole. Devant la surprise de ce dernier, il ajoute, tout aussi sérieusement : « Comment, vous ignorez l'existence de Mordicus d'Athènes ? Mais voyons, c'est le plus célèbre des philosophes ivrognes grecs ! Le fondateur de l'école éthylique... Si mes souvenirs sont exacts, il a vécu de 186 à 83, au fond de la deuxième cour à droite avant J.-C. »

Dinah a déjà entendu cette formule plusieurs centaines de fois et, pourtant, elle éclate de rire. Il y a bien longtemps que Pierre n'a pas commis la moindre facétie. Le mal semble enfin en régression. Un sentiment renforcé dès le lendemain devant le Parthénon, lors d'une rencontre surprise avec Marcel Jullian, en vacances lui aussi. Au cours de la conversation, le visage plus grave que jamais, Pierre jette un œil aux alentours et s'exclame, visiblement ému : « On dira ce qu'on voudra, mais ça n'a rien à voir avec Le Tréport ! »

Cette forme d'humour, Jullian a déjà eu l'occasion de l'apprécier à diverses reprises. Il le rappelle à Pierre en évoquant cette nuit où, à bord de la même voiture, ils ont frisé l'accident parce qu'un automobiliste, roulant pleins phares, les avait éblouis. Dac s'était alors écrié : « Tu as vu ! Encore un antisémite ! »

Une autre fois, à la sortie d'un enregistrement, à ceux qui s'inquiétaient parce qu'il avait l'air épuisé, il avait répliqué en respirant à pleins poumons : « Ça va aller mieux ! C'est irrespirable là-dedans ; c'est bourré de chrétiens ! »

1961 va constituer pour Pierre Dac une année charnière. Il participe à quelques galas mais, surtout, réapprend à vivre. Manifestement, il n'affiche plus la moindre idée suicidaire, mais ses amis, craignant une rechute toujours possible, l'entourent de tous leurs soins. René Lefèvre, Léo Campion et Fernand Rauzéna lui rendent régulièrement visite et Francis Blanche lui téléphone presque tous les jours. Il lui est difficile de faire mieux, étant complètement débordé par ses activités au théâtre et au cinéma. Entre janvier et octobre 1961, il a accepté de jouer *Tartuffe* au Palais-Royal, *Néron, l'étouffe-chrétien*, de Félicien Marceau, à l'Atelier, et *Va donc chez Thorpe*, une pièce de François Billetdoux, en tournée. En même temps, il doit apparaître dans huit films avant d'adapter — avec Yvan Audouard — et de mettre en scène *Tartarin de Tarascon*. Une première expérience de réalisateur qu'il souhaite prolonger par la transposition à l'écran de *Signé Furax*, à laquelle il tient particulièrement. Un projet qui réchauffe le cœur du « loufoque » à l'aube d'un nouveau départ dans un autre cadre de vie. Afin de faire disparaître de leur mémoire les moments dramatiques de l'année précédente, Pierre et Dinah quittent la rue Théodore-de-Banville et s'installent au 24, avenue de Villiers, dans un immeuble récemment construit. Aux yeux de Pierre, l'appartement qu'ils ont choisi au huitième étage dispose d'un atout exceptionnel : une immense fenêtre devant laquelle, les jours de plein soleil, il peut rêver pendant des heures.

Un matin de septembre 1961, il se réveille l'esprit particulièrement joyeux, la tête fourmillant d'idées nouvelles. En un instant, il a compris ce qui lui arrive. Deux ans plus tôt, un grand professeur venu lui rendre visite rue Théodore-de-Banville a été formel : les neurologues et les psychiatres qu'il a consultés ne peuvent rien pour lui et tous les traitements qu'on lui a prescrits ne constituent pas des remèdes miracles. Il va guérir c'est certain, mais d'un seul coup, au moment où il s'y attendra le moins... C'est exactement ce qui vient de se produire...

En quelques semaines, il retrouve la totalité de ses facultés d'antan. Il se lève tôt, imagine de nouveaux sketches, écrit des paroles de chansons, accumule les projets d'émissions de radio et de télévision, voire de livres. A ses proches qui s'étonnent et se réjouissent de ce regain de vitalité, il parle de sa maladie en affichant une sérénité quasi miraculeuse : « La vraie dépression nerveuse, dit-il gravement, c'est une souffrance absolue. Vous êtes en effet en parfaite lucidité de votre état, vous savez qu'il vous faut réagir, mais vous avez une griffe d'acier qui vous en empêche. »

Une bataille contre la maladie dont il sort grandi, rajeuni de vingt ans. Un phénomène physiologique et psychique qu'il explique à sa manière : « En arithmétique, on fait la preuve par neuf ; moi ce sont les épreuves qui me tiennent neuf. »

L'esprit libéré, Dac se livre à nouveau à ses plaisanteries favorites. Il distribue des tracts vierges des deux côtés, puis se cache afin d'observer la tête de celui qui tourne et retourne le prospectus sans comprendre. Il adore également s'arrêter devant des inconnus, prendre le temps de les dévisager en prononçant à leur propos des « ah » ou des « oui enfin, peut-être » qui semblent significatifs, avant de s'en aller en hochant la tête sans plus d'explications. En public, il n'hésite jamais à défaire les boutons de sa braguette, puis à tirer par l'ouverture quelques centimètres du bas de sa chemise avant de lancer gravement à son interlocuteur du moment : « Si ça vous intéresse, c'est six cents francs avec deux cols ! »

D'autres gags ne font parfois rire que lui. Datant d'une autre époque, ils demeurent totalement incompréhensibles pour le non-initié. Ainsi, seuls ceux qui ont connu le temps où, au cinéma, l'ouvreuse vous donnait un ticket lorsque vous sortiez de la salle à l'entracte peuvent rire lorsqu'il lance à quelqu'un qui se lève pour prendre congé : « Si tu vas pisser rapportes-moi une orange ! »

De même, il faut se souvenir des années où, au restaurant, on vous comptait le couvert et le pain pour sourire lorsqu'au moment de régler l'addition Pierre, fronçant les sourcils, s'exclame : « Quelqu'un a repris du pain ! »

Au restaurant, il excelle dans l'art de se mêler à la conversation de la table d'à côté, tout en poursuivant celle qu'il a entamée avec ses propres convives. Tout client ne l'ayant pas reconnu et qui a le malheur de s'asseoir à côté de lui devient une victime en puissance. A peine se trouve-t-il installé que Pierre, tout en continuant le dialogue avec ses amis, lance l'air de rien : « C'est à cette heure-ci qu'on arrive ? »

Si le visage du nouvel arrivant affiche la surprise ou la contrariété, Pierre en rajoute. Ainsi, lorsqu'il entend ce voisin déclarer à ses propres amis : « Tiens, j'ai des nouvelles de Jean ! » sans modifier les inflexions de sa voix, Dac lance, entre deux phrases qui n'ont strictement rien à voir : « Quel imbécile celui-là ! »

Une ou deux autres interruptions du même genre suffisent en général à traumatiser le malheureux qui s'enfuit avant le dessert en demandant l'addition plutôt que son reste.

Lorsqu'une situation surréaliste se présente, Pierre est le premier à la jouer jusqu'au bout. Un jour, rue du Faubourg-Saint-Honoré, un Anglais monte dans sa voiture qu'il prend pour un taxi. Le roi des loufoques ne se démonte pas, et quand le touriste lui demande de le conduire à son hôtel à l'Opéra, il s'exécute. Une fois arrivé, il ne réclame pas le prix de la course et avoue la vérité. Son passager, gêné et amusé, propose de lui offrir un verre, Dac accepte, puis lui rend la pareille ; son nouvel ami décide de remettre ça... Les toasts succédant aux tournées, le chansonnier va réintégrer son domicile fort tard, dans un état d'ébriété très avancé.

Certaines de ses farces sont d'un goût plus douteux. Pendant les vacances, l'une des activités favorites de Pierre consiste à accomplir un besoin naturel depuis le balcon de sa chambre d'hôtel, située au quatrième étage, en visant les passants. De courtes averses qui, sous un ciel bleu, créent un mouvement de surprise bien compréhensible et déclenchent la colère de Dinah. Elle n'apprécie pas plus les facéties de son mari lorsqu'ils sont invités à ce qu'on appelle un « dîner en ville ». Pour peu qu'un chien soit aussi présent, Pierre n'hésite pas une seconde. Il fait discrètement pipi sous la table puis attend sereinement l'heure du pousse-café. Il se trouve toujours quelqu'un pour se rendre compte des dégâts et accuser le pauvre toutou de les avoir provoqués. Une plaisanterie que n'aurait pas renié W. C. Fields mais que Pierre considère plus absurde que bête et méchante. Il n'a rien contre les animaux, au contraire, mais tient en horreur toute forme de mondanité. Et puisqu'il est parfois dans l'obligation de participer à des dîners « en ville », tant pis pour la maîtresse de maison qui a le malheur de lui demander si tout va bien. La réplique jaillit aussitôt du fond du cœur :

« Ce qu'on peut s'emmerder chez vous, madame !

— Ce que vous pouvez être drôle », rétorque son interlocutrice, persuadée qu'il s'agit là d'un trait d'humour.

C'est à l'occasion d'une reconstitution parodique de cocktail que Pierre Dac va faire sa rentrée au cinéma en 1961. Robert Dhéry et Pierre Tchernia lui confient un rôle de colonel dans une courte séquence de *La Belle Américaine*. Un militaire qui, au lieu de saluer réglementairement une dame, s'exclame : « Bonjour mon général ! »

Sur le plateau, les techniciens se mordent les lèvres pour ne pas éclater de rire. Cette réplique n'était pas prévue au scénario, Pierre l'a imaginée dans l'instant qui a précédé le début de la prise. Bien entendu, elle ne va pas disparaître au montage.

Quelques semaines après la sortie du film, Dac et Dhéry vont se retrouver côte à côte, aux obsèques de Marcel Celmas. Dans la nuit du 30 au 31 décembre 1961, dans un bistrot de la place du Tertre, il s'est assis sur une chaise après avoir vidé son verre puis s'est éteint sans pousser le moindre râle. Sa femme étant morte deux ans plus tôt, les formalités de son enterrement ont été réglées par sa fille.

Soucieuse d'éviter la présence de tous les copains de son père, elle a fixé la cérémonie à 7 heures du matin. Une contrainte qui ne parvient pourtant pas à décourager des camarades de zinc déterminés à accompagner le plus fidèle d'entre eux dans son ultime voyage. Ils décident de ne pas se coucher de la nuit et d'aller directement au cimetière, en sortant de leur bistro habituel. L'état d'ébriété qu'ils affichent alors contraste tellement avec la dignité des autres participants — les religieuses du couvent où s'est retirée la fille du disparu — que Pierre hurle de rire. La scène lui rappelle une épreuve analogue, qu'il a dû affronter vingt-cinq ans plus tôt, dans des circonstances aussi insolites. Aux obsèques de Salomon Isaac, son père, les prières prononcées au cimetière Montparnasse par un rabbin qui louchait avaient été couvertes à plusieurs reprises par le son d'un trombone provenant du cinquième étage d'un immeuble voisin. Il faisait très chaud ce matin-là, et un élève apparemment peu doué, apprenant les bases de cet instrument, avait laissé sa fenêtre grande ouverte. Même au bord des larmes, le chansonnier n'avait pu retenir son rire devant une situation aussi absurde.

Au mois de septembre 1961, Dac rencontre Cino Del Duca, le roi de la presse du cœur, mais aussi le fondateur-directeur du quotidien *Paris-Jour*. Pierre propose de réaliser chaque semaine une page d'humour dans la tradition de *L'Os à moelle*. C'est ainsi que naît *Radar Moustache* présenté comme l'« Organe Panoramique de l'Intégralité Universelle ». Le titre lui a été inspiré par un hebdomadaire spécialisé dans les faits divers et les affaires à scandales, dont le slogan est célèbre : « *Radar* était là. » Chaque vendredi, à partir du 3 novembre et pendant une vingtaine de semaines, le roi des loufoques va ainsi renouer avec ses chers éditoriaux. Des billets dont les titres, liés à la guerre d'Algérie, à des grèves en rafales, à un contexte économique difficile et une lutte permanente contre la vie chère, n'ont rien perdu de leur loufoquerie de jadis, même si leur impact est moindre : « Pour en sortir, il faut que chacun s'y mette afin que tout le monde s'y retrouve », « C'est parce que le prix d'achat augmente que le prix de vente est trop élevé », « La question de jours n'est qu'une affaire de temps », « 1962 sera-t-elle l'année du rassemblement des éventualités agissantes ? », « Pour sortir de l'obsession, parlons d'autre chose »... A ces billets s'ajoutent des nouvelles de Partout et d'Ailleurs, des prévisions météorologiques, des chroniques médicales, des jeux, ainsi qu'un roman, signé Lucien de Lamermore, intitulé *Rose de Pantin.* Ce grand récit inédit, d'amour et d'action, s'interrompra toutefois à la troisième livraison pour être remplacé par des « Contes maigres du vendredi ». Enfin, en bonne place, figurent des nouvelles de la pharmacie Lopez, théoriquement de garde chaque dimanche à Santiago du Chili. Dans un pays à l'instabilité politique légendaire, une information de ce genre prend une dimension capitale. Les lecteurs ne s'y trompent pas et, semaine après semaine, suivent avec passion, mais sans trop d'angoisses, l'évolution de la situation...

Dernière minute : de Santiago du Chili : c'est la pharmacie Lopez qui sera de garde dimanche prochain.

Dernière seconde : de Santiago du Chili : contrairement à ce qui a été précédemment annoncé, ce n'est pas la pharmacie Lopez mais la pharmacie Gomez qui sera de garde dimanche prochain.

Dernier instant : de Santiago du Chili : le pharmacien Gomez refusant de rester de garde dimanche prochain, c'est tout de même le pharmacien Lopez qui, de gré ou de force, sera de garde dimanche prochain.

Cette rubrique va attirer l'œil de Michel Laclos, un collaborateur de *Paris-Jour,* chargé avec deux autres jeunes journalistes, Jacques Chancel et Pierre Rey, de la rubrique parisienne du journal. Il propose alors à Pierre Dac de réaliser une anthologie des meilleurs textes de *L'Os à moelle* pour une collection baptisée « Humour secret », éditée par Julliard et dirigée par Jacques Sternberg.

L'intéressé est perplexe : il se demande en effet si ses chroniques n'ont pas pris un coup de vieux. Et puis, il a définitivement tourné la page d'une époque dont il ne conserve pas que des souvenirs heureux. Après mûre réflexion, il vient d'ailleurs de renoncer à sa profession de chansonnier. « La formule est dépassée, explique-t-il. Six bonshommes qui, l'un après l'autre, vous parlent du général de Gaulle et de Brigitte Bardot sont incapables de se renouveler en permanence ! »

Enfin, éternel créateur toujours tourné vers l'avenir, il n'a guère envie de se livrer à une sélection qui lui semble fastidieuse. En revanche, si son « directeur littéraire » a le courage de s'atteler seul à la tâche, il lui donne bien volontiers carte blanche. Ce dernier accepte le marché et se met au travail tandis que Pierre consacre toute son énergie à d'autres projets.

A l'occasion du trentième anniversaire de son arrivée à la BBC, il accepte toutefois de regarder en arrière : il enregistre une nouvelle version de la plupart des sketches et des chansons de cette époque de gloire et de souffrances. Un trente-trois tours intitulé *Quand les Français parlaient aux Français* dont les arrangements musicaux et les accompagnements sont assurés par le trio de Jean Baizouroff, le futur Popoff de Jacques Martin.

De plus, à l'heure de son soixante-dixième printemps, il fait sa rentrée au théâtre dans *Le Voyage de M. Perrichon* d'Eugène Labiche. Une production du Théâtre de l'Ile-de-France, mise en scène par Jacques Sarthou, créateur de cette compagnie. Quelques mois auparavant, ce dernier a remarqué les qualités de comédien du chansonnier en assistant à une représentation de *Pas d'usufruit pour Tante Caroline*, au Théâtre Henri-de-Rochefort. Ce fut le seul point positif d'une expérience dont Pierre, encore convalescent, se serait bien passé. Le fil conducteur de cette comédie, ou présumée telle, était tellement incompréhensible qu'il dut réécrire le tiers des dialogues pendant les répétitions. En dépit de ses efforts, le public ne suivit pas et son calvaire ne dura qu'un mois.

Cette fois-ci, c'est autre chose. Le texte est naturellement bon mais cela n'empêche pas Dac d'ajouter, avec l'accord du metteur en scène, quelques répliques que, précise-t-il en guise d'excuse, « Labiche a peut-être oublié »... Le 9 octobre 1963, au Kremlin-Bicêtre, les critiques, unanimes, découvrent que le chansonnier est aussi un très grand comédien classique. Dans le rôle de Monsieur Perrichon, il ne force pas. Mieux encore, il fait preuve d'une humanité que l'auteur n'aurait pas reniée.

Ce succès coïncide presque avec la parution, deux mois plus tard, de l'anthologie de *L'Os à moelle*. L'auteur a totalement approuvé la sélection de ses éditoriaux dont la compilation s'est révélée plus complexe que prévu. Michel Laclos a en effet passé des semaines entières à la Bibliothèque nationale de Versailles, afin de recopier, à la main, un maximum d'articles dans un minimum de numéros. Le dépôt légal de ce genre d'hebdomadaires n'étant pas véritablement contrôlé entre 1938 et 1940, une bonne partie de la collection ne figure pas dans les archives et se trouve, hélas, irrémédiablement perdue.

Le livre est un grand succès. Les projecteurs de l'actualité se braquent à nouveau vers Pierre Dac, visiblement surpris par cet accueil. S'intéresser à *La Confiture de nouilles* et à *La Houille dormante*, en un temps où les « yé-yés » règnent en maîtres, c'est, pour lui, le comble du loufoque. « Je ne vois qu'une seule explication, confie-t-il à ceux qui l'interrogent. Elle est aussi logique que réconfortante : comme en 1938, les jeunes apprécient ma forme d'humour plus souriante qu'agressive. Vous savez, ces "copains" dont on fait toute une terrine, ils ne sont pas plus cons que nous ! A leur place, quand j'avais quatorze ans, j'ai fait pareil ! »

Fort de ce soutien précieux, Pierre Dac décide de bouleverser ses projets et se met à rêver à un retour de son hebdomadaire dans les kiosques. Il comptait se consacrer au théâtre, mais, en dépit de son succès dans *Le Voyage de M. Perrichon*, les metteurs en scène ne se bousculent pas à sa porte. De plus, après avoir failli se concrétiser à plusieurs reprises, le projet d'adaption cinématographique de *Signé Furax* finit par avoir des allures d'Arlésienne. Les producteurs qui en avaient accepté le principe viennent de renoncer, échaudés par l'échec auprès du public et de la critique de *Tartarin de Tarascon*.

Pierre dispose donc de tout son temps pour réfléchir à une nouvelle formule de *L'Os à moelle*, une version adaptée à l'air du temps, c'est-à-dire évoquant les thèmes d'actualité qui, justement, le passionnent. Sa culture classique n'empêche pas en effet Pierre Dac de s'intéresser à l'électronique et à l'astronautique. Il lit à peu près tout ce qui paraît sur le sujet. En s'amusant à déplacer certains mots et à en changer quelques autres, il trouve matière à chroniques et à de nouveaux sketches. C'est ainsi qu'il imagine le Biglotron, dont il attribue aussitôt la paternité au génial professeur Slalom Jérémie Ménerlache. « Cet appareil qui ne sert à rien et qui, par conséquent, peut être utilisé pour tout, voire pour n'importe quoi, c'est tout simplement un schmilblick avec bidule ! », ajoute-t-il à chaque fois.

En février 1964, il reçoit la visite de Charles Mandel, recommandé par leur ami commun, Jean Bardin, l'un des producteurs-animateurs vedettes de Paris-Inter. Editeur d'un annuaire du spectacle mais aussi des Mémoires de Harpo Marx, Mandel est un inconditionnel de Pierre et rêve de publier ses souvenirs. « Impossible, répond Pierre. Je n'en ai pas. J'oublie tout. Et puis, pour l'instant, je ne pense qu'à une reprise de *L'Os à moelle*. » Pour Mandel, devenir l'éditeur de ce journal dont, adolescent, il a été un lecteur assidu, voilà un défi bien tentant. La période s'y prête : le rire redevient à la mode ; on annonce même la création prochaine sur la jeune deuxième chaîne de télévision d'une émission célèbre aux Etats-Unis mais encore inédite en France, « La Caméra invisible ».

Dès le lendemain matin, Mandel téléphone à Jean Bardin : « Mon rendez-vous avec Pierre Dac s'est admirablement passé. J'ai un projet complètement fou, mais pour le concrétiser, j'ai besoin de toi. Accepterais-tu la rédaction en chef adjointe de *L'Os à moelle* ? »

Un titre correspondant en réalité à des fonctions quasi occultes de rassembleur et de responsable de la promotion. Dac, plus solitaire que jamais, demeure parfaitement apte à prendre en charge la rédaction mais il semble incapable de réunir l'équipe susceptible de réaliser un hebdomadaire humoristique et surtout d'établir les contacts avec ceux qui pourraient évoquer un tel événement. Bardin accepte aussitôt. Par amitié pour Mandel mais surtout par vénération envers Pierre. Inconditionnel d'André Breton et de Jean Tardieu, il est un disciple des surréalistes et considère le roi des loufoques comme un maître du genre.

Quelques jours plus tard, la SEDOM, Société d'édition de *L'Os à moelle*, est créée, et Pierre s'installe dans des bureaux situés au 17, rue du Faubourg-Montmartre. Les grandes lignes de l'hebdomadaire se trouvent presque aussitôt définies. « Les bases d'avant-guerre doivent être conservées, assure le directeur. Il suffit de déplacer quelques mots, d'en changer certains autres et ça doit vous faire un de ces petits plats savoureux et détonants… »

Il est convenu de se retrouver chaque vendredi pour décider des sujets qui seront rendus par leurs auteurs le lundi matin et publiés le jeudi. A la veille du week-end qui précède la sortie du premier numéro, fixée au jeudi 23 avril 1964, la salle de réunion affiche un générique qu'aucun music-hall n'aurait les moyens de s'offrir : les maîtres de l'humour contemporains mais aussi quelques grands anciens, ainsi que des espoirs de demain ont répondu présent : Jacques Martin, Jean Yanne (présentateurs d'une émission de télévision qui a fait scandale : « 1 = 3 »), Pierre Doris, Maurice Biraud, Roger Pierre Jean-Marc Thibault

Pierre Tchernia, Jean Bardin, Bernard Hubrenne, Robert Beauvais, Jean-Marc Soyez, Robert Nahmias, Michel de Villers, Alain Franck, Claude Canavaggio — nommé secrétaire général — ainsi, bien sûr, que Fernand Rauzéna et Francis Blanche ! Sous l'impulsion de Pierre Dac, mais aussi de José Artur, les éclats de rire et les idées fusent de toutes parts. Un code a toutefois été préalablement établi entre Mandel et Dac : ce dernier, se sachant incapable de refuser un article, prononce de temps à autre un mot clé qui signifie en gros : « Je ne veux pas de cette chronique, Charles, soyez gentil de dire à son auteur que vous ne la trouvez pas parfaite et je vous suivrai sur ce terrain. »

Le principe des quatre pages grand format de jadis est maintenu, les petites annonces, toujours régies par Gaston Berger et les nouvelles de partout et d'ailleurs sont au rendez-vous. On apprend aussi — ô surprise — que le pharmacien Lopez sera de garde dimanche prochain à Santiago du Chili ! Dans son premier éditorial intitulé « Le présent c'est l'avenir du passé », Pierre Dac évoque la continuité de sa forme d'humour, à l'heure de la résurrection :

« Nous arrivons à notre heure, c'est-à-dire juste à temps pour remettre un peu d'ordre dans un monde qui n'a pas trouvé son véritable équilibre, ni son véritable sens et qui semble ignorer les vertus du sourire.

Les événements actuels se déroulent au jour le jour sur un rythme infernal, dans un insolite climat d'illogisme et d'incompréhension, dont le plus clair résultat est de réduire l'esprit critique à sa plus simple expression négative.

Telles sont les causes qui, de fil en aiguille, et de planche à repasser en stylo à bille, nous ont donné à penser qu'il était de notre plus élémentaire devoir de faire de *L'Os à moelle* un organe de libre expression et de mutuelle compréhension, ouvert à tous, aussi bien à n'importe qui, qu'à n'importe quoi. D'ailleurs, notre devise n'est-elle pas ''Contre tout ce qui est pour, pour tout ce qui est contre'', ce qui plus explicitement signifie : ''Pour tout ce qui est contre tout ce qui n'est pas pour et contre tout ce qui est pour tout ce qui n'est pas contre..." »

Francis, absent de Paris, envoie une lettre ouverte sous forme de page... Blanche. Jean Yanne dénonce, à sa manière, ce qu'il considère comme des scandales depuis les dangers de l'Auvergnat jusqu'au problème des romanciers qui ne savent plus causer français en écrivant, tandis que René Goscinny, qui connaît un succès d'estime avec les premiers albums d'*Astérix le Gaulois*, propose une bande hebdomadaire intitulée *Les Aventures du Facteur Rhésus ou la Bouleversante Epopée d'un héros postal*. Les illustrations se trouvent confiées à une jeune dessinatrice sur laquelle l'illustre scénariste porte bien des espoirs, Claire Bretecher.

Tout va fonctionner parfaitement pendant les six premières semaines d'existence du journal qui se révèle même très rentable : deux cent mille exemplaires vendus en moyenne ! Hélas, les premiers nuages vont se manifester dès le début de l'été. Charles Mandel s'aperçoit alors avec consternation que si les sujets sont toujours lancés le vendredi avec enthousiasme, il n'a pas beaucoup d'articles à confier à l'imprimeur le lundi matin. L'état de grâce est passé et, à l'exception de Pierre Dac, Jean Yanne, René Goscinny et Fernand Rauzéna, les « grandes signatures », très occupées par ailleurs, trouvent toujours un bon prétexte pour ne pas rendre la chronique prévue. Néanmoins, la formule du journal s'installe petit à petit. L'actualité est ainsi abondamment traitée : tout y passe, depuis le limogeage de Nikita Khrouchtchev qui retourne au Kremlin-Bicêtre au service militaire de Johnny Hallyday qui, affirme la rédaction, est de corvée de pluches tandis que Sylvie Vartan joue *Patate* au théâtre. Chaque semaine, les lecteurs découvrent aussi un chapitre de *Du côté d'Ailleurs*, épuisé en librairie depuis huit ans. Quant au pharmacien Lopez, il devient le héros d'une épopée qui, commencée à Santiago du Chili, s'achève quarante-deux semaines plus tard à l'Elysée, par une entrevue historique avec le général de Gaulle, président de la

République française. Ce gag remporte un tel succès que toute personnalité évoquée dans l'hebdomadaire finit par se retrouver de garde un jour ou l'autre, quelque part dans le monde. La loufoquerie est de rigueur, les jeux de mots un peu partout et même ailleurs, les ventes correctes, mais les charges ainsi que l'impossibilité de glisser de la publicité payante dans les colonnes finit par mettre en péril l'équilibre de l'entreprise. Charles Mandel, Jean Bardin et Pierre Dac font un effort et touchent des salaires minimes, sans rapport avec l'énorme travail effectué. Chacun y trouve quand même son compte : les deux premiers estiment vivre des moments privilégiés auprès de leur maître (soixante-trois) et lui ont offert, au mois d'août, des vacances à New York. Un voyage épuisant mais qui n'a pas semblé éprouver un roi des loufoques qui rajeunit à vue d'œil. En ce qui le concerne, le travail c'est vraiment la santé. Peu après avoir retrouvé la direction de son journal, il revient à la radio. Au mois d'octobre 1964, il signe des deux mains le contrat que lui propose Roland Dhordain, le jeune directeur de France-Inter, la station qui, depuis une saison, a pris la relève de Paris-Inter. En compagnie de son équipe de *L'Os à moelle*, Jean Yanne en tête, il imagine « 3,1416 », une émission de Pi... R... Dac : un quart d'heure de délires diffusé chaque dimanche à 13 h 15 et mis en ondes, bien entendu, par Pierre Arnaud de Chassy-Poulay qui, pour l'occasion, reprend du service sur les ondes nationales. Parce qu'il faut une voix féminine, on engage Helena Bossis, une comédienne qui a du talent et un antécédent célèbre : c'est la fille de Simone Berriau, directrice du Théâtre Antoine.

Les enregistrements se déroulent tous les mercredis à la Maison de la Radio. Chaque semaine, Pierre lit son éditorial puis chacun y va de sa rubrique. Un jour, le nouveau Premier ministre Georges Pompidou, encore peu connu, est le héros involontaire d'une séquence créée pour la circonstance, et intitulée « Chronique de la délation ». D'un ton grave, Helena Bossis menace le chef du gouvernement de tout dévoiler s'il ne fait pas, comme l'on dit, « un geste » dans les meilleurs délais : « Si vous ne prenez pas contact avec nous, on dira pourquoi vous vous promenez dans une DS noire avec deux gardes du corps, on dira... »

Ecoutant l'émission le dimanche suivant, Pierre Dac découvre avec surprise que cette intervention ne figure pas dans l'émission. Pierre Arnaud de Chassy-Poulay mène une enquête rapide et découvre que l'adjoint de Roland Dhordain a procédé à cette coupure, afin d'éviter des ennuis à son supérieur hiérarchique. Le réalisateur parvient à avertir le Premier ministre qui, furieux de la suppression de cette « publicité gratuite », demande et obtient le renvoi du censeur...

Une autre fois, à la fin d'un sketch, Pierre Dac annonce au micro que la tour centrale de la Maison de la Radio est en train de s'enfoncer. « Le rond extérieur se soulevant, les bureaux ne correspondent plus et l'administration devient moins oppressante », conclut-il. Le lendemain matin, il reçoit un coup de téléphone d'un administrateur de cet immeuble que l'on a surnommé le « Palais Gruyère » : « Comment avez-vous eu vent de ce secret ? Il ne fallait pas en parler. C'est vrai, la tour s'enfonce, mais on fait tout pour que cela ne continue pas ! »

Le 28 novembre 1964, l'anthologie de *L'Os à moelle* est couronnée par le prix Gaulois et Pierre Dac reçoit un diplôme, trois paquets de Gauloises et douze bouteilles provenant des meilleurs crus des côtes du Rhône, des mains de Vincent Dizon, grand chancelier de l'ordre du Franc-Rire. L'occasion d'un déjeuner gastronomique mémorable à l'Hôtel de la Croix d'or de Montélimar, qui lui fait oublier la nourriture anglaise qu'il a dû avaler quelques jours plus tôt. Il vient en effet de tourner à Londres une brève séquence qui va devenir un classique. Un gag imaginé par Pierre Tchernia pour le film de Robert Dhéry *Allez*

France: les principaux protagonistes, perdus dans les rues de la ville, pénètrent dans un immeuble, ouvrent une porte au fond d'un grenier et découvrent Pierre Dac dans un réduit, devant un poste émetteur surmonté d'un portrait du général de Gaulle, en train de lancer: « Ici Londres, les Français parlent aux Français. Aujourd'hui 8 690e jour de la lutte du peuple français pour sa libération... » Une formule d'une précision historique totale puisque le nombre de jours cité a été déterminé par le temps qui sépare le 31 juin 1940 de la date du tournage de la scène.

Pierre va retrouver Tchernia un peu plus tard, le temps d'un autre gag tourné cette fois-ci pour la télévision. Au cours d'une émission célébrant les soixante-dix ans du cinéma — qui obtiendra la Rose d'or à Montreux —, il parodie Alfred Hitchcock qui, physiquement, lui ressemble beaucoup. Il apparaît de profil, comme le metteur en scène, et tandis qu'il boit un verre de bordeaux, de la fumée sort de ses oreilles...

Le 11 février 1965, toute l'équipe de *L'Os à moelle* quitte les Grands Boulevards pour les Champs-Elysées. Elle s'installe dans de nouveaux bureaux, au 38, rue Jean-Mermoz. *L'Os à moelle* change de formule. Le grand format et une maquette manquant de rigueur n'ayant pas trouvé un public suffisant, une relance s'avère indispensable pour la survie du titre. L'hebdomadaire, qui se présente désormais sur douze pages au format tabloïd, annonce ainsi en première page de son numéro 43 que Pierre Dac est candidat à l'Elysée. Neuf mois avant les premières élections présidentielles au suffrage universel, Dac précise qu'il va se présenter sous l'étiquette du MOU, le Mouvement Ondulatoire Unifié. « Les temps sont durs, vive le MOU! » lance-t-il d'entrée lors de sa première conférence de presse. Deux heures de loufoquerie au restaurant de L'Elysées-Matignon, qui constituent une récréation inespérée pour les journalistes politiques convoqués. Dans la foule des « personnalités présentes », on reconnaît les complices du chansonnier déguisés en cheik arabe ou en archevêque. Encadré par ses gardes du corps, André Bollet et Roger Delaporte, deux des plus célèbres catcheurs de France, Pierre, au nom du MOU, répond avec pertinence à toutes les questions :

« Quel est, monsieur le Président, votre point de vue sur l'Europe ?

— A ce problème majeur, nous sommes en mesure d'apporter la solution : l'Europe des Suisses. Ce petit Etat a, de tous temps et au travers des pires bouleversements, suscité et gardé la confiance et les capitaux du monde entier. Nous considérons donc que c'est vers ce but idéal que doivent converger tous nos efforts.

— Que pensez-vous, monsieur le Président, du ministère de l'Education nationale ? [...]

— Problème très important. Il entre dans nos intentions d'en créer un.

[...] On m'a demandé de vous parler de M. Wilson, Premier ministre de Sa Gracieuse Majesté la reine Elisabeth d'Angleterre... Etant donné que nous ne nous sommes jamais rencontrés, nos relations sont excellentes et nos opinions en parfait état de Concorde. »

Le canular va se poursuivre pendant une dizaine de semaines. A la première page de *L'Os à moelle*, on annonce ainsi un voyage en Indre du président du MOU et un colloque Mao-Mou qui ne font pas du tout rire à l'Elysée. Au mois d'avril, Pierre Dac reçoit un coup de fil des services de la présidence et, par fidélité au général de Gaulle, il n'hésite pas une seconde : il retire sa candidature et l'explique à sa manière : « Lorsque j'ai appris que Me Tixier-Vignancourt se présentait lui aussi à la magistrature suprême, j'ai compris que je n'avais pas d'autre issue que de renoncer. Le représentant des loufoques que je suis ne possède en effet aucune chance contre cet homme qui, sur ce terrain, me semble imbattable... »

La fin de cette mystification constitue pour Pierre un soulagement moral. Il avait longuement hésité à s'opposer, même pour rire, à l'homme du 18-Juin. Il n'avait finalement accepté de jouer le jeu que parce qu'il s'agissait d'une bonne promotion pour *L'Os à moelle*. Les résultats de ce canular se révèlent bien décevants. Au début de l'été 1965, tandis qu'un deuxième tome de l'anthologie se trouve publié chez Julliard, les ventes de l'hebdomadaire fléchissent dangereusement. Elles ne dépassent plus guère quarante mille exemplaires, ce qui, économiquement, est très insuffisant pour continuer. A la lecture des comptes, Charles Mandel se résigne à tenter l'opération de la dernière chance : le 29 juillet, à la dernière page du soixante-septième et dernier numéro hebdomadaire de la formule actuelle, on annonce la parution, à partir de septembre, d'un *Os mensuel* : cent pages au format de poche constituées d'un mélange de chroniques intemporelles, de nouvelles de partout et d'ailleurs, de dessins et de petites annonces. Une forme de survie artificielle dont Pierre Dac n'est pas dupe. Il a accepté cette évolution sans grande conviction. Résigné, il reconnaît l'échec relatif d'une formule qu'il ne renie pas pour autant. Mais il n'affiche pas la moindre forme de déprime. L'interruption prochaine et définitive de son journal, dont il ne doute guère, ne l'empêche pas de songer à de nouveaux projets. En septembre 1965, « A Roncevaux, rien de nouveau », prend la relève de « 3,1416 ». Chaque dimanche à 13 h 15 sur France-Inter, en compagnie d'Helena Bossis, Dac y traite à sa manière des grands sujets d'actualité.

La même année, il va replonger dans un passé qui lui tient toujours à cœur. Il accepte en effet de tenir le rôle d'un président de tribunal dans *L'Instruction*, une pièce du dramaturge allemand Peter Weiss, évoquant le procès d'une vingtaine de tortionnaires d'Auschwitz. Un sujet difficile à l'écoute s'il ne s'accompagne pas d'un prétexte artistique. Avant d'être joué en France, ce spectacle a déjà été donné à travers toute l'Allemagne, mais aussi en Angleterre et en Suède où il a été respectivement réglé par Ingmar Bergman et Peter Brook.

Gabriel Garran, adaptateur et metteur en scène de ce que l'auteur appelle un oratorio, a immédiatement pensé au chansonnier pour ce rôle. Il connaît son passé de résistant et la discrétion dont il a toujours fait preuve à ce sujet. Il lui rend visite avenue de Villiers et explique longuement son projet. Pierre s'étonne d'abord qu'on le sollicite pour une telle entreprise puis, à la fin de l'entretien, demande huit jours de réflexion. « Je vais voir cela », se contente-t-il de glisser à son interlocuteur en guise d'au revoir.

Une semaine plus tard, sa réponse est claire et nette : « Je suis auprès de vous dans cette aventure. Elle est indispensable ! Il faut, par tous les moyens, que la trace de faits aussi dramatiques demeurent présente dans toutes les mémoires, afin qu'ils ne se reproduisent jamais. »

Effectivement, à la fin des années 60, on ne parle plus beaucoup de ces années tragiques. Les évoquer ainsi sur un plateau, c'est, en quelque sorte, continuer une certaine forme de résistance, contre l'oubli...

La création de ce spectacle au Théâtre de la Commune d'Aubervilliers constitue un événement. Aux côtés de Pierre, que les critiques jugent « simple, absorbé, toujours juste », figurent entre autres Clément Harari et Bernard Lavalette. Une troupe extrêmement concentrée sur scène et qui, en coulisse, se défoule en multipliant des fous rires et des canulars, souvent orchestrés par Dac en personne. En cinquante représentations, la salle va accueillir quinze mille spectateurs et en laisser à la porte beaucoup d'autres, attirés par le bouche-à-oreille. Une reprise est alors envisagée dans un établissement parisien mais, pour des raisons financières, le projet ne va jamais se concrétiser : une vingtaine d'acteurs sur la même affiche tous les soirs coûte très cher... Pierre va toujours regretter de n'avoir pas pu poursuivre, faute de moyens, une expérience qu'intellectuellement il considérait comme l'une des plus enrichissantes de sa vie.

Quelques jours après la première représentation, Dac reçoit un coup de téléphone de Jean Bardin. France-Inter étant à la recherche de nouveaux feuilletons, il lui demande s'il n'a pas une idée. Insatiable en la matière, le roi des loufoques propose de créer une parodie des feuilletons d'espionnage qui s'intitulerait *Bons Baisers de Partout* ou « ORTF 1829 » (la longueur d'onde de la station). Le titre lui a été inspiré par un film qui triomphe alors sur les écrans et dont la vedette est Sean Connery, alias James Bond : *Bons Baisers de Russie*. Le principe aussitôt accepté par la direction, il reste à trouver un partenaire à l'auteur. Fernand Rauzéna étant reconverti dans le doublage — il est alors la voix du sergent Garcia dans les *Zorro* produits par Walt Disney —, René Lefèvre se consacrant à ses mémoires et Francis Blanche jouant au cinéma et au théâtre, Bardin songe à Louis Rognoni, un ancien agent secret devenu scénariste et auteur de romans policiers. Dès le premier contact, la cause est entendue : au bout de quelques whiskies, une boisson que Pierre appelle le bon jus de treille de la vieille Ecosse, les deux hommes se vouvoient toujours mais sont déjà les meilleurs complices du monde. A tel point que lorsqu'ils entrent dans le bureau du directeur financier de France-Inter pour discuter de leur contrat, Pierre, incapable de parler d'argent, laisse la parole à Louis en précisant, en guise de préambule : « Moi, je suis juif, lui, il est pire ! »

La méthode de travail est vite définie : à partir d'une trame établie en commun, Pierre s'engage à fournir chaque semaine plusieurs dizaines de feuillets délirants, Louis se chargeant du découpage. La mise en ondes est assurée par Jean-Wilfrid Garret. L'administration a en effet refusé la candidature de Pierre Arnaud de Chassy-Poulay. A en croire le fichier officiel, il n'est pas un metteur en ondes agréé, en dépit de la carte professionnelle qu'il possède et qui porte le numéro 2 !

Dans la foulée Dac et Rognoni établissent la liste des principaux personnages ainsi que le synopsis de l'histoire. Le 8 janvier 1966 à 18 h 45 débute le récit des aventures de l'Agent Inter 1829. Le colonel Hubert de Guerlasse, chef du SDUC (Service de documentation unilatérale et de contre-espionnage) lance aussitôt la plus grande opération d'intoxication de l'histoire de l'espionnage : baptisée « Tupeutla », elle est destinée à protéger le Biglotron, la géniale invention du professeur Slalom Jérémie Ménerlache, le savant érotico-nucléaire — parce que terriblement amateur de femmes — que le monde entier nous envie.

Nicolas Leroidec, enclumier, vendeur d'enclumes à la sauvette dans les couloirs du métropolitain, est choisi pour accomplir cette mission. Le début d'une épopée dans l'écriture de laquelle Pierre Dac s'en donne à cœur joie. Retrouvant les réflexes du passé, il attribue d'abord à ses personnages des patronymes qui portent sa griffe : Célestine Troussecotte, la fidèle secrétaire du colonel ; l'adjudant Tifrisse ; les agents B 12 et B 14, alias Jules et Raphael Fauderche ; le révérend père Paudemurge, immatriculé Pi R 2 ; Théodule Létendard, dit AMX 33... Les méchants espions qui veulent s'emparer des plans du Biglotron s'appellent Zorbec le Gras et Wilhem Fermtag et, au détour des épisodes, apparaissent des personnages surprenants : Moïse Asphodèle, photographe à Villeneuve-la-Vieille ou la comtesse Wanda Vodkamilkévitch, veuve du général comte Alexandre Vodkamilkévitch, née Catherine Legrumeau. Dans les rôles principaux, on retrouve la plupart des interprètes de *Signé Furax*, de Roger Carel à Lawrence Riesner en passant par Claude Dasset. Helena Bossis et Anne Caprile prennent en charge les voix féminines tandis que Jean-Marc Tennberg et Philippe Clay vont successivement assurer le rôle du Professeur Slalom Jérémie Ménerlache.

Au départ, les auteurs ne croient guère au succès de cette aventure. Le second degré adopté dans l'écriture des dialogues risque de dérouter les auditeurs de la station et, pire encore, ceux des périphériques, étrangers, semble-t-il, à tout ce qui n'appartient pas à l'univers des « copains ». « Je ne suis même pas sûr que nous passions le cap du troisième épisode », soupire Dac à la fin d'une réunion de travail.

Un pronostic qui se révèle tellement faux que le 30 septembre 1966, lorsque l'histoire s'interrompt à l'issue du 176e épisode, les auteurs annoncent pour le 2 janvier 1967 le retour de tous les héros de ce qu'ils appellent cette « grandiose épopée des temps modernes ». Devant le succès d'audience et constatant que Pierre Dac fait désormais partie des classiques incontournables quels que soient les modes radiophoniques, la direction leur a demandé une suite.

La nouvelle réjouit une équipe qui, en neuf mois, a trouvé un ton et un esprit, même de l'autre côté du micro. Une fois par semaine, toute l'équipe se retrouve au studio 113 de la Maison de l'ORTF, un vaste auditorium situé au premier étage et réservé à l'enregistrement des dramatiques et de quelques concerts. Pendant que le bruiteur Joe Noël prépare les portes et ustensiles divers qui vont lui permettre de reconstituer une ambiance digne des superproductions hollywoodiennes, Pierre fait son yoga ou satisfait un besoin naturel dans un coin du studio couvert de graviers. Jugeant les toilettes beaucoup trop éloignées de son lieu de travail, il a choisi cette solution qui scandalise les représentantes du sexe dit faible. Cette contestation l'amuse tellement que toute occasion devient bonne pour en rajouter. Ainsi, lorsque, de l'autre côté de la baie vitrée, il aperçoit un groupe visitant l'immeuble, il baisse son pantalon et fait découvrir l'arrière de son intimité à la foule ébahie. La surprise est immense et les difficultés quasiment insurmontables pour le guide lorsqu'il doit éloigner les enfants puis tenter d'expliquer ce qui s'est passé.

L'autre joie de Pierre, c'est de tenter de piéger Roger Carel. Lorsqu'il a écrit une scène où ce dernier doit interpréter, d'affilée, deux voix aux accents différents, il s'assoit et attend l'accrochage quasi inévitable. L'auteur regarde alors le comédien et murmure doucement : « On ne peut pas tout faire ! »

Le 2 janvier 1967, à 12 h 20 et plus à 18 h 45, « L'opération Psychose Toujours » débute par la disparition de Monsieur Maurice. Un étrange personnage dont on ne sait rien et qui apparaît régulièrement au détour d'un épisode. Systématiquement le colonel lui demande alors :

« Vous désirez quelque chose, monsieur Maurice ?

— Non merci, colonel. Je passais... »

Quelques jours plus tard, le chef du SDUC apprend l'existence d'un rayon à démonter le temps : grâce à lui, des envahisseurs venus d'on ne sait où ont détraqué les fuseaux horaires et les avions finissent par atterrir sans avoir décollé tandis que l'horloge parlante répète inlassablement : « L'heure c'est l'heure ! Avant l'heure, c'est pas l'heure ! Après l'heure, c'est plus l'heure ! » Un seul moyen d'éliminer cette menace qui plane sur le monde, le Biglotron...

Soixante premiers épisodes sont diffusés puis, pour des raisons de programmation indépendantes de la volonté des auteurs, la direction interrompt la série pendant dix semaines. Un épilogue provisoire fait alors mystérieusement disparaître le colonel de Guerlasse, victime du rayon à démonter le temps. Il reparaît fort heureusement dès le premier épisode de la troisième série, le 5 juin 1967, à nouveau à 18 h 45. L'histoire va se poursuivre jusqu'au 29 décembre, date à laquelle elle se termine brusquement, à la suite d'un ordre de la direction parvenu dix jours avant l'ultime enregistrement. N'ayant pas prévu de clore aussi rapidement cette saga aux branches très complexes, Dac et Rognoni modifient aussitôt le scénario. Le 136e épisode se termine au Népal et le 137e et dernier épisode débute dans la cour des Invalides où le colonel a convoqué tous les personnages, les bons comme les méchants, afin qu'ils racontent ce qui se serait passé au cours des cinq cents chapitres suivants si le feuilleton avait continué... Dix minutes qui, pour cause de grève, ne seront même pas diffusées !

Pierre Dac, furieux d'un comportement aussi cavalier de la part de hauts responsables, ne manifeste pourtant pas le moindre signe de découragement. Le meilleur des réconforts en ce genre de circonstances est la présence des jeunes à ses côtés. « Auprès d'eux, déclare-t-il alors, je constate que je ne suis pas une ruine qu'ils viendraient restaurer, mais un maçon de leur âge, décidé à rebâtir le monde. »

La preuve la plus flagrante du soutien de la nouvelle génération lui a été donnée le 27 janvier 1966, à l'Ecole polytechnique. Les élèves l'ont en effet invité à prononcer une conférence sur le Biglotron dans leur grand amphithéâtre. Pour la circonstance, ils se sont même offert le luxe d'en construire un avec les moyens du bord, c'est-à-dire en assemblant en vrac un trépied, un chevalet, des pompes, des flacons et des tuyaux, ainsi que quelques cuillères à potage.

Il renouvellera cette expérience à plusieurs reprises, avec un égal succès, entre autres à l'Ecole supérieure de chimie de Lille et au lycée Claude-Bernard à Paris. La révolution de Mai 1968 ayant ouvert la voie à de nouvelles formes d'expression, le proviseur ne s'est pas opposé à sa présence. La salle de physique est comble lorsque ce professeur pas comme les autres développe, avec une dignité absolue, une thèse sur le surrénalisme.

Pour cette nouvelle génération, Pierre Dac accepte que Julliard réédite son roman *Du côté d'Ailleurs.* Chez le même éditeur, il publie peu après un autre livre intitulé *Le Jour le plus c...* : une description délirante et échevelée des vingt-quatre heures les plus insolites que puisse connaître l'humanité. En même temps, il confie à Robert Morel un mini-recueil de Pensées se rapportant exclusivement à l'univers des plombiers-zingueurs puis se met à la rédaction d'un essai auquel il tient : des « Dialogues en forme de tringle » sur des sujets aussi variés que les finances, le monde et ses affluents ou la recherche scientifique. Lorsque son éditeur, Roger Maria, lui demande de chercher un préfacier prestigieux pour cet ouvrage, Pierre songe à Louis Leprince-Ringuet. Il ne l'a jamais rencontré mais, récemment, après avoir vu l'une de ses émissions à la télévision, il lui a adressé une lettre pour lui témoigner son admiration. A sa grande surprise, l'illustre scientifique lui a accusé réception par une carte postale de Rome, en lui retournant le compliment. Surpris et flatté, Dac lui téléphone pour lui demander quelques lignes d'introduction à ce futur ouvrage. La réponse est à priori favorable : « Je ne sais pas si j'en serai capable, mais adressez-moi votre manuscrit. Je vais le lire attentivement, ça me changera de mes textes sur le nucléaire ! »

Quelques jours plus tard, il répond par une lettre de refus si bien tournée qu'avec son autorisation elle devient l'anti-préface idéale. Hélas, le livre n'est finalement pas publié, l'éditeur — ami inconditionnel du roi des loufoques — se trouvant, pour des raisons financières, dans l'obligation de renoncer à ce projet. Au début de 1969, Eddie Barclay fait graver sur la cire le sketch du *Biglotron* et quelques Pensées tandis que les disques Chant du Monde proposent à Dac d'enregistrer un trente-trois tours avec Paul Preboist. Intitulée *Les Informations de l'ORTIPFEN* (Office de radio-télévision insolite privée française et nationale), cette parodie de journal télévisé devient également un scopitone.

On voit aussi Pierre au cinéma. Il joue le rôle d'un ministre dans *Le Petit Baigneur*, un film mis en scène par le fidèle Robert Dhéry : il y prononce un discours de son cru et ajoute, à la fin de la séquence, une réplique imprévue : sa femme ayant détruit la coque d'un bateau en le baptisant avec une bouteille de champagne, il lui lance avant de la pousser dans la voiture officielle : « Vous, je vous supprime vos haltères ! »

A l'occasion de ses soixante-quinze printemps, Pierre Dac décide de se lancer dans une nouvelle aventure. Il sollicite de la SACEM l'autorisation de prendre le pseudonyme de Frédéric Ontario, « pour lequel, précise-t-il, je n'ai reçu aucune subvention du Département d'Etat » Il veut en effet faire chanter par d'autres des couplets qui n'ont rien de loufoque. Sous son nom, il court le risque de ne pas être pris au sérieux. Si le succès est au rendez-vous, il dévoilera la supercherie. Sa requête ayant été acceptée, il écrit en un an plus de cent titres qu'il va confier, entre autres, à Annie Cordy, Philippe Clay et Francis Lemarque qui a interprété, trois ans plus tôt, des couplets intitulés *Monsieur Maurice* et *Sarah la Stricte*. Seul Frédéric Santaya, un jeune artiste basque qui se produit au Lapin agile, répond favorablement et accepte d'office quatre refrains qu'il met en musique et inscrit aussitôt à son programme : *L'Auberge des steppes, Rien ne sert, El Camione* et *Aimez-vous le yaourt ?*, qui débute ainsi :

Aimez-vous l'yaourt, vous ? Moi, oui, je l'aime bien
Mais pas n'import' lequel, le yaourt éthiopien
Le yaourt, c'est la liberté
Dit un vieux proverbe bulgare
Et c'est aussi la vérité,
D'après c'qu'en disent les chefs de gare

Les autres projets de chansons tardant à se concrétiser, Pierre revient dans l'actualité grâce au feuilleton. Le lundi 21 octobre 1968, Europe 1 annonce un grand événement : le retour de *Signé Furax* ! En réalité, il s'agit de la rediffusion chaque soir à 18 h 40 du « Gruyère qui tue », un test idéal avant une reprise éventuelle de la série. Francis et Pierre y songent d'ailleurs très sérieusement, en dépit de la disparition tragique, en 1962, de Jean-Marie Amato. Un soir dans un bar, le comédien, particulièrement déprimé, s'est tiré une balle dans la tête à la suite d'un pari stupide effectué dans un état d'ébriété avancé. Il n'avait que trente-six ans...

Pour le remplacer, Blanche songe à Julien Guiomar, qui pourrait devenir en même temps l'interprète idéal de cette version cinématographique qu'il vient de réécrire pour la quinzième fois et pour laquelle il ne dispose toujours pas des indispensables producteurs

Le succès est au rendez-vous de la rediffusion, mais la direction d'Europe 1 renonce finalement à l'idée d'une suite. Les temps ont changé et, financièrement, la création d'un tel feuilleton se révèle beaucoup trop onéreuse par rapport aux investissements que nécessitent les autres émissions de la station Le retour en vogue de *Signé Furax* va toutefois permettre, deux ans plus tard, son adaptation littéraire : sept volumes vont petit à petit être édités par Jean-Claude Lattès.

En 1969, Pierre tente aussi de renouer avec « La course au trésor », à la demande de Suzanne Gabriello, la fille du chansonnier. Chargée de produire à la télévision les émissions enfantines pendant des vacances scolaires, elle a inclus ce jeu dans sa grille. Le départ et l'arrivée se déroulent sur la scène du Moulin de la Galette et les participants ont exclusivement moins de douze ans. Un public qui s'amuse beaucoup et dont la fraîcheur remplit de joie le cœur du roi des loufoques. Toutefois, placée entre deux dessins animés et une séquence de variétés, cette expérience ne va pas obtenir l'audience suffisante pour que la direction la poursuive au-delà des dix jours prévus. Les temps ont changé, l'heure n'est apparemment plus à cette forme de divertissement. Pierre va réapparaître très vite à l'écran, un soir du mois d'octobre, pour annoncer un nouveau jeu de Guy Lux dont le titre est directement inspiré de l'un de ses sketches : *Le Schmilblick*...

Plus éclectique que jamais, Dac se découvre en cette fin d'année 1969 une passion pour l'écriture théâtrale en alexandrins. Il écrit aussitôt sa première pièce, l'histoire d'une mort par l'électronique intitulée *Le Suicide de Philémon Beaucishuit* : une comédie en un avant-prologue, un prologue, quatre actes et un épilogue dont les personnages principaux s'appellent Bethsabée, épouse de Philémon, Cléopâtre et Marc-Antoine, leurs enfants, Choryphédrine et Antibiotique, leurs domestiques, et Isidore Salingue, ordinateur des Pompes funèbres électroniques. Un texte loufoque et métaphysique que Jacques Charron propose en vain au Théâtre Marigny. Nullement découragé, le roi des loufoques s'enferme à la Ferme Saint-Siméon à Honfleur pour rédiger, avec Louis Rognoni, une adaptation scénique de *Bons Baisers de Partout*, sous le titre *Les Homéophores*. Un oratorio en cinq actes contant l'histoire du vol des plans du Biglotron par Zorbec le Gras et Wilhem Fermtag, les exécuteurs de la comtesse Wanda Vodkamilkévitch, née Catherine Legrumeau et chef d'un réseau d'espionnage justement baptisé les Homéophores. Le projet n'aboutit pas non plus mais les contacts établis avec les professionnels du théâtre permettent à Pierre de reprendre pour la télévision *Le mari ne compte pas* qu'il a déjà joué en 1957 à l'Edouard-VII, pendant une saison. Cette comédie écrite par Roger Ferdinand en 1941 et mise en scène par Jacques Morel a subi, roi des loufoques oblige, quelques transformations. Aux côtés de Pierre Doris, Denise Grey, Zappy Max et quelques autres, il apparaît dans le rôle d'un docteur un peu fou qui en dit et en fait beaucoup plus que ne le prévoyait le texte original. Personne ne s'en plaint, et surtout pas les spectateurs.

L'année suivante, Gabriel Garran lui propose une autre pièce de Peter Weiss. *L'Instruction* lui ayant laissé un souvenir impérissable, il accepte par principe et sans hésitation. Le voici tête d'affiche, aux côtés de Rufus, de *Comment M. Mockinpott fut délivré de ses tourments*, œuvre présentée par l'auteur comme « une parabole métaphysique et clownesque ». L'histoire d'un pauvre type qui ne désire que vivre en paix et qui est battu, fait cocu, rejeté de partout puis arbitrairement emprisonné avant de parvenir à comprendre le monde et à trouver la sérénité. Une première série de cinq représentations est prévue à la Maison de la Culture de Grenoble et doit être suivie d'une trentaine d'autres au Théâtre de la Commune d'Aubervilliers. Mais, le 15 janvier 1970, au cours de la deuxième soirée, victime d'un dispositif technique extrêmement complexe plus proche de la piste de cirque que de la scène classique, Pierre trébuche et se casse la jambe. Rapatrié à Paris dans le plâtre, il annule aussitôt les représentations prévues dans la périphérie de la capitale. « Je suis un homme de parole, explique-t-il à Garran, mais là je ne peux pas ! »

Son immobilisation va se révéler longue. La chute ayant déclenché des effets secondaires, il faut lui retirer d'urgence le rein gauche touché dans le choc.

« Ça devait arriver, je suis abominablement distrait, avoue-t-il à ceux qui lui rendent visite après son opération. Voici quelques semaines à peine, je sors de mon immeuble au 24, avenue de Villiers et je monte dans un taxi. Je lance alors au chauffeur :

"24, avenue de Villiers, s'il vous plaît !

— Mais... Vous y êtes, me répond-il, interloqué.

— Ah bon ? Combien je vous dois ?" »

A peine remis en jambes, Pierre repart d'un bon pied. Si ces chansons et sa pièce n'ont toujours pas trouvé d'interprètes et de producteurs, en revanche, France-Inter souhaite donner une suite à *Bons Baisers de Partout.* La folie de Mai 1968 est passée, on va rechercher les bons vieux classiques et on recommence ! Quatre ans après leur disparition de l'antenne, les auditeurs vont ainsi retrouver les héros d'une épopée qui était loin d'être achevée. En mars 1971, le colonel de Guerlasse reprend le combat contre le rayon à démonter le temps mis au point par de mystérieux envahisseurs venus d'une autre planète. On les a baptisés les Bégonias et leur représentant sur terre, Sosthène Veauroulé, est un mystérieux Chinois qui se prétend étudiant français à Vingt-Dieux-la-Belle-Eglise...

A l'équipe des premières séries viennent se joindre José Artur qui partage le rôle du récitant avec Alain Rolland, comédien octogénaire à la voix grave, Maurice Biraud, dit Gédéon Burnemauve, et Jacques Hilling, alias Albert Tunoulès. Ils remplacent, entre autres, Paul Preboist, trop pris par le cinéma pour consacrer du temps aux séances d'enregistrement. La série va s'interrompre le 30 septembre 1972 au 302e épisode, pour reprendre deux mois plus tard, pendant soixante-cinq jours. Les envahisseurs enfin vaincus grâce à un super-hyper Biglotron, Hubert de Guerlasse est nommé général et inspecteur général des services secrets généraux. C'est la fin, cette fois-ci pour de bon, d'une saga qui se sera poursuivie pendant 740 épisodes.

A l'aube de ses quatre-vingts ans, Pierre Dac ne songe pas du tout à la retraite. « Une fois pour toutes, déclare-t-il, j'ai décidé que j'aurai toujours vingt ans. »

Pendant sa convalescence forcée, il a occupé ses loisirs en remettant de l'ordre dans ses Pensées. Le voici à la tête d'un manuscrit qu'il confie à Michel Breton, directeur des Editions Saint-Germain-des-Prés, spécialisées dans la poésie. L'ouvrage est accepté et on décide de jouer jusqu'au bout la parodie des *Pensées* de Pascal. Avec la complicité de Jean-Pierre Mogui et d'André Delboy, respectivement journaliste et photographe au *Figaro*, Pierre Dac se retrouve chez Carita, coiffé d'une perruque qui va figurer sur la couverture d'un ouvrage historique. Timidement tiré à deux mille exemplaires, il va passer le cap des soixante-dix mille à la fin de l'année 1972, soit six mois à peine après sa publication ! Grâce à ce succès, le chansonnier va être qualifié par les critiques de philosophe plutôt que d'amuseur. Tous ceux qui le considèrent depuis longtemps comme leur maître (soixante-trois) à penser n'en sont pas surpris...

Ces louanges donnent à Michel Breton et à son équipe l'envie de rendre à leur auteur vedette le plus insolite des hommages. Le dimanche 24 septembre 1972 à 11 h 30, Brigitte Gros, sénateur-maire de Meulan (Yvelines) et sœur de Jean-Jacques Servan-Schreiber, inaugure le square Pierre-Dac en présence du principal intéressé. Un honneur rarement accordé du vivant des heureux élus, puisque le général de Gaulle en a été, jusqu'alors, l'unique bénéficiaire.

Mais l'idée de réserver ce cadeau surprise au roi des loufoques, quelques jours après son soixante-dix-neuvième anniversaire, a séduit cette femme pleine d'humour. Elle a soumis ce projet insolite à son conseil municipal qui l'a aussitôt approuvé.

A circonstances exceptionnelles, ambiance exceptionnelle : c'est au rythme d'une marche folklorique interprétée par une authentique fanfare bavaroise en grande tenue que, ceinte de la traditionnelle écharpe tricolore, Brigitte Gros prononce son discours. Puis elle dévoile, au centre du square, une statue réalisée sur le modèle du portrait qui orne la couverture du recueil de Pensées de Dac et surmontée d'un parapluie afin d'être protégée des intempéries. Dès le lendemain, la statue sera placée sous la responsabilité des enfants du quartier qui ont promis de veiller sur elle.

Le roi des loufoques a bien du mal à retenir son émotion. On l'a fait venir à Meulan sans lui donner la raison de ce déplacement. Ses amis, eux, ont été mis dans la confidence, et ont répondu présent à cet appel. Pierre Dac parvient toutefois, comme le veut l'usage, à adresser à la foule quelques paroles adaptées à l'insolite de la situation : une allocution qui présente l'avantage de pouvoir être prononcée n'importe où, n'importe quand mais pas par n'importe qui, un texte, en réalité, publié jadis dans *L'Os à moelle* :

« Mesdames, Messieurs,

Les circonstances qui nous réunissent aujourd'hui sont de celles dont la gravité ne peut échapper qu'à ceux dont la légèreté et l'incompréhension constituent un conglomérat d'ignorance que nous voulons croire indépendant de leurs justes sentiments. L'exemple glorieux de ceux qui nous ont précédés dans le passé doit être unanimement suivi par ceux qui continueront dans un proche et lumineux avenir, un présent chargé de promesses que glaneront les générations futures délivrées à jamais des nuées obscures qu'auront en pure perte essayé de semer sous leurs pas les mauvais bergers que la constance et la foi du peuple en ses destinées rendront vaines et illusoires.

C'est pourquoi je lève mon verre en formant le vœu sincère et légitime de voir bientôt se lever le froment de la bonne graine sur les champs arrosés de la promesse formelle enfouie au plus profond de la terre nourricière, reflet intégral d'un idéal et d'une mystique dont la liberté et l'égalité sont les quatre points cardinaux en face d'une fraternité massive, indéfectible, imputrescible et légendaire. »

On se bouscule ensuite pour immortaliser l'image de Pierre Dac soufflant les bougies d'un gâteau confectionné par Michel Oliver. Puis Francis Blanche tombe affectueusement dans les bras de son père spirituel que, pour cause d'emploi du temps surchargé, il n'a pas vu depuis plus de deux ans. Devant les photographes ravis, il l'entraîne vers la statue et tous deux posent à leur manière, c'est-à-dire en satisfaisant sur le monument un besoin naturel.

Louis Rognoni, lui, arrive beaucoup plus tard dans un état d'ébriété assez avancé. Il s'est en effet rendu à Melun au lieu de Meulan et, ne disposant pas de la moindre carte routière, il a emprunté le chemin des bistrots. A plusieurs reprises, il s'y est arrêté pour demander son chemin et étancher sa soif.

Fort de ce succès littéraire, Pierre Dac décide d'écrire ses souvenirs de Londres. Voilà des années qu'il songeait à ce projet, cette fois-ci, il n'hésite plus. Pendant plus de quatre mois, il va s'installer chaque matin à six heures à sa table. Vêtu de son éternelle robe de chambre en soie, il rédige, d'une écriture impeccable, un mélange de textes dits au micro de la BBC et de réflexions loufoques. Le livre paraît chez France Empire en octobre 1972 et n'ajoute rien aux ouvrages historiques publiés sur le sujet. En dehors de quelques anecdotes, le pudique et modeste patriote ne révèle le moindre détail ni sur le parcours qu'il a accompli entre 1940 et 1944 ni sur les souffrances qu'il a endurées.

En octobre 1973, Dac envisage très sérieusement une nouvelle reprise de *L'Os à moelle* sous un nouveau titre, « Le Droit de rire » : un numéro zéro d'une formule mensuelle sous un format de magazine est réalisé et des contacts sont établis avec des financiers.

Pendant le même trimestre, il enregistre *Du côté d'Ailleurs* pour France-Inter puis une série de vingt-trois poèmes érotico-philosophiques, dont il est l'auteur et qui ont été mis en musique par René Landemarre. Un disque sort discrètement — bien entendu — et son tirage va se trouver d'autant plus limité que l'usine où se trouve la bande originale est détruite par un incendie. Pierre envisage alors de publier ses vers, accompagnés d'illustrations réalisées par Salvador Dali.

Le cinéma fait encore appel à lui. Dans son premier film, *Le Trio infernal*, Francis Girod, l'un de ses inconditionnels, lui confie un rôle très court mais, comprenant à la suite d'une discussion que Pierre a besoin d'argent, il utilise un subterfuge pour augmenter très sensiblement son cachet. Il le convoque pendant huit jours d'affilée, le fait maquiller et lui demande d'attendre son tour. Le soir, il avoue avoir été dans l'impossibilité de tourner la scène et demande à son comédien de venir le lendemain, moyennant le paiement d'une journée de plus. Dac n'est pas dupe mais accepte d'autant plus volontiers qu'il passe des heures à pleurer de rire dans les loges, en compagnie de l'équipe technique, des habilleuses et des maquilleuses.

Quelques mois plus tard, le voici déguisé en voyante dans un autre film, *Passez la monnaie*, mis en scène par Richard Balducci. Il partage l'affiche avec Michel Galabru, Henry Guibet, Patrick Topaloff et Robert Castel. Mais cela en théorie, car ce long métrage ne sortira jamais dans les salles, ses producteurs n'ayant pas trouvé de distributeur.

En parfaite forme physique, fidèle à son yoga quotidien et matinal, il reprend, par la petite porte, avec l'enthousiasme d'un jeune homme, le chemin des cabarets. Quinze ans plus tôt, il avait juré qu'on ne l'y reprendrait plus mais, en octobre 1973, il ne peut refuser la proposition de Fernand Dally, propriétaire et animateur d'un minuscule établissement qui ouvre ses portes boulevard de Strasbourg. Assis derrière une table de conférencier recouverte d'un tapis vert, il va interpréter chaque soir pendant trois mois *Le Biglotron* et ses *Informations de l'ORTIPFEN.* L'accueil que lui réserve une nouvelle génération qui ne l'a jamais vu en scène le stimule tellement qu'il accepte, dès novembre, de se produire également tous les soirs au Roy Lyre, un cabaret de l'avenue Trudaine. A minuit, il quitte ainsi le quartier de Beaubourg pour se diriger vers Pigalle où l'attend... Francis Blanche ! En première partie, ce dernier dit des poèmes et, après l'entracte, les deux complices reprennent leur immortel *Sar Rabindranath Duval.* Une idée du maître des lieux, Xavier Jaillard, qui a reçu l'adhésion de Pierre et que Francis, toujours aussi boulimique de travail, a accepté avec enthousiasme. Ses activités cinématographiques sont alors peu florissantes : à l'exception de l'écriture des dialogues de *La Grande Bouffe*, mis en scène par Marco Ferreri, il n'a rien entrepris à l'écran. De plus, depuis trois ans, il souffre d'un fort diabète et, en dépit de l'insistance de ses médecins, refuse de suivre le moindre traitement. Il sait pourtant très bien ce qui l'attend, à en croire les premières paroles qu'il prononce en rencontrant son complice à l'entrée de la salle : « On vous a dit que je vais mourir ; eh bien c'est vrai ! »

Pierre répond par quelques paroles rassurantes avant de changer de sujet, afin de détendre l'atmosphère. Il finit par y parvenir et, une demi-heure plus tard, sur une minuscule scène et devant une trentaine de spectateurs, le duo retrouve ses réflexes comme s'il s'était séparé la veille. Les représentations, prévues pour une vingtaine de soirées pendant les fêtes de Noël 1973, se prolongent pendant six semaines et vont se poursuivre, à partir du 26 février 1974, à Bobino. Assurant la seconde partie du spectacle, après les chansons de Betty Mars, John Gabilou et Mathieu, ils interprètent successivement *Les Informations de l'ORTIPFEN* et un *Sar*

Rabindranath Duval plus délirant que jamais. Chaque soir, Pierre réussit à stimuler son cadet de trente ans, amaigri et visiblement épuisé. Assis en position de yoga, Dac invente des répliques auxquelles son partenaire se doit de répondre. Certains soirs, le sketch dont la durée ne dépasse théoriquement pas le quart d'heure se poursuit pendant quarante minutes, fous rires de l'un et l'autre compris. Devant l'affluence, les représentations, prévues jusqu'au 17 mars sont prolongées d'une semaine.

Un mois plus tard, Pierre et Francis se séparent en se promettant de se retrouver à la rentrée pour évoquer une fois de plus la transposition de *Furax* à l'écran : au cinéma d'abord, la mise en scène étant assurée par Marc Simenon, pour qui Francis vient de tourner le rôle principal de *Par le sang des autres.* Pierre ne jouera pas Black, mais un professeur de l'Académie de médecine. Pour la télévision un projet de marionnettes a également été déposé ; il doit être réalisé par Jean-Christophe Averty. Hélas, le 7 juillet en fin d'après-midi, la France entière apprend en même temps que Pierre le décès de Francis. Après avoir tourné à Dijon un documentaire sur la moutarde, il s'est effondré, victime d'un coma diabétique. Transporté à Paris, à l'hôpital Pasteur, il s'est éteint doucement à cinquante-trois ans à peine....

« Mon chagrin est à la hauteur de l'affection que j'avais pour lui, déclare Pierre sur les ondes. Je le considérais comme mon fils spirituel. Il était un merveilleux poète. Il cachait, sous un cynisme volontaire, son trop grand cœur. Il était très entouré mais ne se confiait qu'à quelques amis très sûrs, dont Jean Carmet et moi-même »

Pudique, comme d'habitude, il n'en dit pas plus au micro. A ses intimes, il ne cache pas toutefois que, depuis leurs retrouvailles au Roy Lyre, il ne doutait pas de l'imminence de cette issue fatale. Il précise même avoir été bouleversé lorsqu'on lui a rapporté les dernières paroles de Francis, une demi-heure avant son décès. Reprenant soudain conscience, il a regardé l'interne de service, qui lui a aussitôt demandé :

« Comment vous sentez-vous ?

— Comment je me sens. Mais avec mon nez », a trouvé la force de murmurer le mourant. Un ultime calembour qu'il n'avait pas pu s'empêcher de prononcer…

Pierre, craignant l'attitude de certains journalistes et photographes en ces circonstances macabres, s'enferme dans ses souvenirs et ne se rend pas à Eze sur la tombe de Blanche, où, selon ses dernières volontés, on est en train de faire graver : « Laissez-moi dormir, j'étais fait pour ça. »

A la fin de l'été 1974, Dac, en revanche, n'aspire pas au repos. Il poursuit ses tractations pour la reparution d'un journal, projette d'adapter pour la radio ses *Dialogues en forme de tringle* et soumet à Pierre Tchernia un projet de télévision, composé de sketches sur la vie quotidienne et de séquences extrêmement rapides. Une formule que, tout naturellement, il intitule « Bref ».

Des idées qu'il ne va pas avoir le temps de mener à terme. En octobre 1974, en sortant du Moulin de la Galette où il vient d'assister à une projection du nouveau film de Robert Dhéry *Vos gueules, les mouettes*, il rate une marche, tombe lourdement sur le béton et se relève difficilement. Dès le lendemain, souffrant de vertiges, il entame une série d'examens d'autant plus importants que, depuis cinq ans, il n'a plus qu'un seul rein.

Quelques jours avant Noël, le verdict des médecins est sans appel : il est atteint d'un cancer du poumon qui ne s'était jamais manifesté mais qui progresse à une vitesse vertigineuse. Deux heures par jour, Pierre s'installe à son bureau mais ne parvient pas, en dépit de ses efforts, à rédiger le moindre sketch. Dinah ne le quitte pas un instant, évoque sa guérison prochaine, son journal, ses chansons, sa pièce de théâtre, ses poèmes érotico-philosophiques illustrés par Dali… Mais, le dimanche 9 février 1975, à 23 heures, son ultime soupir met fin à la concrétisation de tous ces projets. Mort d'un manque de savoir-vivre, Pierre Dac, comme il le disait lui-même, se plonge alors dans son dernier sommeil de myope, histoire de voir l'au-delà de plus près...

Un décès annoncé deux heures plus tard sur les ondes d'Europe n° 1 et longuement évoqué le lendemain matin, à la une de tous les quotidiens : « Pierre Dac poète du non-sens », titre *Le Figaro* ; « Ce saltimbanque fut aussi la voix de la France », ajoute *L'Aurore* ; « C'était un contorsionniste du langage et un humoriste tendre », précise *L'Humanité* ; « Du rire au mourir, il n'y a qu'un pas », conclut *Le Quotidien de Paris*. Enfin, Robert Escarpit, dans son billet du *Monde*, rend au chansonnier un hommage particulier :

« L'homme qui a dit "Ceux qui ne savent rien en savent toujours autant que ceux qui n'en savent pas plus qu'eux" mérite de passer à la postérité. Cette pensée de Pierre Dac est d'une sagesse si profonde que nul n'aura jamais fini de la sonder. Il faudrait l'inscrire en lettres d'or au fronton de toutes les universités et l'afficher dans le bureau de tous les experts, de tous les planificateurs, de tous les technocrates. [...] »

Le vendredi 14 février à 14 h 30, une cinquantaine de personnes à peine font à ses côtés le trajet qui mène de l'avenue de Villiers au crématorium du Père-Lachaise : Pierre a en effet choisi d'être incinéré parce que, selon ses propos, il « trouve cela plus propre ». Marcel Bleustein-Blanchet, Jean Marin et quelques autres résistants sont présents mais la plupart de ses camarades du spectacle, qui ont adressé d'innombrables messages de sympathie à Dinah, brillent par leur absence... René Lefèvre est là, bien entendu. Le matin même, dans *Le Figaro*, il a rendu hommage à son complice et à son vieil ami en écrivant : « Pierre était un faux autoritaire. Je dirai même un timide soucieux de ne pas passer les bornes. Sa première tête de Turc était la sienne. En me montrant son crâne dénudé, il me disait

"Je ne peux plus me targuer d'être un turbineur de la mèche, mais seulement un travailleur du couvercle." »

Il ne peut dissimuler son émotion lorsque l'employé des pompes funèbres place la minuscule urne remplie de cendres à l'emplacement qui lui a été réservé. Il se penche alors à l'oreille de Fernand Rauzéna et lance : « C'est terrible, je ne peux pas y croire, il ne peut pas nous avoir fait ça ! Je suis sûr qu'il va surgir comme un diable de cette boîte ! »

A suivre…

Sur scène, le « roi des loufoques » avait l'habitude de lancer, en guise de pensée finale : « Les dernières paroles que je souhaite être en mesure de prononcer avant de rendre le dernier soupir sont : "Mission accomplie. Terminé." »

Mission accomplie, oui.

Terminé non...

Pierre Dac n'a pas eu d'enfants mais d'innombrables disciples qui, depuis sa mort d'un manque de savoir-vivre, lui permettent de demeurer parmi nous. Frédéric Dard qui, dans un San-Antonio intitulé *Emballage cadeau*, a écrit : « Pierre Dac est à l'esprit d'aujourd'hui ce que Charles Trenet est à la chanson », figure en tête de liste, ainsi que Philippe Bouvard et Coluche. Le premier le considère comme son seul maître. Dans *Le Figaro*, il a écrit en 1972 : « Le comique moderne et même certains auteurs dits intellectuels lui doivent beaucoup. » Depuis 1977, il a inclus, plusieurs fois par semaine, quelques-unes de ses Pensées dans les questions des « Grosses têtes ». Le second, interprète d'un autre *Schmilblick*, inspiré du jeu de Guy Lux a annoncé sa candidature aux élections présidentielles de 1981. L'admiration que portait Michel Colucci au roi des loufoques était immense et Pierre a été l'un des premiers à croire au succès de celui qui se disait son disciple. Il le lui a dit au cours de leur unique conversation téléphonique en septembre 1974. Ils s'étaient promis alors de se rencontrer le plus vite possible. La maladie de Pierre a empêché la concrétisation de ce projet.

Depuis quinze ans, les professionnels du théâtre et du cinéma se sont régulièrement inspirés de Pierre Dac : *Du côté d'Ailleurs* a été mis en scène par Jacques Sarthou en octobre 1975 au Théâtre Rutebeuf, à Clichy ; la même année, aux Blancs-Manteaux à Paris, Alain Scoff et Pierre Charras ont joué *Histoires d'Os à moelle.* Entre 1977 et 1985, Jean-Baptiste Plaît a fait découvrir *Phèdre* à toute une nouvelle génération pendant plus de deux mille représentations au Tintamarre, un café-théâtre parisien voisin de Beaubourg. En Belgique, en Suisse et même ailleurs, on a également affiché, *Du Dac au Dac* ou tout simplement *Dac.* Enfin, en 1976, Marc Simenon a tourné *Signé Furax* à partir d'une adaptation de Xavier Gélin.

Sa ville natale de Châlons-sur-Marne — qu'il voulait faire rebaptiser Chalom-sur-Marne — ne l'a pas oublié non plus. Le 1er mars 1976, le conseil municipal a donné son nom à une rue, au cœur d'une voie nouvelle du quartier sud-est. Les prémices d'une reconnaissance officielle posthume. « A quand Dac en fac ? » a surenchéri Patrice Delbourg en 1978, dans *Les Nouvelles littéraires* alors que plusieurs livres scolaires des classes primaires et secondaires font déjà référence aux écrits du roi des loufoques. *Le Schmilblick* figure ainsi dans « Activités sur les textes en huitième », édité en Suisse par le département de l'Instruction publique et des cultes du canton de Vaud tandis que le bidule du *Biglotron* est longuement cité dans « Textes, images, activités en seconde », de Robert Fehr, préfacé par Pierre Emmanuel, de l'Académie française. L'occasion pour de très sérieux professeurs de commenter, en cours de français, une œuvre en des termes sans doute très différents de ceux employés par le principal intéressé : « Le plus beau compliment que l'on puisse me faire en parlant de mes textes, c'est de me dire : c'est complètement con mais c'est vrai... »

LE PETIT MONDE DE PIERRE DAC

PRENOMS ET NOMS FEMININS

Célestine Troussecotte
Eva Tfairfourtre
Emilienne Leharpon
Marie-Louise Basdufiacre
Marie-Chantal Avanterme
Dorothy Devoo
Germaine Eloire
Noémie Nestrone
Augustine Alatraine
Pélagie Got de Mouton
Olga Laxie
Natacha Degouttière
Léontine Vazimou
Antoinette Duglambier
Simone Aloilpé
Maria Contracepcion del Piloular Gomez
Catherine de Midisix
Marceline Schallah
Cléopâtre Demontagne
Marthe Adèle de La Mortadelle
Clarisse Théryque
Comtesse Wanda Vodkamilkévitch née Catherine Legrumeau
Sylvaine Decocu
Edwige Ylante
Catherine Océrosse
Odile Déserte
Séraphine Alleau
Catherine Extenso
Isabelle Hélabète
Sidonie Tchevo
Edith Oriale
Philippine Up
Dorothée Rapeutique

Athalie Gament
Sophie Stikée
Suzanne Yversaire
Mélanie Kotine
Ursule Traçon
Jeanne Aubuché
Paméla Cheleme
Géraldine Ameau
Claudette Dejeu
Hildegarde Avoux
Angèle Defroy
Odette Passemoilabalayette
Aline Iment
Jacqueline Partibus

PRENOMS ET NOMS MASCULINS

Nicolas Leroidec
Gédéon Burnemauve
Révérend Père Paudemurge
Adjudant Tifrisse
Colonel Hubert de Guerllasse
Professeur Slalom Jérémie Ménerlache
Jules et Raphaël Fauderche
Zorbec le Gras
Wilhem Fermtag
Jean-Pierre Abriquet
Hégésippe Hippourra
Jean-Sébastien Voiladuboudain
Sosthène Veauroulé
Jean-Marie Keszke-Lavoulvoule
Prosper Defaisse
Théophile Deferre
Gustave Aymond Cucéty du Marcassin
Michel Simon Nonclant-Nétait
Comte Harrebourg du Lancement de la Fusée

Révérend Père Paterne Oster
Oscar Debry
Léon Passlamoy
Maurice Pluskévou
Johnny Pullmann
Octave Hémaria
Séraphin de Saison
Commissaire Théodore Poilauluc
Théodule Létendard-Elevé
Adrien Prouttmachair
Professeur Papamakavroconstinévizélargueropoulos
Anatole Glockenspiel
Frédéric Vatfair
Arthur Gouldebaume
Julien Bougre-Decongre
Henri Souley-Décombre
Arnold England
Moïse Asphodèle
Aron Douillard
Abraham Algame
Jean-Jacques Tiercemolle
Jules César Ménager
Napoléon Bougnaplat
Edmond Tlattssu
Emile Feuille
Jean-Marie Coldepate
Emir Ahmed Omar Allam-Herikaine
Jean-Charles Keszkipu-Scelboucq
Vincent Megatonne
Emile Neufcent
Sylvain Demesse
Boniface Derat
Elie Koptère
Clodomir Parfait Bandapart
Léon Lamigraine
Jean-Marc Adet-Poissonnière
Eleazar Delavy

Armand Duval de Marne
Urbain Dhmaire
Albin Sulfureux
Pamphile Aplomb
Gaston Aluile
Frédéric Onoclaste
Eddy Vazimou
Narcisse Quatdeux
Césarin Flottant
Sébastien Bonlarampe
Bastien Toibien
Marcel Hépoivre
Romain Demasseur
Exupère De Famille
Guy Landneuf
Sylvain Etiré
Alexandre Lehihan
Jules César Cardegnaule
Philémon Baucishuit
Isidore Debout
Séraphin Duphin
Albert Tunoulé
Léo De Hurlevent
Crépin De Ménage
Basile Denuit
Prince Dimitri Dimitriov Dimitriovitch Dimitriovito-sandwich
Sulspice Autrain
Léon Timoléon Sanfoud d'Attrapey-la-Vérole
Henri Léon Lézaü
Victorien Nafaire
Léopold Mangedela
Aron Dysment
Cyprien Derien
André Aumur-Sebastopol
Saturnin Mouchabeux
David Eustache De Graisse

Roméo De Plafond
Enrico Cocorico
Jérémie Nestrone
Isidore Lapilule
Absalon De Coiffure
Marquis Victor Agénor de la Houille Verte
Amadéus et Julius Schpotzermann
Victor Emmanuel d'Histoire Naturelle
Hector Manuel Du Gradédinfanterie
Serge Andeville
Antonin Michazéreau
Edgard de Lyon
Blaise Autribunal
Alléluia Lassauvette
Balthazar De Lauteldeville
Isidore Salingue
Amédée Geulasse
Urbain De Vapeur
Théophile Iforme
Amadis de Dher
Théo Courant
Léonidas Depique
Denis Dalouette
Jean-Sébastien Voilacentsous
Elzévir Debord
Mohamed Ben Ali Ben Assabl'ben Basculant'
Victor Hugo Centrique
Alex Centrique
Maxime Ortel
Guillaume Hosexuel
Mathurin Levaux-Mornay

Remerciements

Merci à tous ceux qui, par leurs témoignages, m'ont aidé à reconstituer les pièces du puzzle :

Pierre Arnaud de Chassy-Poulay, José Artur, Raymond Baillet, Eddie Barclay, Jean Bardin, Joëlle Bellon, Marcel Bleustein-Blanchet, René Bolloré, Roger Borniche, Héléna Bossis, Andrée Bot, Françoise Breton, Guy Breton, Colette Brosset, Gérard Calvi, Léo Campion (†), Anne Campion-Jacques, Claude Canavaggio, Jacques Canetti, Anne Caprile, Roger Carel, Jean Carmet, Martial Carré, Anne-Marie Carrière, Hubert Chimènes, Jean-Pierre Clopin, Darry Cowl, Jacques Crépineau, Dadzu, Catherine de Castilho, Georges de Caunes, André Delcombre, Bernard Deshayes, Raymond Devos, Robert Dhéry, Françoise Dorin, Robert Durand, Jacques Fabbri, Edith Fontaine, Marcel Fort, Suzanne Gabriello (†), André Gaillard, Bernard Gandré-Réty, Gabriel Garran, André Gillois, Claude Grégory, Jean-Henri Guillaumet, Jean Herbert, Irène Hilda, Marcel Jullian, Henri Korman, Henri Labussière, Michel Laclos, Robert Lamoureux, Huguette Lapointe, Bernard Lavalette, Claude Lebey, Hervé Le Boterf, Renée Lebas, Michel Lebrun, Pierrette Lefèvre, Francis Lemarque, Charles Levasseur, La mairie de Châlons-sur-Marne, Charles

Mandel, Roger Maria, Jean Marin, Jean-Claude Merle, Guy Meulenyzer, Edmond Meunier, Jacques Morel, Daniel Nevers, Claude Nicot, André Péchereau, Jeanine Pezet, Michel Pfau, Guy Pierrauld, Pierre-Bloch, Roger Pierre, André Popp, général Henry de Rancourt (†), Jacques Raphaël-Leygues, Monique Rauzéna-Monier, Lawrence Riesner, Jacqueline Rigaux, Yves Robert, Robert Rocca, Louis Rognoni, Nadine de Rothschild, Jean Sablon, Marie-Thérèse Sagnier, Brigitte et Jacques Sarthou, Maurice Schumann, Perrette Souplex, Michel Spengler, Pierre Tchernia, Jacques Texier, Jean-Marc Thibault, Charles Trenet, Raphaël Troques, Claude Turier, Maurice Van de Kerckhove, Louis Vaquer, Christian Vebel, Henri Weil, Philippe Weil, Robert Willar et... Michèle Dumitrasky.

TABLE

Ce volume a été composé
par Facompo à Lisieux
et achevé d'imprimer en décembre 1992
sur presse CAMERON
dans les ateliers de B.C.A.
à Saint-Amand-Montrond (Cher)

N° d'Édition : 232. N° d'Impression : 92/659
Dépôt légal : décembre 1992
ISBN 2-87686-138-0